S T A L K I N G

스토킹의 실체

한국판 스토킹범죄 케이스와 처벌례

정현미 김구슬

나눔사

발간사

스토킹 문제는 최근 우리 사회에서 막강한 위협이 되고 있다. 봇물 터지듯 스토킹사건이 문제되는 우리 사회상을 보면서 스토킹처벌법 시행 이후 1년 정도의 기간에 한정하여 검색된 판례 1,300여 건을 조사·연구하지 않을 수 없었다. 스토킹의 위협을 우리 사회에서 무력화 시키려면 한국판 스토킹 케이스의 실체를 먼저 알아야 한다.

「스토킹범죄의 처벌 등에 관한 법률」은 2021년 4월 20일 제정되어 2021년 10월 21일부터 시행되고 있다. 스토킹범죄 예방을 위한 입법적 대응이 필요하다는 연구와 함께 1999년부터 스토킹 관련 특별법안에 제안되기 시작한지 22년만에 입법된 것이다. 스토킹처벌법이 제정되자 다시 피해자보호를 위한 법률이 필요하다는 주장이 학계와 실무에서 잇달아 나오면서 몇 가지 의원입법안을 통하여 2023년 1월 17일 「스토킹방지 및 피해자보호 등에 관한 법률」이 제정되어 스토킹 대응 입법은 체계를 갖춘 상태가 되었다.

법률의 제정도 중요하지만, 이제 더 중요한 관심은 법시행 이후 이 법이 얼마나 실효적으로 스토킹범죄를 예방하고 있는지에 돌려져야 할 것이다. 간간히 언론을 통해서 보도되는 바, 스토킹 가해자의 신병 확보가 우선임에도 검찰이나 법원 단계에서 인신구속이 받아들여지지 않는 경우가 적지 않다거나, 스토킹 특별법에 의해 스토킹범죄가 엄중하게 다루어질 것이라는 기대와 달리 공소기각되는 경우가 많고 실형은 1/3 정도에도 미치지 않는다는 비판이 나오고 있다.

그리하여 이 책은 법시행 2년 정도 지난 시점에서 집적된 다수의 판결례를 통하여 스토킹범죄에 대한 처벌 유형과 양형은 어떠한지, 판례의 경향을 살펴보고 어떠한 문제점에 대하여 어떻게 개선할 필요가 있는지를 제시하고자 하였다. 「스토킹범죄의 처벌 등에 관한 법률」위반 사건을 중심으로 1심판결의 내용을 조사하여 스토킹 행위유형, 피해자와 가해자의 관계 및 특성, 선고형의 유형, 양형이유 등을 통계처리하여 분석하였다.

이 책은 스토킹범죄 관련 1심판결 1,300여 건을 조사하고 통계처리 하여 우리 사회에서 일어나고 있는 스토킹범죄의 특징을 분석하며 선고형 종류 및 양형과의 연관성을 연구한 것이다. 물론 판결문에 드러난 스토킹사안만으로 범죄의 실체를 모두 파악하는 데는 제한이 있으며, 피해자의 고통을 고스란히 전달하기에는 턱 없이 부족할 것이지만, 판결문은 어떤 다른 자료보다 범죄사실이 정확하게 파악된 것이라고 볼 수 있으므로 스토킹의 실체를 밝히는데 매우 적절한 분석대상이 될 수 있을 것이며, 스토킹범죄 예방을 위한 효율적 대응방안을 제시하는데 기여할 것으로 기대한다.

2024년 5월

이화여대 로스쿨 연구실에서

정 현 미

목 차

02 스토킹범죄 판례의 통계분석

03 스토킹범죄의 특징과 실제 사례

04 외국의 스토킹범죄 처벌법규

05 스토킹범죄의 처벌과 피해자 보호

Prologue

Prologue

스토킹의 위협

「스토킹처벌법」 처럼 시행되기가 무섭게 이 법에 따른 신고와 고소가 잇따르고 사법적 처리 통계가 매달매달 쌓인 경우는 드물 것이다. 봇물 터지듯 스토킹사건이 문제되는 우리 사회상을 보면서 1년 정도의 기간에 한정하여 검색된 판례 1,300여 건을 조사하게 되었고, 통계분석을 통하여 한국판 스토킹 케이스의 특성을 찾아보았다. 스토킹의 위협을 우리 사회에서 무력화 시키려면 그 실체를 먼저 알아야 하기 때문이다.

스토킹이란 용어는 이제 우리 사회에서 일상적으로 쓰이는 말이 됨과 동시에 공적 개입이 필요한 위협적인 범죄행위로 공감대가 확산되고 있다. 그 수법은 매우 다양하게 나타나고 있고, 최근에는 사이버스토킹으로 범죄의 무대가 확대 되는 양상이다. 또한 스토킹은 데이트폭력이나 헤어진 연인 간 폭력 및 가정폭력과도 연결되면서 심각한 사회적 문제로 등장하고 있다.

스토킹처벌법 제정·시행

「스토킹범죄의 처벌 등에 관한 법률」(이하 '스토킹처벌법'이라 함)은 2021년 4월 20일 제정되어 2021년 10월 21일부터 시행되고 있다. 2012년 「경범죄처벌법」 전부개정으로 '지속적 괴롭힘'을 범칙행위의 하나로 규정함으로써 스토킹을 규제하기 시작하였지만 미봉책에 불과하였다. 특별법의 제정이 필요하다는 비판에 따라 15대 국회인 1999년에 첫 번째 스토킹 특별법안이 발의된 것을 포함하여 무려 28개의 의원입법의 법률안들이 발의되다가 22년만인 2021년에 비로소 스토킹 관련 특별법이 만들어진 것이다.

「스토킹처벌법」은 스토킹을 범죄로 명확히 규정하여 징역형 등으로 형사처벌하고, 처벌에 관한 특례를 두면서도 피해자에 대한 보호절차를 다각도로 마련함으로써 스토킹범죄 예방을 위한 법체계를 세웠다는 점에서 정책적인 의미가 상당히 크다. 그러나 이 법률의 경우, 매우 다양한 스토킹 행위에 대한 법적 대응이 쉽지 않았던 입법과정을 반영하기라도 하듯이, 입법정책의 난점들이 제정 직후부터 드러났다.

스토킹처벌법 개정

「스토킹처벌법」의 경우 당시 제출된 수많은 여러 의원입법안들과 정부안의 내용에서 다소 일반적이고 공통적인 부분을 발췌하여 대안에 반영하는 방식으로 만들어진 것인데, 결과적으로는 스토킹 개념을 보수적으로 규정하는데 그친 면이 있었다. 따라서 유감스럽게도 법제정 후 시행되기까지 6개월의 공백 기간 때부터 현실에서 다양한 형태로 전개될 수 있는 온라인스토킹뿐만 아니라 전형적인 스토킹 행위 유형들도 포섭하지 못한다는 비판이 여기저기서 터져 나왔다. 그리고 스토킹 관련 상담기관이나 수사당국의 전문가들도 막상 스토킹사건을 다루어보니 반의사불벌죄로 규정한 것이 오히려 스토킹 피해자 보호에 걸림돌이 된다는 점을 토로하기 시작하였다. 이에 법시행 후 2년이 채 되지 않은 2023년 7월 11일 반의사불벌죄 조항을 삭제하며 스토킹 행위유형을 추가하는 등 피해자를 보호하고 가해자 처벌을 강화하는 방향으로 법이 개정되었다.

스토킹처벌법은 제대로 작동이나 되는가?

「스토킹처벌법」 시행 직후 발생한 스토킹살인 사건들로 인하여 법의 실효성에 많은 의문이 제기되었다. 더욱이 이 법에서 가장 중점을 둔, 스토킹피해 예방을 위한 첫 방패막이라고 할 수 있는 접근금지 등의 잠정조치를 법원이 명령해도 스토커들은 조롱하듯 위반하며 오히려 복수로 더 거칠게 협박하거나 살인까지 하게 되는 일이 발생함으로써 우려와 실망이 크진 것이다. 각종 언론보도에서도 스토킹범죄에 대한 재판에서 징역형의 실형보다 벌금형 선고가 대부분이고, 징역형을 선고하고도 집행유예로 풀어주면 피해자보호는 어떻게 되냐며 선고현황을 개탄하기도 하였다.

스토킹처벌법 시행 이후 1,300여 건의 판례 분석

「스토킹처벌법」이 시행된 지 2년 정도 지난 시점에서 우리 사회에서 일어나고 있는 스토킹범죄들은 어떤 특성을 띠며 어떻게 처벌되고 있는지 궁금하였다. 「스토킹처벌법」의 경우 다른 어떤 특별법보다 법시행 직후부터 경찰신고 및 고소·고발 건이 증폭하였고, 그에 따라 법위반으로 적용된 판례가 상당히 집적된 편이다. 이에 스토킹범죄 관련 1심판결 1,307건을 조사하고 통계처리 하여 스토킹 유형을 분석하며 가해자와 피해자의 관련성, 범행 이유 및 특성, 선고형 종류와 양형의 연관성을 연구하였다.

판결문에 드러난 스토킹사안만으로 범죄의 실체를 모두 파악하는 데는 많은 제한이 있으며, 피해자의 고통까지 모두 알기에는 턱 없이 부족하다. 그러나 판결문은 어떤 다른 자료보다 범죄사실이 정확하게 파악된 것이므로 스토킹의 실체를 밝히는데 매우 적절한 분석대상이 될 수 있다고 본다.

한국판 스토킹 케이스와 처벌례의 의미

스토킹 관련 판례가 이렇게 단기간에 많이 쌓일 것이라 형사사법 당국에서도 처음에는 예측할 수 없었지만, 지금은 형사고소 사건에 스토킹 신고를 끼고 가면 페스트트랙을 타는 것처럼 수사와 재판이 빨리 이루어진다고 알려지기까지 하면서 신고나 고소건이 더 증가하고 있는 실정이다. 물론 편법으로 신고한 경우도 있겠지만, 전체적으로 스토킹 문제는 분명 우리 사회 전반적으로 퍼져서 개인의 안전을 위협하는 범죄유형으로 자리 잡고 있다고 보인다. 스토킹처벌법 시행 초반인 지금, 스토킹의 실체를 드러냄으로써 잘못된 범죄적 행동을 뿌리 뽑지 않는다면 어두움 속에서 더욱 위협적인 수법으로 나갈 잠재적 스토커들이 키워질 것이다.

예컨대 스토킹이 수십 회 반복된 사건 같은 경우, 범죄일람표만 보아도 스토킹범죄의 폐해가 어떠한지 실체를 느끼게 한다. 스토킹범죄의 행위유형이나 횟수는 사건마다 차이가 있지만, 반복하여 괴롭힘을 당하며 또 언제 당할지 더 무자비하게 당하게 될지 모른다는 예측불가의 상황이 당하는 사람에게는 불쾌와 고통과 공포로 몰아넣게 된다. 이 책을 통하여 무엇보다도 스토킹이 어떤 식으로 발생되고 어떻게 처벌되고 있는지를 본다면, 피해자는 막연한 두려움에서 벗어나 현실적으로 대응할 용기와 힘을 얻을 수 있을 것이다. 또한 스토커나 그런 기질을 가진 사람에게는 타인을 괴롭히는 사악한 마음과 나쁜 행실은 결국 가차 없이 세상에 드러나게 되며 수치와 처단의 고통이 자신에게 돌아오고야 만다는 경종이 될 것이다.

이 책을 통한 판례분석 연구가 현행 「스토킹처벌법」이 스토킹범죄를 실효적으로 규제하고 있는지를 점검하게 하고, 어떤 점이 아직 피해자보호에 취약한지에 대해 많은 정보를 주기를 기대한다. 그리하여 「스토킹처벌법」에서의 취약한 피해자보호를 더 강화하며, 관련 제도를 더 개선해 나가야 할 것이다.

01

스토킹범죄의 현황과 실태

제1절
스토킹에 의한 피해 실태

우리나라의 경우 스토킹 대응 입법에 대한 논의가 20년 이상 되어오다가 2021년 4월 20일에야 비로소 「스토킹범죄의 처벌 등에 관한 법률」(이하 '스토킹처벌법')이 제정되어 2021년 10월 21일부터 시행되고 있다. 「스토킹처벌법」이 제정되자 다시 피해자보호를 위한 법률이 필요하다는 주장이 학계와 실무에서 잇달아 나오면서 몇 가지 의원입법안을 통하여 2023년 1월 17일 「스토킹방지 및 피해자보호 등에 관한 법률」(이하 '스토킹방지법')이 제정되어 스토킹 대응 입법은 체계를 갖춘 상태가 되었다.

그 전에는 스토킹 자체는 「경범죄처벌법」에 의한 10만원 이하의 범칙금 부과가 고작이었기 때문에[1] 스토킹 피해자에 대한 공적 보호조치와 지원의 결여로 피해자들이 사각지대에 방치된 채 치명적인 희생으로 이어진 사례들이 적지 않았다.

그런데 「스토킹처벌법」이 시행된 이후에도 스토킹에 의한 살인 등 치명적인 범죄가 그치지 않고 있다. 스토킹으로 인한 피해는 추적, 협박, 감시 등으

1) 스토킹 관련 입법이 필요하다는 주장들이 나오면서 1999년 이미 특별법이 제안되었고, 법안들이 계속 나왔으나 통과되지 않았다. 그러다 2012년 3월 21일 「경범죄처벌」 개정에 경범죄의 한 유형으로 신설되어 2013년 3월 22일부터 시행되었다. 이 당시만 해도 '스토킹'은 불명확한 개념이라는 논의가 끊이지 않아 "지속적 괴롭힘"으로 규정되었는데, 10만원 이하 벌금, 구루 또는 과료의 형에 의한 처벌에 불과하다.

경범죄처벌법 제3조(경범죄의 종류) ① 다음 각 호의 어느 하나에 해당하는 사람은 10만원 이하의 벌금, 구류 또는 과료(科料)의 형으로 처벌한다.

41. (지속적 괴롭힘) 상대방의 명시적 의사에 반하여 지속적으로 접근을 시도하여 면회 또는 교제를 요구하거나 지켜보기, 따라다니기, 잠복하여 기다리기 등의 행위를 반복하여 하는 사람

로 인한 두려움과 불안, 공포 등 정신적 피해, 폭행과 상해 등 신체적 피해, 자유로운 일상생활과 직업생활에 대한 방해와 위협, 재산적 피해 등 이루 말할 수 없이 광범위하게 나타난다.

스토킹은 일정한 대상을 목표로 하는 지속적 범죄이며, 어떤 이유로든 상대방과 연결 짓는 관계범죄이므로 범행의 방법과 정도가 극단적으로 치닫는 위험을 배제할 수 없는 특성을 띤다. 스토커들은 자신의 행위에 따라 피해자가 컨트롤 되고 타격을 받는 것을 노리며 더 발전적 행위로 나가기도 하며, 상황의 전개에 따라 자신의 입지가 손상되거나 무시되었다고 느끼면 상대방에 대한 지배를 넘어서 제거하려는 극단적인 살인까지 이르게 된다.

최근 발생하였던 스토킹 살인사건의 피해 실태를 보면 스토킹의 해악이 얼마나 치명적인지 알 수 있으며, 스토킹은 어떤 방법으로든 미리 법제도적으로 차단하여 참극이 발생되지 않도록 할 필요가 있다.

1 스토킹살인 사건

스토킹처벌법 시행 이후

2023. 7. 인천 남동구 스토킹살인

2023년 7월 17일 인천 남동구의 한 아파트에서 스토킹으로 접근금지 명령을 받은 가해자(31세, 남)가 헤어진 연인을 찾아가 살해한 사건이 있었다. 가해자는 인터넷에서 미리 구매한 흉기를 옷 속에 숨긴 채 접근금지 명령을 어기고 피해자(37세, 여)를 찾아가 흉기로 찔렀고, 피해자의 비명을 듣고 범행을 말리던 피해자의 어머니에게도 여러 차례 흉기를 휘둘러 상해를 입히고 6살 난 피해자의 딸이 그 비명을 모두 들은 상황이었고, 피해자는 결국 심정지 상태로 이송되었지만 사망하였다.[2] 이 사건은 새로이 제정된 「스토킹처벌법」에 따라 접근금지라는 잠정조치를 내렸음에도 법원의 결정을 조롱하다시피 어기며 급기야 전 연인을 살해하였고, 보복살인 등이 인정되어 1심에서 징역 25년 선고와 더불어 치료프로그램 120시간 이수와 위치추적 전자장치 10년간 부착명령을 받았다.[3]

2023. 5. 경기 안산시 스토킹살인

2023년 5월 25일 경기 안산시 한 모텔에서 발생한 스토킹 살해사건은 가해자(20대, 남)가 2주간 480여 차례에 걸쳐 전 여자친구(20대)에게 연락하고 비정상적인 집착을 보이다 살인한 것이다. 가해자는 사건 발생 2개월 전 이미 헤어진 피해자에게 지속적으로 연락하며 "불법 촬영물이 있다"며 이를 유포할 것처럼 피해자를 협박하자 피해자는 스토킹 혐의 고소를 준비 중이었다고 하며, 가해자는 범행 당일에 "마지막으로 만나 정리하자"며 피해자를 모텔

2) https://search.naver.com/search.naver?where=nexearch&sm=top_hty&fbm=0&ie=utf8&query=%EC%9D%B8%EC%B2%9C+%EB%82%A8%EB%8F%99%EA%B5%AC+%EC%8A%A4%ED%86%A0%ED%82%B9 YTN 뉴스 2023.01.17.

3) https://m.yonhapnewstv.co.kr/news/MYH20240118021600641?utm_source=dable 연합뉴스 2024.01.18.

로 불러내어 급기야 살인까지 저질렀다. 이후 가해자는 징역 30년의 중형을 선고받았고 위치추적 전자장치(전자발찌) 20년 부착과 성폭력 치료 프로그램 80시간 이수을 명령받았다.[4]

2022. 9. 서울 신당역 스토킹살인

2022년 9월 14일 서울 지하철 2호선 신당역을 순찰 중이던 여성 역무원이 수년간 자신을 스토킹해온 직장 동료에게 살해 당하였다. 가해자는 이미 스토킹혐의로 재판을 받고 있었으며, 선거 공판이 있기 불과 하루 전 이 같은 범죄를 저질렀다. 사법당국의 대처가 미흡했다는 지적이 나온다. 특히 신당역 살해 사건의 경우 피해자가 「스토킹처벌법」에 따라 신고, 고소 등 필요한 조치를 모두 취했음에도 범행을 막지 못하면서, 피해자 신변보호 조치가 미흡하다는 지적이 나온다.

신당역 스토킹 살인 사건 피해자는 가해자를 스토킹 혐의로 두 차례나 고소했다. 2021년 10월 첫 고소 당시에는 경찰이 가해자를 긴급체포하고 구속영장을 신청했지만, 법원이 '증거인멸 및 도주 우려가 없다'며 기각했다. 이후 2022년 1월 다시 고소했을 때 이번에는 경찰이 구속 사유가 충족되지 않는다고 판단해 구속 영장을 신청하지 않았다.[5]

2022. 7. 경북 안동시 스토킹살인

2022년 7월 5일 안동시청 주차타워에서 출근하던 시청공무원(52세, 여)이 흉기에 찔러 살해되었는데, 가해자(40대, 남)는 시설점검 부서에서 일하는 외근 공무직으로서 평소 피해자를 집요하게 따라다녔으며, 당일 피해자는 흉기로 위협받고 있다고 112에 신고하였지만 출동한 경찰이 현장에 도착하였을 때 피해자는 흉기에 찔려 쓰러진 상태였고 병원에 옮겨졌으나 사망하였다.[6]

---

4) https://www.donga.com/news/Society/article/all/20240207/123424667/2 동아일보 2024.02.07.
5) https://www.bbc.com/korean/news-62968621 BBC뉴스 코리아 2022.09.21.
6) http://www.ggilbo.com/news/articleView.html?idxno=922151 금강일보 2022.07.22.

2021. 11. 서울 중구 스토킹살인

2021년 11월 19일 스토킹살인은 「스토킹처벌법」이 시행된 지 1개월여 만에 발생하여 법이 있어도 속수무책이라는 충격까지 안겨준 비극적인 사건이었다.[7] 이 피해여성은 스토킹으로 일상을 위협받던 중 경찰로부터 신변보호를 받고 있었음에도 경찰이 도착하기 바로 전 목숨을 잃은 '스토킹살인'의 전형적 유형이었다.[8] 가해자는 35세의 남성(2021.11.24. 서울경찰청 신상정보공개심의위원회 심의에서 신상공개 결정)으로 전 여자친구를 장기간 스토킹하였고, 피해자는 2021년 6월 26일부터 총 5차례에 걸쳐 가해자를 경찰에 신고하였다. 2021년 11월 7일에도 가해자가 흉기를 휴대하고 피해자의 주거지에 찾아와 협박을 하자, 경찰은 피해자에게 스마트워치를 제공하고, 임시숙소도 마련해 주고, 함께 동행하여 주거지를 확인하는 등의 신변안전 조치를 하였다. 11월 9일 법원은 가해자에게 100m이내 접근금지 및 정보통신을 이용한 접근금지, 스토킹 중단경고 등의 잠정조치까지 결정하여 통보하였다. 그럼에도 가해자는 흉기를 구입하여 11월 19일 오전 피해자의 거주지로 가서 잠복해 기다리다가 귀가하는 피해자를 칼로 찔러 살해하였는데, 피해자는 사망 직전인 오전 11시 29분 처음 스마트워치를 눌렀으나 경찰은 12분 뒤인 11시4 1분에 현장에 도착한 것이 밝혀져, 신변안전조치 및 잠정조치의 실효성에 대한 논란을 일으켰다.

스토킹처벌법 시행 이전

2021. 3. 서울 노원구 스토킹살인

2021년 3월 23일 노원구 세 모녀 살인사건은 「스토킹처벌법」이 제정되기 직전에 발생한 사건으로 스토킹에 이어진 결과로서 법률통과에 결정적 영향을 미친 셈이다. 이 사건은 가해자(24세, 남)가 온라인 게임을 통해 알게 된 피해자가

---

7) https://news.kbs.co.kr/news/pc/view/view.do?ncd=5329619 KBS뉴스 2021.11.19.
8) https://news.kbs.co.kr/news/view.do?ncd=5332090 "스마트워치서 나온 경찰 목소리에 살해"… 신고 시스템 허점, KBS뉴스 2021.11.23.

만남과 연락을 거부하자 택배 기사로 위장해 피해자의 집에 들어가 그녀의 여동생, 어머니, 그리고 피해자까지 차례로 살해한 것으로, 이에 앞서 가해자는 스토커로서 교제를 요구하며 약 3개월 간 피해자를 상습적으로 괴롭혔고, 피해자가 알려준 적 없는 집과 직장에 수시로 찾아가 몇 시간이고 피해자를 기다리며 밤낮 없이 문자나 전화로 피해자를 위협한 전형적인 스토킹살인이었다.[9)]

2020. 5. 경남 창원시 스토킹살인

2020년 5월 4일에는 경남 창원시에서 식당 업주가 불친절하다는 이유로 40대 남성이 60대 여성을 살해한 사건이 발생했는데, 이 사건의 피해자도 살해당하기 전까지 가해자로부터 10년 동안 스토킹에 시달린 것으로 밝혀졌다.[10)]

2016. 4. 서울 가락동 스토킹살인

2016년 4월 가락동 스토킹살인사건은 가해자가 헤어진 여자 친구에게 지속적으로 스토킹을 하다가 범행 전, 칼과 로프, 염산이 든 병, 마스크, 번호판이 없는 도주용 오토바이 등 각종 흉기와 살해도구를 준비해 집으로 찾아갔고, 피해자는 가해자를 피해 주차장으로 도망쳤으나 쫓아가 주민들이 보는 앞에서 회칼로 급소 등을 여러 차례 찔러 살해한 후 준비한 오토바이를 타고 도주하였고,[11)] 이후 가해자는 2017년 9월 7일 대법원에서 무기징역형 확정 판결을 받았다.[12)]

---

9) https://news.zum.com/articles/67269324 국제뉴스 2021.04.05.
10) http://www.sisamagazine.co.kr/news/articleView.html?idxno=321658 시사매거진 2020.06.04.
11) https://www.hankookilbo.com/News/Read/201606200436036128 한국일보 2016.06.12.
12) https://www.topstarnews.net/news/articleView.html?idxno=15319250 톱스타뉴스 2023.04.07.

2 그밖에 매스컴에 알려진 스토킹 사건

연예인 등 유명인에 대한 스토킹은 과거부터 비일비재하게 있었는데, 2020년 11월 뮤지컬 배우에 대한 스토킹으로 구속된 20대 남성은 2년 동안 24개 아이디(ID)를 이용해 인터넷에 수백 개의 악성 댓글을 게시하여 경찰조사를 받으면서도 피해자에게 "벌금형으로 끝날 것이다. 합의금 1천만 원이면 되겠냐"는 조롱식의 메시지를 보낸 것으로 알려졌다.[13)]

2018년 하반기에는 '박사방' 사건으로 알려진 텔레그램 성착취 범죄로 구속된 사람 중 한 명은 과거 7년 동안 끔찍한 스토킹 범죄를 저질렀지만 상습협박과 「개인정보보호법」 위반으로 징역 1년 2개월의 가벼운 처벌을 받고 사회에 나온 뒤 일명 '박사'에게 피해여성의 딸을 살해해 달라고 청탁하여 피해자 가족이 시달리고 있는 사실이 세상에 알려지면서 솜방망이 처벌에 대한 여론의 분노를 사기도 하였다.[14)]

2018년 4월 19일에는 20대 남성이 한 여성을 수년간 스토킹하다가 피해자의 신고로 실형을 선고받은 것에 앙심을 품고 출소 후 그 여성의 아버지를 흉기로 찔러 잔인한 복수극을 벌인 것에 대해 징역 10년과 20년간 위치추적 전자장치 부착 명령이라는 중형과 보안처분이 선고되었다는 것이 보도되기도 하였다.[15)]

2017년 9월에는 스토킹으로 징역 10개월 만기출소한 사람이 과거 피해자가 SNS에 올린 사진을 치밀하게 분석해 거주지를 찾아가 그녀의 부친을 흉기로 수 차례 찌르는 등 복수극을 벌이다 붙잡히는 사건이 있었다.[16)]

그밖에 크고 작은 스토킹범죄가 숱하게 일어나고 있는데, 특히 연인 사이였

---

13) https://news.sbs.co.kr/news/endPage.do?news_id=N1006091446&plink=ORI&cooper=NAVER&plink=COPYPASTE&cooper=SBSNEWSEND SBS뉴스 2020.11.25.

14) 2018년 하반기부터 텔레그램 n번방과 박사방에서 자행되고 있는 엽기적인 성착취 사건으로 n번방과 박사방을 개설·운영한 가해자들이 미성년자를 포함한 일반 여성을 대상으로 성착취 영상을 찍도록 협박하고, 해당영상을 텔레그램 비밀대화방에서 판매하는 행각을 저지른 사건이다.

15) http://www.newsis.com/view/?id=NISX20180419_0000286501&cID=10808&pID=10800www.kwla.or.kr 뉴시스 2018.04.19.

16) http://www.yonhapnewstv.co.kr/MYH20170923008300038/?did=1825m 연합뉴스TV, 2017.09.1 3.

다가 이별을 한 것에 대한 앙심을 품고 상대방을 스토킹하는 등의 보복범죄가 횡행하고 있어 '안전이별'이라는 신조어가 사회적 이슈가 될 정도이다.

상당수의 스토킹범죄는 헤어진 연인관계에서 일방이 집착과 분노로 피해자를 괴롭히는 구조이다. 초기에는 원치않는 연락을 반복하며 주거지·근무지로 찾아오는 정도였다가, 점점 더 심각한 공격으로 발전하여 급기야는 생명·신체에 대한 침해를 야기하는 경우도 빈번하다. 비극적인 발전단계 이전에 가해자에 대한 확고한 대응으로 피해자를 보호하고 위험을 예방해야 한다.

한국여성의전화가 2020년 한해 언론에 보도된 살인사건을 분석한 결과, 남편이나 애인 등 친밀한 관계의 남성에 의해 살해된 여성은 최소 97명, 살인미수 등으로 살아남은 여성은 최소 131명이었다. 또한 피해여성의 자녀나 부모, 친구 등 주변인이 중상을 입거나 생명을 잃은 경우도 최소 57명에 달했다. 이 분석에 따르면 최소 1.3일에 1명의 여성이 남편이나 애인 등 친밀한 관계의 남성에 의해 살해되거나 살해될 위험에 처해 있는 것으로 나타났다.[17)]

| 표 1-1 | 2020년 언론에 보도된 살인사건 중 친밀한 관계의 남성에 의해 살해된 여성

범죄유형 \ 피해자	배우자관계	데이트관계	기타	소계	주변인	총계
살인	45	48	4	97	18	115
살인미수 등	50	77	4	131	39	170
누계(명)	95	125	8	228	57	285

*배우자관계 : 현재 또는 과거(사실)혼인 상태의 아내 및 동거여성
*데이트관계 : 현재 또는 과거 데이트관계의 여성(동거, 소개팅이나 채팅, 조건만남 등 포함
*기타 : 배우자나 데이트관계가 아닌 상대방이 일방적으로 교제나 성적인 요구를 하는 관계 등

---

17) 한국여성의전화, 2020년 분노의 게이지, 언론보도를 통해 본 친밀한 관계의 남성에 의한 여성살해 분석

3 스토킹 피해 현황

형사사법기관에서 스토킹 피해 규모에 대한 파악은 2018년 무렵에야 시작되었다. 경찰의 경우 2018년 6월부터 스토킹 행위에 대한 112 신고를 별도로 집계하고 있으며, 신고 당시 '스토킹' 코드를 신설하여 지속·반복적으로 발생하는 스토킹 범죄의 특성을 고려하여 동일 번호로 신고된 이력을 관리하며, 신고 출동 시 신고내역을 확인할 수 있다.

경찰이 공식적으로 스토킹 신고를 집계한 2018년 6월부터 12월까지 총 2,772건이 신고되었으며, 2019년에는 5,468건, 2020년에는 4,515건이 신고 집계되었다. 2020년 4,515건의 스토킹 신고 중 「경범죄처벌법」에 의해 처벌받은 건수는 총 488건으로, 통고처분 338건과 즉결심판 150건이 이에 해당한다. 4,515건의 스토킹 신고 중 4,027건은 현장에서 사건이 종결되어 가해자가 어떠한 처벌도 받지 않았는데. 이는 전체 신고사건의 89.2%에 해당한다. 당시에는 「스토킹처벌법」이 없을 때이긴 하지만 스토킹으로 신고된 대부분의 사건에서 법적 제재가 이루어지지 않았다는 것은 그 대응에 많은 결함이 있었다고 할 것이다.

| 표 1-2 | 스토킹범죄처벌법 제정 전 스토킹 신고 건수

구분	2018년	2019년	2020년	2021년 1~2월
신고건수(건)	2,772	5,468	4,515건	629건

* 스토킹 112신고 코드는 2018년 6월부터 신설·관리 중

| 표 1-3 | 스토킹범죄처벌법 제정 전 통고처분 및 즉결심판 건수

구분	2018년	2019년	2020년
계	544	580	488
통고처분(건)	434	435	388
즉결심판(건)	110	145	150

* 스토킹 행위가 경범죄를 넘어서는 경우(폭행, 협박, 살인, 공포심·불안감 유발 정보 전달 등), 처벌이 강한 「형법」·「정보통신망법」 등을 적용하여 대상자를 처벌하였으나, 관련 세부 통계는 별도로 관리되지 않음

한국성폭력상담소의 상담통계에 의하면, 2014년 접수된 스토킹 상담 50건 중에서 피해자와 가해자가 서로 아는 사이인 경우가 90% 이상이며, 특히 이전에 데이트를 한 사이인 경우가 58% 였다.[18] 스토킹 피해를 입은 경험자들이 호소한 피해를 보면(중복 표기한 통계), 1대1로 지나친 전화와 문자 등 집요한 연락를 하는 경우가 가장 많았지만, 협박과 모욕, 연락 없이 찾아오기도 빈번했다. 협박이나 모욕, 찾아오기, 가족을 포함한 주변사람 괴롭히기 등은 피해자와 가해자가 기존에 맺었던 관계를 통해 얻은 정보를 이용하여 괴롭히는 가해행동으로, 피해자로 하여금 대·내외적으로 운신의 폭을 스스로 좁히도록 하여 극심한 스트레스를 유발하였다.

| 그림 1-1 | 스토킹 가해의 구체적 양상

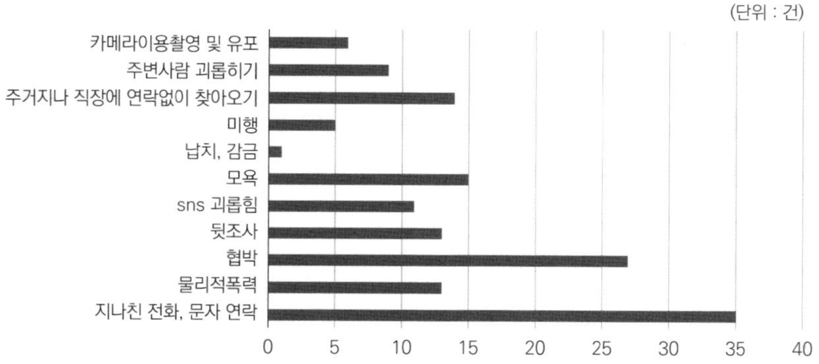

상담소에 전화를 걸어 상담하기 전까지 스토킹 가해가 얼마나 지속되었는가를 조사한 결과, 1개월 이상 6개월 미만인 경우가 32.0%로 가장 빈번했지만, 가해가 6개월 이상 지속된 경우도 28.0%에 달하였다. 여기에는 1~6년 사이의 피해가 고루 분포되어 있었다.

18) 2014년 한국성폭력상담소 상담통계 및 상담 동향분석

| 그림 1-2 | 상담 전까지 피해자가 스토킹 피해가 지속된 것으로 인지한 기간

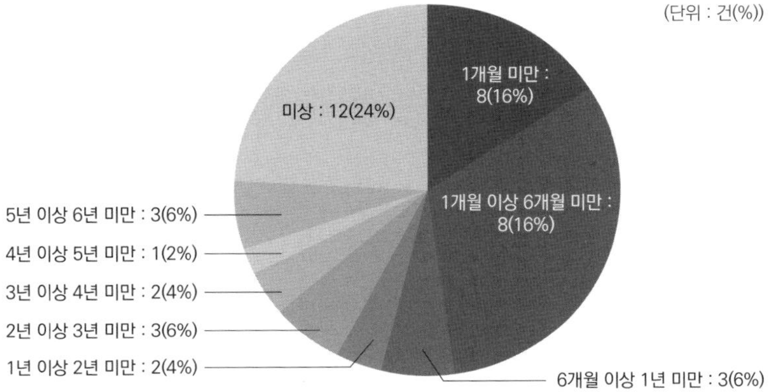

스토킹 범죄의 심각성에 대한 일반인의 인식을 조사해 보면, 남성의 79.9%, 그리고 여성의 82.5%가 스토킹 범죄는 '단순폭행과 성폭행의 중간 정도로 심각한 범죄'라고 생각하는 것이 확인된다. 한편 남성 중 10.8%는 스토킹 범죄가 '단순폭행과 같거나 그보다 경미한 정도'라고 생각하는데 비해, 여성은 단지 1.9%만이 그와 같이 생각하는 것으로 파악된다. 그리고 스토킹 범죄를 '성폭행과 같거나 그보다 심각한 정도' 라고 생각하는 경우는 남성의 9.2%, 여성은 15.4%로 나타난다. 일반적으로 여성이 남성보다 스토킹 범죄를 심각하게 인식하는 경향이 있다고 볼 수 있다.[19]

---

19) 이수정, "스토킹 피해방지를 위한 정책·제도적 방향", 2019 성폭력방지 정책토론회 자료집, 한국여성인권진흥원, 52면.

4 스토킹범죄 수사와 처분결과

「스토킹처벌법」 시행 이후 2022년 한 해 동안 수사된 사건은 10,579건이다. 신고로 접수된 경우가 8,912건, 전체의 84.2%로 가장 많이 차지하며, 현행범체포도 적지 않은데 1,571건으로 14.9%이며, 불심검문 등 미신고로 수사된 경우가 96건으로 0.7%이다.

| 표 1-4 | 2022년 스토킹처벌법위반 범죄의 수사단서

(단위 : 건수)

합계	현행범	신고							미신고				
		소계	피해자 신고	고소	고발	자수	진정 투서	타인 신고	소계	불심 검문	탐문 정보	여죄	기타
10,579	1,571	8,912	5,320	2,939	2	4	406	241	96	1	14	12	69

자료 : 대검찰청 범죄분석 2023년

2022년 스토킹 범죄자 처분결과를 보면 전체 9,738건 중 기소된 경우가 43.7%(4,255건), 불기소된 경우가 12.8%(1,246건), 사법경찰관의 불송치 및 수사중지가 3,537건(36.3%), 소년보호 및 가정보호 송치가 0.4%(39건) 차지한다. 전체 스토킹범죄 사건에 대한 처분결과에서 사법경찰관의 불송치와 수사중지가 1/3 이상으로 많이 차지하는데, 경찰에 의해 스토킹 범죄로 볼 수 없는 정도의 사건은 걸러지고 있다고 보인다. 언론에서는 종종 스토킹 전체 피의자 중 구속된 경우가 너무 적다며 스토킹범죄자를 너무 가볍게 취급하는 것이라는 비판을 가하기도 한다. 전체 피의자 중 구속된 비율은 3.4% 정도이며, 기소된 사건 중 구속된 경우는 8.5%(361건) 로 나타난다. 위험한 스토킹범죄자에 대해서는 피해자에게 접근하지 못하도록 수사단계에서 구속하는 것이 효과적인 방법이 된다. 그러나 구속영장 청구 자체가 실무에서 매우 제한적으로 행해지는 경향임을 고려할 때, 낮은 구속률은 스토킹범죄 대응의 한계로 지적하지 않을 수 없다.[20]

---

20) https://www.joongang.co.kr/article/25102226#home "스토커 3.5%만 구속수사 왜…법원은 아직도 '짝사랑' 취급한다" 중앙일보 2022.09.16.

서울 지하철 2호선 신당역 살인사건(2022. 09. 14)의 경우 가해자가 스토킹 혐의 등으로 재판을 받던 중 선고를 하루 앞둔 시점으로 스토킹으로 인한 보복성 살인이었는데, 피해자의 거듭되는 신고와 수사와 재판으로 가해자의 보복이 예측되는 상황이었음에도 불구하고 구속수사를 배격하며 안일하게 대처하였다는 비판을 받았다.[21]

서울 구로구 소재 호프집 스토킹 살인(2022. 02. 14)에서도 당시 경찰은 범행 사흘 전 피해자 신고로 가해자를 체포하여 스토킹 혐의 등으로 구속영장을 신청했지만 검찰이 이를 반려하면서 피해를 막지 못한 사실이 드러났다.[22] 그렇다면 스토킹에 대한 수사와 재판이 지향하는 목표가 잘못된 것은 아닌지 검토해볼 필요가 있다.

| 표 1-5 | 2022년 스토킹처벌법위반 범죄자 처분결과

(단위 : 건수)

합계	기소				소년보호송치	가정보호송치	불기소					기소중지	보완수사요구(결정)	사법경찰관의 결정	
	소계	구공판		구약식			소계	기소유예	혐의없음	죄가안됨	공소권없음			불송치	수사중지
		구속	불구속												
9,738	4,255	361	1,676	2,218	33	6	1,246	300	214	-	732	4	657	3,441	96

자료 : 대검찰청 범죄분석 2023년

21) 2020년 10월 불법촬영 등 혐의로 수사하면서 경찰이 구속영장을 신청했지만 서울 서부지법이 "주거가 일정하고 증거인멸 우려 및 도주 우려가 없다"고 판단해 가해자를 풀어주었고, 피해자가 2022년 1월 27일 다시 스토킹으로 고소하였는데 경찰은 이전에 구속수사를 좌절하였기 때문에 불구속 상태로 사건을 검찰에 송치하였다.

22) https://www.hani.co.kr/arti/society/women/1058924.html "스토킹 구속 비율, 48%도 아니고 4.8%…너무도 관대한 나라" 한겨레 2022.09.16.

5 스토킹범죄에 대한 잠정조치의 실태

검거 건수가 늘면서 경찰의 '잠정조치' 신청 건수도 함께 늘고 있다. 잠정조치란 스토킹범죄의 원활한 조사나 피해자 보호를 위해 법원이 필요하다고 인정하는 경우 내리는 결정으로, 가해자에게 서면 경고, 100m 이내 접근금지, 연락 금지, 위치추적 전자장치 부착, 유치장 또는 구치소 유치 조치가 포함된다(「스토킹처벌법」 제9조). 이 중 위치 추적 전자장치 부착 조치는 2023년 7월 11일의 법 개정에서 새로 추가된 내용이다. 경찰청 자료에 의하면 법시행 초기인 2021년 11월과 12월에 잠정조치 신청건수는 365건, 423건이었으나 2022년 3월 509건, 4월 516건, 5월 526건으로 대폭 증가하고 있다.

| 표 1-6 | 스토킹범죄 잠정조치 현황 : 2021년 11월~2022년 8월

(단위 : 건수)

항목		2호 (A)	3호 (B)	4호 (C)	2/3호 (D)	3/4호 (E)	2/4호 (F)	2/3/4호 (G)	합계 (A~G)	2호 처분 (A+D+F+G)	4호 처분 (C+E+F+G)
2021년	11월	23	16	5	313	0	0	8	365	344	13
	12월	25	8	9	353	1	3	24	423	405	37
2022년	1월	28	8	9	357	0	1	15	418	401	25
	2월	20	6	13	282	1	0	10	332	312	24
	3월	18	10	14	433	0	0	34	509	485	48
	4월	28	15	9	438	0	0	26	516	492	35
	5월	39	11	11	448	1	0	16	526	503	28
	6월	29	10	13	433	0	1	20	506	483	34
	7월	22	8	10	463	0	1	16	520	502	27
	8월	24	7	11	373	0	0	12	427	409	23
합계		256	99	104	3,893	3	6	181	4,542	4,336	294

자료 : 경찰청 통계

*2호(접근금지), 3호(전기통신을 이용한 접근금지), 4호(유치장 또는 구치소 유치 잠정조치)

*1호(서면경고)의 경우 동법 제3조(응급조치)를 활용하며 별도 관리되지 않음

2호 접근금지처분이 10개월 동안 총 4,336건, 월평균 434건으로 가장 많이 활용되었고, 4호 유치처분은 총 294건으로 월평균 29건에 불과하여 유치의 활용은 다소 저조한 편이다. 구속수사가 능사는 아니나, 스토킹 범죄의 경

우 가해자가 피해자에게 강한 집착과 비뚤어진 지배욕을 드러내 강력범죄로 이어질 가능성이 크다는 점에서 법원과 수사기관의 미온적 대처가 이번 '신당역 스토킹 살해' 사건과 같은 화를 키웠다는 지적이 나온다. 여성을 상대로 한 강력범죄가 잇따르면서 강력한 대응의 하나인 '유치'(잠정조치 4호)의 적용에 관심이 집중되고 있으며, 가해자를 유치장 또는 구치소에 최대 한 달간 가두는 가장 강력한 조치의 활용이나 위치추적 전자장치를 부착하는 처분의 도입에 관심이 증가하였다.

그러한 관심에 따라 법시행 1년 9개월 정도 지난 시점인 2023년 7월 11일 스토킹처벌법이 개정되면서 위치추적 전자장치의 부착이 잠정조치의 하나로 추가 신설되었고, 전자장치 부착과 관련해서는 6개월 이후 시행하도록 함으로써 2024년 1월 12일부터 시행되었다. 그럼으로써 이전에는 유죄의 판결이 확정된 다음에만 위치추적 전자장치 부착이 가능했지만, 개정법의 시행으로 법원이 피해자 보호를 위하여 필요하다고 인정하는 경우 수사 단계부터 3개월 이내로 최대 3회(최장 9개월)까지 잠정조치로서 위치추적 전자장치를 부착할 수 있게 되었다.

법원이 접근금지 명령을 내리고도 실제 접근을 방지하기 어려웠으나 소위 '전자발찌'로 인해 가해자의 접근 여부를 실시간으로 감독하고 대응할 수 있게 한 것은 발전적이다. 스토킹 가해자가 접근하면 접근사실이 피해자에게 자동으로 문자가 전송되고, 경찰이 신속히 출동하는 등의 피해자 보호조치까지 가능할 수 있다.

스토킹처벌법 제9조(스토킹행위자에 대한 잠정조치)

① 법원은 스토킹범죄의 원활한 조사·심리 또는 피해자 보호를 위하여 필요하다고 인정하는 경우에는 결정으로 스토킹행위자에게 다음 각 호의 어느 하나에 해당하는 조치(이하 "잠정조치"라 한다)를 할 수 있다. 〈개정 2023.7.11〉

1. 피해자에 대한 스토킹범죄 중단에 관한 서면 경고
2. 피해자 또는 그의 동거인, 가족이나 그 주거등으로부터 100미터 이내의 접근 금지
3. 피해자 또는 그의 동거인, 가족에 대한 「전기통신기본법」 제2조제1호의 전기통신을 이용한 접근 금지

3의2. 「전자장치 부착 등에 관한 법률」 제2조제4호의 위치추적 전자장치(이하 "전자장치"라 한다)의 부착

4. 국가경찰관서의 유치장 또는 구치소에의 유치

또한 법률개정에 따라 정보통신망을 이용한 스토킹 유형들이 새롭게 추가되었고, 스토킹범죄에 대한 반의사불벌 조항이 폐지되었는데, 이는 2023년 7월 11일 개정과 동시에 시행되었다. 그 외 피해자 국선변호사 제도가 도입되어 성폭력·아동학대 등처럼 형사절차에서 피해자의 권익을 보다 충실히 보호할 수 있게 되었다.

제2절
스토킹의 유형, 원인 및 폐해

1 스토킹의 유형

스토킹을 세 가지 유형으로 나누어 살펴볼 수 있다.

'선관계 스토킹'(Former-intimate Stalking) : 가해자와 피해자 사이에 이전부터 존재했던 관계를 바탕으로 이루어지는 유형으로 가장 많이 발생하는 형태이다.

스토킹 피해자들의 과반수는 과거나 현재의 배우자나 연인을 포함하여 아는 사람에 의해 스토킹을 경험한다.[23] 가장 흔한 것이 이별을 받아들이지 못하는 전 연인이 하는 스토킹이다. 그리고 직장의 상하관계에서 상사가 못살게 굴거나 부당하게 해고하려고 한다고 느끼거나, 친근감을 표현했지만 거부당할 때 스토킹 하는 경우가 있다.

이 유형의 동기는 희생자의 마음을 바꾸거나 교훈을 주기 위한 것으로 가해자가 피해자를 알고 있기 때문에 다른 스토킹 사건보다 훨씬 단기간에 폭력적으로 전개되기 쉬운 특징이 있다. 피해자와 원래 관계를 맺고 있던 가해자가 피해자로부터 거부당하거나 배신당했다고 여기며 복수심과 상실감, 분노, 질투심, 슬픔의 감정을 주체하지 못하고 스토킹 행위로 이

23) Stalking Prevention, Awareness, and Resource Center (SPARC) (2017), Stalking & Intimate Partner Violence Fact Sheet

어지는데, 이 유형의 많은 가해자들이 성격장애를 갖고 있었다(Mullen et al., 1999). 또한, 과거나 현재의 배우자나 연인이 스토킹을 하는 경우는 (intimate partner stalker) 그렇지 않은 경우(non-intimate partner stalker)에 비해 가해자의 협박이 실제 폭력으로 이어질 확률(Palarea et al., 1999), 협박과 폭력 과정에 흉기를 사용할 확률(Mohandie et al., 2006), 제3자를 공격할 확률(Sheridan and Davies, 2001), 법원의 개입 이후에도 다시 스토킹을 시도할 확률(Rosenfeld, 2003), 더욱 많은 스토킹 방법을 사용할 확률(Johnson, 2009)이 높았다.

'관계지향적 스토킹'(Desired-intimate Stalking) : 피해자와 관계를 맺고 싶어 하면서 스토킹 하는 유형으로, 유명인에 대한 스토킹을 전형적인 예로 들 수 있다.

이 유형의 스토커들은 정신분열증이나 조울증에 시달리는 경우가 많고, 사회적으로 소속감과 친밀함을 공유하는 관계를 맺어보지 못했거나 충분한 애정을 받은 경험이 없는 경우가 많다.

관계지향적 스토커들은 자신이 상대방을 설득하면 지금은 거부하더라도 결국에는 자신을 사랑해줄 것이라고 믿어버린다. 따라서 본격적인 망상증이 시작되면 '관계지향적 스토킹'은 매우 오랜 기간 지속될 뿐만 아니라 예방하기도 어렵다. 이 유형의 스토킹은 짝사랑의 외관을 한 과도한 집착이며 피해자를 소유, 통제하고자 하는 방식으로 관계를 맺고자 하기 때문에 피해자가 자신의 접근을 거부하거나 관심을 보이지 않으면 가해자는 분노와 질투심을 느끼기도 한다(Mullen et al., 1999).

'무관계 스토킹'(Non-intimate Persecution) : 상대방과의 관계지향이 목표가 아니라 스토커 자신이 상처입고 모욕당했다고 생각하여 다른 사람을 처벌하려고 하는 동기에서 발생하는 유형이다.

이 유형 중 가해자가 희생자를 아는 경우에는, 친구들 앞에서나 직장에서 자신의 명예를 더럽혔다고 생각하고 희생자를 단순히 복수의 차원이 아니라 자신의 명예를 회복하기 위해 고른다.

가해자가 희생자를 모르는 경우로는, 반사회적인 스토커, 예컨대 연쇄 살인범, 강간범 혹은 약탈적 스토커(predatory stalker)가 자신의 성적 만족이나 타인을 통제하려는 욕망으로 범죄를 저지르는 경우는 극히 위험한 상황이 될 수 있다.[24] 약탈적 스토커의 경우 스토킹을 통해 자신이 권력을 행사하고 타인을 지배한다는 쾌감을 느끼며 보통 계획적으로 피해자에게 접근하여 공격을 준비하는 과정을 거치며 다른 유형의 스토커들보다 성범죄전과자일 확률이 더 높다(Mullen et al., 1999).

스토커의 특징

스토커는 피해자를 위협하여 공포를 느끼게 하고 그 공포로 대상을 조종하려고 한다. 공포를 느끼게 하는 것이 피해자를 조종하는 주 기종이 된다. 다른 한편으로 스토커는 피해자가 죄책감을 느끼거나 미안한 마음을 가질 때 이를 적절히 이용하기도 한다. 이 두 가지가 스토커가 피해자를 조종하는 중요한 심리적 요소이다.[25]

양적 연구조사 결과들은 전형적인 스토킹 가해자에 대해 크게 네 가지의 특징을 말하고 있다.[26]

- 과거에 타인에게 폭력을 휘두른 적이 있음
- 형사처벌을 받은 전과가 있음
- 약물 사용, 정신 질환이 있음
- 기술과 관련된 전문성이 있음

---

24) 브랜 니콜/우효경 옮김(2008), 위의 책, 42-44면.
25) 이규환(2005), 『스토킹의 심리학』, 미토, 93-94면.
26) Andrews & Bonta, 2010; Bowen, 2011; Douglas & Dutton, 2001; Jordan et al., 2003; (Cattaneo et al., 2011; Brewster, 2000; Sheridan & Roberts, 2011; McEwan & Strand, 2013; Borum et al., 1999; Reyns et al., 2011; Belknap et al., 2012.

2 스토킹의 원인

스토킹의 원인은 단적으로 설명하기 어려우며 사회학습요인, 가부장요인, 개인성향요인, 상황요인 등 다원적 설명요인으로 살펴볼 수 있다.[27)]

사회학습요인

차별접촉과 태도 : 차별접촉이론에 의하면 많은 범죄행위들은 주위 친구들과의 접촉이나 강화 등의 학습과정을 통해 법위반에 대한 긍정적 정의나 태도가 형성됨으로써 비롯된다고 한다. 스토킹의 경우도 다른 범죄행위들처럼 학습될 수 있다.

폭력환경과 학습 : 스토킹은 폭력이 동반된 경우가 많은데, 누군가를 괴롭히고 위협하는 수준에서 더 나아가 폭력을 사용하기 때문이다. 스토킹은 어린 시절 가정폭력에 노출된 경험이나 폭력학습의 태도와도 관련이 있을 수 있다. 스토킹의 한 형태라고 볼 수 있는 데이트폭력에 관한 연구를 보면 어려서부터 가정폭력을 경험한 사람들이 성인이 되어 데이트 상대에게 폭력을 행사할 가능성이 높다고 한다.[28)]

가부장요인

권력과 통제의 행사 : 스토킹의 가해자는 남성이 많으며, 이는 남성의 권력과 지배의 표현으로 권력과 통제를 형성하고 유지, 지속하기 위해 스토킹을 행사한다는 주장이 있다(Brewster, 2003). 스토킹 설명에서 강압통제이론은 남성이 이성과의 관계에서 상대방의 생활을 지배하고 통제하기 위해 감시하고, 위협하며, 위력을 행사하기도 하고, 심지어 일상생활을 못하도록 하는 강압을

---

27) 이성식·신지민·임수경·임형연, 사이버스토킹의 설명요인에 관한 연구, 형사정책 제32권 제2호 2020, 99면 이하.
28) 김수민·이창배, 가정폭력 노출이 데이트폭력 가해에 미치는 영향 : 폭력허용도의 매개효과와 자아존중감의 조절효과, 한국경찰학회보, 제23권 제1호, 2021, 216면; 황성결, 성장기 가정폭력 목격 경험과 부부폭력 가해 관계에서 성별에 따른 데이트폭력 가해의 매개효과한국가족복지학 제70권 제3호, 2023, 146면 이하.

행사하는 과정으로 본다(Davis et al., 2000).

스토킹신화와 정당화 : 스토킹행위의 경우도 강간신화처럼 스토킹신화가 주요 원인이 될 것이라는 주장이 있다. 즉 스토킹은 가해자가 여성피해자에 대해 비난하면서 자신의 행위를 정당화하는 과정에서 발생한다고 본다. 스토킹신화 경향이 높은 사람은 스토킹을 더 하게 되며, 스토커는 상대에 책임을 돌리면서 스토킹을 하기도 한다.[29)]

개인성향요인

낮은 자기통제력 : 자기통제이론은 낮은 자기통제력의 개인성향이 모든 범죄의 유일한 원인이면서 모든 유형의 범죄를 설명한다고 주장하는데, 스토킹의 경우도 낮은 자아통제력으로 설명될 수 있다(Davis et al., 2012).

애착결여 : 스토킹은 행위자가 어려서 부모 등과 안정적인 애착관계와 유대를 형성하지 못했을 경우에 발생할 가능성이 높다. 애착혼란의 개인은 누군가와 관계를 맺을 때 관심과 확신을 받기를 원하기에 누군가를 강압적으로라도 통제하기를 원하는데 그러한 가운데 스토킹을 저지른다. 또한 거부되는 것의 두려움과 상대에 대한 의심, 또 혹시라도 친밀한 관계가 손상되면 극도의 분노와 폭력행동의 경향으로 표출되기도 한다. 이런 점에서 어려서 형성된 애착결여의 특징이 주요 요인이 될 수 있으며 특히나 이성과의 관계에서 불안정한 애착혼란을 갖는 남성은 상대에 집착하고 통제하려는 경향이 높은데 이것이 스토킹으로 이어질 수 있다.[30)]

---

29) 이성식·신지민·임수경·임형연(2020), 위의 글, 101면.
30) 이성식·신지민·임수경·임형연(2020), 위의 글, 103면.

상황요인

익명성 : 비대면과 익명의 상황은 사이버스토킹에서 주요 요인으로 작용할 수 있다. 익명성은 인터넷공간에서 자신이 누구인지를 밝히지 않음으로써 상대가 누구인지 모르는 상태를 말하는 것으로, 익명성의 상황은 평소에는 해서는 안 된다고 생각하는 것도 탈억제를 유발하여 범죄에 영향을 줄 수 있다.

처벌억제 : 억제이론은 범죄자의 특성보다 외부 여건과 상황에 따른 범죄발생 가능성을 설명하는데, 즉 처벌이 신속하고, 확실하며, 엄중할수록 범죄의 가능성은 낮지만 그렇지 못할 때 범죄가 더 많이 발생한다고 한다. 스토킹의 경우도 처벌법규가 미약하고 처벌이 적절히 이루어지지 않는 경우 스토킹 발생 가능성이 더 높다는 것이다.[31]

---

31) 이성식·신지민·임수경·임형연(2020), 위의 글, 104면.

3 스토킹의 폐해

스토킹은 성격상 연속적으로 반복되는 행위들로 이루어져 있기 때문에 피해자들은 언제 시작될지 모르는 스토커들의 비이성적인 행동을 두려워하게 된다.

스토킹에 의한 외상(trauma)에 관한 연구에 의하면, 스토킹으로 인하여 신체나 생명에 대한 협박 등에 장기간 노출된 경우 피해자에게 심리기능의 이상이 나타나거나, 집요한 추적으로 인한 공포감과 불안, 우울증 등과 같은 심각한 정신장애가 발생할 수 있다. 사회로부터 보호받을 길이 없는 피해자들 대부분은 학교나 직장을 그만두거나 이사를 하거나 연락처를 바꾸거나 외출을 자제하는 것은 물론 가해자로부터 지인들을 보호하기 위해 주변과 관계를 단절하는 등 일상생활 전반에서 위축된 삶을 살게 된다.[32]

오랜 기간 동안 괴롭힘에 시달려 온 스토킹 희생자들은 매우 심각하게 정상적인 생활을 영위할 수 있는 능력이 감소된다. 안정된 자아는 우리가 성인으로 사회에 적응하기 위해 가장 필요한 것이며, 우리는 자신의 강점과 약점 및 각각의 상황에 어떻게 반응해야 하는지, 다른 사람이 나를 어떻게 생각하는지 알거나 적어도 알고 있다고 생각한다. 그러나 스토킹은 이 모든 과정을 분열시킨다. 스토커라는 한 사람의 인격장애는 그의 대상이 되는 다른 사람까지도 사회적으로 고립시키는 결과를 낳는다.[33]

스토킹 가해자의 끊임없고 위협적인 행위는 피해자의 삶의 질을 심각하게 저하시킨다.

우울증, 불안, 극도의 경계, 자살사고, 외상후 스트레스장애(PTSD), 두려움, 공포감, 무기력증, 괴로움, 대인관계에 과도한 예민성, 분노, 불신을 일으키고 이러한 정신적 피해는 많은 경우 스토킹 행위가 중단된 뒤에도 수년 간 계속된다(Brewster, 1998; Davis et al., 2002; Logan and Walker, 2010). 스토킹 피해자의 가족, 친구, 동료, 이웃 등 주변 인물 또한 스토킹 가해자의 위

---

32) 곽영길 외(2011), "스토킹의 특징에 관한 연구 -미국 일본 한국의 스토킹 현황을 중심으로", 『한국범죄심리연구』 제7권 제3호, 통권 제15호, 48면.
33) 브랜 니콜, 우효경 옮김(2008), 위의 책, 57면.

협에 노출될 수 있다. 많은 피해자들은 스토킹 피해 사실에 대해 수치감을 느끼거나 주변인물을 보호하기 위해서 사회적 활동을 줄이고 인간관계를 단절하여 사회적 고립과 소외, 자존감의 하강을 겪기도 한다(Logan and Walker, 2009; Spitzberg, 2002; Brewster, 2003).

피해자는 자신의 행동으로 인해 스토커의 분노를 사서 사태를 악화시킬까봐 법적인 대처를 두려워하며, 스토커를 막을 수 없다는 것을 깨닫고 무력감에 빠진다.

피해자가 스토커를 막을 힘이 없다는 것은 스토커가 원하는 대로 당할 수 밖에 없다는 것을 의미한다. 스토킹이 문제가 되는 것은 그것이 단계적으로 확대된다는 점이다. 스토킹은 우발적으로 어쩌다가 한번 일어난 범죄가 아니라 계속 반복되는 가운데 심각한 수준의 폭력으로 발전할 수 있다.[34]

일반적으로 보통 사람들에게 나타나는 스토킹은 스토킹을 유발할만한 뚜렷한 특성이 없는 사람에게 흔히 일어난다. 스토킹에 희생되는 사람들이 어떤 특성을 가지고 있던지 간에 그들이 그런 특성을 가지고 있기 때문이라고 비난받아서는 안 된다.[35] 연구에 따르면 대부분의 스토킹 피해자들은 스토킹 경험으로 인해 성격이 이전보다 더 조심스럽고 금방 두려워하고 내성적이고 공격적으로 변하였다(Hall, 1998). 피해자는 폭력에 대한 두려움에 시달릴 뿐만 아니라 스토킹 가해자의 만성적이고 예측불가능한 침해 행위로 인하여 자신의 삶에 대한 통제권을 상실하게 되어 정신건강과 정서적 안정에 큰 악영향과 외상을 입게 된다(Davis et al., 2002).

스토킹 피해자가 경험하는 경제적 피해 또한 심각하다. 스토킹 피해로 인하여 실직하거나 경제 활동에 대한 집중력과 생산성이 감소하여 임금 손실로 이어질 수도 있고 스토킹 행위 자체가 피해자의 재물손괴를 일으키기도 한다.

피해자가 스토커로부터 안전을 도모하기 위해 변호사 비용, 이사 비용, 학

34) 브랜 니콜/우효경 옮김(2008), 위의 책, 17면.
35) 이규환(2005), 위의 책, 27면, 93면.

업 중단 비용, 추가 보안장치 설치 등 상당한 비용을 지출하게 되기 때문이다. 국내에서는 아직 이와 관련된 구체적 실태조사가 이루어지지 않았지만 외국의 자료를 참고하여 국내 피해자들도 유사한 경제적 피해를 입고 있을 것을 추측할 수 있다. 1999년 미국 법무부가 발주한 한 연구 자료에 따르면 인터뷰에 참여한 펜실베니아 주에 거주하는 187인의 여성 스토킹 피해자들이 스토킹으로 인해 위협받은 안전을 강화하기 위해 지출한 비용의 중간값은 $1,000에 달하였다.[36] 2012년 켄터키 주에 거주하는 스토킹 피해자들 중 피해자보호명령을 신청한 210인을 대상으로 한 연구 결과 피해자들은 피해자보호명령을 신청하기 직전 6개월 동안 평균적으로 약 $1,114에 달하는 재물손괴 피해를 입었다.[37] 2009년 미국 법무부 통계 자료에 의하면 스토킹 피해자의 절반 이상이 스토킹으로 인하여 5일 이상 출근하지 못하였다.[38] 많은 스토킹 피해자들은 스토킹 행위를 피하기 위해 휴직, 이직을 하거나 자신의 진로를 변경하기도 하며, 스토킹으로 인하여 직업이나 학업에 시간을 투자하지 못하거나 전면적으로 포기하는 경우 커리어와 임금, 경제적 안정에 심각하고 장기적인 악영향을 받을 수 있다.

스토킹 피해가 신체와 정신 건강 악화로 이어진 경우에도 경제적 피해가 발생한다.

1996년 미국 여성폭력실태조사에 따르면 스토킹 피해는 우울증과 만성 질환(정신, 신체 모두) 발병과 상관관계가 있으며 특히 여성 피해자의 경우 스토킹은 신체적 상해와 상관관계가 있었다(Davis et al., 2002). 한 해에 미국인들이 스토킹으로 인하여 지출하는 의료와 정신상담 비용과 생산성 손실 비용을 계산한 한 2004년 연구(Max et al., 2004)는 미국 사회가 매년 스토킹으로 인해 입는 경제적 피해가 약 4억 6천 1백만 달러라고 결론지었는데 이는 2016년 기준으로 6억 4백만 달러(한화 7,143억 원 가량)에 달하는 규모이다.

---

36) Mary P. Brewster(1999), Exploration of the Experiences and Needs of Former Intimate Stalking Victims.

37) Institute for Women's Policy Research(2017), Intersections of Stalking and Economic Security.

38) Baum et al(2012), Stalking Victimization in the United States, U.S. Department of Justice, Bureau of Justice Statistics SPeical Report

최근 스토킹 유형 중 사이버스토킹이 증가로 폐해를 낳고 있다.

2018년 한국정보화진흥원 조사자료에 의하면 5세 이상 49세 이하 조사대상자 가운데 사이버범죄 가해경험은 저작권침해(3.2%), 해킹(1,8%), 언어폭력(1.0%), 다음으로 사이버스토킹(0.6%) 경험자가 많았다. 피해에 있어서는 해킹(18.2%) 다음으로 사이버스토킹(5.8%)이 두 번째로 높은 순위의 범죄로 제시되어 사이버스토킹은 대표적인 사이버범죄의 하나로 나타나고 있다.

사이버스토킹은 기존의 스토킹의 연장선으로 볼 수 있지만, 다음과 같은 특징으로 인해 더 광범위한 폐해를 초래할 수 있다.[39]

- 기존 스토킹이 이전 애인 등 서로 아는 사이에서 일어난다고 하지만 사이버스토킹은 익명의 상태에서 서로 모르는 사이에서도 네트워크를 통해 이루어진다.
- 사이버스토킹은 여러 다양한 형태가 있어 단순히 위협 이외에, 피해자에 대한 개인정보수집과 프라이버시 침해, 피해자에게 음란물 등 전송, 바이러스나 다른 방법 등으로 데이터나 컴퓨터시스템을 공격하기, 피해자대신 상품주문하기 등 그 방법이 다양하다.
- 사이버스토킹에서 가해자는 제3자의 모르는 타인 혹은 대리인을 끌어들여 괴롭히도록 유도하기도 하며, 사이버스토킹은 단순히 개인의 스토킹 행동이 아니라 집단의, 그리고 조직적 차원의 공격이 이루어지기도 하여 광범위한 폐해를 초래할 수 있다.

---

39) 이성식·신지민·임수경·임형연(2020), 위의 글, 98면.

제3절 스토킹처벌법과 스토킹범죄

1 스토킹처벌법상 '스토킹행위'와 '스토킹범죄'의 구분

「스토킹처벌법」은 그 제정이유를 "최근 스토킹으로 인하여 정상적인 일상생활이 어려울 만큼 정신적·신체적 피해를 입는 사례가 증가하고, 범행 초기에 가해자 처벌 및 피해자에 대한 보호조치가 이루어지지 아니하여 스토킹이 폭행, 살인 등 신체 또는 생명을 위협하는 강력범죄로 이어져 사회 문제가 되고 있다. 이에 따라 스토킹이 범죄임을 명확히 규정하고 가해자 처벌 및 그 절차에 관한 특례와 스토킹범죄 피해자에 대한 각종 보호절차를 마련하여 범죄발생 초기 단계에서부터 피해자를 보호하고, 스토킹이 더욱 심각한 범죄로 이어지는 것을 방지하여 건강한 사회질서의 확립에 이바지하려는 것임"이라고 밝히고 있다.

「스토킹처벌법」은 '스토킹행위'와 '스토킹범죄'의 개념을 구분하며, 그에 대한 법적 대응도 다르게 기본적인 구조를 설정한 것이 특징이다. 즉 '스토킹행위'란 일정한 행위유형을 말하며, 이를 지속적·반복적으로 행할 때에 '스토킹범죄'라고 본다. '스토킹행위'는 스토킹범죄가 발생하기 이전 단계라고 할 수 있지만, 이때부터 경찰이 개입할 수 있도록 명문으로 규정하여 경찰의 작용을 확대하고 있다.

2 스토킹처벌법의 '스토킹행위' 유형

스토킹처벌법에 의하면 '스토킹행위'란 상대방의 의사에 반하여, 정당한 이유가 없는 일정한 행위로 피해자에게 불안감이나 공포심을 일으키는 것으로 정의된다. 법률 제정 당시에는 5가지 유형이었으나, 2023년 7월 개정에 의해 2가지가 추가되어 모두 7가지 유형이다.

① 상대방 또는 그의 동거인, 가족에게 접근하거나 따라다니거나 진로를 막아서는 행위
② 상대방등의 주거, 직장, 학교, 그 밖에 일상적으로 생활하는 장소 또는 그 부근에서 기다리거나 지켜보는 행위
③ 상대방등에게 우편·전화·팩스 또는 정보통신망을 이용하여 물건이나 글·말·부호·음향·그림·영상·화상을 도달하게 하거나 나타나게 하는 행위
④ 상대방등에게 직접 또는 제3자를 통하여 물건등을 도달하게 하거나 주거등 또는 그 부근에 물건등을 두는 행위
⑤ 상대방등의 주거등 또는 그 부근에 놓여져 있는 물건등을 훼손하는 행위
⑥ 상대방등의 정보를 정보통신망을 이용하여 제3자에게 제공하거나 배포 또는 게시하는 행위
⑦ 정보통신망을 통하여 상대방등의 이름, 명칭, 사진, 영상 또는 신분에 관한 정보를 이용하여 자신이 상대방등인 것처럼 가장하는 행위

「스토킹처벌법」에 의하면 '스토킹행위'부터 규제대상이 되며, 스토킹행위 개념은 두 가지 특성을 가진다. 첫째, 스토킹행위란 '상대방의 의사에 반하여' 행위란 특성을 가지며, 이는 반드시 명시적 의사에 반할 것을 요하지는 않는다. 둘째, 스토킹행위는 상대방에게 '불안감이나 공포심'을 초래한다는 점이다.

상대방의 의사에 반하며, 불안과 공포를 초래할 수 있는 행위라면 그것이 지속 반복되기 이전에도 타인의 일상생활 공간을 직·간접적으로 침해한다는 점에서 법적 규제를 받도록 이 법을 설계한 것이다. '스토킹행위'에 대한 법적 규제란 '응급조치' 또는 '긴급응급조치'를 가하는 것이며 이로써 스토킹범죄를

예방하고자 한다.

한편 「스토킹처벌법」은 '스토킹행위'의 구체적인 유형을 제한적으로 열거하는 방식을 취하는데, 이런 입법방식은 법적 규제 대상의 범위가 무제한하게 확대되는 것을 막을 수 있는 장점이 있지만, 제시된 유형 이외에는 포함되지 않은 문제가 있다. 따라서 보완될 필요가 있는데, 제재가 필요한 행위유형이 생길 때마다 개정하는 방식이 나을지 혹은 유사한 행위는 스토킹행위로 볼 수 있도록 하는 보충적 구성요건을 두는 것이 나을지 검토되어야 한다.

3 스토킹처벌법의 '스토킹범죄' 개념

'스토킹행위'와 구별되는 개념으로 '스토킹범죄'란 열거된 스토킹행위를 지속적 또는 반복적으로 하는 것이다. 형사처벌은 '스토킹범죄'에 대해서 가능하다. 피해자의 의사에 반할 뿐 아니라, 정당한 이유 없이 지속적 또는 반복적으로 피해자에게 불안감과 공포심을 초래하는 행위를 하였다는 점에서 형사제재의 대상이 되어 마땅한 것이다. 더불어, 더 심각하고 상시적인 위험을 방지하기 위하여 피해자 보호조치가 요구되기도 한다.

표 1-7 「스토킹처벌법」상 스토킹행위와 스토킹범죄의 정의

구분	정의	객체
스토킹행위 (제2조제1호)	상대방의 의사에 반(反)하여 정당한 이유 없이 상대방 또는 그의 동거인, 가족에 대하여 다음 각 목의 어느 하나에 해당하는 행위를 하여 상대방에게 불안감 또는 공포심을 일으키는 것 가. 접근하거나 따라다니거나 진로를 막아서는 행위 나. 주거, 직장, 학교, 그 밖에 일상적으로 생활하는 장소(이하 "주거등"이라 한다) 또는 그 부근에서 기다리거나 지켜보는 행위 다. 우편·전화·팩스 또는 「정보통신망 이용촉진 및 정보보호 등에 관한 법률」 제2조제1항제1호의 정보통신망을 이용하여 물건이나 글·말·부호·음향·그림·영상·화상(이하 "물건 등"이라 한다)을 도달하게 하는 행위 라. 직접 또는 제3자를 통하여 물건등을 도달하게 하거나 주거등 또는 그 부근에 물건등을 두는 행위 마. 주거등 또는 그 부근에 놓여져 있는 물건등을 훼손하는 행위 바. 상대방등의 정보를 정보통신망을 이용하여 제3자에게 제공하거나 배포 또는 게시하는 행위 사. 정보통신망을 통하여 상대방등의 이름, 명칭, 사진, 영상 또는 신분에 관한 정보를 이용하여 자신이 상대방등인 것처럼 가장하는 행위	상대방
스토킹범죄 (제2조제2호)	지속적 반복적으로 스토킹행위를 하는 것	피해자

02

스토킹범죄 판례의 통계분석

제1절 조사개요

1 조사의 대상

우리 사회에서 스토킹범죄는 어떤 유형으로 발현되고 있으며 그에 대해 어떤 처벌 및 제재가 부과되고 있는지 구체적 경향을 파악하고자, 「스토킹처벌법」 시행 이후의 관련 판례들을 수집하여 내용을 조사하고 통계분석 하였다.

대상판례들은 대한민국법원 홈페이지의 '판결서 인터넷열람신청'을[40] 통하여 찾을 수 있었는데, '스토킹범죄의처벌등에관한법률위반'을 검색어로 입력하여 「스토킹처벌법」이 적용된 2021년 10월 21일부터 2022년 12월 31일까지 선고된 판례들을 수집하였다. 이렇게 확보한 판례들 중에서 다음과 같은 기준에 따라 전국의 1심판결 총 1,307개를 발췌하여 분석의 대상으로 삼았다.

- 항소심 및 상고심 판결은 제외함
- 판결이 아닌 결정은 제외함
- 스토킹범죄 외에 다른 범죄가 경합된 사건도 원칙적으로 분석 대상에 포함하되, 스토킹과 전혀 관련없는 별건 범죄가 경합하여 처분에 중요한 영향을 미친 경우는 제외함

---

40) https://www.scourt.go.kr/portal/information/finalruling/peruse/peruse_status.jsp 대한민국법원 대국민서비스 열람신청하기

대법원 법원행정처가 발간한 「사법연감」에 의하면 2021년~2022년 1심에서 '스토킹범죄의처벌등에관한법률위반'으로 처리된 인원은 총 961명(2021년 2명, 2022년 959명)으로 확인되는데, 이는 형법범죄 및 중한 범죄와의 경합사건을 모두 제외한 통계이다. 「사법연감」과 달리 이 연구에서는 스토킹의 연장선에서 다른 범죄가 경합한 경우도 원칙적으로 스토킹사건으로 파악하여 분석의 대상에 포함하였기 때문에 통계수치가 「사법연감」과 다소 차이날 수 있다. 이 연구에서는 가능한 한 스토킹범죄로 판결을 받은 사건 전체를 놓고 우리 사회의 스토킹의 특징과 양상을 보고자 하였으므로 스토킹처벌법위반이 형법범죄와 경합되었다고 하여 분석의 대상에서 배제하지 않았으며, 그 결과 「사법연감」의 통계보다 더 많은 스토킹범죄 사례를 연구범위로 삼은 것이다.

대상판례들의 선고지역은 전국적으로 고루 분포되어 있다.

| 표 2-1 | 조사대상 스토킹 1심판결 1,307건의 선고지역

(단위 : 건, %)

구분		사례수	비율
[전체]		1,307	100.0
선고지역	서울	337	25.8
	부산	82	6.3
	대구	117	9.0
	인천	126	9.6
	광주	61	4.7
	대전	84	6.4
	울산	26	2.0
	수원	161	12.3
	의정부	51	3.9
	춘천	57	4.4
	청주	39	3.0
	전주	37	2.8
	창원	108	8.3
	제주	21	1.6

2 조사의 방법

1,307건의 각 판결문에 담긴 구체적 내용을 다음의 표와 같이 세부항목으로 쪼개어 데이터화 작업을 거친 뒤, 이에 대한 기초통계분석을 바탕으로 12개 영역으로 나누어 주요결과를 분석하였다. 그리하여 스토킹 피해자 특성, 스토킹 가해자 특성, 스토킹 피해자와 가해자의 관계, 스토킹 피해자의 의사표시, 스토킹의 목적, 스토킹 가해자 관련 사실(가해자의 전과, 가해자의 정신병력 등), 스토킹행위의 유형과 특성, 기타 처벌 관련 사항, 타 범죄와의 경합, 1심 판결의 선고내용, 스토킹 범행 일자와 법원 선고까지의 시간, 양형이유 등에 대한 주요결과를 검토하였다.

| 표 2-2 | 스토킹사건 판례 기초조사 항목

구분		조사 항목	상세 내용
1	스토킹 피해자의 특성	피해자의 수	피해자의 수를 숫자로 명시
		피해자 성별	남성/여성
		피해자 나이	피해자의 법정나이를 숫자로 명시
2	스토킹 가해자의 특성	가해자 성별	남성/여성
		가해자 나이	가해자의 법정나이를 숫자로 명시
		가해자 직업	회사원/전문직/자영업/기술직/교육계/예술계/공무원/노무직/택배 등 배달/학생/무직/기타
3	스토킹 가해자와 피해자의 관계	친밀한 관계	연인관계, 전연인관계 : 교제기간 상세
			배우자관계, 전배우자관계 : 혼인기간 상세
			가족 및 친인척 관계
		지인관계	직장동료, 상사, 부하직원
			친구
			학교동창
			손님 등 거래관계
			동호회
			이웃
		관계없음	안면만 있음
			사건 전 상호작용 없는 모르는 관계
		기타	기타 (불명확 포함)
4	스토킹 피해자의 의사표시	의사표시 있음	거부의사표시
			경찰신고
			기타 의사표시
		의사표시 없음	무대응, 회피 등
		불명확	불명확

구분		조사 항목	상세 내용
5	스토킹의 목적 (중복포함)	관계요구형	교제요구
			애정갈구, 만남요구
			대화요구
			기타 관계요구
		문제해결형	금전요구
			증거채집
			기타 문제해결요구
		분노형	보복
			분노표출
			위협
			기타 분노형
		단순괴롭힘형	단순괴롭힘
		기타	기타 (불명확 포함)
6	스토킹 가해자 관련 사실	전과 유무	동종전과
			이종전과 : 구체적 종류
			전과 없음(불명확 포함)
		정신병력 여부	정신병력 있음
			정신병력 없음
			정신병력 불명확
7	스토킹행위의 유형과 특성	스토킹처벌법상의 행위유형	접근, 따라다니기, 진로방해
			기다리거나 지켜보기
			우편, 전화, 팩스 또는 정보통신망을 이용하여 물건이나 글, 말, 영상 등을 도달하게 하기
			직접 또는 제3자를 통하여 물건 등을 도달하게 하거나 주거 등에 물건 등을 두기
			주거 등에 놓여 있는 물건 등을 훼손
			기타
		스토킹처벌법상 가중유형	흉기휴대 등 있음
			흉기휴대 등 없음
		스토킹행위의 상세유형	접촉행위 : 접근하기/연락도달하게하기/진로방해/피해자관련자에 연락/침입/문 두드리기/물건 놓아두기
			비접촉행위 : 기다리기/미행/지켜보기/배회하기/피해자정보 검색하기
			기타
		물리적 접근 횟수	물리적 접근 횟수를 숫자로 명시
		정보통신망 이용 접근 횟수	정보통신망을 이용한 접근 횟수를 숫자로 명시

구분		조사 항목	상세 내용
		범행 장소	피해자의 주거지 (예) 집내부/주차장/주거지근처 등
			피해자의 일상생활 장소 (예) 근무지 앞/학교 앞 등
			피해자의 여가활동 공간
			피해자의 이동 동선(차량이동 포함)
			정보통신망 등 온라인
			주변인 관련 장소 (예) 부모집/남자친구집 등
			기타 장소
		스토킹 지속기간	기간 구분
8	기타 처벌관련 사항	피해자와의 합의여부	있음/없음/불명확
		가해자의 반성여부	있음/없음/불명확
		변호인 정보	국선
			사선
			변호인 없음
		과정 중 경찰개입 여부	있음/없음/불명확
		긴급응급조치/잠정조치결정 여부	결정 있음 : 위반사실 여부
			결정 없음
			불명확
		피해자의 처벌불원 의사표시 여부	있음/없음/불명확
9	타 범죄와의 경합	타죄와의 경합 여부	있음/없음
		경합범 상세	정보통신망법 위반/주거침입관련 범죄(퇴거불응죄 포함)/폭행·상해죄/협박/체포감금/재물손괴/손괴 외 재산죄/명예관련 범죄/살인·살인미수/성폭력/가정폭력/업무방해/아동복지법 위반/기타 범죄
10	스토킹 사건 1심판결 선고 내용	선고내용	공소기각 : 공소기각 사유
			벌금형 : 벌금액수/집행유예 여부
			징역형 : 형기/집행유예 여부
			선고유예
			무죄
		보안처분 병과 여부	보안처분 있음/없음
		보안처분 종류	치료프로그램 이수명령 : 치료이수시간
			재범예방강의 수강명령 : 수강시간
			사회봉사명령 : 사회봉사시간
			보호관찰
11	선고까지의 소요시간	사건처리 소요시간	스토킹범행 발생 후 법원의 선고가 있기까지 소요된 시간을 월단위로 계산하여 숫자로 명시
12	양형이유	양형에 유리한 정상	전과 없음/합의/반성/범행인정/지적장애 등
		양형에 불리한 정상	범행경위 및 횟수 등 죄질/재범 우려

제2절 주요 결과 분석

1 스토킹 피해자의 특성

1) 피해자의 수

스토킹 피해자는 건당 1명인 경우가 전체의 90.3%로 대부분이나, 피해자가 2인 이상인 경우도 9.7% 있음

스토킹 1건 당 피해자 수는 1명인 경우가 1,180건으로 전체의 90.3%이고, 피해자의 수가 2명인 경우는 93건(7.1%), 3명 이상은 34건(2.6%)으로 나타났으며, 평균 피해자 수는 1.1명으로 분석된다.

스토킹 사건은 대부분 1:1 관계의 스토킹으로 파악되는데, 피해자가 복수인 사례들은 주된 피해자를 스토킹하는 과정에서 그의 가족이나 동료 등 주변 사람에게까지 피해를 주는 경우가 대다수다.

| 그림 2-1 | 피해자의 수

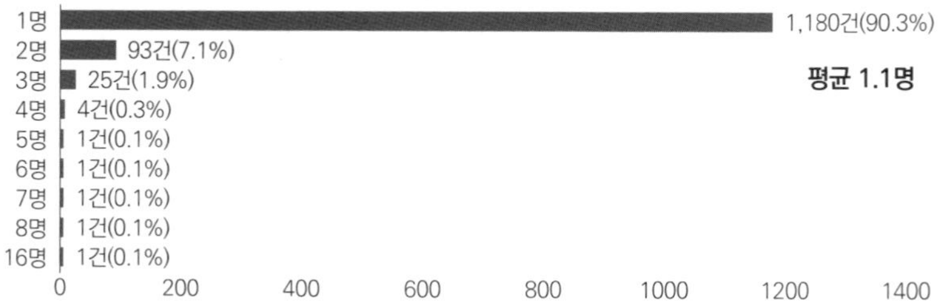

2) 피해자의 성별

스토킹 피해자의 성별은 여성이 전체의 84.5%(1,105건)로 압도적으로 많음

스토킹범죄 형사사건의 1심판결문 총 1,307건을 분석한 결과 피해자의 성별은 여성이 1,105건, 남성이 170건이며, 판결문에서 피해자의 성별이 드러나지 않은 경우가 32건이었다. 스토킹 피해자 중 여성이 전체의 84.5%, 남성은 13%로 스토킹범죄의 경우 여성피해자가 압도적으로 많다. 대체로 여성이 남성에 의해 스토킹을 당할 것이라는 일반적인 추측이 판례 통계를 통해 사실로 확인된다. 다만 남성피해자도 전체 1,307건 중 170건이나 되며, 여성피해자 못지않게 스토킹에 시달리는 경우가 있다는 것을 간과할 수는 없다.

|그림 2-2| 피해자의 성별

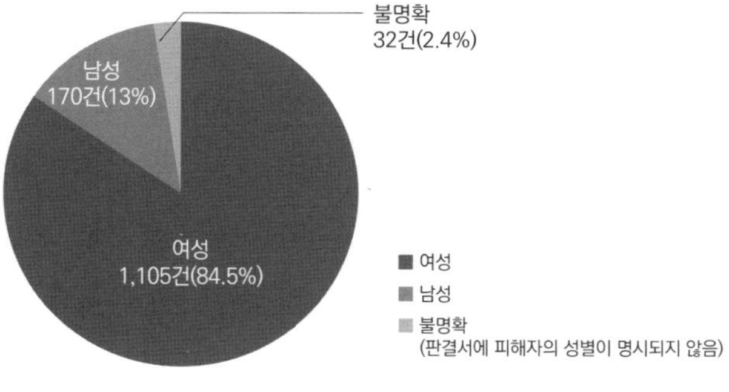

피해자의 성별과 연령대

피해자의 연령대는 40대가 23.5%(307건)으로 가장 많음. 그 다음 20대 18.4%(241건), 30대 17.8%(233건) 등의 순서임

스토킹 피해자 연령대는 1심판결 총 1,307건 중 40대가 307건(23.5%)으로 가장 많았다. 그 다음으로 20대(241건, 18.4%), 30대(233건, 17.8%), 50대(200건, 15.3%), 60대(112건, 8.6%), 10대(110건, 8.4%), 70대(29건, 2.2%) 순으로 나타났다.

형사 1심판결에 나타난 피해자의 특성을 조사한 것이므로 현실의 모든

스토킹 피해자의 수와 연령대가 정확히 반영되었다고 보기는 어려우나, 피해자가 각 연령대 전반에 폭넓게 분포되어 있으며, 20대부터 50대까지 연령대의 피해자가 거의 대부분이지만 미성년자인 10대나 70대의 고령자도 스토킹 피해자에 시달리는 경우가 적지 않음이 확인된다.

피해자 연령대별로 피해자 성별을 살펴보면, 70대를 제외한 모든 연령대에서 여성의 비율이 85% 이상이다. 70대 피해자의 경우, 여성이 55.2% 남성이 44.8%로, 다른 연령대에 비해 남성피해자의 비율이 상대적으로 높은 특징이 있다.

| 표 2-3 | 피해자의 성별 - 피해자 연령대

(단위 : 건, %)

구분		사례수	남성		여성		불명확	
			빈도	%	빈도	%	빈도	%
[전체]		1307	170	13.0	1105	84.5	32	2.4
피해자 연령대	10대	110	13	11.8	97	88.2	0	0.0
	20대	241	19	7.9	219	90.9	3	1.2
	30대	233	34	14.6	199	85.4	0	0.0
	40대	307	40	13.0	266	86.6	1	0.3
	50대	200	28	14.0	171	85.5	1	0.5
	60대	112	13	11.6	99	88.4	0	0.0
	70대	29	13	44.8	16	55.2	0	0.0
	불명확	75	10	13.3	38	50.7	27	36.0

피해자의 성별과 가해자의 성별

가해자가 남성이면 대부분 피해자는 여성이고, 가해자가 여성이면 피해자가 남성인 비율이 더 높게 나타남

가해자 성별과 피해자 성별을 교차하여 살펴보면, 가해자가 남성인 경우 피해자는 대부분 여성(95.2%)이었고, 가해자가 여성이면 피해자가 남성인 경우가 과반수이다(58.5%). 가해자의 성별이 판결문에 명확히 드러나지 않은 경우를 제외하면 81.2%가 남성 스토커에 의한 여성 피해자 구조이며, 여성 스토커에 의한 남성 피해자 구조는 8.6%이다. 전체 사건의 89.8%가

이성 사이의 스토킹이고, 남자 동성 간의 스토킹이 3.4%, 여성 동성 간의 스토킹이 5.8% 정도였다.

| 표 2-4 | 피해자의 성별 - 가해자 성별

(단위 : 건, %)

구분		사례수	남성		여성		불명확	
			빈도	%	빈도	%	빈도	%
[전체]		1307	170	13.0	1105	84.5	32	2.4
가해자 성별	남성	993	40	4.0	945	95.2	8	0.8
	여성	171	100	58.5	68	39.8	3	1.8
	불명확	143	30	21.0	92	64.3	21	14.7

피해자의 성별과 선고유형

벌금형의 경우 피해자 성별이 남성인 비율이 상대적으로 높게 나타남

1심 판결의 선고유형 별로 피해자의 성별분포를 교차분석하면 모든 선고유형에서 여성 피해자의 비율이 더 높은데, 이는 전체 사건에서 여성 피해자가 현저히 더 많기 때문에 당연한 결과로 보인다. 다만 벌금형이 선고된 사건이 경우 남성 피해자의 비율이 상대적으로 높게 나타나는 것은 남성을 대상으로 한 스토킹의 정도가 상대적으로 약하거나 여성 스토커에 대한 양형이 상대적으로 낮음을 추측하게 한다.

| 표 2-5 | 피해자의 성별 - 선고유형

(단위 : 건, %)

구분		사례수	남성		여성		불명확	
			빈도	%	빈도	%	빈도	%
[전체]		1307	170	13.0	1105	84.5	32	2.4
선고 유형	공소기각	297	35	11.8	257	86.5	5	1.7
	벌금형	309	52	16.8	244	79.0	13	4.2
	징역형	856	99	11.6	742	86.7	15	1.8
	- 집행유예	453	60	13.2	382	84.3	11	2.4
	- 실형	403	39	9.7	360	89.3	4	1.0
	선고유예	7	1	14.3	4	57.1	2	28.6
	무죄	26	5	19.2	20	76.9	1	3.8

피해자의 성별과 타 범죄 경합

피해자의 성별이 여성인 경우 스토킹 외 타 범죄와의 경합비율이 상대적으로 더 높음

1심판결 1,307건 중 다른 범죄와의 경합 없이 「스토킹처벌법」 위반만 문제된 사건은 555건으로 전체의 42.5%이며, 나머지는 주거침입죄, 폭행·상해의 죄, 협박죄, 재물손괴죄, 성폭력관련 범죄 등이 경합된 사건이다. 피해자가 여성인 경우 스토킹범죄 외에 다른 범죄가 경합된 사건의 비율이 58.9%인데 비해, 남성 피해자의 경우는 49.4%였다.

| 표 2-6 | 피해자의 성별 - 타죄와의 경합

(단위 : 건, %)

구분		사례수	남성		여성		불명확	
			빈도	%	빈도	%	빈도	%
[전체]		1,307	170	13.0	1105	84.5	32	2.4
스토킹처벌법 위반		555	86	15.5	454	81.8	15	2.7
스토킹처벌법 위반 외 타죄와의 경합	정보통신망법 위반	57	3	5.3	49	86.0	5	8.8
	주거침입관련 범죄	245	28	11.4	214	87.3	3	1.2
	폭행·상해관련 범죄	229	25	10.9	200	87.3	4	1.7
	협박	220	25	11.4	194	88.2	1	0.5
	체포·감금	52	0	0.0	51	98.1	1	1.9
	재물손괴	143	27	18.9	113	79.0	3	2.1
	손괴 외 재산죄	35	7	20.0	26	74.3	2	5.7
	명예관련 범죄	24	8	33.3	15	62.5	1	4.2
	살인·살인미수	12	0	0.0	12	100.0	0	0.0
	성폭력관련 범죄	136	4	2.9	132	97.1	0	0.0
	가정폭력범죄	19	4	21.1	15	78.9	0	0.0
	업무방해	46	11	23.9	35	76.1	0	0.0
	아동복지법위반	12	1	8.3	10	83.3	1	8.3
	기타 범죄	120	15	12.5	102	85.0	3	2.5

3) 피해자의 나이

🔍 피해자 나이는 40대가 23.5%(307건)으로 가장 많고, 평균 피해자 나이는 39.5세임

피해자 나이는 40대가 307건(23.5%)으로 가장 많았고, 다음으로 20대(241건, 18.4%), 30대(233건, 17.8%), 50대(200건, 15.3%) 등의 순이며, 평균 피해자 나이는 39.5세이다.

| 그림 2-3 | 피해자의 나이

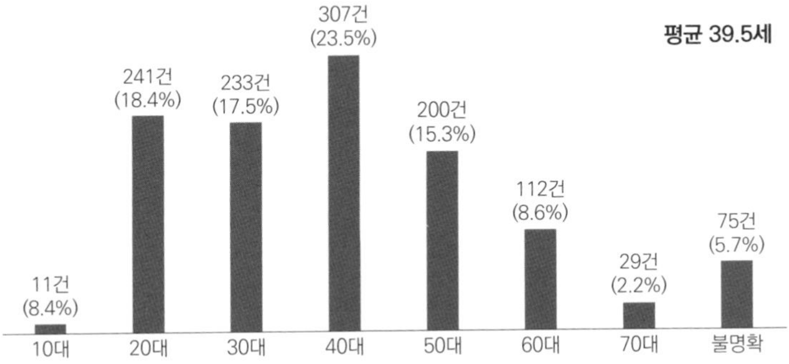

피해자 나이와 피해자의 성별

피해자 성별과 피해자 나이를 살펴보면 남성과 여성 모두 40대 비율이 가장 높게 나타났다. 그리고 남성의 평균 피해자 나이는 42.8세로 여성 39.0세에 비하여 다소 많았다.

| 표 2-7 | 피해자의 나이 - 피해자 성별

(단위 : 건, %)

구분		사례수	10대		20대		30대		40대		50대		60대		70대		불명확		평균
			빈도	%	빈도	%	빈도	%	빈도	%	빈도	%	빈도	%	빈도	%	빈도	%	
[전체]		1,307	110	8.4	241	18.4	233	17.8	307	23.5	200	15.3	112	8.6	29	2.2	75	5.7	39.5
피해자 성별	남성	170	13	7.6	19	11.2	34	20.0	40	23.5	28	16.5	13	7.6	13	7.6	10	5.9	42.8
	여성	1,105	97	8.8	219	19.8	199	18.0	266	24.1	171	15.5	99	9.0	16	1.4	38	3.4	39.0
	불명확	32	0	0.0	3	9.4	0	0.0	1	3.1	1	3.1	0	0.0	0	0.0	27	84.4	34.6

피해자의 나이와 가해자의 성별

가해자가 여성이면 평균 피해자 나이가 상대적으로 어린 것으로 나타남

가해자 성별에 상관없이 피해자의 연령은 40대의 비율이 가장 높게 나타났고, 가해자가 여성이면 피해자의 평균 나이가 상대적으로 어린 것으로 나타났다.

| 표 2-8 | 피해자의 나이 - 가해자 성별

(단위 : 건, %)

구분		사례수	10대		20대		30대		40대	
			빈도	%	빈도	%	빈도	%	빈도	%
[전체]		1,307	110	8.4	241	18.4	233	17.8	307	23.5
가해자 성별	남성	993	78	7.9	200	20.1	185	18.6	236	23.8
	여성	171	28	16.4	25	14.6	27	15.8	37	21.6
	불명확	143	4	2.8	16	11.2	21	14.7	34	23.8

구분		사례수	50대		60대		70대		불명확		평균 나이
			빈도	%	빈도	%	빈도	%	빈도	%	
[전체]		1,307	200	15.3	112	8.6	29	2.2	75	5.7	39.5
가해자 성별	남성	993	157	15.8	86	8.7	14	1.4	37	3.7	39.2
	여성	171	18	10.5	14	8.2	7	4,1	15	8.8	36.4
	불명확	143	25	17.5	12	8.4	8	5.6	23	16.1	45.5

피해자의 나이와 선고유형

모든 선고유형에서 피해자의 나이는 40대의 비율이 가장 높음

선고유형별 피해자의 연령분포를 살펴보면 모든 선고유형에서 40대 피해자의 비율이 가장 높았다. 벌금형의 경우 20대 피해자의 비율이 상대적으로 높게 나타났으며, 피해자의 평균나이도 가장 어리게 나타났다.

| 표 2-9 | 피해자의 나이 - 선고유형

(단위 : 건, %)

구분		사례수	10대		20대		30대		40대		50대		60대		70대		불명확		평균
			빈도	%	빈도	%	빈도	%	빈도	%	빈도	%	빈도	%	빈도	%	빈도	%	
[전체]		1,307	110	8.4	241	18.4	233	17.8	307	23.5	200	15.3	112	8.6	29	2.2	75	5.7	39.5
선고유형	공소기각	297	25	8.4	52	17.5	56	18.9	66	22.2	47	15.8	28	9.4	9	3.0	14	4.7	40.2
	벌금형	309	33	10.7	66	21.4	46	14.9	69	22.3	38	12.3	20	6.5	9	2.9	28	9.1	37.2
	징역형	856	63	7.4	147	17.2	159	18.6	209	24.4	141	16.5	81	9.5	20	2.3	36	4.2	40.6
	- 집행유예	453	25	5.5	79	17.4	92	20.3	111	24.5	76	16.8	41	9.1	9	2.0	20	4.4	40.9
	- 실형	403	38	9.4	68	16.9	67	16.6	98	24.3	65	16.1	40	9.9	11	2.7	16	4.0	40.2
	선고유예	7	2	28.6	1	14.3	1	14.3	0	0.0	0	0.0	1	14.3	0	0.0	2	28.6	28.6
	무죄	26	3	11.5	5	19.2	4	15.4	8	30.8	2	7.7	0	0.0	0	0.0	4	15.4	34.5

피해자의 나이와 타 범죄 경합

주거침입관련 범죄의 경우 30대, 성폭력관련 범죄의 경우 20대 피해자 비율이 가장 높게 나타나며, 체포·감금죄는 20대와 30대 피해자 비율이 동일하게 가장 높았음

스토킹범죄 외에 다른 범죄가 경합한 사건들을 피해자의 나이와 관련지어 살펴보면, 정보통신망법 위반, 폭행·상해, 협박, 재물손괴, (손괴죄 외)재산죄, 가정폭력, 업무방해죄가 경합한 사건 등 대부분의 경우에서 40대 피해자의 비율이 다른 연령대에 비해 더 높은 것으로 확인된다. 그러나 주거침입죄의 경우 30대의 피해자 비율이 가장 높으며(21.2%), 성폭력관련 범죄의 경우 20대가 가장 피해를 많이 당하는 것으로 나타났다(27.2%). 체포·감금죄의 경우는 20대와 30대 피해자의 비율이 동일하게 가장 높았다(26.9%).

| 표 2-10 | 피해자의 나이 - 타죄와의 경합

(단위 : 건, %)

구분		사례수	10대		20대		30대		40대		50대		60대		70대		불명확		평균
			빈도	%	빈도	%	빈도	%	빈도	%	빈도	%	빈도	%	빈도	%	빈도	%	
[전체]		1,307	110	8.4	241	18.4	233	17.8	307	23.5	200	15.3	112	8.6	29	2.2	75	5.7	39.5
스토킹처벌법 위반		555	49	8.8	100	18.0	100	18.0	129	23.2	81	14.6	45	8.1	10	1.8	41	7.4	39.0
스토킹처벌법 위반 외 타죄와의 경합	정보통신망법 위반	57	4	7.0	10	17.5	14	24.6	15	26.3	5	8.8	0	0.0	0	0.0	9	15.8	35.3
	주거침입관련 범죄	245	13	5.3	46	18.8	52	21.2	44	18.0	45	18.4	30	12.2	6	2.4	9	3.7	41.3
	폭행·상해관련 범죄	229	18	7.9	46	20.1	30	13.1	56	24.5	42	18.3	24	10.5	8	3.5	5	2.2	41.1
	협박	220	14	6.4	33	15.0	40	18.2	55	25.0	34	15.5	29	13.2	6	2.7	9	4.1	42.1
	체포·감금	52	4	7.7	14	26.9	14	26.9	11	21.2	7	13.5	1	1.9	0	0.0	1	1.9	35.3
	재물손괴	143	8	5.6	27	18.9	23	16.1	34	23.8	31	21.7	13	9.1	3	2.1	4	2.8	41.8
	손괴 외 재산죄	35	4	11.4	7	20.0	6	17.1	10	28.6	6	17.1	0	0.0	0	0.0	2	5.7	34.8
	명예관련 범죄	24	4	16.7	4	16.7	6	25.0	3	12.5	4	16.7	1	4.2	1	4.2	1	4.2	34.4
	살인·살인미수	12	1	8.3	2	16.7	4	33.3	2	16.7	3	25.0	0	0.0	0	0.0	0	0.0	36.4
	성폭력관련 범죄	136	15	11.0	37	27.2	26	19.1	30	22.1	14	10.3	9	6.6	3	2.2	2	1.5	36.4
	가정폭력범죄	19	1	5.3	0	0.0	1	5.3	8	42.1	6	31.6	0	0.0	2	10.5	1	5.3	48.1
	업무방해	46	9	19.6	4	8.7	5	10.9	12	26.1	5	10.9	8	17.4	2	4.3	1	2.2	39.6
	아동복지법위반	12	2	16.7	1	8.3	2	16.7	2	16.7	2	16.7	1	8.3	0	0.0	2	16.7	39.9
	기타 범죄	120	12	10.0	18	15.0	22	18.3	32	26.7	17	14.2	9	7.5	3	2.5	7	5.8	39.3

요약 스토킹 피해자의 특성

- 대부분은 1:1 관계의 스토킹이지만, 주된 피해자를 스토킹하는 과정에서 그의 가족이나 동료 등 주변사람에게도 범죄의 피해가 확산되는 사례들이 있다.
- 스토킹범죄의 피해자는 주로 여성이다. 남성이든 여성이든 누구나 스토킹범죄의 피해자가 될 수 있지만, 전체 사건의 84.5%는 여성이 피해자인 경우이다.
- 스토킹 피해자는 10대부터 70대까지 전 연령대에 폭넓게 분포되어 있다. 40대 피해자의 비율이 가장 높지만, 10대의 미성년자나 70대 고령자도 스토킹 피해로 고통받는 경우가 드물지 않다.
- 전체 스토킹 사건의 89.8%가 이성 사이의 스토킹이다. 가해자가 남성이면 대부분 피해자는 여성이고, 가해자가 여성이면 피해자가 남성인 경우가 과반수다.

2 스토킹 가해자의 특성

1) 가해자의 성별

스토킹 가해자는 남성이 76.0%로 여성 13.1%에 비하여 현저히 많음

가해자 성별은 남성이 993건(76.0%)으로 전체의 3/4 정도를 차지한다. 여성이 가해자인 경우는 171건으로 13.1%에 해당한다. 피해자의 성별을 고려하여 교차분석해 보면, 피해자가 여성인 경우 가해자의 성별은 남성인 경우가 대부분이며(피해자가 여성인 사건의 85.5%), 피해자가 남성인 경우에는 가해자가 여성인 경우가 과반수이다(피해자가 남성인 사건의 58.8%). 전체 사건 중 남성가해자-여성피해자의 구도가 가장 빈번하다.

| 그림 2-4 | 가해자의 성별

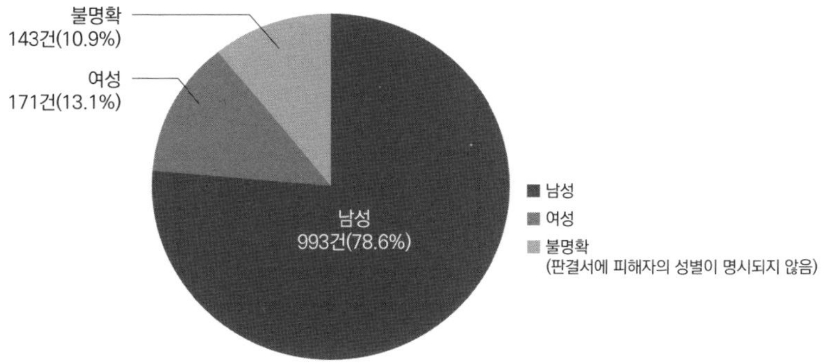

| 표 2-11 | 가해자의 성별 - 피해자 성별

(단위 : 건, %)

구분		사례수	남성		여성		불명확	
			빈도	%	빈도	%	빈도	%
[전체]		1,307	993	76.0	171	13.1	143	10.9
피해자 성별	남성	170	40	23.5	100	58.8	30	17.6
	여성	1,105	945	85.5	68	6.2	92	8.3
	불명확	32	8	25.0	3	9.4	21	65.6

가해자의 성별과 피해자의 나이

🔍 피해자의 모든 연령대에서 남성 가해자의 비율이 더 높은 가운데, 피해자가 10대인 사건에서는 여성 가해자의 비율이 상대적으로 높음

피해자 연령대별로 가해자의 성별을 살펴보았을 때, 피해자의 모든 연령대에서 가해자가 남성인 사건의 비율이 압도적으로 높다. 다만 피해자가 10대인 경우에는 여성 가해자 사건이 25.5%에 달하여, 다른 연령대에 비해 여성 가해자 사건의 비율이 상대적으로 높은 특징이 확인된다.

| 표 2-12 | 가해자의 성별 - 피해자 연령대

(단위 : 건, %)

구분		사례수	남성		여성		불명확	
			빈도	%	빈도	%	빈도	%
[전체]		1,307	993	76.0	171	13.1	143	10.9
피해자 연령대	10대	110	78	70.9	28	25.5	4	3.6
	20대	241	200	83.0	25	10.4	16	6.6
	30대	233	185	79.4	27	11.6	21	9.0
	40대	307	236	76.9	37	12.1	34	11.1
	50대	200	157	78.5	18	9.0	25	12.5
	60대	112	86	76.8	14	12.5	12	10.7
	70대	29	14	48.3	7	24.1	8	27.6
	불명확	75	37	49.3	15	20.0	23	30.7

가해자의 성별과 선고유형

🔍 벌금형의 경우 가해자가 여성인 비율이 상대적으로 높음

선고유형별 가해자의 성별을 살펴보면 모든 선고유형에서 가해자가 남성인 비율이 더 높은 것으로 확인되는데, 이는 전체 스토킹 사건에서 남성 가해자가 현저히 더 많기 때문에 당연한 결과이다. 다만, 벌금형이 선고된 스토킹 사건의 경우 가해자가 여성인 비율이 상대적으로 높게 나타났다.

| 표 2-13 | 가해자의 성별 - 선고유형

(단위 : 건, %)

구분		사례수	남성		여성		불명확	
			빈도	%	빈도	%	빈도	%
[전체]		1,307	993	76.0	171	13.1	143	10.9
선고유형	공소기각	297	244	82.2	29	9.8	24	8.1
	벌금형	309	211	68.3	63	20.4	35	11.3
	징역형	856	672	78.5	88	10.3	96	11.2
	- 집행유예	453	353	77.9	54	11.9	46	10.2
	- 실형	403	319	79.2	34	8.4	50	12.4
	선고유예	7	3	42.9	3	42.9	1	14.3
	무죄	26	12	46.2	7	26.9	7	26.9

가해자의 성별과 타 범죄 경합

업무방해죄의 경우 가해자가 여성인 비율이 상대적으로 높게 나타남

타 범죄와 경합된 사례에서도 대체로 남성 가해자의 비율이 현저히 더 높다(58.3%~100%). 다만 업무방해죄, 재산범죄, 명예훼손죄 등의 경합사례에서는 여성 가해자의 비율이 비교적 높은 특징이 확인된다(각각 26.1%, 22.9%, 20.8%).

| 표 2-14 | 가해자의 성별 - 타죄와의 경합

(단위 : 건, %)

구분		사례수	남성		여성		불명확	
			빈도	%	빈도	%	빈도	%
[전체]		1,307	993	76.0	171	13.1	143	10.9
스토킹처벌법 위반		555	412	74.2	88	15.9	55	9.9
스토킹 처벌법 위반 외 타죄와의 경합	정보통신망법 위반	57	42	73.7	7	12.3	8	14.0
	주거침입관련 범죄	245	196	80.0	26	10.6	23	9.4
	폭행·상해관련 범죄	229	191	83.4	19	8.3	19	8.3
	협박	220	187	85.0	18	8.2	15	6.8
	체포·감금	52	48	92.3	1	1.9	3	5.8
	재물손괴	143	98	68.5	26	18.2	19	13.3
	손괴 외 재산죄	35	24	68.6	8	22.9	3	8.6
	명예관련 범죄	24	16	66.7	5	20.8	3	12.5
	살인·살인미수	12	12	100.0	0	0.0	0	0.0
	성폭력관련 범죄	136	117	86.0	7	5.1	12	8.8
	가정폭력범죄	19	18	94.7	1	5.3	0	0.0
	업무방해	46	27	58.7	12	26.1	7	15.2
	아동복지법위반	12	7	58.3	2	16.7	3	25.0
	기타 범죄	120	90	75.0	12	10.0	18	15.0

2) 가해자의 직업

가해자 직업은 무직이 33.5%로 가장 많음. 다음으로 근로직(종업원, 일용직 등) 18.9%, 회사원 14.6%의 순서임

가해자 직업은 무직이 33.5%(438건)으로 가장 많았고, 다음으로 근로직(종업원, 일용직 등) 18.9%(247건), 회사원 14.6%(191건), 자영업 11.6%(152건), 기타 7.3%(95건), 기술직 4.8%(63건), 택배 등 배달 3.7%(48건), 학생 2.4%(31건), 전문직 1.2%(16건), 예술계 0.7%(9건), 공무원 0.7%(9건), 교육계 0.6%(8건)의 순서이다.

일상적인 업무에 집중하고 있지 않은 무직이 스토킹을 많이 범하는 것으로 나타났지만, 가해자의 직업군은 전문직, 예술계, 교육계, 공무원에 이르기까지 매우 다양하며 스토킹과 직업 자체의 연관성은 알 수 없다.

| 그림 2-5 | 가해자의 직업

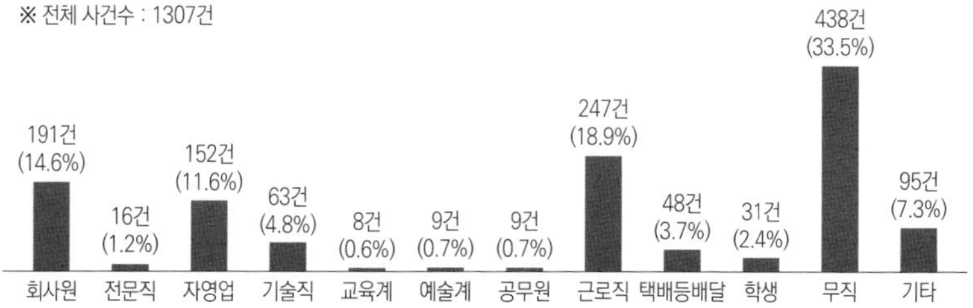

가해자의 직업과 피해자의 성별

피해자 성별과 무관하게 가해자의 직업은 무직인 경우가 가장 빈번함

피해자 성별과 상관없이 가해자 직업이 무직인 비율이 가장 높게 나타났다. 피해자가 여성인 경우 가해자의 직업은 무직 30.6%(338건), 근로직 19.8%(219건), 회사원 15.5%(171건), 자영업 12%(133건) 등의 순이다. 피해자가 남성인 경우 가해자의 직업도 무직 49.4%(84건)이 가장 많고, 그 다음으로 근로직 12.4%(21건), 회사원 10.6%(18건), 자영업 8.8%(15건) 등의 순으로 비슷하게 나타난다.

| 표 2-15 | 가해자의 직업 - 피해자 성별

(단위 : 건, %)

구분		사례수	회사원		전문직		자영업		기술직		교육계		예술계	
			빈도	%	빈도	%	빈도	%	빈도	%	빈도	%	빈도	%
[전체]		1,307	191	14.6	16	1.2	152	11.6	63	4.8	8	0.6	9	0.7
피해자 성별	남성	170	18	10.6	6	3.5	15	8.8	1	0.6	3	1.8	0	0.0
	여성	1,105	171	15.5	9	0.8	133	12.0	62	5.6	4	0.4	9	0.8
	불명확	32	2	6.3	1	3.1	4	12.5	0	0.0	1	3.1	0	0.0

구분		사례수	공무원		근로직		택배 등 배달		학생		무직		기타	
			빈도	%	빈도	%	빈도	%	빈도	%	빈도	%	빈도	%
[전체]		1,307	9	0.7	247	18.9	48	3.7	31	2.4	438	33.5	95	7.3
피해자 성별	남성	170	2	1.2	21	12.4	4	2.4	2	1.2	84	49.4	14	8.2
	여성	1,105	7	0.6	219	19.8	44	4.0	28	2.5	338	30.6	81	7.3
	불명확	32	0	0.0	7	21.9	0	0.0	1	3.1	16	50.0	0	0.0

가해자의 직업과 피해자의 나이

🔍 피해자가 30대일 때 가해자의 직업은 회사원 비율이 가장 높음

대부분의 피해자 연령대에서 스토킹 가해자의 직업은 무직의 비율이 가장 높은 가운데, 피해자가 30대인 경우에는 가해자의 직업이 회사원인 비율(25.8%)이 가장 높게 나타나는 특징이 있다.

| 표 2-16 | 가해자의 직업 - 피해자 연령대

(단위 : 건, %)

구분		사례수	회사원		전문직		자영업		기술직		교육계		예술계	
			빈도	%	빈도	%	빈도	%	빈도	%	빈도	%	빈도	%
[전체]		1,307	191	14.6	16	1.2	152	11.6	63	4.8	8	0.6	9	0.7
피해자 연령대	10대	110	16	14.5	1	0.9	9	8.2	2	1.8	0	0.0	4	3.6
	20대	241	45	18.7	2	0.8	23	9.5	3	1.2	1	0.4	2	0.8
	30대	233	60	25.8	3	1.3	27	11.6	12	5.2	1	0.4	1	0.4
	40대	307	43	14.0	7	2.3	42	13.7	23	7.5	5	1.6	2	0.7
	50대	200	12	6.0	0	0.0	28	14.0	13	6.5	0	0.0	0	0.0
	60대	112	5	4.5	0	0.0	11	9.8	8	7.1	0	0.0	0	0.0
	70대	29	0	0.0	2	6.9	3	10.3	1	3.4	0	0.0	0	0.0
	불명확	75	10	13.3	1	1.3	9	12.0	1	1.3	1	1.3	0	0.0

구분		사례수	공무원		근로직		택배 등 배달		학생		무직		기타	
			빈도	%	빈도	%	빈도	%	빈도	%	빈도	%	빈도	%
[전체]		1,307	9	0.7	247	18.9	48	3.7	31	2.4	438	33.5	95	7.3
피해자 연령대	10대	110	0	0.0	18	16.4	6	5.5	9	8.2	39	35.5	6	5.5
	20대	241	3	1.2	37	15.4	15	6.2	13	5.4	76	31.5	21	8.7
	30대	233	3	1.3	41	17.6	11	4.7	5	2.1	57	24.5	12	5.2
	40대	307	1	0.3	60	19.5	10	3.3	0	0.0	88	28.7	26	8.5
	50대	200	0	0.0	54	27.0	5	2.5	0	0.0	67	33.5	21	10.5
	60대	112	2	1.8	21	18.8	0	0.0	0	0.0	60	53.6	5	4.5
	70대	29	0	0.0	3	10.3	1	3.4	0	0.0	18	62.1	1	3.4
	불명확	75	0	0.0	13	17.3	0	0.0	4	5.3	33	44.0	3	4.0

가해자의 직업과 가해자의 성별

🔍 가해자 성별에 상관없이 무직의 비율이 가장 높게 나타나는 가운데, 가해자가 남성일 때 근로직(종업원, 일용직 등) 비율이 상대적으로 다소 높음

| 표 2-17 | 가해자의 직업 - 가해자 성별

(단위 : 건, %)

구분		사례수	회사원		전문직		자영업		기술직		교육계		예술계	
			빈도	%	빈도	%	빈도	%	빈도	%	빈도	%	빈도	%
[전체]		1,307	191	14.6	16	1.2	152	11.6	63	4.8	8	0.6	9	0.7
가해자 성별	남성	993	154	15.5	9	0.9	126	12.7	56	5.6	3	0.3	5	0.5
	여성	171	21	12.3	3	1.8	17	9.9	4	2.3	3	1.8	4	2.3
	불명확	143	16	11.2	4	2.8	9	6.3	3	2.1	2	1.4	0	0.0

구분		사례수	공무원		근로직		택배 등 배달		학생		무직		기타	
			빈도	%	빈도	%	빈도	%	빈도	%	빈도	%	빈도	%
[전체]		1,307	9	0.7	247	18.9	48	3.7	31	2.4	438	33.5	95	7.3
가해자 성별	남성	993	7	0.7	209	21.0	41	4.1	23	2.3	296	29.8	64	6.4
	여성	171	2	1.2	21	12.3	2	1.2	3	1.8	78	45.6	13	7.6
	불명확	143	0	0.0	17	11.9	5	3.5	5	3.5	64	44.8	18	12.6

가해자의 직업과 선고유형

🔍 모든 선고유형에서 무직 비율이 가장 높게 나타남

| 표 2-18 | 가해자의 직업 - 선고유형

(단위 : 건, %)

구분		사례수	회사원		전문직		자영업		기술직		교육계		예술계	
			빈도	%	빈도	%	빈도	%	빈도	%	빈도	%	빈도	%
[전체]		1,307	191	14.6	16	1.2	152	11.6	63	4.8	8	0.6	9	0.7
선고 유형	공소기각	297	56	18.9	6	2.0	32	10.8	22	7.4	2	0.7	1	0.3
	벌금형	309	49	15.9	5	1.6	49	15.9	12	3.9	4	1.3	2	0.6
	징역형	856	104	12.1	6	0.7	93	10.9	45	5.3	3	0.4	6	0.7
	- 집행유예	453	67	14.8	4	0.9	59	13.0	22	4.9	2	0.4	4	0.9
	- 실형	403	37	9.2	2	0.5	34	8.4	23	5.7	1	0.2	2	0.5
	선고유예	7	0	0.0	0	0.0	1	14.3	0	0.0	1	14.3	1	14.3
	무죄	26	7	26.9	0	0.0	1	3.8	1	3.8	0	0.0	0	0.0

구분		사례수	공무원		근로직		택배 등 배달		학생		무직		기타	
			빈도	%	빈도	%	빈도	%	빈도	%	빈도	%	빈도	%
[전체]		1,307	9	0.7	247	18.9	48	3.7	31	2.4	438	33.5	95	7.3
선고유형	공소기각	297	3	1.0	56	18.9	10	3.4	10	3.4	80	26.9	19	6.4
	벌금형	309	3	1.0	47	15.2	6	1.9	11	3.6	99	32.0	22	7.1
	징역형	856	3	0.4	176	20.6	38	4.4	14	1.6	308	36.0	60	7.0
	- 집행유예	453	2	0.4	83	18.3	15	3.3	10	2.2	159	35.1	26	5.7
	- 실형	403	1	0.2	93	23.1	23	5.7	4	1.0	149	37.0	34	8.4
	선고유예	7	0	0.0	1	14.3	0	0.0	0	0.0	3	42.9	0	0.0
	무죄	26	0	0.0	3	11.5	1	3.8	2	7.7	7	26.9	4	15.4

요약 스토킹 가해자의 특성

- 스토킹 가해자의 약 3/4 정도가 남성이다. 스토킹 사건에서는 남성 가해자-여성 피해자의 구도가 가장 빈번하게 나타난다.
- 가해자 직업은 무직이 가장 많고, 다음으로는 근로직(종업원, 일용직 등), 회사원, 자영업 등의 순서이다. 다만, 가해자의 직업군은 전문직, 예술계, 교육계, 공무원에 이르기까지 매우 다양하며, 스토킹과 직업 자체의 연관성은 확인되지 않는다.

3 스토킹 가해자와 피해자의 관계

1) 가해자-피해자의 관계 분류 : 친밀한 관계 - 지인관계 - 관계 없음

- 피해자와 가해자와의 관계는 (전)연인관계가 50.5%(660건)로 전체의 절반 이상을 차지할 정도로 가장 많음

가해자와 피해자의 관계는 '관계있는 경우'와 '관계없는 경우'로 크게 나누었고, 관계가 있는 경우를 다시 '친밀한 관계'와 '지인관계'로 분류하였다. 연인, 배우자, 가족 및 친인척은 '친밀한 관계'에 해당된다고 보았고, 그 밖에 친구, 학교동창, 직장, 동호회, 이웃 등은 '지인관계'로 분류하였다. 안면만 있는 정도는 관계가 없는 경우에 포함시켜 조사하였다.

가해자-피해자의 관계는 '친밀한 관계-(전)연인'이 50.5%(660건)으로 압도적으로 많았고, 다음으로 '지인관계-손님 등 거래관계'가 10.6%(138건), '친밀한 관계-(전)배우자'가 6.7%(88건), '지인관계-이웃' 6.0%(79건) 등의 순으로 나타났다. 전체를 통틀어서 (전)연인관계가 절반정도를 차지하며, 그것에 (전)배우자와 가족 및 친인척관계를 포함하면 '친밀한 관계'가 전체 스토킹 사건의 60%를 차지한다.

통계로 볼 때 연인으로 사귀는 중이나 헤어진 후에 스토킹 사건이 가장 빈번히 발생함을 알 수 있다. 스토킹의 거의 대부분은 '관계 있는 경우'에 일어나고 있으며, 특히 연인관계를 정리할 때 합리적인 판단이 중요하다고 보인다. 다만 전혀 모르는 사람으로부터 스토킹을 당하는 경우도 드물지 않다고 추측하는데, 이 통계에서도 5% 정도로 나타났다.

|그림 2-6| 스토킹 가해자 - 피해자와의 관계

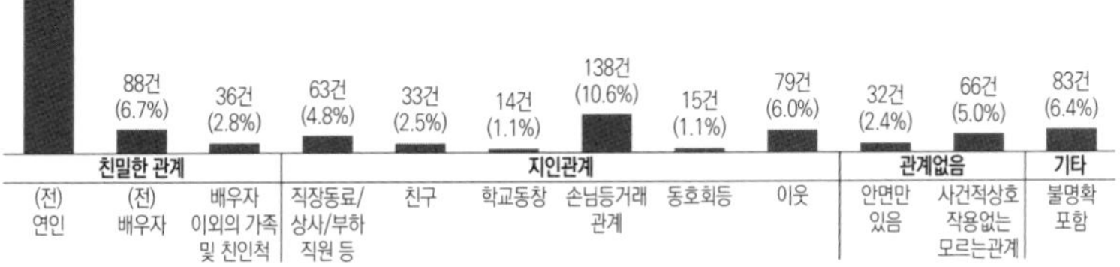

가해자-피해자의 관계와 피해자의 성별

🔍 피해자 성별과 상관없이 '친밀한 관계((전)연인)' 비율이 가장 높게 나타난 가운데, 여성피해자의 경우 '친밀한 관계((전)연인)' 비율이 남성의 2배 가까이 높게 나타남

피해자가 남성이든 여성이든 스토킹 가해자와의 관계는 '친밀한 관계-(전)연인'의 비율이 가장 높게 나타난다. 다만 여성 피해자의 경우 '친밀한 관계-(전)연인'의 비율(54.2%)이 남성(29.4%)의 2배 가까이 높게 나타난 것을 볼 때, 남성에 비해 여성이 (전)연인에 의해 스토킹을 당할 위험이 훨씬 크다는 것을 알 수 있다.

| 그림 2-7 | 스토킹 가해자와의 관계 - 피해자 성별

〈피해자 성별 : 남성〉

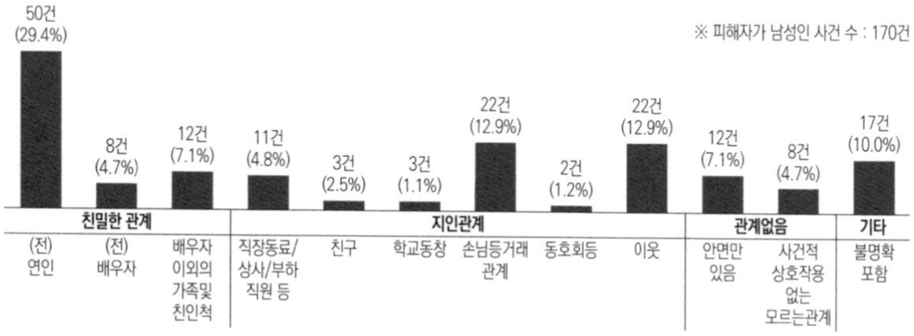

〈피해자 성별 : 여성〉

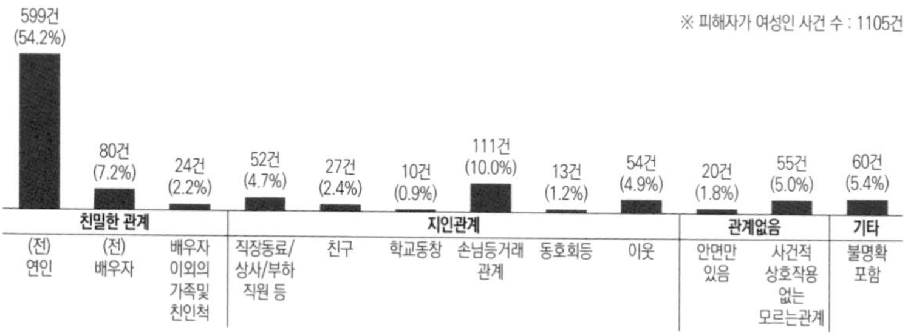

| 표 2-19 | 스토킹 가해자와의 관계 - 피해자 성별

(단위 : 건, %)

구분		사례수	친밀한관계						지인관계												관계없음				기타 (불명확 포함)	
			(전) 연인		(전) 배우자		배우자 이외의 가족 및 친인척		직장동료/상사/부하 직원 등		친구		학교동창		손님 등 거래관계		동호회 등		이웃		안면만 있음		상호작용 없는 모르는 관계			
			빈도	%	빈도	%	빈도	%	빈도	%	빈도	%	빈도	%	빈도	%	빈도	%	빈도	%	빈도	%	빈도	%	빈도	%
[전체]		1,307	660	50.5	88	6.7	36	2.8	63	4.8	33	2.5	14	1.1	138	10.6	15	1.1	79	6.0	32	2.4	66	5.0	83	6.4
피해자 성별	남성	170	50	29.4	8	4.7	12	7.1	11	6.5	3	1.8	3	1.8	22	12.9	2	1.2	22	12.9	12	7.1	8	4.7	17	10.0
	여성	1,105	599	54.2	80	7.2	24	2.2	52	4.7	27	2.4	10	0.9	111	10.0	13	1.2	54	4.9	20	1.8	55	5.0	60	5.4
	불명확	32	11	34.4	0	0.0	0	0.0	0	0.0	3	9.4	1	3.1	5	15.6	0	0.0	3	9.4	0	0.0	3	9.4	6	18.8

가해자-피해자의 관계와 가해자의 성별

- 남성 가해자의 경우 '친밀한 관계((전)연인)' 비율이 여성 가해자에 비하여 2배 가까이 많음

가해자가 남성이든 여성이든 피해자와의 관계는 '친밀한 관계-(전)연인'의 비율이 가장 높게 나타났으며, 특히 남성 가해자의 경우 여성 가해자 대비 (전)연인 관계의 비율이 2배 가까이 높게 나타났다. 이는 연인관계 도중 혹은 이후에 남성이 여성에 비하여 스토킹을 저지르는 경우가 훨씬 많다는 것을 보여준다.

| 표 2-20 | 스토킹 가해자와의 관계 - 가해자 성별

(단위 : 건, %)

구분		사례수	친밀한관계						지인관계												관계없음				기타 (불명확 포함)	
			(전) 연인		(전) 배우자		배우자 이외의 가족 및 친인척		직장동료/상사/부하직원 등		친구		학교동창		손님 등 거래관계		동호회 등		이웃		안면만 있음		상호작용 없는 모르는 관계			
			빈도	%	빈도	%	빈도	%	빈도	%	빈도	%	빈도	%	빈도	%	빈도	%	빈도	%	빈도	%	빈도	%	빈도	%
[전체]		1,307	660	50.5	88	6.7	36	2.8	63	4.8	33	2.5	14	1.1	138	10.6	15	1.1	79	6.0	32	2.4	66	5.0	83	6.4
가해자 성별	남성	993	589	59.3	81	8.2	27	2.7	30	3.0	20	2.0	6	0.6	85	8.6	11	1.1	38	3.8	19	1.9	40	4.0	47	4.7
	여성	171	50	29.2	7	4.1	6	3.5	17	9.9	3	1.8	5	2.9	29	17.0	4	2.3	17	9.9	12	7.0	10	5.8	11	6.4
	불명확	143	21	14.7	0	0.0	3	2.1	16	11.2	10	7.0	3	2.1	24	16.8	0	0.0	24	16.8	1	0.7	16	11.2	25	17.5

가해자-피해자의 관계와 선고유형

🔍 모든 선고유형에서 '친밀한 관계((전)연인)' 비율이 가장 높게 나타남

| 표 2-21 | 스토킹 피해자 - 가해자와의 관계 - 선고유형

(단위 : 건, %)

구분		사례수	친밀한관계						지인관계												관계없음				기타 (불명확 포함)	
			(전) 연인		(전) 배우자		배우자 이외의 가족 및 친인척		직장동료/상사/부하 직원 등		친구		학교동창		손님 등 거래관계		동호회 등		이웃		안면만 있음		상호작용 없는 모르는 관계			
			빈도	%	빈도	%	빈도	%	빈도	%	빈도	%	빈도	%	빈도	%	빈도	%	빈도	%	빈도	%	빈도	%	빈도	%
[전체]		1,307	660	50.5	88	6.7	36	2.8	63	4.8	33	2.5	14	1.1	138	10.6	15	1.1	79	6.0	32	2.4	66	5.0	83	6.4
선고유형	공소기각	297	173	58.2	20	6.7	9	3.0	13	4.4	9	3.0	4	1.3	23	7.7	2	0.7	16	5.4	7	2.4	9	3.0	12	4.0
	벌금형	309	132	42.7	25	8.1	8	2.6	22	7.1	7	2.3	2	0.6	30	9.7	3	1.0	32	10.4	9	2.9	16	5.2	23	7.4
	징역형	856	447	52.2	54	6.3	23	2.7	33	3.9	24	2.8	8	0.9	102	11.9	12	1.4	41	4.8	18	2.1	43	5.0	51	6.0
	-집행유예	453	245	54.1	29	6.4	16	3.5	16	3.5	13	2.9	6	1.3	50	11.0	6	1.3	16	3.5	10	2.2	21	4.6	25	5.5
	-실형	403	202	50.1	25	6.2	7	1.7	17	4.2	11	2.7	2	0.5	52	12.9	6	1.5	25	6.2	8	2.0	22	5.5	26	6.5
	선고유예	7	3	42.9	0	0.0	1	14.3	1	14.3	0	0.0	0	0.0	0	0.0	0	0.0	0	0.0	1	14.3	1	14.3	0	0.0
	무죄	26	7	26.9	3	11.5	1	3.8	0	0.0	0	0.0	0	0.0	3	11.5	0	0.0	4	15.4	3	11.5	4	15.4	1	3.8

가해자-피해자의 관계와 타 범죄 경합

🔍 대부분의 타죄 경합사례에서 '친밀한 관계((전)연인)' 비율이 가장 높게 나타난 가운데, 업무방해죄 경합사례에서는 '지인관계(손님 등 거래관계)' 비율이 가장 높게 나타남

| 표 2-22 | 스토킹 피해자 - 가해자와의 관계 - 타죄와의 경합

(단위 : 건, %)

구분		사례수	친밀한관계						지인관계												관계없음				기타 (불명확 포함)	
			(전) 연인		(전) 배우자		배우자 이외의 가족 및 친인척		직장동료/상사/부하 직원 등		친구		학교동창		손님 등 거래관계		동호회 등		이웃		안면만 있음		상호작용 없는 모르는 관계			
			빈도	%	빈도	%	빈도	%	빈도	%	빈도	%	빈도	%	빈도	%	빈도	%	빈도	%	빈도	%	빈도	%	빈도	%
[전체]		1,307	660	50.5	88	6.7	36	2.8	63	4.8	33	2.5	14	1.1	138	10.6	15	1.1	79	6.0	32	2.4	66	5.0	83	6.4
타죄와의 경합	없음	555	247	44.5	41	7.4	19	3.4	34	6.1	10	1.8	5	0.9	63	11.4	9	1.6	34	6.1	16	2.9	29	5.2	48	8.6
	정보통신망법 위반	57	25	43.9	5	8.8	1	1.8	5	8.8	2	3.5	3	5.3	3	5.3	3	5.3	0	0.0	2	3.5	1	1.8	7	12.3
	주거침입관련 범죄	245	138	56.3	20	8.2	6	2.4	7	2.9	8	3.3	2	0.8	18	7.3	1	0.4	18	7.3	5	2.0	10	4.1	12	4.9
	폭행·상해관련 범죄	229	156	68.1	13	5.7	5	2.2	4	1.7	6	2.6	0	0.0	18	7.9	0	0.0	12	5.2	3	1.3	7	3.1	5	2.2
	협박	220	132	60.0	19	8.6	4	1.8	7	3.2	5	2.3	3	1.4	22	10.0	4	1.8	11	5.0	3	1.4	6	2.7	4	1.8
	체포·감금	52	41	78.8	2	3.8	1	1.9	3	5.8	0	0.0	0	0.0	3	5.8	0	0.0	1	1.9	0	0.0	1	1.9	0	0.0
	재물손괴	143	94	65.7	5	3.5	2	1.4	7	4.9	6	4.2	1	0.7	11	7.7	0	0.0	8	5.6	2	1.4	2	1.4	5	3.5
	손괴 외 재산죄	35	21	60.0	1	2.9	2	5.7	2	5.7	1	2.9	0	0.0	1	2.9	0	0.0	1	2.9	1	2.9	4	11.4	1	2.9
	명예관련 범죄	24	10	41.7	1	4.2	1	4.2	0	0.0	1	4.2	2	8.3	4	16.7	0	0.0	3	12.5	1	4.2	1	4.2	0	0.0
	살인·살인미수	12	11	91.7	1	8.3	0	0.0	0	0.0	0	0.0	0	0.0	0	0.0	0	0.0	0	0.0	0	0.0	0	0.0	0	0.0
	성폭력관련 범죄	136	83	61.0	3	2.2	1	0.7	5	3.7	4	2.9	1	0.7	13	9.6	3	2.2	3	2.2	1	0.7	13	9.6	6	4.4
	가정폭력범죄	19	1	5.3	15	78.9	3	15.8	0	0.0	0	0.0	0	0.0	0	0.0	0	0.0	0	0.0	0	0.0	0	0.0	0	0.0
	업무방해	46	10	21.7	2	4.3	1	2.2	2	4.3	3	6.5	1	2.2	17	37.0	0	0.0	1	2.2	1	2.2	4	8.7	4	8.7
	아동복지법위반	12	6	50.0	2	16.7	0	0.0	0	0.0	0	0.0	0	0.0	0	0.0	0	0.0	2	16.7	0	0.0	0	0.0	2	16.7
	기타 범죄	120	60	50.0	7	5.8	3	2.5	6	5.0	6	5.0	2	1.7	15	12.5	0	0.0	6	5.0	4	3.3	8	6.7	3	2.5

2) 친밀한 관계 상세 : (전) 연인관계의 교제기간

피해자와 가해자가 (전)연인 관계에 있는 스토킹 사건에서 교제기간은 6개월 미만이 38.8%였으며, 1년 미만인 경우가 절반 정도(50.5%)를 차지하는 것으로 나타남

피해자와 가해자의 관계가 (전)연인인 660건에 대해 교제기간을 분석한 결과 6개월 미만이 256건(38.8%)으로 가장 많았고, 다음으로는 2년 이상(120건, 18.2%), 6개월 이상~1년 미만(76건, 11.5%), 1년 이상~2년 미만(65건, 9.8%) 등의 순으로 나타났다.

비교적 짧은 만남에도 불구하고 스토킹이라는 범죄적 종말을 보이는 경우가 빈번함이 확인된다. 연인관계는 다른 관계에 비하여 상호신뢰를 기초로 시작되었다고 볼 수 있음에도 정반대의 위험한 관계로 변질될 수 있으므로 유의해야 할 부분이다.

|그림 2-8| 스토킹 피해자 - 가해자와의 관계 상세(전 연인) : 교제기간

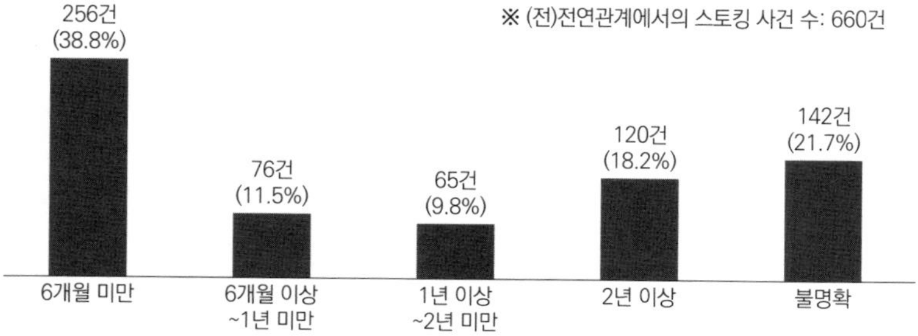

🔍 피해자 성별, 피해자 연령대, 가해자 성별에 상관없이 교제기간은 6개월 미만 비율이 가장 높게 나타남

|표 2-23| 스토킹 가해자 - 피해자와의 관계 상세(전 연인) : 교제기간

(단위 : 건, %)

구분		사례수	6개월 미만		6개월 이상 ~ 1년 미만		1년 이상 - 2년 미만		2년 이상		불명확	
			빈도	%	빈도	%	빈도	%	빈도	%	빈도	%
[전체]		660	256	38.8	76	11.5	65	9.8	120	18.2	143	21.7
피해자 성별	남성	50	21	42.0	4	8.0	2	4.0	9	18.0	14	28.0
	여성	599	234	39.1	68	11.4	63	10.5	109	18.2	125	20.9
	불명확	11	1	9.1	4	36.4	0	0.0	2	18.2	4	36.4
피해자 연령대	10대	47	22	46.8	8	17.0	6	12.8	6	12.8	5	10.6
	20대	142	77	54.2	21	14.8	10	7.0	12	8.5	22	15.5
	30대	143	55	38.5	15	10.5	17	11.9	26	18.2	30	21.0
	40대	161	52	32.3	14	8.7	18	11.2	36	22.4	41	25.5
	50대	98	29	29.6	12	12.2	8	8.2	23	23.5	26	26.5
	60대	45	17	37.8	1	2.2	6	13.3	10	22.2	11	24.4
	70대	1	0	0.0	0	0.0	0	0.0	1	100.0	0	0.0
	불명확	23	4	17.4	5	21.7	0	0.0	6	26.1	8	34.8
가해자 성별	남성	589	232	39.4	66	11.2	62	10.5	105	17.8	124	21.1
	여성	50	21	42.0	4	8.0	3	6.0	10	20.0	12	24.0
	불명확	21	3	14.3	6	28.6	0	0.0	5	23.8	7	33.3

3) 친밀한 관계 상세 : (전)배우자관계의 혼인기간

🔍 피해자와 가해자가 (전)배우자 관계에 있는 스토킹 사건에서 혼인 기간은 1년 이상 ~3년 미만이 32건(36.4%)으로 가장 많았음

피해자와 가해자의 관계가 (전)배우자인 스토킹 사건 88건에 대해 혼인 기간을 분석한 결과 1년 이상~3년 미만이 32건(36.4%)으로 가장 많았고, 다음으로는 10년 이상(14건, 15.9%), 5년 이상~10년 미만(4건, 4.5%) 등의 순으로 나타났다.

| 그림 2-9 | 스토킹 가해자 - 피해자와의 관계 상세(전 배우자) : 혼인기간

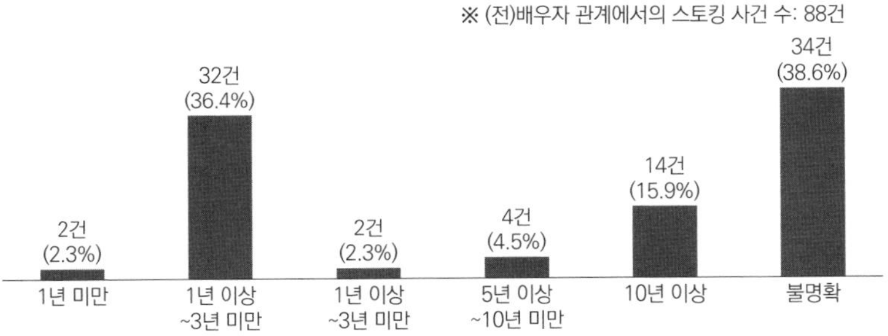

요약 스토킹 피해자와 가해자의 관계

- 스토킹은 친밀한 관계를 기반으로 발생하는 경우가 흔하다. 특히 (전)연인 사이에서 발생하는 사건이 전체 스토킹 사건의 절반을 넘는다(50.5%).
- 남성이 (전)연인인 여성을 대상으로 스토킹하는 사례가 가장 빈번하지만, 여성이 (전)연인인 남성을 스토킹하는 사례도 드물지 않으며, 동성연인 사이에서도 사건도 없지는 않다.
- (전)연인관계를 기반으로 발생한 스토킹사건에서 교제기간은 1년 미만인 경우가 절반(50.3%)을 차지한다. 친밀한 관계가 장기간 누적되었다고 보기 어려운 경우, 특히 교제기간이 1개월 미만인 경우도 드물지 않다(3%).
- (전)배우자관계에 기반한 스토킹 사건에서 혼인기간을 분석하면, 1년 이상 ~ 3년 미만이 가장 많았다(36.4%).

4 스토킹 피해자의 의사표시

1) 피해자의 의사표시 여부

🔍 피해자가 거절 또는 불원의 의사표시를 밝힌 경우가 61.8%로, 의사표시를 밝히지 않은 경우 14.8%에 비하여 4배 이상임

피해자가 가해자에게 더 이상 스토킹 등의 행위를 하지 말 것을 요구하거나 또는 원하지 않는다는 의사표시를 하였음에도 행위가 계속 이루어진 것인지를 조사한 바, 의사표시가 있었던 경우가 808건(61.8%)으로 의사표시 없음(194건, 14.8%) 대비 4배 이상으로 많았다.

의사표시 여부가 불명확한 경우를 제외하면 피해자가 가해자에게 거절이나 불원의 의사표시를 밝히는 경우가 압도적으로 많으며, 스토커들은 상대방의 의사에 거슬리는 행위를 의도적으로 중단하지 않는 악성을 보인다.

|그림 2-10| 피해자의 의사표시 여부

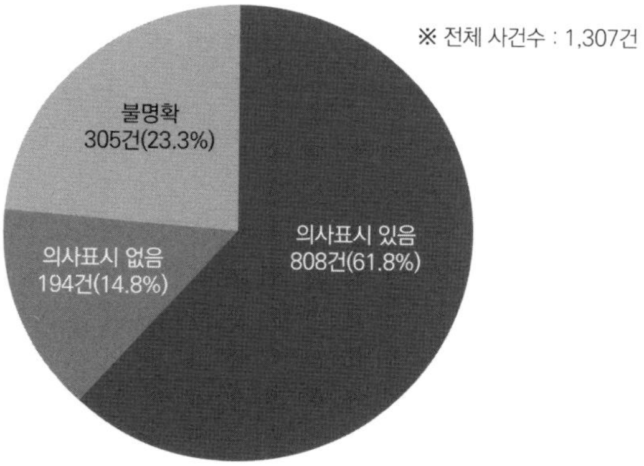

🔍 여성 피해자의 경우 '의사표시 있음' 비율이 남성 피해자 보다 높게 나타남

피해자 성별이 여성인 경우 '의사표시 있음' 비율이 남성의 경우보다 높게 나타나는 것을 볼 때, 남성 가해자에 의해 상대방의 의사가 더 빈번히 무시된다는 것을 추측할 수 있다.

| 표 2-24 | 피해자의 의사표시 여부 - 피해자 성별

(단위 : 건, %)

구분		사례수	의사표시 있음		의사표시 없음		불명확	
			빈도	%	빈도	%	빈도	%
[전체]		1,307	808	61.8	194	14.8	305	23.3
피해자 성별	남성	170	94	55.3	29	17.1	47	27.6
	여성	1,105	701	63.4	164	14.8	240	21.7
	불명확	32	13	40.6	1	3.1	18	56.3

🔎 10대와 20대의 '의사표시 있음' 비율이 다른 연령대에 비하여 상대적으로 높게 나타남

모든 피해자 연령대에서 '의사표시 있음' 비율이 절반 이상으로 나타난 가운데, 10대와 20대 피해자의 경우 그 비율이 상대적으로 더 높게 나타난다. 피해자의 연령대가 낮을수록 의사를 적극적으로 하는 반면 상대방으로부터 무시되는 경향이 더 크다는 것을 알 수 있다.

| 표 2-25 | 피해자의 의사표시 여부-피해자 연령대

(단위 : 건, %)

구분		사례수	의사표시 있음		의사표시 없음		불명확	
			빈도	%	빈도	%	빈도	%
[전체]		1,307	808	61.8	194	14.8	305	23.3
피해자 연령대	10대	110	75	68.2	28	25.5	7	6.4
	20대	241	167	69.3	35	14.5	39	16.2
	30대	233	146	62.7	31	13.3	56	24.0
	40대	307	173	56.4	53	17.3	81	26.4
	50대	200	130	65.0	20	10.0	50	25.0
	60대	112	71	63.4	14	12.5	27	24.1
	70대	29	11	37.9	7	24.1	11	37.9
	불명확	75	35	46.7	6	8.0	34	45.3

2) 피해자의 의사표시 상세

🔍 상대방의 스토킹 행위 등에 '거부의사 표시'를 한 경우가 80.9%이며, 경찰신고가 38.2%임

피해자 의사표시가 있었던 것으로 확인된 808건에 대해 그 상세 내용을 살펴보면 '거부의사 표시'가 654건(80.9%)으로 가장 많았다. 경찰에 스토킹행위(범죄)를 신고함으로써 상대방에게 스토킹을 멈추라고 알리는 것도 의사표시로 보았는데, 경찰에 신고한 경우도 309건(38.2%)으로 적지 않았다.

|그림 2-11| 피해자의 의사표시 : 의사표시 있음 상세(중복포함)

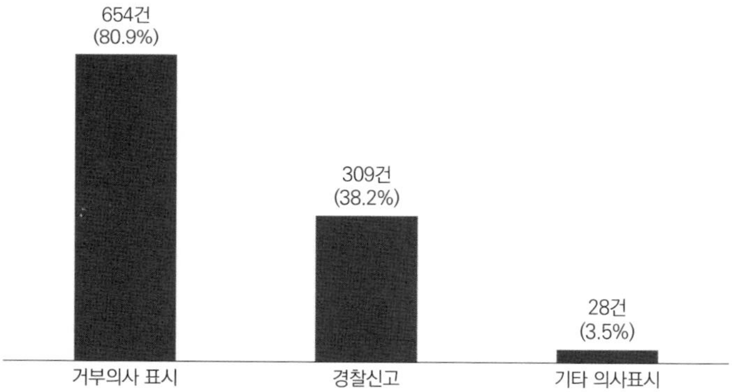

🔍 피해자가 60대, 70대일 때 경찰신고 비율이 상대적으로 높게 나타남

피해자의 성별 및 연령대, 가해자 성별에 상관없이 '거부의사 표시'의 비율이 대체로 현저히 높게 나타난 가운데, 피해자가 60대, 70대일 때에는 경찰신고 비율이 상대적으로 높은 특징이 확인된다. 특히 70대 피해자의 경우 가해자에게 직접적으로 행위중단을 요구하기 보다는 경찰에 신고하는 비율이 더 높았다.

| 표 2-26 | 피해자의 의사표시 : 의사표시 있음 상세(중복포함)

(단위 : 건, %)

구분		사례수	거부의사 표시		경찰신고		기타 의사표시	
			빈도	%	빈도	%	빈도	%
[전체]		808	654	80.9	309	38.2	28	3.5
피해자 성별	남성	94	72	76.6	36	38.3	4	4.3
	여성	701	576	82.2	269	38.4	21	3.0
	불명확	13	6	46.2	4	30.8	3	23.1
피해자 연령대	10대	75	70	93.3	24	32.0	1	1.3
	20대	167	137	82.0	55	32.9	7	4.2
	30대	146	126	86.3	43	29.5	1	0.7
	40대	173	144	83.2	73	42.2	5	2.9
	50대	130	107	82.3	49	37.7	5	3.8
	60대	71	46	64.8	41	57.7	5	7.0
	70대	11	4	36.4	10	90.9	0	0.0
	불명확	35	20	57.1	14	40.0	4	11.4
가해자 성별	남성	643	530	82.4	246	38.3	17	2.6
	여성	96	80	83.3	33	34.4	3	3.1
	불명확	69	44	63.8	30	43.5	8	11.6

요약 스토킹 피해자의 의사표시

- 피해자가 가해자에게 적극적으로 거절 또는 중단 요구 표시를 했음이 확인되는 사례가 61.8%에 달한다. 스토커들은 상대방의 거부의사를 알고 있으면서도 의도적으로 그 행위를 계속하는 악성을 드러내 보인다.
- 피해자가 가해자에게 직접적으로 행위중단 등을 요구하는 것 외에, 스토킹을 경찰에 신고함으로써 가해자가 피해자의 의사를 인지하도록 하는 경우도 피해자의 거부의사 표시로 이해된다.
- 70대 피해자의 경우 가해자에게 직접적으로 행위중단을 요구하기보다는 경찰에 신고하는 비율이 더 높다.

5 스토킹의 목적

1) 스토킹 목적의 분류 : 관계요구형, 문제해결형, 분노형, 단순괴롭힘형

🔍 스토킹의 목적 중 관계요구형이 63.0%로 가장 많음

스토킹의 목적은 다양하겠지만, 관계요구형, 문제해결형, 분노, 단순괴롭힘으로 크게 네 가지로 나누어 조사하였다.

스토킹의 목적 중 관계요구형이 824건(63.0%)으로 가장 많았고, 다음으로 분노형(318건, 24.3%), 단순괴롭힘형(131건, 10.0%), 문제해결형(113건, 8.6%) 등의 순으로 나타났다.

| 그림 2-12 | 스토킹의 목적(중복포함)

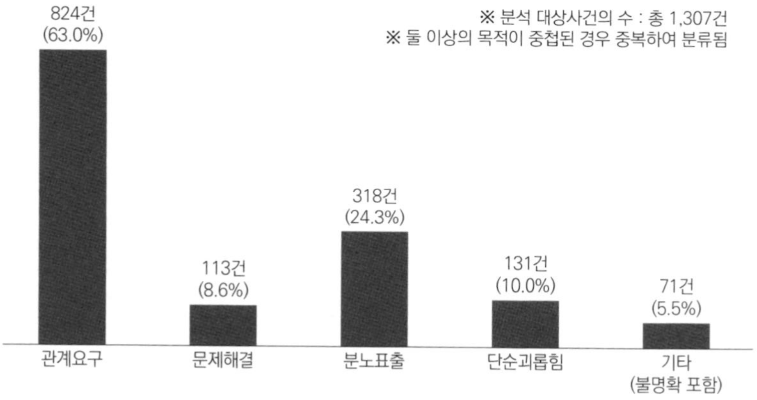

스토킹의 목적과 피해자 성별

🔍 피해자 성별과 상관없이 관계요구형 스토킹의 비율이 가장 높음

스토킹의 목적은 피해자의 성별과 상관없이 관계요구형의 비율이 가장 높게 나타났다. 성별을 불문하고 피해자와 특별한 관계를 유지 또는 생성하기 위한 목적으로 스토킹범죄를 행하는 경우가 가장 빈번함을 알 수 있다.

| 표 2-27 | 스토킹의 목적(중복포함) - 피해자 성별

(단위 : 건, %)

구분		사례수	관계요구형		문제해결형		분노형		단순괴롭힘		기타 (불명확 포함)	
			빈도	%	빈도	%	빈도	%	빈도	%	빈도	%
[전체]		1,307	824	63.0	113	8.6	318	24.3	131	10.0	71	5.5
피해자 성별	남성	170	71	41.8	32	18.8	55	32.4	18	10.6	12	7.1
	여성	1,105	742	67.1	78	7.1	259	23.4	108	9.8	50	4.5
	불명확	32	11	34.4	3	9.4	4	12.5	5	15.6	9	28.1

스토킹의 목적과 피해자의 나이

대부분의 연령대에서 관계요구형의 비율이 가장 높게 나타남

피해자의 연령대에 주목하여 스토킹의 목적을 살펴보면, 거의 모든 연령대에서 관계요구형 스토킹의 비율이 가장 높게 나타나지만, 피해자가 70대인 사건에서는 분노형 스토킹의 비율(62.1%)이 가장 높은 것으로 확인된다.

| 그림 2-13 | 스토킹의 목적(중복포함) - 피해자 연령대

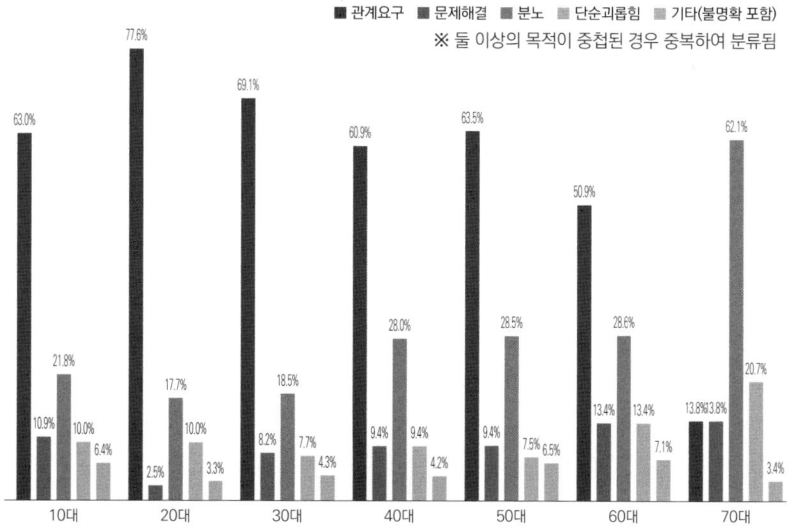

| 표 2-28 | 스토킹의 목적(중복포함) - 피해자 연령대

(단위 : 건, %)

구분		사례수	관계요구형		문제해결형		분노형		단순괴롭힘		기타 (불명확포함)	
			빈도	%	빈도	%	빈도	%	빈도	%	빈도	%
[전체]		1,307	824	63.0	113	8.6	318	24.3	131	10.0	72	5.5
피해자 연령대	10대	110	70	63.6	12	10.9	24	21.8	11	10.0	7	6.4
	20대	241	187	77.6	6	2.5	41	17.0	24	10.0	8	3.3
	30대	233	161	69.1	19	8.2	43	18.5	18	7.7	10	4.3
	40대	307	187	60.9	29	9.4	86	28.0	29	9.4	13	4.2
	50대	200	127	63.5	19	9.5	57	28.5	15	7.5	13	6.5
	60대	112	57	50.9	15	13.4	32	28.6	15	13.4	8	7.1
	70대	29	4	13.8	4	13.8	18	62.1	6	20.7	1	3.4
	불명확	75	31	41.3	9	12.0	17	22.7	13	17.3	11	14.7

스토킹의 목적과 가해자-피해자의 관계

🔍 연인관계나 배우자관계에서는 스토킹 목적이 관계요구에 있는 경우가 제일 많고, 이웃관계에서는 분노형 스토킹이 상대적으로 많음

친밀한 관계이든, 지인 관계이든, 심지어 모르는 관계에서도 스토킹의 목적은 관계의 유지 또는 생성에 있는 경우가 가장 많았다.

(전)연인관계에서의 사건 660건 중 관계요구형 스토킹이 527건(79.8%)으로 제일 많았으며, 그 다음으로는 분노형 스토킹 152건(23.0%), 문제해결형 33건(5.0%), 단순괴롭힘 29건(4.4%)의 순이었다. (전)배우자관계에서의 스토킹 사건 88건 중에서는 관계요구형이 50건(56.8%)으로 가장 많았고, 분노형이 16건(18.2%)였다. 손님 등 거래관계에서 발생한 사건 138건 중에서도 관계요구형 스토킹이 과반수였다(82건, 59.4%). 가해자와 피해자가 서로 모르는 관계인 경우에서도 66건 중 28건(42.4%)이 관계요구형 스토킹이었다.

반면 이웃관계에서 벌어지는 스토킹의 경우 분노형이 가장 많고(총 79건 중 38건, 48.1%), 다음으로 단순괴롭힘(16건, 20.3%), 문제해결형(15건, 19.0%) 순이었다. 이웃관계에서는 불화로 인한 분노가 스토킹으로 이어지는 경우가 많은 것을 알 수 있다.

|표 2-29| 스토킹의 목적(중복포함) - 가해자와 피해자의 관계

(단위 : 건, %)

구분			사례수	관계요구형		문제해결형		분노형		단순괴롭힘		기타 (불명확 포함)	
				빈도	%	빈도	%	빈도	%	빈도	%	빈도	%
[전체]			1,307	824	63.0	113	8.6	318	24.3	131	10.0	71	5.5
가해자와 피해자의 관계	친밀한 관계	(전)연인	660	527	79.8	33	5.0	152	23.0	29	4.4	12	1.8
		(전)배우자	88	50	56.8	16	18.2	23	26.1	7	8.0	5	5.7
		가족 및 친인척	36	10	27.8	14	38.9	7	19.4	2	5.6	7	19.4
	지인 관계	직장동료 등	63	34	54.0	7	11.1	12	19.0	14	22.2	2	3.2
		친구	33	21	63.6	0	0.0	7	21.2	2	6.1	4	12.1
		학교동창	14	6	42.9	2	14.3	1	7.1	6	42.9	0	0.0
		손님 등 거래관계	138	82	59.4	11	8.0	33	23.9	17	12.3	6	4.3
		동호회 등	15	13	86.7	0	0.0	1	6.7	1	6.7	1	6.7
		이웃 등	79	10	12.7	15	19.0	38	48.1	16	20.3	10	12.7
	관계 없음	안면만 있음	32	15	46.9	5	15.6	9	28.1	7	21.9	0	0.0
		모르는 관계	66	28	42.4	5	7.6	10	15.2	17	25.8	9	13.6
	기타(불명확 포함)		83	28	33.7	5	6.0	25	30.1	13	15.7	15	18.1

2) 관계요구형 스토킹 상세 - 교제요구, 애정갈구, 대화요구, 기타

관계요구형 스토킹의 경우 교제요구가 67.4%로 가장 많음, 다음이 애정갈구, 대화요구 순임

스토킹 목적 중 관계요구형을 다시 교제요구, 애정갈구(단순 만남요구 포함), 대화요구의 세 가지로 구분해 보았고, 애정갈구에는 교제 정도가 아니라 단순한 만남을 요구하는 것도 포함하여 조사하였다. 총 824건의 관계요구형 스토킹 사건에서 상세 내용으로는 교제요구가 555건(67.4%)으로 가장 많았고, 애정갈구(199건, 24.2%), 대화요구(75건, 9.1%) 등의 순으로 나타났다.

| 그림 2-14 | 스토킹의 목적 : 관계요구형 상세(중복포함)

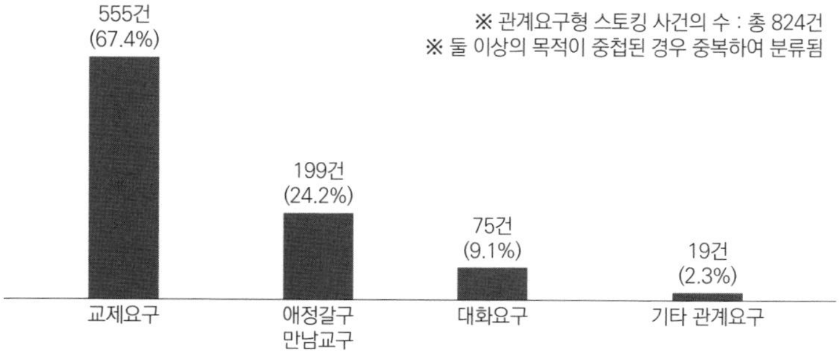

교제요구는 피해자의 성별과 상관없이 가장 높게 나타나며, 피해자 성별이 남성일 때 애정갈구(만남요구) 비율이 상대적으로 높게 나타남

피해자 성별과 상관없이 교제요구의 비율이 가장 높게 나타난다. 다만 피해자 성별이 남성일 때에는 애정갈구(만남요구)의 비율이 상대적으로 높게 나타나는데, 이는 남성 스토커에 비해 여성 스토커들은 교제요구까지는 아니더라도 단순만남 정도를 요구한 경우가 많다는 것을 추측케 한다.

| 표 2-30 | 스토킹의 목적 : 관계요구형 상세(중복포함) - 피해자 성별

(단위 : 건, %)

구분		사례수	관계요구형 : 교제요구		관계요구형 : 애정갈구, 만남요구		관계요구형 : 대화요구		관계요구형 : 기타	
			빈도	%	빈도	%	빈도	%	빈도	%
[전체]		824	555	67.4	199	24.2	75	9.1	19	2.3
피해자 성별	남성	71	37	52.1	26	36.6	11	15.5	3	4.2
	여성	742	509	68.6	171	23.0	64	8.6	16	2.2
	불명확	11	9	81.8	2	18.2	0	0.0	0	0.0

연령대와 상관없이 교제요구 비율이 가장 높게 나타남

스토킹 목적이 관계요구형인 경우 연령대와 상관없이 교제요구 비율이 가장 높게 나타났다.

| 표 2-31 | 스토킹의 목적 : 관계요구형 상세(중복포함) – 피해자 연령대

(단위 : 건, %)

구분		사례수	관계요구형 : 교제요구		관계요구형 : 애정갈구, 만남요구		관계요구형 : 대화요구		관계요구형 : 기타	
			빈도	%	빈도	%	빈도	%	빈도	%
[전체]		824	555	67.4	199	24.2	75	9.1	19	2.3
피해자 연령대	10대	70	43	61.4	19	27.1	6	8.6	5	7.1
	20대	187	120	64.2	54	28.9	17	9.1	3	1.6
	30대	161	110	68.3	40	24.8	11	6.8	3	1.9
	40대	187	131	70.1	42	22.5	13	7.0	5	2.7
	50대	127	91	71.7	22	17.3	17	13.4	1	0.8
	60대	57	41	71.9	9	15.8	6	10.5	2	3.5
	70대	4	0	0.0	2	50.0	2	50.0	0	0.0
	불명확	31	19	61.3	11	35.5	3	9.7	0	0.0

3) 문제해결형 스토킹 상세 – 금전요구, 증거채집, 기타

문제해결형 스토킹의 경우 금전요구가 55.8%(63건)으로 가장 많았음

문제해결형 스토킹이란 상대방에서 금전 등을 요구하거나 분쟁을 유리하게 해결하기 위한 증거 등을 채집하거나 기타 갈등 상황의 해결을 위한 수단으로 스토킹을 행하는 경우이다. 문제해결형 스토킹 113건의 상세내용을 살펴보면 금전요구가 63건(55.8%)으로 가장 많았다. 문제해결형에서 금전을 취할 목적으로 스토킹을 하는 경우는 대체로 어떤 문제에 대한 피해보상 혹은 대가를 요구하거나 그것을 구실로 갈취하는 형태로 나타난다.

| 그림 2-15 | 스토킹의 목적 : 문제해결형 상세(중복포함)

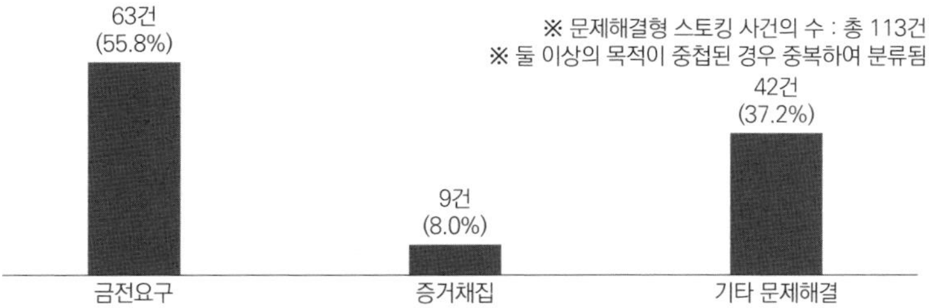

금전요구 비율이 피해자 성별, 연령대, 선고유형과 상관없이 가장 높음

문제해결형 스토킹에서는 피해자 성별, 연령대와 상관없이 금전요구의 비율이 가장 높게 나타난다.

| 표 2-32 | 스토킹의 목적 : 문제해결형 상세(중복포함) - 피해자 성별

(단위 : 건, %)

구분		사례수	문제해결형 : 금전요구		문제해결형 : 증거채집		문제해결형 : 기타	
			빈도	%	빈도	%	빈도	%
[전체]		113	63	55.8	9	8.0	42	37.2
피해자 성별	남성	32	19	59.4	2	6.3	11	34.4
	여성	78	42	53.8	7	9.0	30	38.5
	불명확	3	2	66.7	0	0.0	1	33.3

| 표 2-33 | 스토킹의 목적 : 문제해결형 상세(중복포함) - 피해자 연령대

(단위 : 건, %)

구분		사례수	문제해결형 : 금전요구		문제해결형 : 증거채집		문제해결형 : 기타	
			빈도	%	빈도	%	빈도	%
[전체]		113	63	55.8	9	8.0	42	37.2
피해자 연령대	10대	12	9	75.0	2	16.7	2	16.7
	20대	6	2	33.3	1	16.7	3	50.0
	30대	19	7	36.8	2	10.5	10	52.6
	40대	29	17	58.6	2	6.9	10	34.5
	50대	19	12	63.2	0	0.0	7	36.8
	60대	15	9	60.0	0	0.0	6	40.0
	70대	4	4	100.0	0	0.0	0	0.0
	불명확	9	3	33.3	2	22.2	4	44.4

4) 분노형 스토킹 상세 - 보복, 분노표출, 위협, 기타

분노형 스토킹의 상세내용을 보면 분노 표출이 68.6%로 가장 많았음

분노형 스토킹이란 앙갚음하거나(보복), 분노를 표현하거나(분노표출) 또는 상대방에게 겁을 주기 위한(위협) 수단으로 스토킹하는 경우를 말한다.

분노형 스토킹에 해당하는 318건의 상세내용을 살펴보면 분노표출의 경우가 218건(68.6%)으로 가장 많았다. 다음으로 위협이 133건(41.8%), 보복이 101건(31.8%)의 순서이다. 분노형 스토킹에서 분노표출은 피해자 성별과 상관없이 가장 높은 비율로 확인된다.

| 표 2-34 | 스토킹의 목적 : 분노형 상세(중복포함) - 피해자 성별

(단위 : 건, %)

구분		사례수	분노형 : 보복		분노형 : 분노 표출		분노형 : 위협		분노형 : 기타	
			빈도	%	빈도	%	빈도	%	빈도	%
[전체]		318	101	31.8	218	68.6	133	41.8	3	0.9
피해자 성별	남성	55	17	30.9	37	67.3	13	23.6	2	3.6
	여성	259	84	32.4	177	68.3	118	45.6	1	0.4
	불명확	4	0	0.0	4	100.0	2	50.0	0	0.0

분노형에서는 분노표출이 피해자 연령대와 상관없이 가장 높은 비율을 차지함

| 표 2-35 | 스토킹의 목적 : 분노형 상세(중복포함) - 피해자 연령대

(단위 : 건, %)

구분		사례수	분노형 : 보복		분노형 : 분노 표출		분노형 : 위협		분노형 : 기타	
			빈도	%	빈도	%	빈도	%	빈도	%
[전체]		318	101	31.8	218	68.6	133	41.8	3	0.9
피해자 연령대	10대	24	9	37.5	15	62.5	9	37.5	0	0.0
	20대	41	11	26.8	29	70.7	19	46.3	0	0.0
	30대	43	18	41.9	25	58.1	19	44.2	0	0.0
	40대	86	23	26.7	60	69.8	35	40.7	2	2.3
	50대	57	15	26.3	42	73.7	24	42.1	0	0.0
	60대	32	10	31.3	25	78.1	15	46.9	1	3.1
	70대	18	10	55.6	9	50.0	4	22.2	0	0.0
	불명확	17	5	29.4	13	76.5	8	47.1	0	0.0

요약 스토킹의 목적

- 스토킹의 목적은 '관계요구'에 있는 경우가 가장 많으며(63.0%), 그 다음으로는 '분노표출', '단순괴롭힘', '문제해결'의 순서인 것으로 확인된다. 둘 이상의 목적이 중첩된 경우도 적지 않다.
- 가해자-피해자의 관계가 어떠하든 대개의 경우 '관계요구형' 스토킹의 비율이 가장 높게 나타난다. 즉, 친밀한 관계에서나, 지인 관계에서나, 심지어 모르는 관계에서도 '상대방에게 교제, 만남 또는 대화 등을 요구하기 위한 수단으로' 스토킹범죄를 범하는 경우가 많다. 다만 이웃관계에서는 관계요구형 스토킹보다 분노형 스토킹이 더 큰 비중을 차지하는 특징이 있다.
- '문제해결형' 스토킹이란 상대방에게 금전 등을 요구하거나 분쟁을 유리하게 해결하기 위한 증거 등을 채집하거나, 기타 갈등 상황의 해결을 위한 수단으로 스토킹을 행하는 경우이다.
- '분노형' 스토킹이란 상대방에게 분노를 표출하거나, 위협하거나, 보복하기 위한 수단으로 스토킹을 행하는 경우이다.

6 스토킹 가해자 관련 사실

1) 스토킹 가해자의 전과

가해자의 전과유무

스토킹 가해자에게 전과 있는 경우(43.2%)가 전과 없는 경우(34.0%)보다 많음

전과여부는 판결문의 양형이유 등에 기술된 내용을 분석하여 파악하였다. 판결문을 통해 전과여부를 알 수 없는 경우도 많았지만, 총 743건에서는 가해자의 전과여부가 드러나 있었다. 이 중 가해자의 전과있음이 확인된 경우가 564건(43.2%)이며, 전과가 없는 경우는 445건(34.0%)이었다. 범죄로 처벌받은 전력이 있는 사람이 다시 스토킹 범죄로 나아간 경우가 상당히 많은 것을 알 수 있다.

| 그림 2-16 | 스토킹 가해자 전과 유무

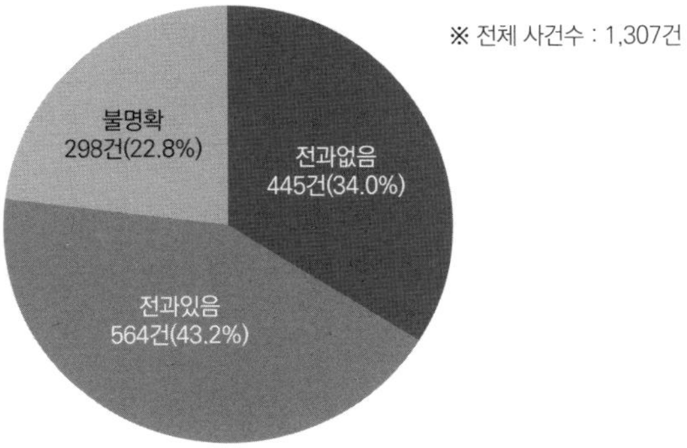

남성 가해자의 전과 비율이 여성 가해자의 전과 비율보다 높음

가해자가 남성인 스토킹 사건에서는 '전과 있음' 비율(45.3%)이 '전과 없음' 비율 (33.1%)보다 더 높다. 이에 비해, 가해자가 여성인 사건에서는 '전과 있음' 비율(32.7%)이 '전과 없음' 비율(52.6%)보다 더 낮다.

여성의 전과 비율은 남성에 비해 낮은 것으로 확인된다.

| 표 2-36 | 스토킹 가해자 전과 유무 - 가해자 성별

(단위 : 건, %)

구분		사례수	전과 있음		전과 없음		불명확	
			빈도	%	빈도	%	빈도	%
[전체]		1,307	564	43.2	445	34.0	298	22.8
가해자 성별	남성	993	450	45.3	329	33.1	214	21.6
	여성	171	56	32.7	90	52.6	25	14.6
	불명확	143	58	40.6	26	18.2	59	41.3

가해자의 전과 상세

- 전과의 유형으로는 폭행 및 협박죄(204건, 36.2%)가 가장 많았고, 다음으로 스토킹처벌법위반죄(60건, 10.6%), 성폭력 (40건, 7.1%), 손괴 외 재산죄(32건, 5.7%), 업무방해(27건, 4.8%) 등의 순으로 나타남

가해자에게 전과가 있는 것으로 확인된 564건에 대해 그 전과 유형을 상세 분석한 결과 스토킹처벌법위반의 동종전과는 60건(10.6%)이었다. 이종전과의 경우는 폭행 및 협박죄가 204건(36.2%)으로 가장 많았고, 성폭력 40건(7.1%), 손괴 외 재산죄 32건(5.7%), 업무방해죄 27건(4.8%) 등의 순으로 나타났다.

스토킹 가해자는 이전에도 크고 작은 범법행위들을 한 경력이 있는 경우가 많은 것을 알 수 있다. 또한 이미 폭행죄, 협박죄, 성폭력범죄, 재산죄 혹은 업무방해죄 등의 범죄로 처벌받은 전과를 가지고 있는 사람이 스토킹범죄의 문턱을 다소 쉽게 넘어서는 것이 아닌가 추측할 수 있다. 한편 동종전과인 스토킹범죄로 처벌받고도 또 재범을 저지르는 경우가 10.6%나 된다는 점에서 처벌의 효과가 의심된다.

| 그림 2-17 | 스토킹 가해자 전과 상세(중복포함)

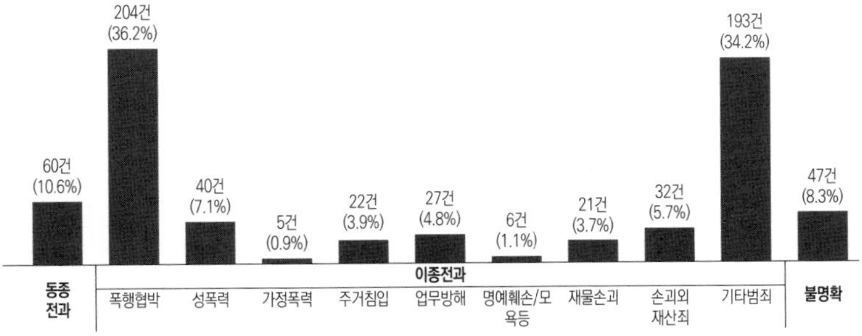

🔍 가해자 성별이 여성일 때 동종 전과 비율이 상대적으로 높게 나타남

동종전과 보다는 이종전과(폭행/협박)의 비율이 더 높게 나타난다. 다만 가해자의 성별에 주목하여 살펴보면, 여성의 경우 남성에 비해 동종전과의 비율이 상대적으로 높은 특징이 확인된다.

| 표 2-37 | 스토킹 가해자 전과 상세(중복포함) - 가해자 성별

(단위 : 건, %)

구분		사례수	동종 전과		이종전과 : 폭행 협박		이종전과 : 성폭력		이종전과 : 가정폭력		이종전과 : 주거 침입		이종전과 : 업무 방해	
			빈도	%	빈도	%	빈도	%	빈도	%	빈도	%	빈도	%
[전체]		564	60	10.6	204	36.2	40	7.1	5	0.9	22	3.9	27	4.8
가해자 성별	남성	450	41	9.1	166	36.9	34	7.6	4	0.9	16	3.6	21	4.7
	여성	56	12	21.4	16	28.6	0	0.0	1	1.8	4	7.1	6	10.7
	불명확	58	7	12.1	22	37.9	6	10.3	0	0.0	2	3.4	0	0.0

구분		사례수	이종전과 : 명예훼손 모욕 등		이종전과 : 재물손괴		이종전과 : 손괴 외 재산죄		이종전과 : 기타 범죄		불명확	
			빈도	%	빈도	%	빈도	%	빈도	%	빈도	%
[전체]		564	6	1.1	21	3.7	32	5.7	193	34.2	47	8.3
가해자 성별	남성	450	5	1.1	19	4.2	26	5.8	165	36.7	31	6.9
	여성	56	0	0.0	1	1.8	4	7.1	17	30.4	4	7.1
	불명확	58	1	1.7	1	1.7	2	3.4	11	19.0	12	20.7

2) 스토킹 가해자의 정신병력

가해자에게 정신병력이 있는 경우가 108건(8.3%)으로 나타남

가해자에게 정신병력이 있는 경우는 108건(8.3%), 정신병력이 없는 경우(불명확 포함)는 1,199건(91.7%)이었다. 정신병적 문제에서 비롯된 스토킹범죄가 많을 것이라는 일반적 추측과는 다소 거리가 있는 결과로, 대다수의 가해자는 명확한 정신병력이 없는 상태에서 스토킹 범죄로 나아간 것이다. 그러나 가해자의 정신의학적 문제가 스토킹 범행의 발현에 영향을 준 경우가 드물지 않음을 간과할 수 없다.

|그림 2-18| 스토킹 가해자 정신병력 여부

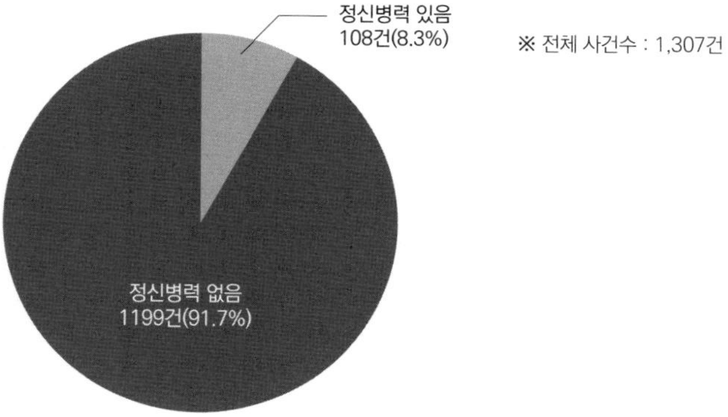

여성 가해자의 경우 정신병력 있음 비율이 남성 대비 3배 이상 높게 나타남

가해자의 성별에 주목하여 살펴보면, 여성의 경우 정신병력이 있는 비율(18.7%)이 남성(5.2%)에 비하여 3배 이상 높게 나타난다. 여성 스토커의 경우 정신의학적 문제가 스토킹 범행에 영향을 더 미치는 것으로도 볼 수 있다. 정신치료 관점에서의 대책이 모색될 필요가 있다.

| 표 2-38 | 스토킹 가해자 전과 유무 - 가해자 성별

(단위 : 건, %)

구분		사례수	정신병력 있음		정신병력 없음(불명확 포함)	
			빈도	%	빈도	%
[전체]		1,307	108	8.3	1,199	91.7
가해자 성별	남성	993	52	5.2	941	94.8
	여성	171	32	18.7	139	81.3
	불명확	143	24	16.8	119	83.2

요약 가해자 관련 사실

- **가해자의 전과** : 전과가 있는 경우가 전과없는 경우보다 많다. 범죄로 처벌받은 전력이 있는 사람이 스토킹 범죄를 저지르는 경우가 상당히 많은 것으로 확인된다. 가해자의 전과는 그 분포가 매우 다양하나, 동종전과의 비율이 10.6%나 된다.
- **가해자의 정신병력** : 가해자에게 정신병력이 있는 경우가 전체 스토킹 사건의 8.3%이다. 여성 가해자의 정신병력 비율(18.7%)은 남성 가해자의 정신병력 비율(5.2%)에 비해 3배 이상 높다.

7 스토킹 행위 유형

1) 스토킹처벌법상 행위 유형

🔍 스토킹처벌법상의 행위유형 중에는 '우편, 전화, 정보통신망을 이용하여 글, 말, 영상 등을 도달하게 하기'가 968건(74.1%)으로 가장 많았고, 다음으로 '접근, 따라다니기, 진로방해'(848건, 64.9%), '기다리거나 지켜보기'(404건, 30.9%) 등의 순으로 많이 행해짐

이 연구 분석대상 사건들에 적용된 개정 전 「스토킹처벌법」 제2조제1호는 스토킹행위의 유형을 5가지로 명시하고 있다 : ① 접근하거나 따라다니거나 진로를 막아서는 행위, ② 주거, 직장, 학교, 그 밖에 일상적으로 생활하는 장소 또는 그 부근에서 기다리거나 지켜보는 행위, ③ 우편·전화·팩스 또는 정보통신망을 이용하여 물건이나 글·말·부호·음향·그림·영상·화상을 도달하게 하는 행위, ④ 직접 또는 제3자를 통하여 물건 등을 도달하게 하거나 주거 등 또는 그 부근에 물건 등을 두는 행위, ⑤ 주거 등 또는 그 부근에 놓여져 있는 물건 등을 훼손하는 행위.

개정 전 「스토킹처벌법」의 5가지 행위유형 중 어떤 행위유형이 빈번히 나타나는지를 조사한 결과, '우편·전화·팩스 또는 정보통신망을 이용하여 글, 말, 영상 등을 도달하게 하기'가 가장 많았고(968건, 74.1%), 다음으로는 '접근, 따라다니기, 진로방해'(848건, 64.9%), '기다리거나 지켜보기'(404건, 30.9%) 등의 순으로 확인된다. 정보통신기술 이용이 증가함에 따라 직접적인 대면접촉보다 휴대폰이나 인터넷을 이용한 온라인·비대면 스토킹이 성행하고 있음을 알 수 있다.

2023년 7월 11일 개정된 법에서는 정보통신망을 이용한 스토킹범죄 등에 대한 처벌 공백을 해소하고자 '정보통신망을 이용하는 프로그램 또는 전화의 기능에 의하여 글·말·부호·음향·그림·영상·화상이 상대방에게 나타나게 하는 행위'가 스토킹행위로 명시되었으며, '정보통신망을 이용하여 상대방 등의 개인정보, 개인위치정보 등을 제3자에게 제공하거나 배포 또는 게시하는 행위' 및 '정보통신망을 통하여 상대방 등의 이름, 명칭, 사진, 영상

또는 신분에 관한 정보를 이용하여 자신이 상대방 등인 것처럼 가장하는 행위'가 스토킹 행위에 추가되었다.

|그림 2-19| 스토킹처벌법상 행위 유형(중복포함)

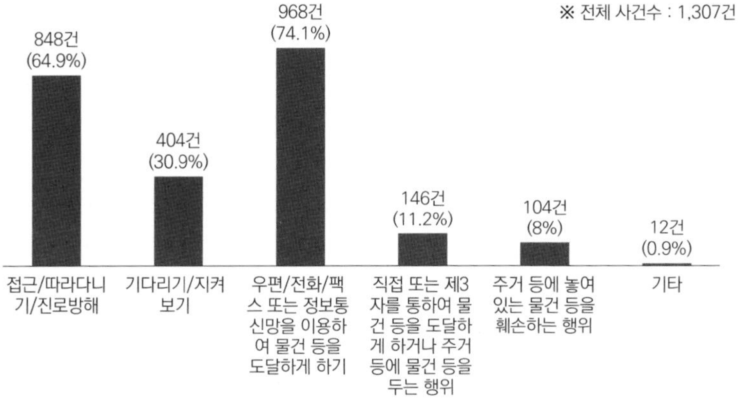

스토킹행위 유형과 피해자의 성별

🔍 피해자의 성별을 불문하고 '우편·전화·팩스 또는 정보통신망 등을 이용하여 글, 영상 등을 도달하게 하기'의 비율이 가장 높음

|표 2-39| 스토킹처벌법상 행위 유형(중복포함) - 피해자 성별

(단위 : 건, %)

구분		사례수	접근, 따라다니기, 진로방해		기다리거나 지켜보기		우편·전화·팩스 또는 정보통신망을 이용하여 글, 영상 등을 도달하게 하기		직접 또는 제3자를 통하여 물건 등을 도달하게 하거나 주거 등에 물건 등을 두는 행위		주거 등에 놓여져 있는 물건 등을 훼손하는 행위		기타	
			빈도	%	빈도	%	빈도	%	빈도	%	빈도	%	빈도	%
[전체]		1,306	848	64.9	404	30.9	968	74.1	146	11.2	104	8.0	12	0.9
피해자 성별	남성	170	109	64.1	47	27.6	101	59.4	17	10.0	19	11.2	3	1.8
	여성	1,104	723	65.5	351	31.8	846	76.6	126	11.4	84	7.6	8	0.7
	불명확	32	16	50.0	6	18.8	21	65.6	3	9.4	1	3.1	1	3.1

스토킹행위 유형과 피해자의 나이

🔍 피해자의 연령이 40대 이하인 경우 '우편·전화·팩스 또는 정보통신망 등을 이용하여 글, 영상 등을 도달하게 하기'의 비율이 가장 높지만, 50대 이상 피해자에 대해서는 '접근, 따라다니기, 진로방해'의 비율이 가장 높음

스토킹행위 유형을 피해자의 나이에 주목하여 분석하면, 피해자가 40대 이하인 경우 '우편·전화·팩스 또는 정보통신망을 이용하여 글 등을 도달하게 하기'의 비율이 가장 높고, 50대 이상의 경우에는 '접근, 따라다니기, 진로방해'의 비율이 가장 높다.

피해자의 연령대가 낮을수록 전화, 정보통신망 등의 온라인·비대면 스토킹이 더 많이 행해지며, 50대 이상의 피해자에 대해서는 물리적·신체적 접근방식의 스토킹이 더 많이 행해지는 것을 알 수 있다.

| 표 2-40 | 스토킹처벌법상 행위 유형(중복포함) - 피해자 연령

(단위 : 건, %)

구분		사례수	접근, 따라다니기, 진로방해		기다리거나 지켜보기		우편·전화·팩스 또는 정보통신망을 이용하여 글, 영상 등을 도달하게 하기		직접 또는 제3자를 통하여 물건 등을 도달하게 하거나 주거 등에 물건 등을 두는 행위		주거 등에 놓여져 있는 물건 등을 훼손하는 행위		기타	
			빈도	%	빈도	%	빈도	%	빈도	%	빈도	%	빈도	%
[전체]		1,306	848	64.9	404	30.9	968	74.1	146	11.2	104	8.0	12	0.9
피해자 연령대	10대	110	65	59.1	31	28.2	80	72.7	8	7.3	8	7.3	0	0.0
	20대	241	143	59.3	74	30.7	182	75.5	24	10.0	10	4.1	0	0.0
	30대	233	143	61.4	75	32.2	181	77.7	28	12.0	19	8.2	3	1.3
	40대	306	197	64.4	100	32.7	243	79.4	37	12.1	24	7.8	6	2.0
	50대	200	156	78.0	69	34.5	146	73.0	24	12.0	22	11.0	1	0.5
	60대	112	86	76.8	27	24.1	72	64.3	9	8.0	16	14.3	1	0.9
	70대	29	23	79.3	8	27.6	9	31.0	8	27.6	3	10.3	0	0.0
	불명확	75	35	46.7	20	26.7	55	73.3	8	10.7	2	2.7	1	1.3

스토킹행위 유형과 가해자의 성별

가해자의 성별과 상관없이 '전화, 정보통신망 등을 이용하여 글, 영상 등을 도달하게 하기'의 비율이 가장 높게 나타남

스토킹행위 유형은 가해자의 성별과 큰 관련성이 없는 것으로 확인되며, 남성이든 여성이든 전화, 정보통신망 등을 이용한 스토킹을 가장 빈번히 행하는 것으로 나타난다.

| 표 2-41 | 스토킹처벌법상 행위 유형(중복포함) - 가해자 성별

(단위 : 건, %)

구분		사례수	접근, 따라다니기, 진로방해		기다리거나 지켜보기		우편·전화·팩스 또는 정보통신망을 이용하여 물건 등을 도달하게 하기		직접 또는 제3자를 통하여 물건 등을 도달하게 하거나 주거 등에 물건 등을 두는 행위		주거 등에 놓여져 있는 물건등을 훼손하는 행위		기타	
			빈도	%	빈도	%	빈도	%	빈도	%	빈도	%	빈도	%
[전체]		1,306	848	64.9	404	30.9	968	74.1	146	11.2	104	8.0	12	0.9
가해자 성별	남성	992	666	67.1	316	31.9	773	77.9	109	11.0	81	8.2	8	0.8
	여성	171	102	59.6	46	26.9	109	63.7	17	9.9	14	8.2	0	0.0
	불명확	143	80	55.9	42	29.4	86	60.1	20	14.0	9	6.3	4	2.8

스토킹행위 유형과 타 범죄 경합

주거침입죄, 폭행·상해죄, 재물손괴죄, 손괴 외 재산죄, 업무방해죄와 경합이 있는 경우 '접근, 따라다니기, 진로방해'의 비율이 높게 나타남

타범죄 경합 여부와 큰 상관없이 대부분의 스토킹 사례에서 '우편·전화·팩스 또는 정보통신망을 이용하여 물건 등을 도달하게 하기'의 비율이 높은 것으로 확인되지만, 주거침입, 폭행·상해, 재물손괴, 손괴 외 재산죄, 업무방해 등이 경합하여 발생한 사건에서는 '접근, 따라다니기, 진로방해' 비율이 더 높게 나타나는 특징이 확인된다. 주거침입, 폭행·상해, 재물손괴, 업무방해 등의 범죄 자체에 물리적 접촉행위가 수반되므로 대면접촉에 의한 스토킹이 행해지는 것으로 판단된다.

| 표 2-42 | 스토킹처벌법상 행위 유형(중복포함) - 타죄와의 경합

(단위 : 건, %)

구분		사례수	접근, 따라다니기, 진로방해		기다리거나 지켜보기		우편·전화·팩스 또는 정보통신망을 이용하여 글, 영상 등을 도달하게 하기		직접 또는 제3자를 통하여 물건 등을 도달하게 하거나 주거 등에 물건 등을 두는 행위		주거 등에 놓여져 있는 물건 등을 훼손하는 행위		기타	
			빈도	%	빈도	%	빈도	%	빈도	%	빈도	%	빈도	%
[전체]		1,306	848	64.9	404	30.9	968	74.1	146	11.2	104	8.0	12	0.9
타죄와의 경합	없음	555	311	56.0	147	26.5	419	75.5	62	11.2	10	1.8	2	0.4
	정보통신망법 위반	57	27	47.4	14	24.6	54	94.7	2	3.5	3	5.3	2	3.5
	주거침입관련 범죄	245	220	89.8	108	44.1	159	64.9	35	14.3	51	20.8	2	0.8
	폭행·상해관련 범죄	229	180	78.6	87	38.0	172	75.1	22	9.6	30	13.1	2	0.9
	협박	219	163	74.4	69	31.5	176	80.4	23	10.5	27	12.3	1	0.5
	체포·감금	52	41	78.8	23	44.2	43	82.7	5	9.6	5	9.6	0	0.0
	재물손괴	143	119	83.2	50	35.0	105	73.4	19	13.3	73	51.0	2	1.4
	손괴 외 재산죄	35	27	77.1	12	34.3	23	65.7	4	11.4	6	17.1	0	0.0
	명예관련 범죄	24	17	70.8	7	29.2	13	54.2	5	20.8	5	20.8	0	0.0
	살인·살인미수	12	11	91.7	6	50.0	8	66.7	1	8.3	2	16.7	0	0.0
	성폭력관련 범죄	136	76	55.9	46	33.8	125	91.9	8	5.9	4	2.9	1	0.7
	가정폭력범죄	19	16	84.2	5	26.3	16	84.2	2	10.5	1	5.3	0	0.0
	업무방해	46	38	82.6	14	30.4	23	50.0	6	13.0	6	13.0	0	0.0
	아동복지법위반	12	8	66.7	4	33.3	7	58.3	1	8.3	2	16.7	1	8.3
	기타 범죄	120	86	71.7	48	40.0	82	68.3	12	10.0	11	9.2	4	3.3

스토킹행위 유형과 가해자-피해자의 관계

가해자와 피해자가 거래관계, 이웃관계 또는 모르는 관계인 경우에는 '접근, 따라다니기, 진로방해' 방식의 스토킹이 가장 빈번함

대부분의 사례에서 '우편·전화·팩스 또는 정보통신망을 이용하여 글, 영상 등을 도달하게 하기'의 비율이 가장 높게 나타났지만, 가해자-피해자가 손님 등 거래관계, 이웃관계, 또는 모르는 관계인 경우에는 '접근, 따라다니기, 진로방해'의 비율이 더 높게 나타나는 특징이 있다. 상대방에 대한 정보가 없거나 불충분한 경우에는 비대면으로 연락하기보다 직접 접근하는 방법으로 스토킹이 행해진다고 추측할 수 있다.

| 표 2-43 | 스토킹처벌법상 행위 유형(중복포함) - 스토커와의 관계

(단위 : 건, %)

구분		사례수	접근, 따라다니기, 진로방해		기다리거나 지켜보기		우편·전화·팩스 또는 정보통신망을 이용하여 물건 등을 도달하게 하기		직접 또는 제3자를 통하여 물건 등을 도달하게 하거나 주거 등에 물건 등을 두는 행위		주거 등에 놓여져 있는 물건 등을 훼손하는 행위		기타	
			빈도	%	빈도	%	빈도	%	빈도	%	빈도	%	빈도	%
[전체]		1,306	848	64.9	404	30.9	968	74.1	146	11.2	104	8.0	12	0.9
가해자와 피해자의 관계	친밀한관계 : (전)연인	659	430	65.3	217	32.9	559	84.8	67	10.2	63	9.6	3	0.5
	친밀한관계 : (전)배우자	88	62	70.5	28	31.8	68	77.3	9	10.2	6	6.8	0	0.0
	친밀한관계 : 배우자 이외의 가족 및 친인척	36	25	69.4	10	27.8	24	66.7	3	8.3	4	11.1	1	2.8
	지인관계 : 직장동료 등	63	25	39.7	11	17.5	52	82.5	11	17.5	1	1.6	1	1.6
	지인관계 : 친구	33	22	66.7	14	42.4	26	78.8	2	6.1	3	9.1	0	0.0
	지인관계 : 학교동창	14	5	35.7	4	28.6	12	85.7	2	14.3	0	0.0	0	0.0
	지인관계 : 손님 등 거래관계	138	105	76.1	38	27.5	83	60.1	18	13.0	10	7.2	1	0.7
	지인관계 : 동호회 등	15	7	46.7	1	6.7	12	80.0	2	13.3	0	0.0	0	0.0
	지인관계 : 이웃	79	63	79.7	23	29.1	19	24.1	15	19.0	12	15.2	5	6.3
	관계없음 : 안면만 있음	32	21	65.6	10	31.3	22	68.8	6	18.8	2	6.3	0	0.0
	관계없음 : 모르는 관계	66	42	63.6	25	37.9	30	45.5	5	7.6	1	1.5	0	0.0
	기타(불명확 포함)	83	41	49.4	23	27.7	61	73.5	6	7.2	2	2.4	1	1.2

2) 스토킹처벌법상 가중사유 : 흉기휴대 스토킹

- 흉기 등 위험한 물건을 휴대하거나 이용하여 스토킹범죄를 범한 경우도 9.9%에 달함

「스토킹처벌법」에 의하면 '흉기 또는 그 밖의 위험한 물건을 휴대하거나 이용하여 스토킹범죄를 저지른 사람'은 더 무겁게 처벌하고 있다(제18조 제2항). 스토킹범죄는 3년 이하 징역 또는 3천만원 이하의 벌금인데 비하여(제18조 제1항), 흉기휴대 스토킹범죄는 5년 이하 징역 또는 5천만원 이하의 벌금에 처하도록 하여 현재 「스토킹처벌법」에서 유일한 가중적 구성요건이다. '흉기 또는 그 밖의 위험한 물건'이란 본래 살상용으로 제작된 물건뿐 아니라 그

밖에 사용하면 사람의 신체에 위해를 줄 수 있는 물건 등이 모두 포함되며, 예컨대 칼, 망치, 송곳, 가위, 벽돌, 맥주병, 독극물 등이 이에 해당한다. 흉기 등을 범행 시 실제로 사용한 경우뿐 아니라 휴대한 것 만으로도 가중처벌되며, 흉기 휴대 사실을 상대방에게 인식시키지 않은 경우에도 마찬가지이다. 흉기 등을 휴대한 채로 따라다니거나 지켜보고 있는 것만으로도 언제 그 흉기를 사용할지 모르는 위험성이 있으므로 불법이 가중되는 것으로 보기 때문이다.

스토킹범죄에서 흉기를 휴대한 경우가 적지 않을 것으로 예상하고 조사한 결과, 10건 중 1건 정도는 흉기휴대 스토킹 사건임이 확인되었다. 흉기 등을 휴대한 경우가 130건(9.9%)이었고, 그렇지 않은 경우가 1,177건(90.1%)이었다. 흉기 등을 휴대하거나 이용하여 스토킹을 저지르는 것은 위험을 심각하게 증가시키는 행위이므로 단호한 가중처벌이 필요하다.

| 그림 2-20 | 스토킹처벌법상 가중사유(흉기휴대) 여부

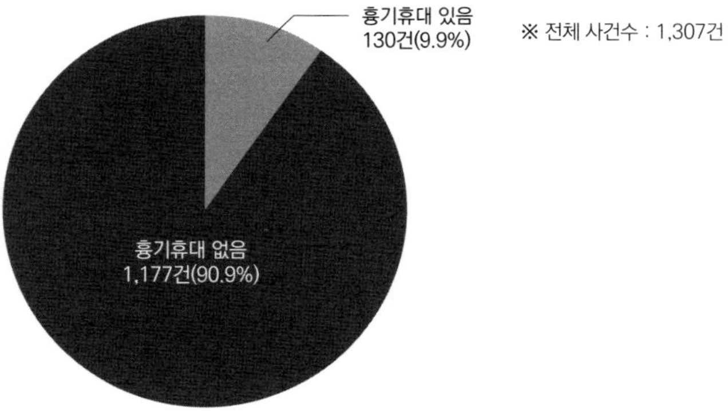

흉기휴대 스토킹과 피해자의 성별

🔍 피해자 성별이 여성일 때 흉기휴대 비율이 높게 나타남

피해자가 여성인 경우 흉기 등 휴대·이용의 비율이 10.3%이고, 피해자가 남성인 경우에는 9.4%로 확인된다. 피해자 성별에 따라 큰 차이가 있는 것은 아니지만, 피해자가 여성일 때 흉기 등 휴대의 비율이 다소 높은 정도이다.

| 표 2-44 | 스토킹처벌법상 가중사유(흉기휴대) 여부 - 피해자 성별

(단위 : 건, %)

구분		사례수	흉기 등 휴대 있음		흉기 등 휴대 없음	
			빈도	%	빈도	%
[전체]		1,307	130	9.9	1,177	90.1
피해자 성별	남성	170	16	9.4	154	90.6
	여성	1,105	114	10.3	991	89.7
	불명확	32	0	0.0	32	100.0

흉기휴대 스토킹과 피해자의 나이

피해자 연령이 40대 이상일 때 흉기휴대 비율이 10% 이상으로 나타남

피해자의 연령이 40대 이상인 경우 흉기 등 휴대·이용 비율이 상대적으로 더 높게 나타난다. 20대 피해자에 대해서는 흉기휴대 스토킹 비율이 7.1%, 30대 피해자에 대해서는 7.3%인데 비해 40대 피해자에 대해서는 12.4%, 50대 피해자에 대해서는 15.5%, 60대 피해자에 대해서는 13.4%였고, 70대 피해자의 경우 17.2%까지 그 비율이 상승한다. 40대 이상의 피해자에 대해서는 스토킹이 더 위험한 방식으로 행해진다고 추측할 수 있다.

| 표 2-45 | 스토킹처벌법상 가중사유(흉기휴대) 여부 - 피해자 연령대

(단위 : 건, %)

구분		사례수	흉기 등 휴대 있음		흉기 등 휴대 없음	
			빈도	%	빈도	%
[전체]		1,307	130	9.9	1,177	90.1
피해자 연령대	10대	110	5	4.5	105	95.5
	20대	241	17	7.1	224	92.9
	30대	233	17	7.3	216	92.7
	40대	307	38	12.4	269	87.6
	50대	200	31	15.5	169	84.5
	60대	112	15	13.4	97	86.6
	70대	29	5	17.2	24	82.8
	불명확	75	2	2.7	73	97.3

흉기휴대 스토킹과 가해자의 성별

🔍 가해자 성별이 남성일 때 흉기휴대 비율이 10% 이상으로 나타남

가해자의 성별이 남성일 때 흉기 등 휴대·이용 비율이 상대적으로 더 높게 나타난다. 가해자가 여성인 사건에서는 7.6%가 흉기휴대 사례인데 비해, 가해자가 남성인 사건에서는 흉기휴대 스토킹이 10.9%에 달한다. 남성 스토커가 여성 스토커에 비해 위험한 방식으로 범행을 저지르는 경우가 더 많음을 알 수 있다.

| 표 2-46 | 스토킹처벌법상 가중사유(흉기휴대) 여부 - 가해자 성별

(단위 : 건, %)

구분		사례수	흉기 등 휴대 있음		흉기 등 휴대 없음	
			빈도	%	빈도	%
[전체]		1,307	130	9.9	1,177	90.1
가해자 성별	남성	993	108	10.9	885	89.1
	여성	171	13	7.6	158	92.4
	불명확	143	9	6.3	134	93.7

흉기휴대 스토킹과 선고유형

🔍 흉기휴대 스토킹의 경우 징역형의 실형 선고 비율이 52.3%로 높게 나타남

흉기휴대 스토킹의 경우는 그렇지 않은 경우에 비해 징역형 실형 선고비율이 현저히 높은 것으로 확인된다. 흉기휴대 스토킹 사건 130건 중 68건(52.3%)에 대해 징역형 실형이 선고되었다. 흉기 등 휴대가 없는 스토킹 사건의 징역형 실형 선고율은 28.5%인 것과 크게 차이가 난다.

| 표 2-47 | 스토킹처벌법상 가중사유(흉기휴대) 여부 - 선고유형

(단위 : 건, %)

구분		사례수	흉기 등 휴대 있음		흉기 등 휴대 없음	
			빈도	%	빈도	%
[전체]		1,307	130	9.9	1,177	90.1
선고 유형	공소기각	297	25	8.4	272	91.6
	벌금형	309	7	2.3	302	97.7
	징역형	856	120	14.0	736	86.0
	- 집행유예	453	52	11.5	401	88.5
	- 실형	403	68	16.9	335	83.1
	선고유예	7	0	0.0	7	100.0
	무죄	26	1	3.8	25	96.2

흉기휴대 스토킹과 타 범죄 경합

🔍 흉기 등을 휴대한 경우에는 스토킹범죄 외에 다른 범죄와의 경합비율이 현저히 높음

흉기휴대 스토킹 사건 130건 중 스토킹범죄 외 타범죄가 경합된 사례는 114건으로 87.7%에 달한다. 흉기를 휴대하고 스토킹으로 나아가는 경우, 재물손괴, 협박, 체포·감금, 주거침입 등 추가적 범죄로 이어질 확률이 매우 높은 것으로 파악된다.

| 표 2-48 | 스토킹처벌법상 가중사유(흉기휴대) 여부 - 타죄와의 경합

(단위 : 건, %)

구분		사례수	흉기 등 휴대 있음		흉기 등 휴대 없음	
			빈도	%	빈도	%
[전체]		1,307	130	9.9	1,177	90.1
타죄와의 경합	없음	555	16	2.9	539	97.1
	정보통신망법 위반	57	1	1.8	56	98.2
	주거침입관련 범죄	245	52	21.2	193	78.8
	폭행·상해관련 범죄	229	41	17.9	188	82.1
	협박	220	56	25.5	164	74.5
	체포·감금	52	13	25.0	39	75.0
	재물손괴	143	45	31.5	98	68.5
	손괴 외 재산죄	35	3	8.6	32	91.4
	명예관련 범죄	24	1	4.2	23	95.8
	살인·살인미수	12	9	75.0	3	25.0
	성폭력관련 범죄	136	10	7.4	126	92.6
	가정폭력범죄	19	3	15.8	16	84.2
	업무방해	46	6	13.0	40	87.0
	아동복지법위반	12	5	41.7	7	58.3
	기타 범죄	120	23	19.2	97	80.8

흉기휴대 스토킹과 가해자-피해자의 관계

피해자와 가해자가 (전)연인 관계인 경우 흉기 등 휴대 비율이 가장 높게 나타남

친밀한 관계에서 원망과 보복의 감정이 작용할 경우 흉기나 위험한 물건을 이용하려는 경향이 조금 더 큰 것으로 해석된다.

| 표 2-49 | 스토킹처벌법상 가중사유(흉기휴대) 여부 - 타죄와의 경합

(단위 : 건, %)

구분		사례수	흉기 등 휴대 있음		흉기 등 휴대 없음	
			빈도	%	빈도	%
[전체]		1,307	130	9.9	1,177	90.1
가해자와 피해자의 관계	친밀한관계 : (전)연인	660	84	12.7	576	87.3
	친밀한관계 : (전)배우자	88	10	11.4	78	88.6
	친밀한관계 : 배우자 이외의 가족 및 친인척	36	4	11.1	32	88.9
	지인관계 : 직장동료/상사/부하직원 등	63	3	4.8	60	95.2
	지인관계 : 친구	33	3	9.1	30	90.9
	지인관계 : 학교동창	14	0	0.0	14	100.0
	지인관계 : 손님 등 거래관계	138	8	5.8	130	94.2
	지인관계 : 동호회 등	15	0	0.0	15	100.0
	지인관계 : 이웃	79	8	10.1	71	89.9
	관계없음 : 안면만 있음	32	4	12.5	28	87.5
	관계없음 : 사건 전 상호작용 없는 모르는 관계	66	1	1.5	65	98.5
	기타(불명확 포함)	83	5	6.0	78	94.0

흉기휴대 스토킹과 스토킹의 목적

- 스토킹의 목적이 분노표출에 있는 경우 상대적으로 흉기 등 휴대 비율이 높게 나타남

분노로 시작된 스토킹의 경우 흉기휴대 등으로 연결되는 비율이 상대적으로 높다. 관계요구형 스토킹은 흉기휴대 비율이 10.7%, 문제해결형은 흉기휴대 비율이 10.6%임에 비하여, 분노형의 경우 흉기휴대 비율이 16.4%이다.

| 표 2-50 | 스토킹처벌법상 가중사유(흉기휴대) 여부 - 스토킹 목적

(단위 : 건, %)

구분		사례수	흉기 등 휴대 있음		흉기 등 휴대 없음	
			빈도	%	빈도	%
[전체]		1,307	130	9.9	1,177	90.1
스토킹의 목적	관계요구형	824	88	10.7	736	89.3
	문제해결형	113	12	10.6	101	89.4
	분노형	318	52	16.4	266	83.6
	단순괴롭힘	131	8	6.1	123	93.9
	기타(불명확 포함)	71	1	1.4	70	98.6

3) 스토킹 행위의 상세유형

- 스토킹 행위의 유형을 13가지로 세분하여 조사한바, '연락도달하게 하기'가 974건 (74.5%)으로 가장 많았고, 다음으로는 '접근하기'(775건, 59.3%), '문 두드리기'(264건, 20.2%), '침입'(234건, 17.9%) 등의 순으로 나타남

개정전 「스토킹처벌법」에서 적시한 다섯 가지 행위유형은 매우 제한적이므로 현실에서 주로 나타나는 스토킹 행위유형을 상세히 파악하기에는 한계가 있었다. 이에 스토킹 행위를 크게 접촉행위와 비접촉행위로 나눈 후, 이를 다시 접촉행위 7가지, 비접촉행위 5가지로 세분하고, 그 어디에도 속하지 않는 행위유형을 기타로 분류하여 검토하였다. 13가지 유형 중 '연락도달하게 하기'가 974건(74.5%)으로 가장 많이 나타났고, 다음으로는 '접근하기'(775건, 59.3%), '기다리기'(365건, 27.9%), '문 두드리기'(264건, 20.2%), 침입(234건, 17.9%) 등의 순이었다.

| 그림 2-21 | 스토킹 행위의 유형(중복포함)

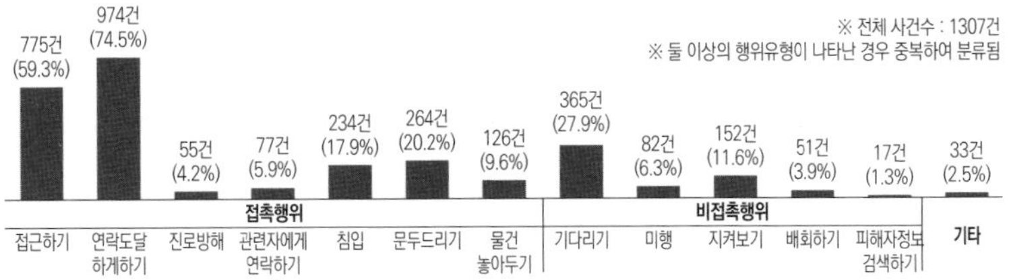

스토킹행위의 상세유형과 피해자의 성별

🔍 피해자의 성별에 관계없이 '연락도달하게 하기' 유형의 스토킹행위가 가장 빈번히 나타남

피해자의 의사에 반하는 연락을 지속적·반복적으로 도달하게 하는 유형의 스토킹 사례가 가장 많은 것으로 확인되는데, 이는 피해자가 여성이든 남성이든 다르지 않았다.

| 표 2-51 | 스토킹 행위의 유형(중복포함) - 피해자 성별

(단위 : 건, %)

구분		사례수	접촉행위 : 접근하기		접촉행위 : 연락도달하게 하기		접촉행위 : 진로방해		접촉행위 : 피해자 관련자에 연락		접촉행위 : 침입		접촉행위 : 문 두드리기	
			빈도	%	빈도	%	빈도	%	빈도	%	빈도	%	빈도	%
[전체]		1,307	775	59.3	974	74.5	55	4.2	77	5.9	234	17.9	264	20.2
피해자 성별	남성	170	96	56.5	101	59.4	7	4.1	6	3.5	29	17.1	36	21.2
	여성	1,105	666	60.3	852	77.1	48	4.3	71	6.4	203	18.4	222	20.1
	불명확	32	13	40.6	21	65.6	0	0.0	0	0.0	2	6.3	6	18.8

구분		사례수	접촉행위 : 물건 놓아두기		비접촉행위 : 기다리기		비접촉행위 : 미행		비접촉행위 : 지켜보기		비접촉행위 : 배회하기		비접촉행위 : 피해자정보 검색하기		기타	
			빈도	%	빈도	%	빈도	%	빈도	%	빈도	%	빈도	%	빈도	%
[전체]		1,307	126	9.6	365	27.9	82	6.3	152	11.6	51	3.9	17	1.3	33	2.5
피해자 성별	남성	170	14	8.2	43	25.3	6	3.5	22	12.9	7	4.1	1	0.6	9	5.3
	여성	1,105	109	9.9	314	28.4	74	6.7	126	11.4	44	4.0	16	1.4	22	2.0
	불명확	32	3	9.4	8	25.0	2	6.3	4	12.5	0	0.0	0	0.0	2	6.3

스토킹행위의 상세유형과 피해자의 나이

대부분의 피해자 연령대에서 '연락도달하게 하기' 유형의 비율이 가장 높게 나타나지만, 피해자가 60대 이상인 경우에는 '접근하기' 유형의 비율이 가장 높게 나타남

대부분의 피해자 연령대에서 '연락도달하게 하기' 유형의 비율이 가장 높게 나타난 가운데, 피해자가 60대 이상인 경우에는 '접근하기' 유형의 비율이 가장 높게 나타났다. '연락도달하게 하기' 유형의 비율은 30대와 40대에서 상대적으로 더 높게 나타난다. 한편, '침입' 유형은 60대, '문두드리기' 유형은 70대의 피해자에게 상대적으로 더 빈번히 나타났다. 피해자의 연령대가 높은 경우 직접 찾아가서 괴롭히는 경우가 많은 것을 알 수 있다.

| 표 2-52 | 스토킹 행위의 유형(중복포함) - 피해자 연령대

(단위 : 건, %)

구분		사례수	접촉행위 : 접근하기		접촉행위 : 연락도달하게 하기		접촉행위 : 진로방해		접촉행위 : 피해자 관련자에 연락		접촉행위 : 침입		접촉행위 : 문 두드리기	
			빈도	%	빈도	%	빈도	%	빈도	%	빈도	%	빈도	%
[전체]		1,307	775	59.3	974	74.5	55	4.2	77	5.9	234	17.9	264	20.2
피해자 연령대	10대	110	59	53.6	83	75.5	5	4.5	2	1.8	17	15.5	17	15.5
	20대	241	128	53.1	185	76.8	10	4.1	6	2.5	33	13.7	41	17.0
	30대	233	133	57.1	182	78.1	8	3.4	18	7.7	46	19.7	42	18.0
	40대	307	186	60.6	241	78.5	15	4.9	22	7.2	51	16.6	58	18.9
	50대	200	145	72.5	147	73.5	13	6.5	15	7.5	44	22.0	45	22.5
	60대	112	75	67.0	71	63.4	3	2.7	3	2.7	29	25.9	38	33.9
	70대	29	19	65.5	11	37.9	1	3.4	1	3.4	7	24.1	13	44.8
	불명확	75	30	40.0	54	72.0	0	0.0	10	13.3	7	9.3	10	13.3

구분		사례수	접촉행위 : 물건 놓아두기		비접촉행위 : 기다리기		비접촉행위 : 미행		비접촉행위 : 지켜보기		비접촉행위 : 배회하기		비접촉행위 : 피해자정보 검색하기		기타	
			빈도	%	빈도	%	빈도	%	빈도	%	빈도	%	빈도	%	빈도	%
[전체]		1,307	126	9.6	365	27.9	82	6.3	152	11.6	51	3.9	17	1.3	33	2.5
피해자 연령대	10대	110	7	6.4	23	20.9	7	6.4	12	10.9	2	1.8	2	1.8	2	1.8
	20대	241	21	8.7	71	29.5	18	7.5	22	9.1	10	4.1	3	1.2	1	0.4
	30대	233	25	10.7	66	28.3	15	6.4	31	13.3	6	2.6	3	1.3	5	2.1
	40대	307	32	10.4	88	28.7	17	5.5	40	13.0	16	5.2	5	1.6	11	3.6
	50대	200	18	9.0	62	31.0	19	9.5	25	12.5	8	4.0	2	1.0	6	3.0
	60대	112	8	7.1	27	24.1	1	0.9	10	8.9	5	4.5	1	0.9	3	2.7
	70대	29	7	24.1	5	17.2	2	6.9	1	3.4	2	6.9	0	0.0	2	6.9
	불명확	75	8	10.7	23	30.7	3	4.0	11	14.7	2	2.7	1	1.3	3	4.0

스토킹행위의 상세유형과 선고유형

침입, 미행, 배회하기 등 행위유형의 경우 징역형 실형 선고의 비율이 상대적으로 높았으며, 연락도달하게 하기, 물건 두기 등의 유형에서는 벌금형 선고의 비율이 상대적으로 높게 나타남

| 표 2-53 | 스토킹 행위의 유형(중복포함) - 선고유형

(단위 : 건, %)

구분		사례수	접촉행위 : 접근하기		접촉행위 : 연락도달하게 하기		접촉행위 : 진로방해		접촉행위 : 피해자 관련자에 연락		접촉행위 : 침입		접촉행위 : 문 두드리기	
			빈도	%	빈도	%	빈도	%	빈도	%	빈도	%	빈도	%
[전체]		1,307	775	59.3	974	74.5	55	4.2	77	5.9	234	17.9	264	20.2
선고유형	공소기각	297	183	61.6	231	77.8	11	3.7	21	7.1	53	17.8	62	20.9
	벌금형	309	152	49.2	229	74.1	12	3.9	15	4.9	36	11.7	61	19.7
	징역형	856	549	64.1	631	73.7	42	4.9	53	6.2	195	22.8	180	21.0
	- 집행유예	453	279	61.6	332	73.3	19	4.2	24	5.3	83	18.3	97	21.4
	- 실형	403	270	67.0	299	74.2	23	5.7	29	7.2	112	27.8	83	20.6
	선고유예	7	4	57.1	7	100.0	0	0.0	0	0.0	1	14.3	1	14.3
	무죄	26	12	46.2	20	76.9	0	0.0	1	3.8	1	3.8	3	11.5

구분		사례수	접촉행위 : 물건 놓아두기		비접촉행위 : 기다리기		비접촉행위 : 미행		비접촉행위 : 지켜보기		비접촉행위 : 배회하기		비접촉행위 : 피해자정보 검색하기		기타	
			빈도	%	빈도	%	빈도	%	빈도	%	빈도	%	빈도	%	빈도	%
[전체]		1,307	126	9.6	365	27.9	82	6.3	152	11.6	51	3.9	17	1.3	33	2.5
선고유형	공소기각	297	25	8.4	100	33.7	22	7.4	35	11.8	11	3.7	3	1.0	8	2.7
	벌금형	309	33	10.7	74	23.9	12	3.9	27	8.7	11	3.6	3	1.0	7	2.3
	징역형	856	76	8.9	243	28.4	64	7.5	114	13.3	37	4.3	15	1.8	23	2.7
	- 집행유예	453	45	9.9	117	25.8	29	6.4	58	12.8	11	2.4	4	0.9	9	2.0
	- 실형	403	31	7.7	126	31.3	35	8.7	56	13.9	26	6.5	11	2.7	14	3.5
	선고유예	7	1	14.3	2	28.6	0	0.0	1	14.3	0	0.0	0	0.0	0	0.0
	무죄	26	3	11.5	8	30.8	1	3.8	2	7.7	0	0.0	0	0.0	1	3.8

4) 물리적 접근 횟수

- 분석 대상 사건 1,307건 중 995건에서 물리적 접근이 확인되었으며, 반복된 접근 횟수는 평균 5.0회인 것으로 나타남. 물리적 접근이 2회 이상 10회 미만 반복된 경우가 645건(64.8%)으로 가장 많았음

스토킹범죄는 그 개념상 행위의 반복을 전제하는바, 구체적 사례에서 스토킹행위가 얼마나 반복되고 있는지를 조사하였다. 물리적 접근이 확인되는 995건에 대해 그 횟수를 분석한 결과 평균은 5.0회 였으며, 구간별로는 2회 이상 10회 미만 반복된 경우가 645건(64.8%)으로 가장 많았다.

피해자의 입장에서는 가해자의 반복된 행위에 의해 '언제 또 괴롭힘을 당할지 모른다'는 두려움과 불안에 쌓이게 되고, 불쾌와 공포로 인해 일상생활에도 지장을 받게 된다.

| 그림 2-22 | 물리적 접근 횟수

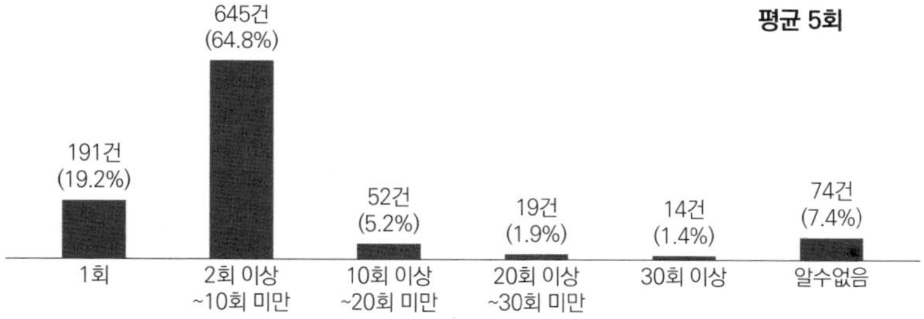

- 피해자 성별이 남성, 피해자 연령대가 10대 및 60·70대, 가해자 성별이 여성일 때 물리적 접근의 평균 횟수가 상대적으로 더 많음

피해자 성별이 남성, 피해자 연령대가 10대 및 60·70대, 가해자 성별이 여성일 때 물리적 접근의 평균 횟수가 더 많은 것으로 나타났다. 이에 근거하여 '여성 스토커가 더 반복적으로 행위한다'거나 '미성년자 또는 고령자에 대해서는 물리적 접근이 더 용이하다'는 등의 추측을 해 볼 수도 있으나, 추가적인 확인 작업 없이 단정짓기는 어렵다. 접근 횟수와 관련해서는 개개

사건별 편차가 매우 크며, 소수의 특이사례가 평균에 영향을 미쳤을 가능성을 배제하기 어렵기 때문이다.

| 표 2-54 | 물리적 접근 횟수

(단위 : 건, %)

구분		사례수	1회		2회 이상 10회 미만		10회 이상 20회 미만		20회 이상 30회 미만		30회 이상		알 수 없음		평균
			빈도	%	빈도	%	빈도	%	빈도	%	빈도	%	빈도	%	
[전체]		995	191	19.2	645	64.8	52	5.2	19	1.9	14	1.4	74	7.4	5.0
피해자 성별	남성	127	17	13.4	88	69.3	7	5.5	4	3.1	2	1.6	9	7.1	5.6
	여성	848	172	20.3	546	64.4	43	5.1	15	1.8	11	1.3	61	7.2	4.9
	불명확	20	2	10.0	11	55.0	2	10.0	0	0.0	1	5.0	4	20.0	6.4
피해자 연령대	10대	75	18	24.0	46	61.3	5	6.7	1	1.3	1	1.3	4	5.3	5.9
	20대	168	38	22.6	107	63.7	5	3.0	2	1.2	2	1.2	14	8.3	4.7
	30대	170	30	17.6	117	68.8	9	5.3	5	2.9	3	1.8	6	3.5	5.7
	40대	241	51	21.2	143	59.3	15	6.2	5	2.1	4	1.7	23	9.5	4.9
	50대	174	34	19.5	118	67.8	10	5.7	2	1.1	1	0.6	9	5.2	4.1
	60대	94	10	10.6	67	71.3	6	6.4	3	3.2	0	0.0	8	8.5	5.0
	70대	27	2	7.4	19	70.4	1	3.7	1	3.7	1	3.7	3	11.1	6.7
	불명확	46	8	17.4	28	60.9	1	2.2	0	0.0	2	4.3	7	15.2	5.9
가해자 성별	남성	766	164	21.4	487	63.6	42	5.5	12	1.6	12	1.6	49	6.4	5.0
	여성	123	19	15.4	87	70.7	4	3.3	4	3.3	1	0.8	8	6.5	5.1
	불명확	106	8	7.5	71	67.0	6	5.7	3	2.8	1	0.9	17	16.0	5.2

5) 정보통신망 등 이용 접근 횟수

분석 대상 사건 1,307건 중 1,014건에서 정보통신망 등을 이용한 접근이 확인되었으며, 반복된 접근 횟수는 평균 171.0회로 나타남

정보통신망 등을 이용한 접근이 확인되는 1,014건에 대해 그 횟수를 분석하면 평균 171.0회이다. 구간을 구분하여 보면, 10회 이상 50회 미만인 경우가 325건(32.1%)으로 전체의 약 1/3 정도라고 파악된다. 다만 개개 사건별 편차가 매우 크기 때문에, 문자메시지를 두어 번 정도 전송했을 뿐인 사례도 있는 반면 수백 번 또는 수천 번 이상 연락을 반복한 사례도 드물지 않다.

| 그림 2-23 | 정보통신망 등 이용 접근 횟수

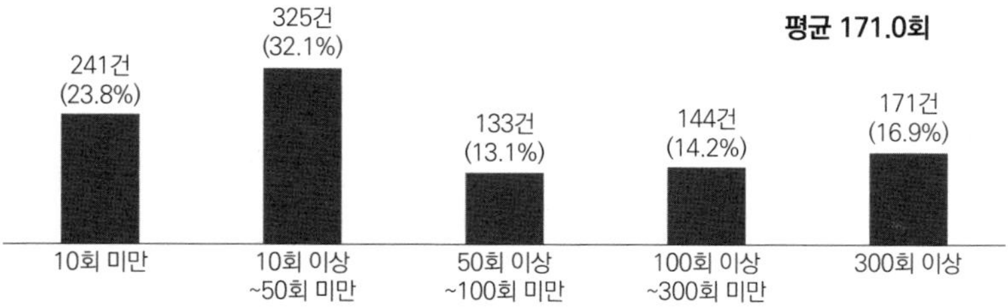

피해자 성별이 남성, 피해자 연령대가 50대, 가해자 성별이 여성일 때 정보통신망 등을 이용한 접근의 평균 횟수가 더 많은 것으로 나타남

피해자 성별이 남성, 피해자 연령대가 50대, 가해자 성별이 여성일 때 평균 횟수가 많은 것으로 나타난다. 다만 소수의 특이사례가 평균 횟수에 영향을 미쳤을 가능성이 있다.

| 표 2-55 | 정보통신망 등 이용 접근 횟수

(단위 : 건, %)

구분		사례수	10회 미만		10-50회 미만		50-100회 미만		100-300회 미만		300회 이상		평균
			빈도	%	빈도	%	빈도	%	빈도	%	빈도	%	
[전체]		1,014	241	23.8	325	32.1	133	13.1	144	14.2	171	16.9	171.0
피해자 성별	남성	113	33	29.2	31	27.4	12	10.6	13	11.5	24	21.2	536.0
	여성	881	203	23.0	287	32.6	118	13.4	129	14.6	144	16.3	128.9
	불명확	20	5	25.0	7	35.0	3	15.0	2	10.0	3	15.0	56.4
피해자 연령대	10대	91	25	27.5	33	36.3	9	9.9	10	11.0	14	15.4	171.6
	20대	190	48	25.3	70	36.8	21	11.1	20	10.5	31	16.3	94.5
	30대	185	38	20.5	57	30.8	28	15.1	28	15.1	34	18.4	168.6
	40대	252	51	20.2	70	27.8	38	15.1	42	16.7	51	20.2	135.8
	50대	154	46	29.9	40	26.0	18	11.7	26	16.9	24	15.6	403.1
	60대	75	11	14.7	33	44.0	13	17.3	9	12.0	9	12.0	88.9
	70대	11	6	54.5	3	27.3	1	9.1	1	9.1	0	0.0	31.4
	불명확	56	16	28.6	19	33.9	5	8.9	8	14.3	8	14.3	76.7
가해자 성별	남성	802	186	23.2	259	32.3	110	13.7	111	13.8	136	17.0	131.7
	여성	126	35	27.8	38	30.2	13	10.3	21	16.7	19	15.1	480.5
	불명확	86	20	23.3	28	32.6	10	11.6	12	14.0	16	18.6	78.1

6) 물리적 접근 및 정보통신망 등 이용 접근 횟수

물리적 접근 및 정보통신망을 이용한 접근을 통합하여 분석하면, 사건당 평균 131.9회에 달하는 접근이 행해진 것으로 나타남

물리적 접근 및 정보통신망 등을 이용한 접근을 구분하지 않고 종합적인 접근 횟수를 분석하면, 사건당 평균 접근 횟수는 131.9회인 것으로 나타났으며, 구간을 구분할 경우 10회 미만에 해당하는 사례가 470건(37.3%)으로 가장 많았다. 개개 사건별 편차가 매우 크기 때문에 평균값에 중요한 의미를 부여하기는 어렵다.

| 그림 2-24 | 물리적 접근 및 정보통신망 이용 접근 횟수

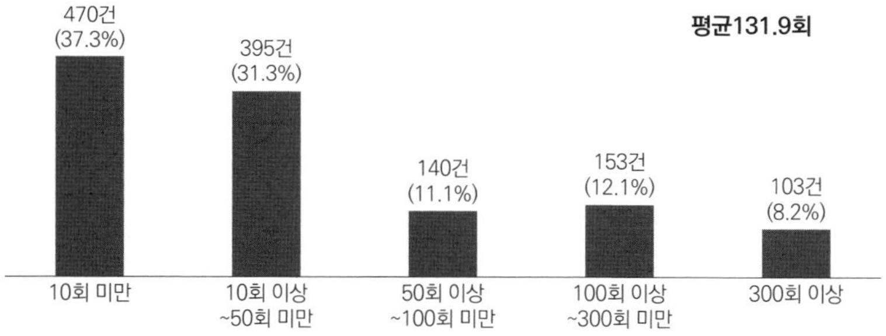

피해자의 성별이 남성, 피해자의 연령대가 50대, 가해자의 성별이 여성일 경우 평균 접근 횟수가 많은 것으로 나타나지만, 개개 사건별 편차가 매우 크기 때문에 소수의 특이사례가 평균값에 영향을 미쳤을 가능성을 배제하기 어렵다.

| 표 2-56 | 물리적 접근 및 정보통신망 이용 접근 횟수

(단위 : 건, %)

구분		사례수	10회 미만		10-50회 미만		50-100회 미만		100-300회 미만		300회 이상		평균
			빈도	%	빈도	%	빈도	%	빈도	%	빈도	%	
[전체]		1,261	470	37.3	395	31.3	140	11.1	153	12.1	103	8.2	131.9
피해자 성별	남성	162	80	49.4	44	27.2	13	8.0	13	8.0	12	7.4	338.3
	여성	1,070	376	35.1	342	32.0	124	11.6	138	12.9	90	8.4	103.2
	불명확	29	14	48.3	9	31.0	3	10.3	2	6.9	1	3.4	38.6
피해자 연령대	10대	107	36	33.6	40	37.4	9	8.4	11	10.3	11	10.3	145.0
	20대	230	92	40.0	75	32.6	25	10.9	21	9.1	17	7.4	75.5
	30대	231	75	32.5	70	30.3	28	12.1	31	13.4	27	11.7	134.0
	40대	295	101	34.2	87	29.5	38	12.9	45	15.3	24	8.1	107.2
	50대	195	79	40.5	56	28.7	17	8.7	27	13.8	16	8.2	305.3
	60대	108	40	37.0	39	36.1	15	13.9	9	8.3	5	4.6	62.4
	70대	26	15	57.7	8	30.8	2	7.7	1	3.8	0	0.0	19.4
	불명확	69	32	46.4	20	29.0	6	8.7	8	11.6	3	4.3	60.0
가해자 성별	남성	964	330	34.2	312	32.4	115	11.9	120	12.4	87	9.0	106.6
	여성	165	74	44.8	45	27.3	14	8.5	21	12.7	11	6.7	347.2
	불명확	132	66	50.0	38	28.8	11	8.3	12	9.1	5	3.8	47.9

7) 범행장소

- 스토킹 범행장소는 정보통신망 등 온라인 공간이 900건(68.9%)으로 가장 많음. 그 다음으로는 피해자의 주거지(691건, 52.9%), 피해자의 일상생활 장소(371건, 28.4%) 등의 순으로 나타남

범행장소를 피해자의 주거지, 일상생활장소, 여가활동공간, 이동동선, 정보통신망 등 온라인, 주변인 관련장소 등 6가지로 나누어 조사한 바, 정보통신망 등 온라인공간에서 스토킹이 발생한 사례가 900건(68.9%)으로 가장 많았고, 다음으로는 피해자의 주거지(691건, 52.9%), 피해자의 일상생활장소(371건, 28.4%) 등의 순이었다. 정보통신기술의 발달 및 개인 휴대전화의 보급 등으로 인해 온라인 공간에서 발생하는 스토킹범죄가 크게 늘었다. 상대방의 휴대전화 번호나 sns계정을 아는 경우 누구나 손쉽게 상대방에게 접근할 수 있는 현실인 것이다.

| 그림 2-25 | 범행장소(중복포함)

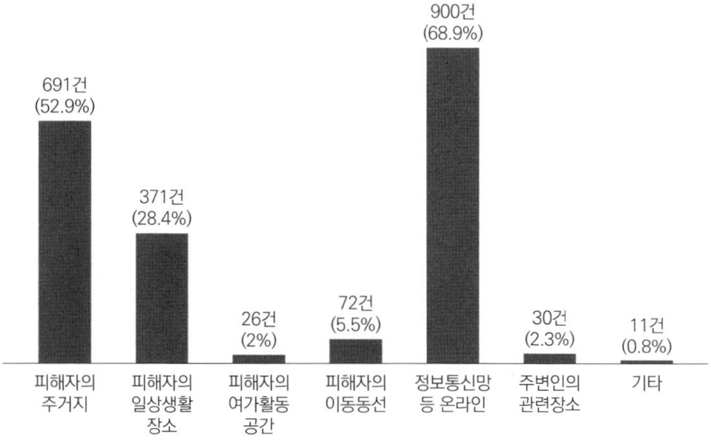

범행장소와 피해자의 나이

🔍 피해자가 60대·70대인 경우에는 온라인 공간보다 피해자의 주거지에서 발생하는 스토킹의 비율이 더 높음

피해자의 성별 및 연령 등과 무관하게 대개는 정보통신망 등 온라인 공간을 배경으로 행해지는 스토킹 범행의 비율이 높으나, 피해자가 60대·70대인 경우에는 온라인 공간보다 피해자의 주거지에서 발생하는 스토킹 비율이 더 높은 특징이 있다. 특히 70대를 대상으로 발생한 스토킹 사건에서는 범행장소가 피해자의 주거지인 경우가 89.7%에 달하는 것으로 파악된다.

| 표 2-57 | 범행장소(중복포함)

구분		사례수	피해자의 주거지		피해자의 일상생활 장소		피해자의 여가활동 공간		피해자의 이동 동선(차량 포함)		정보통신망 등 온라인		주변인 관련 장소		기타	
			빈도	%	빈도	%	빈도	%	빈도	%	빈도	%	빈도	%	빈도	%
[전체]		1,307	691	52.9	371	28.4	26	2.0	72	5.5	900	68.9	30	2.3	11	0.8
피해자 성별	남성	170	84	49.4	53	31.2	0	0.0	8	4.7	94	55.3	1	0.6	0	0.0
	여성	1,105	594	53.8	309	28.0	26	2.4	64	5.8	789	71.4	29	2.6	10	0.9
	불명확	32	13	40.6	9	28.1	0	0.0	0	0.0	17	53.1	0	0.0	1	3.1
피해자 연령대	10대	110	48	43.6	27	24.5	2	1.8	11	10.0	76	69.1	1	0.9	1	0.9
	20대	241	118	49.0	54	22.4	6	2.5	12	5.0	176	73.0	1	0.4	1	0.4
	30대	233	125	53.6	60	25.8	5	2.1	11	4.7	171	73.4	7	3.0	4	1.7
	40대	307	163	53.1	101	32.9	4	1.3	18	5.9	218	71.0	8	2.6	3	1.0
	50대	200	116	58.0	75	37.5	4	2.0	19	9.5	133	66.5	10	5.0	0	0.0
	60대	112	67	59.8	32	28.6	3	2.7	0	0.0	64	57.1	1	0.9	1	0.9
	70대	29	26	89.7	2	6.9	1	3.4	0	0.0	11	37.9	1	3.4	0	0.0
	불명확	75	28	37.3	20	26.7	1	1.3	1	1.3	51	68.0	1	1.3	1	1.3
가해자 성별	남성	993	547	55.1	272	27.4	23	2.3	60	6.0	716	72.1	29	2.9	11	1.1
	여성	171	74	43.3	56	32.7	2	1.2	5	2.9	104	60.8	1	0.6	0	0.0
	불명확	143	70	49.0	43	30.1	1	0.7	7	4.9	80	55.9	0	0.0	0	0.0

범행장소와 타죄 경합

범행장소는 타범죄 경합 발생과 어느 정도 관련이 있는 것으로 추정됨

정보통신망 등 온라인을 배경으로 스토킹이 행해진 경우에는 협박죄와의 경합사례가 많고, 피해자의 주거지를 중심으로 스토킹이 발생한 경우에는 주거침입죄와의 경합비율이 가장 높으며, 피해자의 일상생활 장소에서 스토킹이 이루어진 경우는 폭행·상해관련 범죄와의 경합이 가장 빈번한 것으로 확인된다. 범행장소와 경합범죄 발생이 어느 정도 관련이 있는 것으로 추정된다.

8) 스토킹 지속 기간

스토킹 지속 기간은 평균 2.7개월로 나타남
스토킹이 1개월 이상 지속된 경우가 51.5%로 절반 이상을 차지함

스토킹 지속 기간은 평균 2.7개월로 확인된다. 1개월 미만이 634건(48.5%)이며, 1개월 이상 지속된 경우가 51.5%로 절반 이상을 차지하는바, 통상적으로 스토킹은 단기간에 끝나지 않는다는 것을 확인할 수 있다. 스토킹 지속기간이 평균 3개월 가까이 된다는 것은 피해자의 입장에서 생각하면 결코 짧은 기간이 아니며, 직업생활이나 일상생활을 하는데 장해가 될 수 있다.

| 그림 2-26 | 스토킹 지속 기간

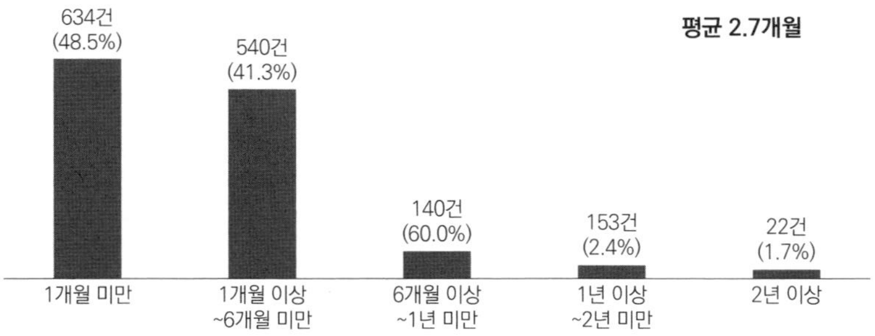

스토킹 지속기간과 피해자의 나이

피해자가 40대·60대인 경우 스토킹 지속기간이 가장 긴 것으로 나타남
그에 비해 10대 및 70대 피해자 사례에서는 상대적으로 스토킹 지속기간이 짧음

피해자의 연령대에 주목하여 스토킹의 평균 지속기간을 분석하면, 40대·60대의 경우 3.1개월로 가장 길고, 그 다음이 50대가 2.8개월, 20대와 30대가 2.4개월, 10대가 2.3개월, 70대가 1.9개월 순이었다.

10대와 70대를 대상으로 한 스토킹의 경우 평균 지속기간이 타연령대에 비해 상대적으로 짧으며, 지속기간 1개월 미만인 사례의 비율도 타연령대보다 높은 것으로 파악된다.

| 표 2-58 | 스토킹 지속 기간

(단위 : 건, %)

구분		사례수	1개월 미만		1개월 이상 6개월 미만		6개월 이상 1년 미만		1년 이상 2년 미만		2년 이상		평균
			빈도	%	빈도	%	빈도	%	빈도	%	빈도	%	
[전체]		1,307	634	48.5	540	41.3	79	6.0	32	2.4	22	1.7	2.7
피해자 성별	남성	170	77	45.3	69	40.6	11	6.5	5	2.9	8	4.7	4.2
	여성	1,105	548	49.6	452	40.9	66	6.0	26	2.4	13	1.2	2.5
	불명확	32	9	28.1	19	59.4	2	6.3	1	3.1	1	3.1	3.8
피해자 연령대	10대	110	58	52.7	47	42.7	1	0.9	2	1.8	2	1.8	2.3
	20대	241	124	51.5	97	40.2	11	4.6	5	2.1	4	1.7	2.4
	30대	233	117	50.2	97	41.6	11	4.7	6	2.6	2	0.9	2.4
	40대	307	140	45.6	127	41.4	24	7.8	10	3.3	6	2.0	3.1
	50대	200	101	50.5	77	38.5	15	7.5	5	2.5	2	1.0	2.8
	60대	112	48	42.9	49	43.8	11	9.8	1	0.9	3	2.7	3.1
	70대	29	15	51.7	12	41.4	2	6.9	0	0.0	0	0.0	1.9
	불명확	75	31	41.3	34	45.3	4	5.3	3	4.0	3	4.0	3.7

단기간 지속된 스토킹

- 스토킹 지속기간이 1주일 이내인 사례가 429건(32.8%)이며, 스토킹이 1일에 그친 사례도 89건(6.8%)임

스토킹 지속기간이 비교적 단기간에 그친 사례들을 좀 더 상세히 분석해 보면, 지속기간이 1주일 이내인 경우가 429건(32.8%)이었고, 스토킹이 1일에 그친 사례도 89건(6.8%)으로 확인된다. 스토킹이 더 오래 지속되어 피해가 확산되기 전에 피해자의 신고 및 공권력 개입 등으로 차단이 이루어진 사례들이라고 할 수 있다.

피해자가 10대인 경우 스토킹 지속기간이 1일에 그친 사례의 비율이 상대적으로 높다. 지속기간이 단 하루에 그친 사례들이 스토킹 범죄로 신고되어 형사사건화 된 것과 관련하여서는 비판적 시각이 있을 수도 있다. 그러나 단하루 동안의 일이라고 하더라도 여러 번 반복적으로 스토킹행위를 한 것이라면 스토킹으로 신고하여 법적 절차에 맡겨 대응하고 처벌받게 하는 것이 적절하다. 가해자의 입장에서는 겨우 하루 동안의 행위를 스토킹으로

신고당한 것에 대해 당황하거나 반발하기도 하지만, 자신의 반복 또는 집착적인 행동이 상대방에게 피해와 고통을 주는 범죄행위임을 인식하고 미리 자제했어야 한다. 스토킹처벌법이 시행됨에 따라 스토킹에 대한 신고의식은 매우 높아졌다고 보이고, 스토킹 피해를 미연에 방지하기 위해 경찰 등에 신고하는 경우가 증가한 것은 고무적이다.

|그림 2-27| 1주일 이내 단기간 지속된 스토킹

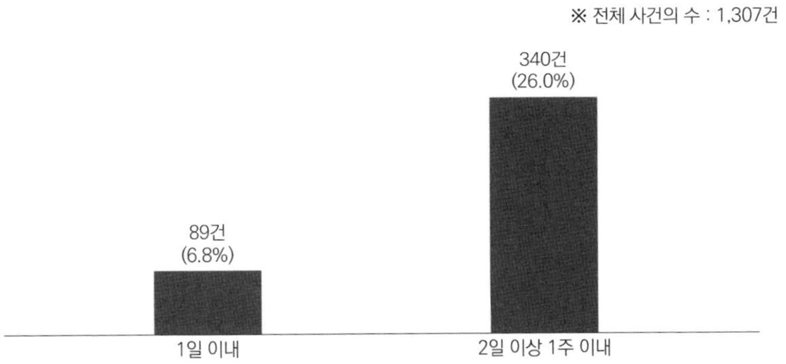

|표 2-59| 1주일 이내 단기간 지속된 스토킹

(단위 : 건, %)

구분		사례수	1일		2일 이상 1주 이내	
			빈도	%	빈도	%
[전체]		429	89	6.8	340	26.0
피해자 연령대	10대	48	14	12.7	34	30.9
	20대	79	16	6.6	63	26.1
	30대	86	17	7.3	69	29.6
	40대	96	21	6.8	75	24.4
	50대	51	8	4.0	43	21.5
	60대	33	7	6.3	26	23.2
	70대	14	3	10.3	11	37.9
	불명확	22	3	4.0	19	25.3

요약 스토킹 행위유형

- **스토킹처벌법상의 행위유형** : '우편, 전화, 정보통신망을 이용하여 글, 말, 영상 등을 도달하게 하기'가 가장 빈번한 것으로 확인된다(74.1%). 정보통신기술 이용이 증가함에 따라 직접적인 접촉보다 휴대폰이나 인터넷을 이용한 온라인 스토킹이 성행하고 있는 것이다. 피해자의 연령대가 낮을수록 전화, 정보통신망 등을 이용한 온라인·비대면 스토킹이 더 많이 행해지고 있으며, 50대 이상의 피해자에 대해서는 물리적· 신체적 접근의 스토킹이 더 많이 행해지는 것으로 확인된다.
- **스토킹처벌법상 가중적 행위유형** : 흉기 등 위험한 물건을 휴대하거나 이용하여 스토킹범죄를 범한 경우는 전체 스토킹 사건의 9.9%에 달한다. 흉기 등을 휴대하거나 이용하여 스토킹하는 경우 스토킹처벌법상의 가중처벌 사유이다. 흉기휴대 스토킹의 경우는 그렇지 않은 경우에 비해 징역형 실형 선고비율이 현저히 높은 것으로 확인된다.
- **스토킹 행위의 상세유형** : 스토킹행위를 접촉행위와 비접촉행위로 구분하여 13가지 유형으로 세분해보았을 때, 피해자의 성별과 관계없이 '연락도달하게 하기' 유형이 가장 빈번한 것으로 나타났다. 다만 피해자가 60대 이상인 경우에는 '접근하기' 유형이 더 많은 것으로 파악된다.
- **접근횟수** : 물리적 접근이 반복된 횟수는 평균 5.0회이고, 정보통신망을 이용한 접근은 평균 171.0회로 분석된다. 한 가지 유형의 접근만 있었던 경우도 있지만, 물리적 접근과 정보통신망을 이용한 접근이 복합적으로 있었던 경우도 빈번하며, 이때 종합적인 접근횟수는 평균 131.9회인 것으로 분석된다. 다만, 개개사건별 편차가 매우 크기 때문에 평균값에 중요한 의미를 부여하기는 어렵다. 두어 번 접근하고 그친 사례도 있으며, 수백 번 또는 수천 번 연락을 반복한 사례도 드물지 않기 때문이다.
- **범행장소** : 범행장소는 정보통신망 등 온라인 공간이 가장 많은 비중을 차지하고(68.9%), 그 다음으로는 피해자의 주거지(52.9%), 피해자의 일상생활장소(28.4%) 등의 순으로 나타난다. 피해자가 60대·70대인 경우에는 온라인 공간보다 피해자의 주거지에서 발생하는 스토킹 비율이 더 높은 특징이 있다. 특히 70대를 대상으로 발생한 스토킹 사건에서는 범행장소가 피해자의 주거지인 경우가 89.7%에 달하는 것으로 파악된다.

- **스토킹 지속기간** : 스토킹 지속 기간은 평균 2.7개월이며, 1개월 이상 지속된 경우가 51.5%이다. 통상적으로 스토킹은 단기간에 끝나지 않는다는 것을 확인할 수 있다. 한편 스토킹 지속기간이 1주일 이내인 경우는 32.8%로 확인되며, 단 하루에 그친 사례도 6.8%로 파악되는데, 스토킹이 더 오래 지속되어 피해가 확산되기 전에 피해자의 신고 및 공권력 개입 등으로 차단이 이루어진 사례들이다. 피해자가 10대인 경우 스토킹 지속기간이 1일에 그친 사례의 비율이 상대적으로 높다.

8 기타 처벌 관련 사항

1) 피해자와의 합의

🔍 피해자와의 합의가 확인된 사례는 283건(21.7%)임. 여성 피해자 그리고 50대 피해자의 경우 합의 비율이 상대적으로 높음

스토킹은 관계범죄인 경우가 많으므로 스토킹으로 신고되어 법적 절차가 시작되면 가해자는 피해자와 합의를 시도하는 경우가 많을 수 있다. 분석 대상 사건 중 합의가 확인된 사례는 283건(21.7%)이다. 합의하였다고 하여 가해자가 반성한 것으로 볼 수는 없다. 반의사불벌죄의 경우 가해자는 처벌불원의사를 받아내기 위하여 또는 양형에서 유리하게 고려받기 위하여 피해자와의 합의를 이용할 수 있는 것이다. 개정전 「스토킹처벌법」에서는 스토킹범죄가 반의사불벌죄로 규정되어 있었던 바, 피해자와 합의가 있는 경우 공소기각 비율이 현저히 높았다.

피해자의 성별 및 연령대를 고려하여 합의비율을 살펴보면, 여성 피해자 그리고 50대 피해자의 경우 합의비율이 상대적으로 높다. 남성 피해자 사례에서는 합의비율이 14.7%에 불과하지만, 피해자가 여성인 경우 합의비율이 23.3%이다. 피해자가 10대인 경우 합의비율이 20.0%인데 비해, 피해자가 50대인 경우에는 합의비율이 24%이다.

| 그림 2-28 | 피해자와의 합의

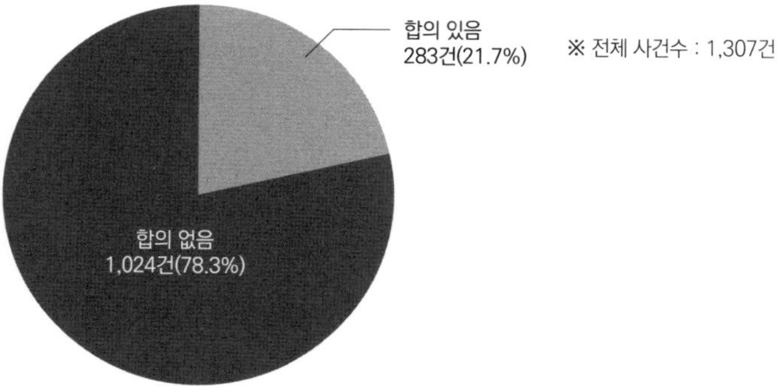

| 표 2-60 | 피해자와의 합의

(단위 : 건, %)

구분		사례수	합의 있음		합의 없음(불명확 포함)	
			빈도	%	빈도	%
[전체]		1,307	283	21.7	1,024	78.3
피해자 성별	남성	170	25	14.7	145	85.3
	여성	1,105	257	23.3	848	76.7
	불명확	32	1	3.1	31	96.9
피해자 연령대	10대	110	22	20.0	88	80.0
	20대	241	51	21.2	190	78.8
	30대	233	53	22.7	180	77.3
	40대	307	67	21.8	240	78.2
	50대	200	48	24.0	152	76.0
	60대	112	25	22.3	87	77.7
	70대	29	6	20.7	23	79.3
	불명확	75	11	14.7	64	85.3
선고 유형	공소기각	297	212	71.4	85	28.6
	벌금형	309	42	13.6	267	86.4
	징역형	856	155	18.1	701	81.9
	- 집행유예	453	110	24.3	343	75.7
	- 실형	403	45	11.2	358	88.8
	선고유예	7	3	42.9	4	57.1
	무죄	26	1	3.8	25	96.2

2) 가해자의 반성

- 가해자의 반성사실이 확인된 사례는 522건(39.9%)으로, 가해자 성별이 남성인 경우 반성비율이 다소 높게 나타남

  가해자가 반성을 한 경우 집행유예 선고 비율이 상대적으로 높음

스토킹범죄의 경우 가해자의 반성유무는 재범의 위험성을 판단하는데 중요한 기준이 된다. 가해자가 자신의 행위를 반성하지 않고는 스토킹이 되풀이 되지 않을 것을 보증하기 어렵기 때문이다. 스토킹 차단은 가해자의 반성으로부터 시작되어야 한다. 스토킹범죄를 저질러 수사기관의 조사를 받고 법정에 서기까지 한다면 누구나 반성할 것 같지만, 현실적으로는 그렇

지 않은 경우도 많다. 피고인의 입장에서는 자기 행위의 일부를 부인하거나 잘못을 인정하지 않기도 하고, 자신의 행위에 비해 더 심한 처벌을 받는다는 억울한 점을 호소하기도 한다.

판결문에서 가해자의 반성 사실이 확인되는 경우는 522건(39.9%)이었으며, 나머지는 반성여부가 불명확하거나 반성이 없는 경우였다. 가해자가 남성일 때 상대적으로 반성의 비율이 더 높았다. 가해자가 남성인 사건 993건 중 반성이 확인된 사례는 409건으로 41.2%인데 비해, 가해자가 여성인 경우에는 171건 중 61건(35.7%)에서만 반성사실이 확인된다.

한편, 반성이 있는 경우는 반성없는 경우에 비해 집행유예 선고비율이 더 높다. 가해자가 반성을 한 경우에는 징역형의 집행유예 선고비율이 48.7%인데 비해, 가해자가 반성을 하지 않은 경우에는 징역형의 집행유예 선고비율이 25.4%에 그쳤다.

┃그림 2-29┃ 가해자의 반성 여부

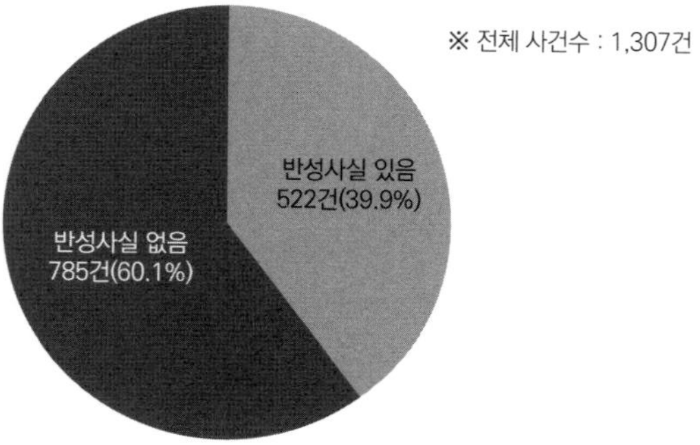

| 표 2-61 | 가해자의 반성 여부

(단위 : 건, %)

구분		사례수	반성 사실 있음		반성사실 없음 (불명확 포함)	
			빈도	%	빈도	%
[전체]		1,307	522	39.9	785	60.1
가해자 성별	남성	993	409	41.2	584	58.8
	여성	171	61	35.7	110	64.3
	불명확	143	52	36.4	91	63.6
선고 유형	공소기각	297	74	24.9	223	75.1
	벌금형	309	112	36.2	197	63.8
	징역형	856	411	48.0	445	52.0
	- 집행유예	453	254	56.1	199	43.9
	- 실형	403	157	39.0	246	61.0
	선고유예	7	2	28.6	5	71.4
	무죄	26	1	3.8	25	96.2

3) 변호인 정보

국선변호인 선임 비율이 절반 이상(58.3%)에 달함

국선변호인이 선임된 사례는 762건(58.3%)으로 사선변호인이 선임된 사례 345건(26.4%)에 비해 2배 이상 많았고, 변호인이 선임되지 않은 사례는 200건(15.3%)이었다. 스토킹범죄의 경우 상대적으로 중한 범죄가 아님에도 국선 변호인이 절반 이상 투입되고 있음이 확인된다.

| 그림 2-30 | 변호인 정보

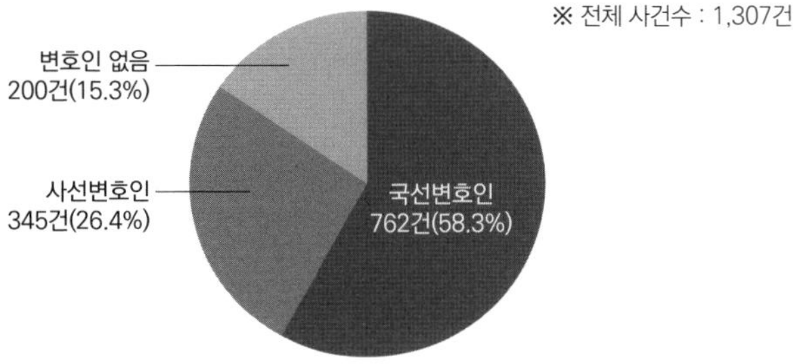

피해자 및 가해자의 성별과 변호인 정보

🔍 피해자가 남성인 사건에서 국선변호인 비율이 더 높게 나타남

| 표 2-62 | 변호인 정보 - 피해자 성별

(단위 : 건, %)

구분		사례수	국선		사선		없음	
			빈도	%	빈도	%	빈도	%
[전체]		1,307	762	58.3	345	26.4	200	15.3
피해자 성별	남성	170	113	66.5	29	17.1	28	16.5
	여성	1,105	629	56.9	307	27.8	169	15.3
	불명확	32	20	62.5	9	28.1	3	9.4

🔍 가해자의 성별에 무관하게 국선변호인 비율이 50% 이상으로 나타남

가해자가 남성이든 여성이든 국선변호인 비율이 50% 이상으로 나타난 가운데, 가해자 성별이 남성인 경우 사선변호인 비율이 28.7%, 여성인 경우 17.0%로 확인되어 남성 가해자가 여성보다 사선변호인의 도움을 받는 비율이 다소 높게 나타난다. 그리고 가해자가 여성인 경우에는 남성 가해자 사례에 비해 변호인이 없는 비율이 다소 높다.

| 표 2-63 | 변호인 정보 - 가해자 성별

(단위 : 건, %)

구분		사례수	국선		사선		없음	
			빈도	%	빈도	%	빈도	%
[전체]		1,307	762	58.3	345	26.4	200	15.3
가해자 성별	남성	993	550	55.4	285	28.7	158	15.9
	여성	171	109	63.7	29	17.0	33	19.3
	불명확	143	103	72.0	31	21.7	9	6.3

선고유형과 변호인 정보

🔍 국선변호인 사건의 경우 징역형 실형 선고비율이 사선변호인 사건에 비해 높음. 사선변호인 사건의 경우 징역형 집행유예 비율 및 공소기각 비율이 국선변호인 사건에 비해 높음

국선변호인 사건에 비해 사선변호인 사건의 경우 좀 더 가벼운 판결을 받은 것으로 파악된다. 국선변호인 사건의 경우 징역형 실형이 선고된 비율은 38.1%임에 비해 사선변호인 사건의 경우 징역형 실형 선고비율은 30.0%이다. 한편 국선변호인 사건의 징역형 집행유예 비율은 34.6%임에 비해 사선변호인 사건의 징역형 집행유예 비율은 37.4%로 다소 높게 나타난다. 공소기각 비율도 사선변호인의 경우(27.8%)가 국선변호인의 경우(17.5%)에 비해 상대적으로 높게 나타난다. 선고유예와 무죄의 경우 사례 수가 지나치게 적어서 통계분석에 적합하지 않으나, 사선변호인 사건의 경우 국선변호인 사건에 비해 선고유예 또는 무죄 비율이 다소 높게 나타난다. 사건의 죄질에서 차이가 있었는지 혹은 변호가 영향을 미쳤는지는 확인하기 어렵다.

| 표 2-64 | 변호인 정보 - 선고유형

(단위 : 건, %)

구분		사례수	국선		사선		없음	
			빈도	%	빈도	%	빈도	%
[전체]		1,307	762	58.3	345	26.4	200	15.3
선고유형	공소기각	297	133	44.8	96	32.3	68	22.9
	벌금형	309	165	53.4	72	23.3	72	23.3
	징역형	856	554	64.7	233	27.2	69	8.1
	- 집행유예	453	264	58.3	129	28.5	60	13.2
	- 실형	403	290	72.0	104	25.8	9	2.2
	선고유예	7	2	28.6	4	57.1	1	14.3
	무죄	26	17	65.4	8	30.8	1	3.8

타 범죄 경합과 변호인 정보

🔍 타죄와의 경합사건 대부분에서 국선변호인 비율이 높게 나타난 가운데, 체포·감금, 살인·살인미수가 경합된 사건에서는 사선변호인 비율이 높게 나타남

타죄와의 경합사례에서도 대개는 국선변호인 비율이 높게 나타나지만, 체포·감금, 살인·살인미수가 경합된 중한 사건의 경우 사선변호인에게 의뢰하는 경우가 더 많은 것으로 파악된다.

| 표 2-65 | 변호인 정보 - 타죄와의 경합

(단위 : 건, %)

구분		사례수	국선		사선		없음	
			빈도	%	빈도	%	빈도	%
[전체]		1,307	762	58.3	345	26.4	200	15.3
타죄와의 경합	없음	555	301	54.2	111	20.0	143	25.8
	정보통신망법 위반	57	31	54.4	24	42.1	2	3.5
	주거침입관련 범죄	245	147	60.0	78	31.8	20	8.2
	폭행·상해관련 범죄	229	139	60.7	77	33.6	13	5.7
	협박	220	131	59.5	74	33.6	15	6.8
	체포·감금	52	25	48.1	27	51.9	0	0.0
	재물손괴	143	89	62.2	40	28.0	14	9.8
	손괴 외 재산죄	35	22	62.9	12	34.3	1	2.9
	명예관련 범죄	24	17	70.8	7	29.2	0	0.0
	살인·살인미수	12	4	33.3	8	66.7	0	0.0
	성폭력관련 범죄	136	75	55.1	57	41.9	4	2.9
	가정폭력범죄	19	13	68.4	5	26.3	1	5.3
	업무방해	46	37	80.4	6	13.0	3	6.5
	아동복지법위반	12	8	66.7	4	33.3	0	0.0
	기타 범죄	120	74	61.7	41	34.2	5	4.2

가해자의 직업과 변호인 정보

가해자가 공무원이거나 교육계 종사자인 경우에는 타 직업군에 비해 사선변호인 선임 비율이 상대적으로 더 높음

가해자의 직업에 따라 어떤 변호인의 도움을 받고 있는지를 살펴본 바, 대부분의 가해자 직업군에서 국선변호인 비율이 높게 나타났다. 스토킹범죄에 있어서는 가해자의 직업과 관계없이 전반적으로 국선변호인을 선임하는 경우가 많음을 알 수 있다.

특히 가해자가 무직인 경우 국선변호인 비율이 67.8%로 가장 높았고, 택배 등 배달(66.7%), 근로직(64.0%) 등의 직업군에서도 국선변호인 비율이 60%를 넘었다, 사선변호인을 의뢰하기 어려운 경제적 사정이 영향을 미쳤을 수 있다.

사선변호인 비율은 가해자가 공무원일 때 가장 높았고(55.6%), 다음으로는 교육계(50.0%), 학생(38.7%), 전문직(37.5%), 회사원(37.2%) 등의 순으로 높았다. 사선변호인을 통해 개인적으로 더 밀착하여 양질의 변호를 받으려는 것으로 추측할 수 있다.

한편, 변호인이 없는 경우의 비율은 가해자가 회사원일 때 가장 높았고(23.6%), 다음으로 예술계 종사자(22.2%), 학생(19.4%) 등의 순으로 높았는데, 변호인 선임여부와 직업이 크게 상관있는 것은 아니라고 판단된다. 경제적 사정으로 변호인을 선임하지 못했다기보다는, 스스로 사건을 경미하게 판단하거나 자신이 충분히 대처할 수 있다고 생각한 경우에 변호인을 선임하지 않은 것으로 볼 수 있다.

| 표 2-66 | 변호인 정보 - 가해자 직업

(단위 : 건, %)

구분		사례수	국선		사선		없음	
			빈도	%	빈도	%	빈도	%
[전체]		1,307	762	58.3	345	26.4	200	15.3
가해자 직업	회사원	191	75	39.3	71	37.2	45	23.6
	전문직	16	7	43.8	6	37.5	3	18.8
	자영업	152	79	52.0	51	33.6	22	14.5
	기술직	63	36	57.1	17	27.0	10	15.9
	교육계	8	3	37.5	4	50.0	1	12.5
	예술계	9	5	55.6	2	22.2	2	22.2
	공무원	9	3	33.3	5	55.6	1	11.1
	근로직	247	158	64.0	56	22.7	33	13.4
	택배 등 배달	48	32	66.7	12	25.0	4	8.3
	학생	31	13	41.9	12	38.7	6	19.4
	무직	438	297	67.8	84	19.2	57	13.0
	기타	95	54	56.8	25	26.3	16	16.8

4) 긴급응급조치 및 잠정조치 결정과 위반 여부

🔍 긴급응급조치 및 잠정조치가 있었던 사례가 315건(24.1%)으로 나타남

'긴급응급조치'란 스토킹행위에 대해 긴급을 요하는 경우 사법경찰관이 먼저 조치를 취하고 검사에게 신청하여 48시간 이내에 지방법원 판사로부터 사후승인을 받는 제도이다(제5조). 스토킹행위가 지속적 또는 반복적으로 행하여질 우려가 있고 스토킹범죄의 예방을 위하여 긴급을 요하는 경우 사법경찰관이 가해자에게 ① 주거등으로부터 100미터 이내의 접근금지, ② 전기통신을 이용한 접근 금지의 조치를 취할 수 있다(제4조 제1항).

'잠정조치'란 검사가 스토킹범죄가 재발될 우려가 있다고 인정할 때 법원에 청구하여(제8조 제1항) 법원이 스토킹범죄의 원활한 조사·심리 또는 피해자 보호를 위하여 필요한 경우에 가해자에게 다음 5가지 중 조치를 취하는 것을 말한다 : ① 스토킹범죄 중단에 관한 서면 경고, ② 주거등으로부터 100미터 이내의 접근 금지, ③ 전기통신을 이용한 접근 금지, ④ 위치추적 전자장치 부착, ⑤ 유치장 또는 구치소 유치 (제9조 제1항). 이 중 '위치추적 전자장치 부착' 조치는 2023년 7월 11일의 법 개정에서 신설된 내용으로, 이 연구의 분석대상 사건들에서는 적용되지 않았다.

긴급응급조치 및 잠정조치 결정 여부

긴급응급조치 혹은 잠정조치 결정이 있은 경우는 315건(24.1%)이었다. 전체 스토킹 사건의 약 1/4 정도가 긴급응급조치 혹은 잠정조치를 통해 스토킹을 차단하려고 한 것이다.

| 그림 2-31 | 긴급응급조치 혹은 잠정조치 결정 여부

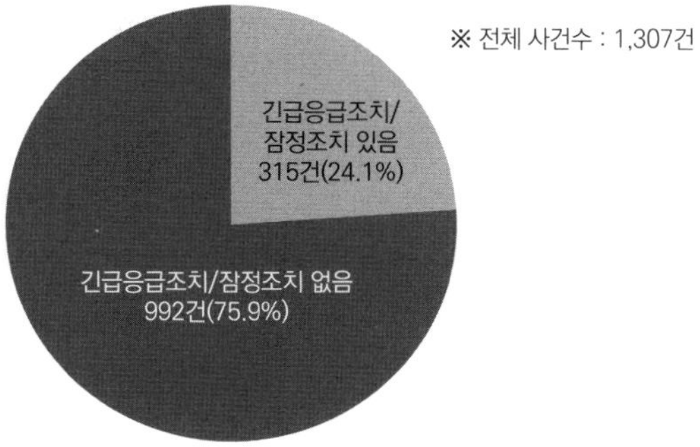

남성 피해자와 관련하여 긴급응급조치 혹은 잠정조치를 결정한 경우가 더 많음

통계상으로는 남성 피해자와 관련하여 긴급응급조치 또는 잠정조치 비율이 상대적으로 더 높게 나타나지만, 유의미한 차이로 보기는 어려운 수준이다. 긴급응급조치 또는 잠정조치를 통해 남성피해자를 더 많이 보호한다고 단정짓기는 어렵다.

| 표 2-67 | 긴급응급조치 및 잠정조치 결정 여부 - 피해자 성별

(단위 : 건, %)

구분		사례수	긴급응급조치/잠정조치 있음		긴급응급조치/잠정조치 없음	
			빈도	%	빈도	%
[전체]		1,307	315	24.1	992	75.9
피해자 성별	남성	170	44	25.9	126	74.1
	여성	1,105	260	23.5	845	76.5
	불명확	32	11	34.4	21	65.6

긴급응급조치 및 잠정조치 위반 여부

긴급응급조치 또는 잠정조치가 내려진 총 315건 중 그 위반이 확인된 경우가 270건으로 85.7%에 달함

'긴급응급조치'는 스토킹행위에 대한 것인 반면, '잠정조치'는 스토킹범죄에 대한 것이다. '스토킹행위'는 「스토킹처벌법」 제2조 정의규정에 나열된

행위이고, 그 행위를 지속적 또는 반복적으로 하는 것이 '스토킹범죄'이다(제2조).

긴급응급조치는 스토킹범죄를 예방하기 위한 것이고, 잠정조치는 스토킹범죄가 재발되지 않도록 하는 것으로 제도적 차이점은 있지만, 모두 스토킹을 막고 피해자를 보호하기 위한 법적 조치로, 이것을 가해자에게 부과하였을 때 가해자는 법적 처분에 따를 의무가 있다. 그럼에도 긴급응급조치나 잠정조치를 위반한다는 것은 법적 처분을 경시하는 것으로 처벌대상이 된다.

이 연구 분석대상 사건에 적용된 개정 전 법률에서는 긴급응급조치를 이행하지 아니한 사람에게 1천만원 이하의 과태료를 부과하며(제21조), 잠정조치를 이행하지 아니한 사람에 대해서는 2년 이하의 징역 또는 2천만원 이하의 벌금에 처하고 있었다(제20조).

통계로 보았을 때, 긴급응급조치 또는 잠정조치가 결정된 315건 중 명령위반이 확인되는 경우가 270건(85.7%)이다. 법적 조치를 따를 의무가 있음에도 85.7%나 위반하고 있다는 것은 심각한 일이다. 스토킹범죄는 형사범으로 형법에 규정하여 일반형사절차에 따라 처벌할 수 있음에도 「스토킹처벌법」이라는 특별법을 제정한 가장 큰 목적은 스토킹범죄를 신고하여 수사하는 과정에서 피해자를 더 두텁게 보호하려는데 있다. 특히 가해자에게 잠정조치라는 접근금지 등의 결정을 내림으로써 스토킹범죄의 지속을 차단하고, 더욱이 범죄로 볼 수 없는 스토킹행위 단계에서도 긴급응급조치를 할 수 있도록 하여 피해자를 보호하기 위한 제도적 장치를 두는 데 그 의의가 있는 것이다. 그런데 긴급응급조치나 잠정조치를 결정받았음에도 대다수의 가해자가 법적 조치를 조롱이나 하듯 그것을 무시하며 위반하는 것을 보면 「스토킹처벌법」의 실효성에 가장 의문이 드는 대목이다.

긴급응급조치 불이행자 등에 대한 처벌이 너무 경하여 제도의 실효성이 확보되지 못한다는 지적에 부응하여 2023년 7월 11일 개정 법률에서는 긴급응급조치 불이행에 대한 제재를 1년 이하 징역 또는 1천만원 이하 벌금으로 상향하였다.

┃그림 2-32┃ 긴급응급조치 및 잠정조치 명령 위반 여부

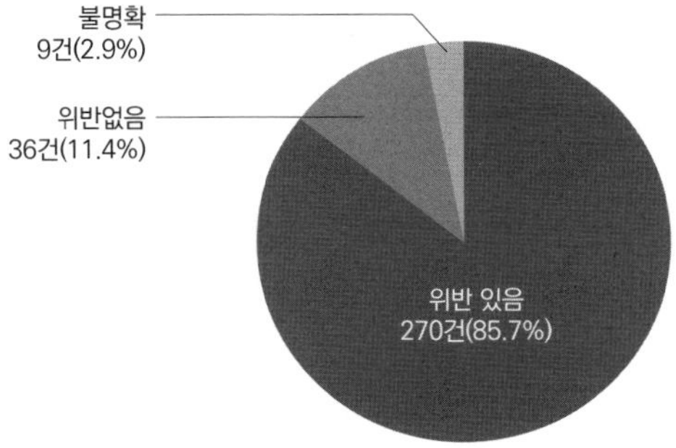

긴급응급조치 및 잠정조치 위반과 선고유형

남성가해자의 긴급응급조치 및 잠정조치 명령 위반 비율이 다소 높음
긴급응급조치 또는 잠정조치 위반이 있더라도 44.8%는 징역형의 집행유예를 선고받았으며, 18.1%는 공소기각됨

긴급응급조치 및 잠정조치 위반 비율은 성별을 불문하고 80%를 넘는 것으로 확인되는 가운데, 남성의 위반 비율(86.4%)이 여성의 위반 비율(82.5%)에 비해 다소 높은 것으로 나타난다. 그리고 긴급응급조치 또는 잠정조치 위반이 확인된 270건에 대한 선고유형을 분석해보면, 징역형의 집행유예가 121건으로 44.8%이며, 징역형의 실형이 선고된 것은 106건으로 39.3%였다. 조치 위반이 있었음에도 불구하고 공소기각된 경우도 49건으로 18.1%에 달한다.

개정 전 법률에서도 잠정조치 불이행의 경우 스토킹범죄와 경합범으로 형이 가중되어야 마땅했는데 징역형의 집행유예로 끝나는 경우가 많았다는 것은 조치 위반에 대하여 엄격히 대처하지 않은 결과로 보이며, 이런 점에서 긴급응급조치와 잠정조치가 스토킹 피해 예방에 실효성을 담보하기 어려운 것으로 보인다.

| 표 2-68 | 긴급응급조치 및 잠정조치 명령 위반 여부

(단위 : 건, %)

구분		사례수	있음		없음		불명확	
			빈도	%	빈도	%	빈도	%
[전체]		315	270	85.7	36	11.4	9	2.9
가해자의 성별	남성	242	209	86.4	29	12.0	4	1.7
	여성	40	33	82.5	5	12.5	2	5.0
	불명확	33	28	84.8	2	6.1	3	9.1
선고 유형	공소기각	55	49	89.1	4	7.3	2	3.6
	벌금형	47	32	68.1	13	27.7	2	4.3
	징역형	257	227	88.3	22	8.6	8	3.1
	- 집행유예	140	121	86.4	16	11.4	3	2.1
	- 실형	117	106	90.6	6	5.1	5	4.3
	선고유예	2	2	100.0	0	0.0	0	0.0
	무죄	2	1	50.0	1	50.0	0	0.0

5) 피해자의 처벌불원 의사표시

- 피해자의 처벌불원 의사표시가 있는 사례가 350건(26.8%)으로 전체의 1/4 이상임

피해자가 가해자의 처벌을 원하지 않는다는 의사를 표시한 경우가 350건(26.8%)으로, 전체 스토킹 사건의 1/4을 넘는다.

개정 전 「스토킹처벌법」에서는 스토킹범죄가 반의사불벌죄로 되어 있어서 피해자가 처벌을 원하지 않는다고 구체적 의사를 표시한 경우, 이에 반하여 공소를 제기할 수 없었다. 이 때문에 스토킹범죄가 신고되면 변호사를 포함한 가해자 측은 우선 피해자의 처벌불원 의사표시를 얻기 위해 적극적으로 접근하는 경우가 많았고, 피해자는 다시 고민에 빠지거나 이것 자체가 2차 피해로 될 우려가 있었다. 또한 피해자의 처벌불원 의사표시가 있는 경우 이것이 피해자의 진심에 의한 것인지 아니면 보복적 가해가 두려워서 어쩔 수 없이 가해자 처벌을 원하지 않는다고 한 것인지 의심스러운 경우가 많았다.

「스토킹처벌법」의 제정 당시에는 반의사불벌죄로 규정하는 것이 피해자의 의사를 존중하는 것으로 합리적이라고 보았지만, 법 시행 이후 현장에서

활동하는 상담전문가와 담당 경찰은 이것이 피해자보호에 가장 큰 걸림돌로 작용하고 있다는 비판을 쏟아 내었다.

이에 2023년 7월 11일 법 개정에서는 스토킹범죄에 대한 반의사불벌죄 규정이 삭제되었다.

| 그림 2-33 | 피해자의 처벌불원 의사표시 여부

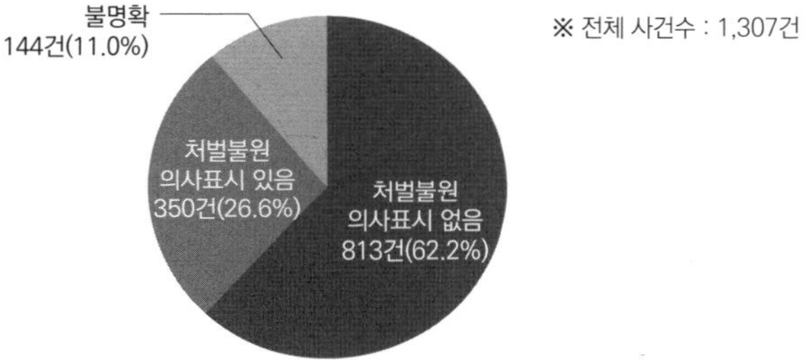

여성 피해자의 경우 처벌불원 의사표시를 한 경우가 남성에 비해 상대적으로 높게 나타남

여성 피해자의 경우 처벌불원 의사표시를 하는 비율이 상대적으로 높게 나타난다. 진심으로 가해자의 처벌을 원하지 않는 사례도 많을 것이나, 위에 서술한 바와 같이 보복에 대한 두려움 등으로 관대한 대응을 할 수 밖에 없었던 경우도 적지 않을 것으로 추정된다.

처벌불원 의사표시가 있는 경우 공소기각의 비율이 92.3%이며, 다음으로 선고유예(57.1%), 징역형(20.1%) 등의 순으로 나타난다. 처벌불원 의사표시가 있으면 반의사불벌죄인 단순 스토킹범죄는 공소기각으로 처리되지만, 개정 전 「스토킹처벌법」에서도 흉기 휴대 등 가중적 스토킹범죄 및 잠정조치 위반에 대해서는 공소기각이 되지 않았다. 그리고 「스토킹처벌법」 위반 이외에 다른 범죄가 경합된 경우에는 처벌불원 의사표시가 있더라도 그 다른 범죄로 인해 처벌되었다.

| 표 2-69 | 피해자의 처벌불원 의사표시 여부 - 피해자 성별, 연령대

(단위 : 건, %)

구분		사례수	처벌불원 의사표시 있음		처벌불원 의사표시 없음		불명확	
			빈도	%	빈도	%	빈도	%
[전체]		1,307	350	26.8	813	62.2	144	11.0
피해자 성별	남성	170	35	20.6	110	64.7	25	14.7
	여성	1,105	309	28.0	688	62.3	108	9.8
	불명확	32	6	18.8	15	46.9	11	34.4
선고 유형	공소기각	297	274	92.3	14	4.7	9	3.0
	벌금형	309	47	15.2	226	73.1	36	11.7
	징역형	856	172	20.1	587	68.6	97	11.3
	- 집행유예	453	126	27.8	275	60.7	52	11.5
	- 실형	403	46	11.4	312	77.4	45	11.2
	선고유예	7	4	57.1	1	14.3	2	28.6
	무죄	26	4	15.4	13	50.0	9	34.6

요약 기타 처벌관련 사항

- **피해자와의 합의** : 피해자와의 합의는 전 연령대별로 20~24% 정도이며, 피해자가 10대인 경우 합의가 상대적으로 적은데 비해(20%), 50대의 경우는 24%로 가장 많았다. 합의가 있는 경우 공소기각을 받은 비율이 현저히 높다.
- **가해자의 반성** : 판결문에서 가해자의 반성 사실이 확인되는 경우는 39.9%였다. 가해자가 남성일 때 상대적으로 반성의 비율이 더 높았다. 스토킹범죄에서 가해자의 반성유무는 재범의 위험성을 판단하는데 중요한 기준이 되며, 반성이 있는 경우는 반성없는 경우에 비해 집행유예 선고비율이 더 높다.
- **변호인 정보** : 국선변호인이 선임된 경우가 58.3%였고, 사선변호인이 선임된 경우는 26.4%, 변호인이 없었던 경우는 15.3% 으로 나타난다. 가해자의 성별, 직업 등에 관계없이 국선변호인 비율이 절반 이상임이 확인된다.
- **긴급응급조치 및 잠정조치 위반** : 분석 대상 사건의 약 1/4에서 긴급응급조치 혹은 잠정조치 결정이 확인되는데, 그 중 85.7%는 이를 위반한 사례였다. 긴급응급조치 또는 잠정조치 위반에 대해 엄격히 대처하지 않은 결과로 보인다. 2023년 7월 11일 개정 법률에서는 긴급응급조치 불이행에 대한 제재가 강화되었다.

- **피해자의 처벌불원 의사표시** : 전체 사건의 1/4 이상에서 피해자의 처벌불원 의사표시가 확인된다. 개정 전 법률에서는 스토킹범죄가 반의사불벌죄로 규정되어 있었는데, 법 제정 당시에는 피해자의 의사를 존중해야 한다는 판단이 앞섰던 것이다. 그러나 법시행 이후 이것이 피해자보호에 걸림돌로 작용한다는 비판이 제기되었고, 이에 2023년 7월 11일 개정법률에서는 반의사불벌 조항이 삭제되었다. 개정 전 법률에서도 흉기 휴대 스토킹범죄 및 잠정조치 위반에 대해서는 반의사불벌 조항 적용이 없어서 피해자가 처벌불원 의사를 밝히더라도 처벌되었다.

9 타 범죄와의 경합

1) 타 범죄와의 경합 여부

- 타죄와의 경합이 있는 경우가 752건(57.5%)으로, 타죄와 경합 없는 경우(555건, 42.5%) 보다 많음

스토킹범죄 외에 다른 범죄도 경합하여 발생한 경우가 스토킹 사건의 절반 이상이다(752건, 57.5%). 다른 범죄 없이 스토킹범죄만 문제된 사건은 555건으로 42.5%였다.

|그림 2-34| 다른 범죄와의 경합 여부

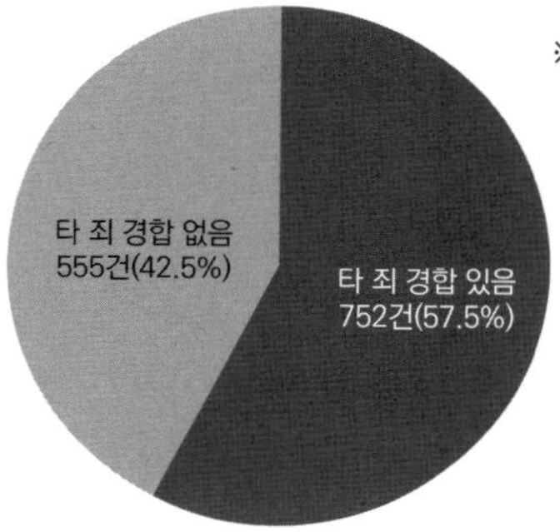

2) 타 죄와의 경합 상세

- 다른 범죄와 경합이 있는 752건에 관해 상세내용을 살펴보면, 주거침입 관련 범죄와의 경합이 245건(32.6%)으로 가장 많았고, 다음으로 폭행·상해관련 범죄(229건, 30.5%), 협박(220건, 29.3%), 재물손괴(143건, 19.0%) 등의 순으로 나타남

다른 범죄와의 경합이 있는 752건에 관해 상세내용을 살펴보면, 주거침입 관련 범죄와의 경합이 245건(32.6%)으로 가장 많았고, 다음으로 폭행·상해 관련 범죄(229건, 30.5%), 협박(220건, 29.3%), 재물손괴(143건, 19.0%) 등의 순으로 나타났다. 스토킹의 과정에서 주거침입을 범하는 경우

가 많고, 그 밖에 피해자 및 그 주변인에 대한 폭행 및 상해, 협박, 재물손괴죄가 많이 행해지며 연관이 되기 때문에 경합범으로 처리되는 경우가 많다. 한편, 스토킹범죄가 성폭력범죄(18.1%), 살인죄(1.6%) 등 중대사건으로 이어지는 경우도 드물지 않음이 확인된다.

| 그림 2-35 | 타 죄와의 경합 상세(중복포함)

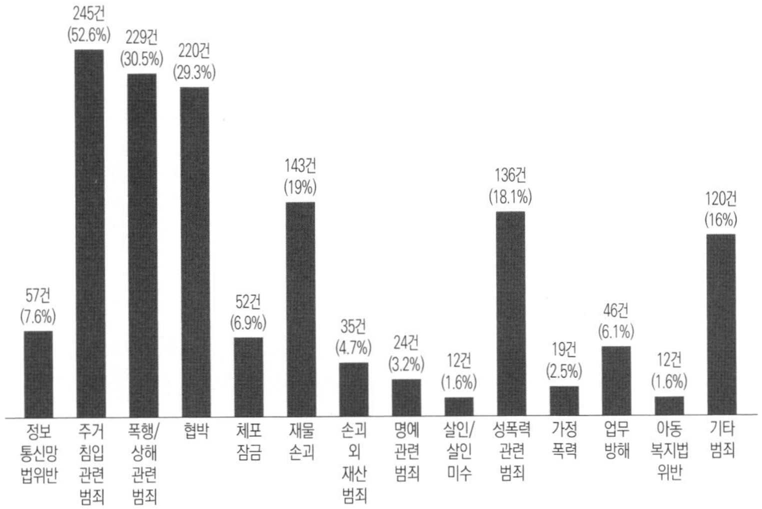

피해자가 남성인 사건, 가해자가 여성인 사건에서는 재물손괴죄, 업무방해죄와의 경합 비율이 상대적으로 높음
피해자가 여성인 사건에서는 성폭력범죄, 체포·감금죄와의 경합비율이 상대적으로 높음

가해자 및 피해자의 성별에 관계없이 스토킹범죄와 가장 빈번하게 경합되는 범죄는 주거침입죄이다. 그러나 피해자가 남성인 사건, 가해자가 여성인 사건에서는 재물손괴죄, 업무방해죄와의 경합 비율이 상대적으로 높으며, 피해자가 여성인 사건에서는 성폭력범죄, 체포·감금죄와의 경합비율이 상대적으로 높은 특징이 확인된다. 가해자 또는 피해자의 성별에 따라 범행의 구체적 양상에 차이가 있음을 추측할 수 있다.

| 표 2-70 | 타 죄와의 경합 상세(중복포함)

(단위 : 건, %)

구분		사례수	정보통신 망법 위반		주거침입 관련 범죄		폭행·상해 관련 범죄		협박		체포·감금		재물손괴		손괴 외 재산죄	
			빈도	%	빈도	%	빈도	%	빈도	%	빈도	%	빈도	%	빈도	%
[전체]		752	57	7.6	245	32.6	229	30.5	220	29.3	52	6.9	143	19.0	35	4.7
피해자 성별	남성	84	3	3.6	28	33.3	25	29.8	25	29.8	0	0.0	27	32.1	7	8.3
	여성	651	49	7.5	214	32.9	200	30.7	194	29.8	51	7.8	113	17.4	26	4.0
	불명확	17	5	29.4	3	17.6	4	23.5	1	5.9	1	5.9	3	17.6	2	11.8
가해자 성별	남성	581	42	7.2	196	33.7	191	32.9	187	32.2	48	8.3	98	16.9	24	4.1
	여성	83	7	8.4	26	31.3	19	22.9	18	21.7	1	1.2	26	31.3	8	9.6
	불명확	88	8	9.1	23	26.1	19	21.6	15	17.0	3	3.4	19	21.6	3	3.4

구분		사례수	명예관련 범죄		살인·살인 미수		성폭력 관련 범죄		가정폭력 범죄		업무방해		아동복지 법위반		기타 범죄	
			빈도	%	빈도	%	빈도	%	빈도	%	빈도	%	빈도	%	빈도	%
[전체]		752	24	3.2	12	1.6	136	18.1	19	2.5	46	6.1	12	1.6	120	16.0
피해자 성별	남성	84	8	9.5	0	0.0	4	4.8	4	4.8	11	13.1	1	1.2	15	17.9
	여성	651	15	2.3	12	1.8	132	20.3	15	2.3	35	5.4	10	1.5	102	15.7
	불명확	17	1	5.9	0	0.0	0	0.0	0	0.0	0	0.0	1	5.9	3	17.6
가해자 성별	남성	581	16	2.8	12	2.1	117	20.1	18	3.1	27	4.6	7	1.2	90	15.5
	여성	83	5	6.0	0	0.0	7	8.4	1	1.2	12	14.5	2	2.4	12	14.5
	불명확	88	3	3.4	0	0.0	12	13.6	0	0.0	7	8.0	3	3.4	18	20.5

요약 타 범죄와의 경합

- 스토킹범죄 외에 다른 범죄도 경합하여 발생한 경우가 스토킹 사건의 절반 이상이다(57.5%).
- 스토킹범죄와 경합되는 범죄로는 주거침입죄가 가장 많고(32.6%), 다음으로 폭행·상해관련 범죄(30.5%), 협박(29.3%), 재물손괴(19.0%) 등의 순서이다. 스토킹의 과정에서 주거침입을 범하는 경우가 많고, 그 밖에 피해자 및 그 주변인에 대한 폭행 및 상해, 협박, 재물손괴죄가 많이 행해지며 연관이 되기 때문에 경합범으로 처리되는 경우가 많다.
- 스토킹범죄가 성폭력범죄(18.1%), 살인죄(1.6%) 등으로 이어지는 경우도 드물지 않다.

10 1심판결의 선고내용

1) 1심판결의 선고내용

🔍 1심판결의 선고내용으로 징역형이 856건(65.5%)으로 가장 많았고, 다음으로 벌금형(309건, 23.6%), 공소기각(297건, 22.7%) 등의 순으로 나타남

스토킹사건에서 징역형이 선고된 경우가 가장 많은 것으로 나타나지만, 징역형 선고 856건 중 집행유예가 453건(52.9%)으로 실형(403건, 47.1%)보다 많다. 징역형 선고 사례 중 절반 이상이 집행유예인 것이다. 징역형 실형이 선고되는 경우는 전체 스토킹 사건의 30.8% 정도이다.

| 그림 2-36 | 1심 판결의 선고내용(중복포함)

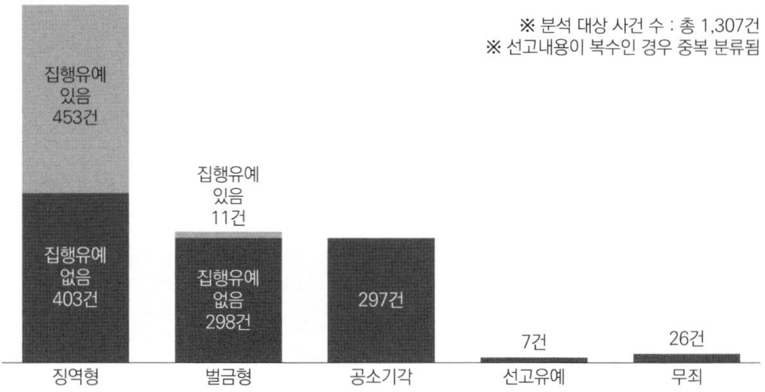

🔍 가해자 성별이 여성일 때 벌금형 비율이 상대적으로 높게 나타남

가해자가 여성인 사건 및 피해자가 남성인 사건에서는 벌금형의 비율이 상대적으로 높게 나타나며, 가해자가 남성인 사건 및 피해자가 여성인 사건에서는 징역형의 비율이 상대적으로 높다.

| 표 2-71 | 1심 판결의 선고내용(중복포함) - 피해자와 가해자의 성별

(단위 : 건, %)

구분		사례수	공소기각		벌금형		징역형		선고유예		무죄	
			빈도	%	빈도	%	빈도	%	빈도	%	빈도	%
[전체]		1,307	297	22.7	309	23.6	856	65.5	7	0.5	26	2.0
피해자 성별	남성	170	35	20.6	52	30.6	99	58.2	1	0.6	5	2.9
	여성	1,105	257	23.3	244	22.1	742	67.1	4	0.4	20	1.8
	불명확	32	5	15.6	13	40.6	15	46.9	2	6.3	1	3.1
가해자 성별	남성	993	244	24.6	211	21.2	672	67.7	3	0.3	12	1.2
	여성	171	29	17.0	63	36.8	88	51.5	3	1.8	7	4.1
	불명확	143	24	16.8	35	24.5	96	67.1	1	0.7	7	4.9

타죄와의 경합이 없을 때 벌금형 비율이 상대적으로 높게 나타남

다른 범죄와 경합없이 「스토킹처벌법」 위반만 있는 경우에는 비교적 가벼운 처벌인 벌금형을 선고받는 경우가 상대적으로 더 많음이 확인된다.

| 표 2-72 | 1심 판결의 선고내용(중복포함) - 타죄와의 경합

(단위 : 건, %)

구분		사례수	공소기각		벌금형		징역형		선고유예		무죄	
			빈도	%	빈도	%	빈도	%	빈도	%	빈도	%
[전체]		1,307	297	22.7	309	23.6	856	65.5	7	0.5	26	2.0
타죄와의 경합	없음	555	125	22.5	192	34.6	239	43.1	3	0.5	10	1.8
	정보통신망법 위반	57	17	29.8	10	17.5	44	77.2	1	1.8	0	0.0
	주거침입관련 범죄	245	56	22.9	40	16.3	207	84.5	1	0.4	2	0.8
	폭행·상해관련 범죄	229	58	25.3	33	14.4	191	83.4	1	0.4	4	1.7
	협박	220	61	27.7	23	10.5	186	84.5	0	0.0	2	0.9
	체포·감금	52	13	25.0	1	1.9	50	96.2	0	0.0	2	3.8
	재물손괴	143	26	18.2	21	14.7	124	86.7	0	0.0	1	0.7
	손괴 외 재산죄	35	8	22.9	7	20.0	29	82.9	1	2.9	0	0.0
	명예관련 범죄	24	7	29.2	11	45.8	13	54.2	0	0.0	0	0.0
	살인·살인미수	12	2	16.7	0	0.0	11	91.7	0	0.0	0	0.0
	성폭력관련 범죄	136	32	23.5	6	4.4	128	94.1	0	0.0	4	2.9
	가정폭력범죄	19	2	10.5	1	5.3	18	94.7	0	0.0	0	0.0
	업무방해	46	6	13.0	7	15.2	41	89.1	0	0.0	1	2.2
	아동복지법위반	12	4	33.3	1	8.3	11	91.7	1	8.3	0	0.0
	기타 범죄	120	28	23.3	22	18.3	102	85.0	0	0.0	5	4.2

2) 공소기각 상세

🔍 공소기각된 사례 중 99.0%는 피해자의 처벌불원 의사표시가 있는 경우임

공소기각이 내려진 295건의 상세내역을 살펴보면, 처벌불원 의사표시가 있었던 경우가 292건(99.0%)으로 대부분이었다.

| 표 2-73 | 1심 판결의 선고내용 : 공소기각 상세(사유)

(단위 : 건, %)

구분	사례수	처벌불원 의사표시		기타	
		빈도	%	빈도	%
공소기각	295	292	99.0	3	1.0

3) 벌금형 상세

🔍 벌금형이 선고된 309건의 평균 벌금액은 310.6만원임. 구간별로는 100만원 이상~300만원 미만이 116건(37.5%)으로 가장 많았음
벌금액은 300만원이 80건(25.9%)로 가장 많았고, 다음으로 200만원(58건, 18.8%), 500만원(50건, 16.2%), 100만원(43건, 13.9%) 등의 순으로 나타남

벌금형 309건의 평균 벌금액은 310.6만원으로 나타났다. 구간별로는 100만원 이상-300만원 미만이 116건(37.5%)으로 가장 많았다. 좀 더 상세히 살펴보면, 벌금액은 300만원이 80건(25.9%)으로 가장 많았고, 다음은 200만원(58건, 18.8%), 500만원(50건, 16.2%), 100만원(43건, 13.9%) 등의 순으로 나타났다. 벌금이 100만원에 미치지 않는 적은 금액인 사례도 24건(7.8%) 있으나, 대체로 100만원부터 500만원까지가 67.3%이며, 벌금액이 600만원 이상인 경우도 1/4 정도 된다. 이번 통계에서 확인된 최고 벌금액은 2000만원 이었다.

|그림 2-37| 1심 판결의 선고내용 : 벌금형 상세(벌금액)

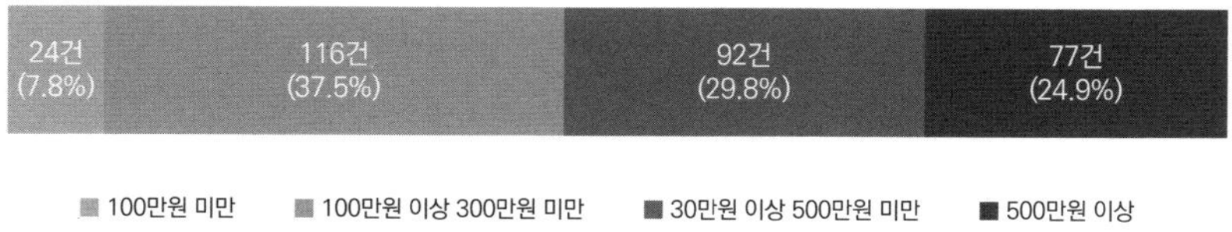

|표 2-74| 1심 판결의 선고내용 : 벌금형 상세(벌금액)

(단위 : 건, %)

구분	사례수	%
[전체]	309	100.0
5만원	1	0.3
10만원	12	3.9
15만원	1	0.3
30만원	2	0.6
50만원	4	1.3
60만원	2	0.6
70만원	1	0.3
80만원	1	0.3
100만원	43	13.9
120만원	1	0.3
150만원	10	3.2
200만원	58	18.8
250만원	4	1.3
300만원	80	25.9
400만원	12	3.9
500만원	50	16.2
600만원	4	1.3
700만원	11	3.6
800만원	2	0.6
900만원	1	0.3
1,000만원	6	1.9
1,200만원	2	0.6
2,000만원	1	0.3

🔍 벌금형 309건 중 집행유예는 11건(3.6%)으로, 대부분은 집행유예가 없는 것으로 나타남

벌금형 309건 중 집행유예는 11건(3.6%)이었으며, 대부분은 집행유예가 없는 벌금형이었다. 2016년 1월 6일 형법개정으로 500만원 이하의 벌금의 형을 선고할 경우 정상에 참작할 사유가 있으면 형의 집행을 유예할 수 있도록 벌금형에 대한 집행유예를 도입하였는데(형법 제62조 제1항), 스토킹범죄의 경우 벌금형에 대해 집행유예를 하는 경우는 많지 않다.

| 그림 2-38 | 1심 판결의 선고내용 : 벌금형 상세(집행유예 여부)

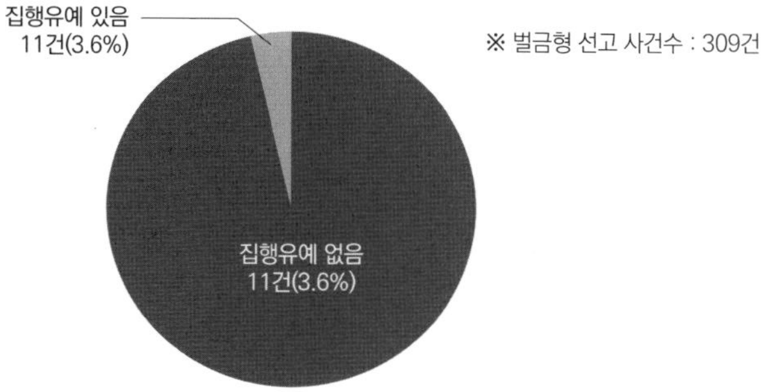

4) 징역형 상세

🔍 징역형이 선고된 856건 중 평균 형기는 15.7개월, 중간값은 10.0개월로 나타남

징역형이 선고된 856건의 형기를 분석해보면, 평균 형기는 15.7개월이며, 중간값은 10.7개월이다. 구간을 나누어 살펴보면 6개월 이상 12개월 미만인 경우가 383건으로 44.7%를 차지하며, 그 다음으로는 12개월 이상 18개월 미만인 경우가 170건으로 19.9%이고, 18개월 이상 24개월 미만인 84건으로 9.8%였다. 6개월 미만의 형기 선고된 경우는 60건으로 7%에 해당하고, 36개월 이상의 형이 선고된 경우는 72건으로 8.4%에 해당한다,

| 그림 2-39 | 1심 판결의 선고내용 : 징역형 상세(형기)

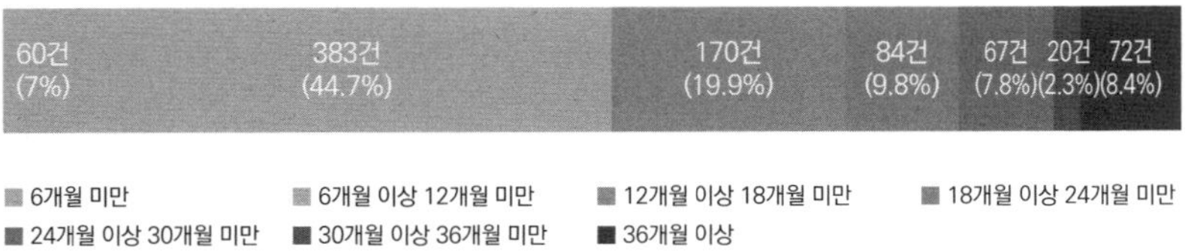

피해자의 성별이 여성, 피해자의 연령대가 10대, 가해자의 성별이 남성, 타 죄와의 경합이 있는 경우 평균 형기가 상대적으로 긴 것으로 확인됨

피해자가 남성일 때의 평균 형기(11.7개월) 보다 여성일 때의 평균 형기(16.4개월)가 긴 것으로 조사되었으며, 가해자가 여성일 때의 평균 형기(10.5개월) 보다 남성일 때의 평균 형기(16.5개월)가 긴 것으로 확인된다. 가해자 또는 피해자의 성별에 따라 범행의 구체적 양상 및 죄질에 차이가 있음을 추측해 볼 수 있다. 또한 피해자가 10대 미성년인 경우의 평균 형기(18.5개월)가 다른 연령대의 경우에 비해 긴 것으로 확인되는데, 보호가 필요한 미성년자에 대한 범행에 대해 특히 엄격한 처벌이 내려지고 있음을 알 수 있다. 한편 타 범죄와의 경합이 없는 스토킹 사건에 대한 평균 형기는 8.9개월임에 비해 타 범죄가 경합된 사건에서는 평균 형기는 26.8개월, 체포·감금죄가 경합된 경우에는 31.5개월, 살인 살인미수가 경합된 경우에는 116.7개월에 달하는 것으로 조사되었다.

┃표 2-75┃ 1심 판결의 선고내용 : 징역형 상세

(단위 : 건, %)

구분		사례수	6개월 미만		6-12개월 미만		12-18개월 미만		18-24개월 미만		24-30개월 미만		30-36개월 미만		36개월 이상		평균	중앙값
			빈도	%	빈도	%	빈도	%	빈도	%	빈도	%	빈도	%	빈도	%		
[전체]		856	60	7.0	383	44.7	170	19.9	84	9.8	67	7.8	20	2.3	72	8.4	15.7	10.0
피해자 성별	남성	99	10	10.1	54	54.5	21	21.2	5	5.1	4	4.0	1	1.0	4	4.0	11.7	8.0
	여성	742	48	6.5	319	43.0	148	19.9	79	10.6	61	8.2	19	2.6	68	9.2	16.4	12.0
	불명확	15	2	13.3	10	66.7	1	6.7	0	0.0	2	13.3	0	0.0	0	0.0	9.2	8.0
피해자 연령대	10대	63	3	4.8	26	41.3	16	25.4	4	6.3	2	3.2	2	3.2	10	15.9	18.5	12.0
	20대	147	8	5.4	71	48.3	23	15.6	15	10.2	13	8.8	5	3.4	12	8.2	14.4	10.0
	30대	159	13	8.2	70	44.0	30	18.9	13	8.2	17	10.7	2	1.3	14	8.8	16.9	10.0
	40대	209	15	7.2	92	44.0	39	18.7	29	13.9	13	6.2	6	2.9	15	7.2	16.2	10.0
	50대	141	8	5.7	59	41.8	35	24.8	13	9.2	10	7.1	3	2.1	13	9.2	15.4	12.0
	60대	81	8	9.9	37	45.7	19	23.5	6	7.4	5	6.2	1	1.2	5	6.2	13.6	10.0
	70대	20	0	0.0	11	55.0	2	10.0	1	5.0	4	20.0	0	0.0	2	10.0	16.3	8.0
	불명확	36	5	13.9	17	47.2	6	16.7	3	8.3	3	8.3	1	2.8	1	2.8	13.1	9.0
가해자 성별	남성	672	42	6.3	296	44.0	128	19.0	67	10.0	61	9.1	17	2.5	61	9.1	16.5	10.0
	여성	88	12	13.6	46	52.3	23	26.1	4	4.5	0	0.0	1	1.1	2	2.3	10.5	10.0
	불명확	96	6	6.3	41	42.7	19	19.8	13	13.5	6	6.3	2	2.1	9	9.4	15.0	12.0
타 죄와의 경합	없음	239	32	13.4	173	72.4	24	10.0	2	0.8	4	1.7	0	0.0	4	1.7	8.9	8.0
	정보통신망법 위반	44	3	6.8	15	34.1	10	22.7	6	13.6	3	6.8	2	4.5	5	11.4	15.2	12.0
	주거침입관련 범죄	207	8	3.9	71	34.3	56	27.1	20	9.7	20	9.7	8	3.9	24	11.6	20.0	12.0
	폭행·상해관련 범죄	191	5	2.6	57	29.8	35	18.3	33	17.3	23	12.0	8	4.2	30	15.7	22.7	16.0
	협박	186	3	1.6	58	31.2	42	22.6	24	12.9	25	13.4	5	2.7	29	15.6	21.8	12.0
	체포·감금	50	2	4.0	9	18.0	6	12.0	9	18.0	8	16.0	4	8.0	12	24.0	31.5	18.0
	재물손괴	124	5	4.0	40	32.3	36	29.0	17	13.7	13	10.5	4	3.2	9	7.3	16.5	12.0
	손괴 외 재산죄	29	2	6.9	6	20.7	6	20.7	8	27.6	4	13.8	1	3.4	2	6.9	17.9	18.0
	명예관련 범죄	13	1	7.7	6	46.2	0	0.0	2	15.4	3	23.1	1	7.7	0	0.0	14.8	10.0
	살인·살인미수	11	0	0.0	0	0.0	0	0.0	0	0.0	0	0.0	0	0.0	11	100.0	116.7	54.0
	성폭력관련 범죄	128	1	0.8	14	10.9	26	20.3	20	15.6	24	18.8	10	7.8	33	25.8	26.8	24.0
	가정폭력범죄	18	0	0.0	5	27.8	4	22.2	3	16.7	4	22.2	1	5.6	1	5.6	17.4	16.0
	업무방해	41	1	2.4	18	43.9	7	17.1	8	19.5	4	9.8	0	0.0	3	7.3	16.1	12.0
	아동복지법위반	11	0	0.0	1	9.1	6	54.5	1	9.1	1	9.1	0	0.0	2	18.2	27.8	14.0
	기타 범죄	102	4	3.9	27	26.5	19	18.6	16	15.7	15	14.7	5	4.9	16	15.7	20.5	18.0

- 징역형 856건 중 집행유예가 선고된 사례는 453건(52.9%)으로, 실형(403건, 47.1%)보다 많았음
- 피해자 성별이 남성, 연령대가 30대, 가해자 성별이 여성, 타 죄와의 경합이 없을 때 집행유예 비율이 높게 나타남

집행유예는 3년 이하의 징역이나 금고 또는 500만원 이하 벌금의 형을 선고할 경우에 가능한데, 「형법」 제51조의 사항을 참작하여 그 정상에 참작할 만한 사유가 있는 때에는 1년 이상 5년 이하의 기간 형의 집행을 유예할 수 있다(「형법」 제62조 제1항).

징역형 856건 중 집행유예가 선고된 경우는 453건(52.9%)으로 실형(403건, 47.1%)보다 많았다. 그리고 피해자 성별이 남성, 연령대가 30대, 가해자 성별이 여성, 타 죄와의 경합이 없을 때 집행유예 비율이 높게 나타났다.

| 표 2-76 | 1심 판결의 선고내용 : 징역형 상세(집행유예 여부)

(단위 : 건, %)

구분		사례수	집행유예 있음		집행유예 없음	
			빈도	%	빈도	%
[전체]		856	453	52.9	403	47.1
피해자 성별	남성	99	60	60.6	39	39.4
	여성	742	382	51.5	360	48.5
	불명확	15	11	73.3	4	26.7
피해자 연령대	10대	63	25	39.7	38	60.3
	20대	147	79	53.7	68	46.3
	30대	159	92	57.9	67	42.1
	40대	209	111	53.1	98	46.9
	50대	141	76	53.9	65	46.1
	60대	81	41	50.6	40	49.4
	70대	20	9	45.0	11	55.0
	불명확	36	20	55.6	16	44.4
피해자 연령대	남성	672	353	52.5	319	47.5
	여성	88	54	61.4	34	38.6
	불명확	96	46	47.9	50	52.1
타죄와경합	없음	239	174	72.8	65	27.2
	있음	617	279	45.2	338	54.8

5) 스토킹처벌법상의 보안처분 병과

보안처분 병과 여부

스토킹처벌법상의 보안처분이 병과된 경우가 852건(65.2%)으로 전체 사건의 절반 이상을 차지함

스토킹범죄에 대해 보호관찰, 사회봉사, 수강명령 또는 이수명령 등의 보안처분 을 병과할 수 있는데, 보안처분을 부과한 경우가 전체 사건의 절반 이상을 차지할 정도로 많이 활용되고 있다. 스토킹범죄의 예방을 위해서는 그 행위불법에 상응한 형벌의 부과 및 집행도 중요하지만, 스토킹의 원인을 분석하여 스토킹을 더 이상 저지르지 않도록 감독하고 교육하거나 치료하는 것도 중요하므로 적절한 보안처분의 부과는 범죄예방에 매우 의미가 있다.

| 표 2-77 | 스토킹처벌법상의 보안처분 병과여부

(단위 : 건, %)

구분		사례수	보안처분 있음		보안처분 없음	
			빈도	%	빈도	%
[전체]		1,307	852	65.2	455	34.8
가해자 성별	남성	993	661	66.6	332	33.4
	여성	171	100	58.5	71	41.5
	불명확	143	91	63.6	52	36.4

보안처분의 종류

스토킹처벌법상의 보안처분이 병과된 852건 중 치료프로그램 이수명령이 557건(65.4%)으로 가장 많음

「스토킹처벌법」상의 보안처분이 병과된 852건 중 치료프로그램 이수명령이 557건(65.4%)으로 가장 많았다. 다음으로는 보호관찰이 247건(29%), 재범예방강의 수강명령이 201건(23.6%), 사회봉사명령이 82건(9.6%)의 순으로 부과되었다.

┃그림 2-40┃ 스토킹처벌법상의 보안처분 상세(중복포함)

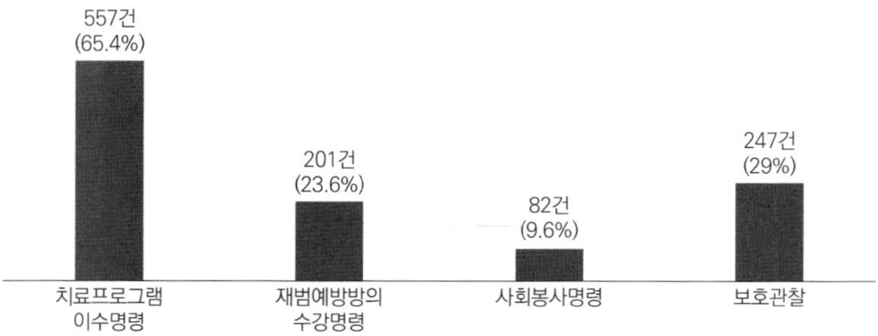

┃표 2-78┃ 스토킹처벌법상의 보안처분 상세(중복포함)

(단위 : 건, %)

구분		사례수	치료프로그램 이수명령		재범예방강의 수강명령		사회봉사명령		보호관찰	
			빈도	%	빈도	%	빈도	%	빈도	%
[전체]		852	557	65.4	201	23.6	82	9.6	247	29.0
피해자 성별	남성	96	54	56.3	28	29.2	12	12.5	33	34.4
	여성	740	492	66.5	170	23.0	66	8.9	209	28.2
	불명확	16	11	68.8	3	18.8	4	25.0	5	31.3
가해자 성별	남성	661	437	66.1	155	23.4	65	9.8	189	28.6
	여성	100	63	63.0	27	27.0	7	7.0	29	29.0
	불명확	91	57	62.6	19	20.9	10	11.0	29	31.9

* 수강명령 / 이수명령

법원은 스토킹범죄를 저지른 사람에 대하여 유죄판결을 선고하거나 약식명령을 고지하는 경우에 200시간의 범위에서 재범 예방에 필요한 수강명령 또는 스토킹 치료프로그램의 이수명령을 병과 할 수 있다. 수강명령은 형의 집행을 유예할 경우에 그 집행유예기간 내에서 병과하며, 이수명령은 벌금형 또는 징역형의 실형을 선고하거나 약식명령을 고지할 경우에 병과한다(제19조 제1항). 수강명령 또는 이수명령을 부과받은 후 이행에 관한 지시에 불응하여 경고를 받은 후 다시 이행에 관한 지시에 불응한 사람에게는 형사제재가 부과된다. 개정 전 스토킹처벌법은 500만원 이하의 과태료를 부과하고 있었으나(제21조 제2항), 2023년 7월 11일 개정된 법률에서는 벌금형과 병과된 경우 500만원 이하의 벌금, 징역형의 실형과 병과된 경우에는 1년 이하의 징역 또는 1천만원 이하의 벌금에 처하도록 하고 있다(제20조 제4항).

* 수강명령 또는 스토킹 치료프로그램의 이수명령의 내용

1. 스토킹 행동의 진단·상담 2. 건전한 사회질서와 인권에 관한 교육 3. 그 밖에 스토킹범죄를 저지른 사람의 재범 예방을 위하여 필요한 사항 (제19조 제3항)

* 보호관찰 / 사회봉사명령

법원은 스토킹범죄를 저지른 사람에 대하여 형의 집행을 유예하는 경우에는 수강명령 외에 그 집행유예기간 내에서 보호관찰 또는 사회봉사 중 하나 이상의 처분을 병과할 수 있다(제19조 제2항).

보안처분 상세 : 치료프로그램 이수명령

- 치료프로그램 이수명령 557건의 평균 치료 시간은 42.9시간으로 나타남. 대부분이 40~80시간(517건, 92.8%) 이었음

  피해자 성별이 여성, 연령대가 10대, 가해자 성별이 남성일 때 부과된 시간이 길었음

법원은 스토킹범죄자에 대해 유죄판결을 선고할 때 200시간의 범위에서 재범 예방에 필요한 스토킹 치료프로그램의 이수명령을 병과할 수 있다(제19조 제1항). 치료프로그램 이수명령 557건의 평균 치료 시간은 42.9시간이었고, 대부분 40~80시간의 범위에서 부과되였다(517건, 92.8%). 치료프로그램 이수명령 상세시간을 보면 40시간이 517건(92.8%)으로 가장 많았고, 다음으로 80시간(33건, 5.9%), 16시간, 20시간(각 2건, 0.4%) 등의 순서이다.

피해자 성별이 여성, 연령대가 10대, 가해자 성별이 남성일 때 부과된 치료시간이 긴 것으로 나타났다.

| 그림 2-41 | 스토킹처벌법상의 보안처분 : 치료 프로그램 이수명령 상세(치료시간)

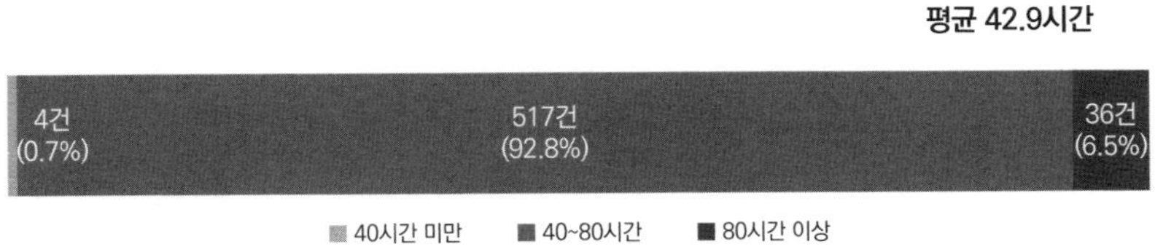

| 표 2-79 | 스토킹처벌법상의 보안처분 : 치료프로그램 이수명령 상세(치료시간)

(단위 : 건, %, 시간)

구분		사례수	40시간 미만		40~80시간		80시간 이상		평균
			빈도	%	빈도	%	빈도	%	
[전체]		557	4	0.7	517	92.8	36	6.5	42.9
피해자 성별	남성	54	1	1.9	50	92.6	3	5.6	41.8
	여성	492	2	0.4	457	92.9	33	6.7	43.1
	불명확	11	1	9.1	10	90.9	0	0.0	38.2
피해자 연령대	10대	47	0	0.0	42	89.4	5	10.6	44.3
	20대	118	1	0.8	110	93.2	7	5.9	43.2
	30대	89	1	1.1	82	92.1	6	6.7	43.8
	40대	138	1	0.7	128	92.8	9	6.5	42.4
	50대	82	0	0.0	77	93.9	5	6.1	42.4
	60대	40	0	0.0	38	95.0	2	5.0	42.0
	70대	12	0	0.0	10	83.3	2	16.7	46.7
	불명확	31	1	3.2	30	96.8	0	0.0	39.4
가해자 성별	남성	437	2	0.5	406	92.9	29	6.6	43.1
	여성	63	1	1.6	58	92.1	4	6.3	42.2
	불명확	57	1	1.8	53	93.0	3	5.3	41.8

보안처분 상세 : 재범예방강의 수강명령

- 재범예방강의 수강명령 201건의 평균 수강 시간은 42.8시간으로 나타남. 대부분이 40-80시간(190건, 94.5%)이었음

법원은 스토킹범죄자에 대해 유죄판결을 선고할 때 200시간의 범위에서 재범 예방에 필요한 수강명령을 병과할 수 있다(제19조 제1항). 재범예방강의 수강명령 201건의 평균 수강 시간은 42.8시간으로 나타났으며, 대부분이 40~80시간 범위에서 부과되었다(190건, 94.5%).

| 그림 2-42 | 스토킹처벌법상의 보안처분 : 재범예방강의 수강명령 상세(수강시간)

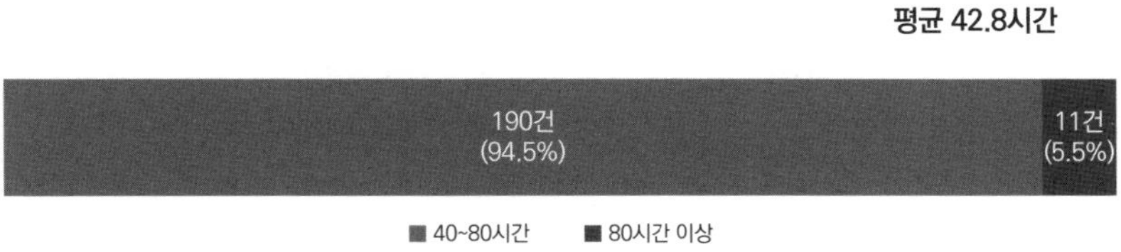

| 표 2-80 | 스토킹처벌법상의 보안처분 : 재범예방강의 수강명령 상세(수강시간)

(단위 : 건, %, 시간)

구분		사례수	40~80시간		80시간 이상		평균
			빈도	%	빈도	%	
[전체]		201	190	94.5	11	5.5	42.8
가해자 성별	남성	155	146	94.2	9	5.8	42.6
	여성	27	26	96.3	1	3.7	41.5
	불명확	19	18	94.7	1	5.3	46.3

보안처분 상세 : 사회봉사명령

사회봉사명령 82건의 평균 봉사 시간은 104.9시간으로 나타남. 대부분이 80시간 이상(75건, 91.5%) 이었음

법원은 「형법」 제62조의2에 따른 사회봉사를 명할 때에는 500시간의 범위에서 그 기간을 정하며 사회봉사를 할 분야와 장소 등을 지정할 수 있다(「보호관찰등에관한법률」 제59조). 스토킹 가해자에게 사회봉사명령을 부과한 82건의 평균 봉사 시간은 104.9시간으로 나타났으며, 대부분이 80시간 이상(75건, 91.5%) 이었다.

| 그림 2-43 | 스토킹처벌법상의 보안처분 : 사회봉사명령 상세(봉사시간)

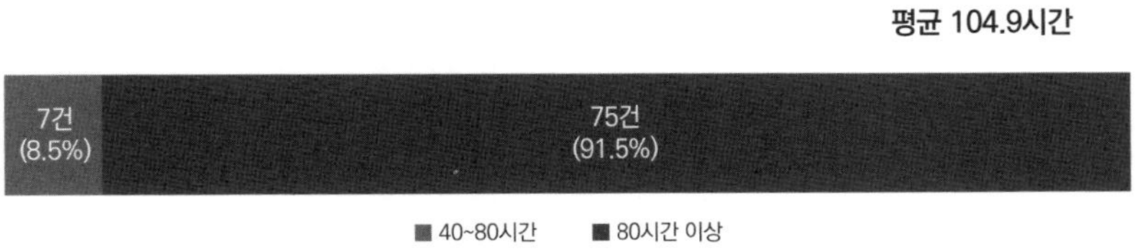

| 표 2-81 | 스토킹처벌법상의 보안처분 : 사회봉사명령 상세(봉사시간)

(단위 : 건, %, 시간)

구분		사례수	40-80시간 미만		80시간 이상		평균
			빈도	%	빈도	%	
[전체]		82	7	8.5	75	91.5	104.9
가해자 성별	남성	65	6	9.2	59	90.8	108.3
	여성	7	1	14.3	6	85.7	91.4
	불명확	10	0	0.0	10	100.0	92.0

요약 1심 판결의 선고내용

- 징역형이 선고된 경우가 가장 많았고(65.5%), 다음으로 벌금형(23.6%), 공소기각(22.7%) 등의 순으로 확인된다. 다만 징역형이 선고된 사례 중 절반 이상이 집행유예이다. 징역형 실형이 선고되는 경우는 전체 스토킹 사건의 31% 정도이다.
- 벌금형이 선고된 경우 평균 벌금액은 310.6만원이며, 구간별로는 100만원~300만원이 가장 많았다. 벌금형의 집행이 유예된 경우는 3.6%로 많지 않았다. 가해자 성별이 여성일 때 벌금형 비율이 상대적으로 높으며, 다른 범죄의 경합없이 스토킹처벌법 위반만 있는 경우에 벌금형을 선고받는 경우가 상대적으로 더 많다.
- 징역형이 선고된 경우 평균 형기는 15.7개월이며, 중간값은 10.0개월이다. 피해자 성별이 여성, 연령대가 10대, 가해자 성별이 남성, 다른 범죄가 경합하였을 때 평균 형기가 긴 것으로 나타났다. 그리고 피해자 성별이 남성, 연령대가 30대, 가해자 성별이 여성, 타죄와의 경합이 없을 때 집행유예 비율이 높게 나타났다.
- 스토킹사건의 절반 이상(65.2%)에서 치료프로그램 이수, 재범예방강의 수강, 사회봉사명령, 보호관찰 등의 보안처분이 병과되었다.
- 병과된 보안처분 중에는 치료프로그램 이수명령이 가장 많았고, 이 경우 부과된 치료시간은 40~80시간의 범위가 대부분(92.8%)이었다. 피해자 성별이 여성, 연령대가 10대, 가해자 성별이 남성일 때 부과된 치료시간이 길었다.

- 재범예방강의 수강명령이 부과된 경우, 수강시간은 40~80시간이 대부분(94.5%)이었다.
- 사회봉사명령이 부과된 경우, 봉사시간은 80시간 이상이 대부분(91.5%) 이었으며, 평균 봉사 시간은 104.9시간이었다.

11 스토킹 범행 일자와 법원 선고까지의 시간

스토킹 범행 일자와 법원 선고까지의 평균 시간은 6.5개월로 나타남
3~6개월이 450건(34.4%)으로 가장 많았고, 다음으로 6~9개월(447건, 34.2%), 9~12개월(232건, 17.8%), 3개월 미만(90건, 6.9%) 등의 순으로 나타남

스토킹 범행 일자로부터 법원 선고까지의 평균 소요시간은 6.5개월로 나타났다. 3~6개월이 450건(34.4%)으로 가장 많았고, 다음으로 6~9개월(447건, 34.2%), 9~12개월(232건, 17.8%), 3개월 미만(90건, 6.9%) 등의 순으로 나타났다. 스토킹 범행 후 법원의 선고까지의 시간은 대체로 1년 미만으로 나타나 스토킹범죄에 대한 수사와 재판 등 형사절차는 비교적 신속히 진행되는 것으로 보인다.

| 그림 2-44 | 스토킹 범행일자와 법원 선고까지의 시간

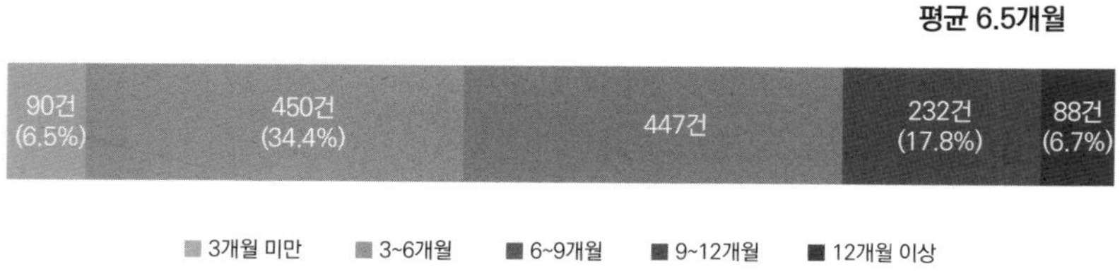

| 표 2-82 | 스토킹 범행 일자와 법원 선고까지의 시간

(단위 : 건, %)

구분	사례수	3개월 미만		3-6개월		6-9개월		9-12개월		12개월 이상		평균
		빈도	%	빈도	%	빈도	%	빈도	%	빈도	%	
[전체]	1,307	90	6.9	450	34.4	447	34.2	232	17.8	88	6.7	6.5

요약 스토킹 범행 일자와 법원 선고까지의 시간

- 스토킹 범행 일자로부터 법원 선고까지의 평균 소요시간은 대체로 1년 미만이며, 스토킹범죄에 대한 형사절차는 비교적 신속히 진행되고 있다.

12 양형 이유

양형 이유가 불명확한 260건을 제외한 1,047건 중 불리한 정상인 '범행경위 및 횟수 등 죄질'이 언급된 사례가 719건(68.7%)으로 가장 많았고, 다음으로는 유리한 정상인 '범행인정'(527건, 50.3%), '반성'(513건, 49.0%), '전과 없음'(230건, 22.0%) 등의 순으로 언급이 나타남

양형 이유가 명확히 적시되지 않은 260건을 제외한 총 1,047건을 대상으로 구체적인 양형이유를 조사하였다. '범행경위 및 횟수 등 죄질'이 양형에서 불리한 정상으로 참작되었다고 명시된 사례가 719건(68.7%)으로 가장 많았고, 다음으로는 유리한 정상인 '범행인정'(527건, 50.3%), '반성'(513건, 49.0%), '전과 없음'(230건, 22.0%) 등이 양형에서 빈번히 고려된 것으로 나타났다.

| 그림 2-45 | 양형 이유(중복포함)

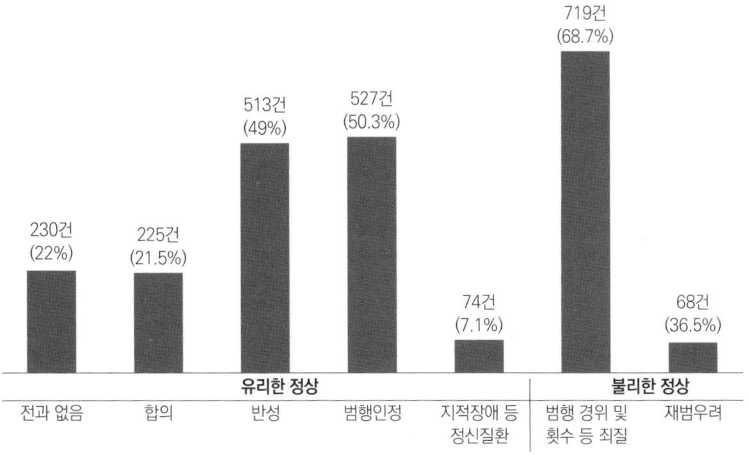

| 표 2-83 | 양형 이유(중복포함)

구분		사례수	유리한 정상 : 전과 없음		유리한 정상 : 합의		유리한 정상 : 반성		유리한 정상 : 범행인정		불리한 정상 : 범행경위 및 횟수 등 죄질		불리한 정상 : 재범 우려		유리한 정상 : 지적장애 등 정신질환	
			빈도	%	빈도	%	빈도	%	빈도	%	빈도	%	빈도	%	빈도	%
[전체]		1,047	230	22.0	225	21.5	513	49.0	527	50.3	719	68.7	68	6.5	74	7.1
가해자 성별	남성	807	164	20.3	198	24.5	403	49.9	400	49.6	577	71.5	50	6.2	37	4.6
	여성	134	42	31.3	18	13.4	63	47.0	64	47.8	85	63.4	8	6.0	14	10.4
	불명확	106	24	22.6	9	8.5	47	44.3	63	59.4	57	53.8	10	9.4	23	21.7
선고 유형	공소기각	170	32	18.8	147	86.5	73	42.9	67	39.4	73	42.9	4	2.4	9	5.3
	벌금형	230	77	33.5	40	17.4	114	49.6	120	52.2	126	54.8	2	0.9	17	7.4
	징역형	786	151	19.2	146	18.6	403	51.3	409	52.0	606	77.1	68	8.7	58	7.4
	- 집행유예	404	106	26.2	101	25.0	257	63.6	212	52.5	282	69.8	12	3.0	28	6.9
	- 실형	382	45	11.8	45	11.8	146	38.2	197	51.6	324	84.8	56	14.7	30	7.9
	선고유예	6	5	83.3	3	50.0	2	33.3	3	50.0	0	0.0	0	0.0	1	16.7
	무죄	7	2	28.6	0	0.0	2	28.6	3	42.9	4	57.1	0	0.0	0	0.0

요약 양형이유

- 스토킹범죄사건의 양형에서는 '범행경위 및 횟수 등 죄질'이 불리한 정상으로 참작되는 사례가 가장 빈번하며, 그 밖에 '범행인정', '반성', '전과 없음' 등이 유리한 정상으로 자주 고려된 것으로 확인된다.

03

스토킹범죄의 특징과 실제 사례

제1절
친밀한 관계를 기반으로 행해지는 집착

스토킹은 모르는 사이보다 아는 사이에서 더 빈번히 발생하며, 특히 '친밀한 관계'의 맥락에서 발생하는 경우가 많다. 친밀한 관계에 있는 스토커는 상대방의 약점, 두려움, 비밀, 직장, 친구, 가족, 일상, 자주 머무는 장소 등의 사적 정보를 이용하여 피해자에게 더 쉽게 접근하며, 다양한 스토킹 방법을 활용한다.

분석 대상 사건 1,307건 중 60%(784건)는 (전)연인, (전)배우자, 가족 및 친인척 등 친밀한 관계에서 발생한 스토킹범죄 사례이며, 교제폭력 또는 가정폭력과 밀접한 관련이 있는 것으로 파악된다.

1 (전)연인관계에서 발생한 스토킹 사례

분석 대상 사건의 50.5%는 친밀한 관계 중에서도 특히 (전)연인관계에서 발생한 것이다. (전)연인관계를 기반으로 발생한 스토킹 사건의 구체적 내용을 살펴보면, '친밀성'의 맥락에서 자신을 거절한 상대방을 얻기 위한 지속적 접근 또는 그 좌절에 대한 집요한 분노표출 사례가 많았다. 예컨대 이별을 통보받은 후 이를 받아들이지 못하고 집착하여 구애하거나 격분하여 스토킹범죄를 범하는 사례이다. 미혼남녀의 교제관계에서만 사건이 발생하는 것은 아니며, 내연관계였다가 일방이 결별을 원하였을 때 상대방이 이를 거부하며 스토킹범행을 저지르는 사례도 빈번한 것으로 확인된다.

(전)연인관계를 기반으로 발생한 스토킹 사건에서 피해자의 연령대는 40대인 경우가 가장 많으며(24.4%), 그 다음으로는 30대(21.7%), 20대(21.5%)의 순서로 나타난다. 그러나 피해자가 미성년이거나(7.1%) 60세 이상인 경우(7.0%)도 드물지 않다.

성별에 주목하여 살펴보면, 피해자가 여성인 스토킹 사건의 과반수(54.2%)가 (전)연인으로부터 피해를 당한 사례임에 비해, 피해자가 남성인 스토킹 사건의 경우는 29.4%만이 (전)연인관계에서 발생한 사건이다. 피해자-여성, 가해자-남성의 경우가 가장 빈번하지만, 피해자-남성, 가해자-여성인 경우도 (전)연인관계 기반 스토킹 사건의 1/3에 해당하는 것으로 파악된다.

(전)연인관계를 기반으로 발생한 스토킹 범죄사건에서 피해자와 가해자의 교제기간을 분석해 보면, 6개월 미만이 가장 많은데(38.8%), 친밀한 관계가 장기간 누적되었다고 보기 어려운 경우, 특히 교제기간이 1개월 미만인 경우도 드물지 않다(3.0%).

사례 1-1

피해자로부터 이별을 통보받은 후 위협적인 문자메시지 전송, 찾아가거나 기다리기, 주거침입 등의 행동으로 피해자를 지속적·반복적으로 괴롭힘

- F지역 2022년 사건

- 인정죄명 : 스토킹범죄의처벌등에관한법률위반(스토킹범죄), 주거침입
- 선고내용 : 징역 1년, 집행유예 2년
  보호관찰, 스토킹 치료강의 40시간 수강

피고인(남)은 피해자(여, 20세)와 2개월 정도 교제하였던 사이로, 피해자로부터 연락하지 말라는 말을 들었음에도 불구하고 휴대전화를 이용하여 "뭐 어찌 됐건 내 프사는 너랑 모텔에서 찍은 사진인데 너네 어머니랑 친추가 되어 있어 채팅을 하던 말던 보시는 건 시간 문제야"라는 문자메시지를 전송한 것을 비롯하여 아래의 〈범죄일람표 요약-1〉 기재와 같이 총

6회에 걸쳐 피해자에게 위협적인 메시지를 보냄. 또한 〈범죄일람표 요약-2〉 기재와 같이 총 4회에 걸쳐 피해자의 주거지, 근무지 등에 찾아가거나 그 인근에서 기다렸으며, 피해자의 주거지에 찾아가서는 잠겨있지 않은 공동현관문을 통해 그 안으로 들어가 아파트에 침입함.

※ 죄질이 좋지 않으나, 피고인이 잘못을 인정하고 재범하지 않을 것을 다짐하는 점, 피고인의 가족이 피고인의 선처를 탄원하는 점, 모욕죄로 1회 벌금형을 받은 외에 동종 범행이나 폭력범행으로 처벌받은 전력은 없는 점 등이 양형에서 유리한 정상 사유로 참작됨.

〈범죄일람표 요약-1〉

연번	범행일시	장소	범행방법	전송내용
1	0000. 3. 10. 04:00경~14:23경	불상	피해자에게 문자메시지 전송	뭐 어찌 됐건 내 프사는 너랑 모텔에서 찍은 사진인데 너네 어머니랑 친추가 되어 있어 채팅을 하던 말던 보시는 건 시간 문제야
2	0000. 3. 10. 22:51경 ~0000. 3. 11. 16:16경	불상	피해자에게 카카오톡 메시지 전송	근데 결국 넌 살인을 택한 거구, 난 지금 벼랑 끝이고 밀 거면 밀어버려도 돼. 너 진짜 안 잡아 줄거야? 한번이면 돼.
3	0000. 3. 11. 16:02경~16:11경	불상	피해자에게 페이스북 메시지를 전송하고, 부재중 음성통화를 4회 발신함	○○○ ㅋㅋㅋ 안녕!
4	0000. 3. 11. 17:56경~23:40경	불상	피해자에게 카카오톡 메시지 전송	집에 아무도 없나 보네. 앞에서 기다릴게. 집 안 따라 갈테니까 걱정말고
5	0000. 3. 12. 18:18경~21:45경	불상	피해자에게 카카오톡 메시지 전송	아 맞아 블랙박스에 우리 예전에 차에서 할 때 음성녹음 있길래 지웠어. 고복저수지에서 한 건 날짜가 기억 안나네
6	0000,. 3. 13. 01:36~ 18:49경	불상	피해자에게 카카오톡 메시지 전송	블랙박스 영상은 괜찮아? 니네 집 앞에서 할 때 영상은 찾았는데 한 개는 못 찾아서 못 지웠거든. 신경 안쓰이겠냐구, 괴롭고 힘든 애가 밤새 놀고 들어가니. 넌 근데 왜 어머니한테 말을 안 해? 그러면 얼마나 마음 편하냐. 야 왜 안하냐고, 멀티랑 차단만 좀 풀어주면 안되겠니? 좋게좋게 끝내장. 어머님이 카톡을 안 읽으시네ㅠ 왜 안 읽으시지? @차단했나..?ㅠ.

〈범죄일람표 요약-2〉

연번	범행일시	장소	범행방법
1	0000. 3. 11. 18:48경	OOO	피해자 주거지가 있는 아파트에 이르러 시정되지 않은 공동현관문을 통해 그 안으로 들어간 후 엘리베이터를 타고 피해자 주거지 앞까지 들어가 피해자의 주거에 침입
2	0000. 3. 11. 19:19경	OOO	피해자의 직장인 학원 앞에 앉아 피해자가 퇴근하기를 기다리고, 피고인을 발견한 피해자가 도망가자 이를 뒤따라감
3	0000. 3. 12. 22:25경	OOO	피해자 주거지가 있는 아파트에 이르러 시정되지 않은 공동현관문을 통해 그 안으로 들어간 후 엘리베이터를 타고 피해자 주거지 앞까지 들어가 피해자의 주거에 침입
4	0000. 3. 13. 19:26경	OOO	피해자 주거지가 있는 아파트에 이르러 시정되지 않은 공동현관문을 통해 그 안으로 들어간 후 엘리베이터를 타고 피해자 주거지 앞까지 들어간 다음, 현관문 도어락에 피고안이 추측한 비밀번호를 입력하고 현관문을 약 15cm 열어 피해자의 주거에 침입

사례 1-2

연인이었던 피해자로부터 이별을 통보받은 후 위협적인 문자메시지 전송, 주거침입 등의 행동으로 피해자를 괴롭히고, 흉기를 휴대한 채 피해자의 주거지 부근에서 피해자를 기다림

- H지역 2022년 사건

- 인정죄명 : 스토킹범죄의처벌등에관한법률위반(흉기등 휴대 스토킹범죄), 주거침입
- 선고내용 : 징역 10월, 집행유예 2년
  스토킹 치료강의 40시간 수강

피고인(남)은 연인관계에 있던 피해자(여, 33세)가 이별을 통보한 후 연락을 단절하자, 피해자에게 "2시간 뒤에 칼 가지고 가니까 기다려. 다 죽자!", "아침에 뉴스에 헤어지자고 하는 여자친구 찾아가서 여자친구 죽인 놈 나오더라", "내일 죽여줄게, 유서 써 놓고 기도하고 있어"라는 등의 위협적 문자를 반복적으로 보내고, 야간에 피해자의 주거지에 찾아가 기존에 알고 있던 공

동현관문 비밀번호를 이용하여 공동현관으로 들어감으로써 피해자의 주거에 침입하였으며, 피해자의 현관문을 두드리고 벨을 수차례 누르는 등 소란을 피움. 112 신고를 받고 출동한 경찰관들의 퇴거요구에 잠시 퇴거하였다가 몇 시간 후 재차 공동현관에 침입하였고, 그럼에도 피해자가 만나주지 않자, 위험한 물건(공업용 칼 - 날길이 10cm)을 휴대한 채 피해자의 주거지 부근에 잠복하여 피해자를 기다림.

※ 법정에서의 자백 및 피해자가 처벌을 원치 않는 점 등이 양형에서 유리한 정상으로 참작됨.

사례 1-3

불륜관계를 청산하고자 하는 피해자의 요구를 받아들이지 못하고 수십 차례 전화연락을 하고 주거지 및 근무지 인근에서 기다리거나 지켜보는 등의 행위를 지속·반복하였으며, 그래도 피해자가 만나주지 않자 피해자를 폭행하고, 피해자의 주거에 침입하는 등의 추가적 범죄행위를 함

- C지역 2022년 사건

- 인정죄명 : 스토킹범죄의처벌등에관한법률위반(스토킹범죄), 특수폭행, 주거침입, 재물손괴
- 선고내용 : 징역 1년
  스토킹 치료프로그램 40시간 이수

피고인(남)과 피해자(여, 50세)는 약 10년간 연인사이(불륜관계)였으나 피해자의 요구로 결별하였는데, 피고인은 이를 받아들이지 못하고 피해자에게 전화하여 "만나자", "기다린다"라고 말하는 등, 아래의 〈범죄일람표 요약〉에 기재된 바와 같이 약 1달여 기간 동안 총 96회에 걸쳐 피해자에게 전화로 말·부호·음향을 도달하게 하였음. 또한 같은 기간 동안 피고인은 피해자의 주거지 및 근무지 인근에서 피해자를 기다리거나 지켜보는 등의 행위를 여러 차례 반복하였으며, 귀가하는 피해자를 붙잡아

지상 및 지하주차장 이리저리로 끌고 다니기도 함. 그리하여도 피해자가 만나주지 않자 분노한 피고인은 피해자의 주거지 앞 복도에서 피해자의 팔목을 잡아당겨 바닥에 쓰러뜨리고 1~2m 가량 끌고 간 뒤, 미리 준비한 위험한 물건(전기충격기)으로 피해자의 가슴 부위를 수회 찌르고, 이에 겁을 먹은 피해자에게 현관문 비밀번호를 누르게 하여 현관까지 들어가서도 피해자의 가슴 부위를 계속하여 여러 차례 찌르는 등의 폭행을 함. 그 후 피해자를 밖으로 끌고 가려고 먼저 현관문을 열고 나갔으나 피해자가 따라 나오지 않고 안전고리를 걸어 현관문을 잠그자, 이에 분노하여 현관문을 손으로 세게 잡아당겨 안전고리가 떨어져 나가도록 함.

※ 범행을 대부분 시인하면서 잘못을 반성하고 있는 점, 이종범죄로 1회 벌금형을 받은 것 외에 별다른 처벌전력은 없는 점, 피고인의 가족과 지인들이 피고인에 대한 선처를 탄원하는 점 등은 피고인에게 유리한 정상이나, 이 사건 범행은 불륜관계에 있던 피해자가 결별을 요구하자 수차례 찾아가거나 전화 등을 이용해 괴롭히던 중 결국 피해자에게 직접적인 폭력을 행사한 것으로 죄질이 매우 불량하며, 피고인은 미리 준비한 전기충격기와 마대자루를 소지하고 있었으므로 계획적인 범행으로 보이고, 이를 사용하려는 시도를 하였는 바 더 중한 범행으로 나아가려 했던 의도도 보이는 점, 피해자가 피고인의 범행으로 인하여 극심한 정신적, 신체적 고통과 공포를 느꼈을 것으로 보이고, 피해자로부터 용서받지 못한 점 등이 양형에서 불리한 정상으로 참작되어 실형이 선고됨.

〈범죄일람표 요약〉

연번	범행일시	횟수	전화구분
1	0000. 4. 21. 22:53 ~ 23:57	30회	발신 미연결 30회
2	0000. 4. 22. 00:00 ~ 23:23	26회	발신 미연결 22회, 발신통화 2회, 수신 통화 2회
3	0000. 4. 25. 17:10 ~ 17:11	2회	발신 미연결 2회, 수신 통화 1회
4	0000. 4. 27. 18:53 ~ 21:16	3회	발신 미연결 2회, 수신 통화 1회
5	0000. 4. 28. 08:40 ~ 10:22	2회	발신 미연결 2회
6	0000. 4. 30. 08:01 ~ 08:02	2회	발신 미연결 1회, 발신 통화 1회
7	0000. 5. 3. 18:21 ~ 21:15	7회	발신 미연결 5회, 발신 통화 1회, 수신 통화 1회
8	0000. 5. 7. 17:44	1회	발신 미연결 1회
9	0000. 5. 8. 11:04 ~ 17:18	6회	발신 미연결 5회, 발신 통화 1회

연번	범행일시	횟수	전화구분
10	0000. 5 17. 18:12 ~ 20:04	6회	발신 통화 3회, 수신 통화 3회
11	0000. 5. 19. 17:07 ~ 22:51	6회	발신 미연결 3회, 발신 통화 2회, 수신 통화 1회
12	0000. 5. 23. 21:37	1회	발신 통화 1회
13	0000. 5. 24. 08:36 ~ 08:40	4회	발신 미연결 4회
합계 96회			

사례 1-4

연인과 헤어진 후 이별을 받아들이지 못하고 피해자의 주거지를 찾아가 우편함에 편지를 두고 가는 등의 행위를 반복하여 접근금지 등의 잠정조치 결정을 받았음에도 이를 위반하여 다시 피해자를 찾아감(여성이 남성을 스토킹한 사례)

– B지역 2022년 사건

- 인정죄명 : 스토킹범죄의처벌등에관한법률위반(스토킹범죄, 잠정조치불이행)
- 선고내용 : 벌금 5백만원
  스토킹 치료프로그램 40시간 이수

피고인(여)과 피해자(남, 34세)는 약 3개월간 연인관계였던 사이로, 헤어진 후 수개월이 지나 피고인이 피해자에게 다시 만나줄 것을 요구하였으나 거절당하자 피고인은 피해자에게 욕을 하며 협박하였고, 이에 피해자는 자신의 휴대전화 번호를 변경함. 피고인은 피해자의 주거지로 찾아갔으나 피해자가 만나주지 않자 "미안하다. (중간생략) 나는 대부분 처음인게 많았고, 너무 좋았다. 그래서 정리하는 것도 힘들다. 미안해 다시는 안봤음 좋겠어." 등의 내용을 적은 편지를 우편함에 두고 갔다가, 며칠 후에는 "OOO, 니 행동이 먹버가 아니라고 할 수 있어? 니 행동에 책임을 지라고 그런 생각에서 벗어나기가 힘들다고 책임져 니가 처음부터 넌 그럴 생각이었지 처음부터 끝까지" 등의 내용이 적힌 편지를 다시 우편함에 두고 감. 뿐만 아니라, 그 후 2차례에 걸쳐 자정 가까운 시각에 피해자의 집으로 찾아와 피해자의 앞을 가로막음. 이로인해 접근금지 및 통신금지의 잠정조치 결정을 받았으나, 피고인은 다시 피해자의 주거지 우편함에 "쓰레기 같은 새끼" 등의 내용이 적힌 편지를 두고, 피해자의 주거지에 찾아가 집 초인동을 수회 누르는 등 잠정조치를 위반함.

※ 범행의 내용과 불법정도, 피해자가 느끼게 된 불안감 또는 공포심의 정도, 피고인이 초범이고 자신의 잘못을 반성하면서 재범하지 않겠다고 다짐하고 있는 점 등이 양형에서 고려되어 벌금형이 선고됨.

사례 1-5

피고인과 피해자가 모두 미성년인 사례 : 교제하다가 헤어진 후 전연인의 은행계좌로 1원씩을 송금하면서 이체내용으로 위협적인 메시지를 전송하고, 주거지로 찾아가 약 4-5분에 걸쳐 소란을 피움

- D지역 2022년 사건

피고인(남)은 피해자1(여, 16세)과 약 1년간 교제하다가 헤어진 사이이고, 피해자2(남, 84세)는 피해자1의 친할아버지임. 피고인은 피해자1이 다른 남자와 연락을 하고 약을 올린다는 이유로 피해자들의 주거지 앞에서 현관문을 발로 차고 손으로 두드리는 등의 행위를 하였고, 피해자1의 은행계좌로 1원씩을 송금하며 이체내용에 "끝장보자" 등의 메시지를 총 22회 전송함. 그럼에도 피해자 문을 열어주지 않자, 피고인은 건물 외부로 이동하여 빗물받이를 밟고 벽을 통해 2층으로 기어 올라가 피해자2 소유 방충망을 손으로 잡아당겨 뜯은 후 안으로 들어가 피해자들의 거실까지 침입함. 피고인과 피해자1이 실랑이를 하던 중, 피해자1의 신고를 받고 경찰이 출동하여 현관문을 두드리자 갑자기 흥분한 피고인이 피해자1의 머리채를 잡고 주먹으로 얼굴을 수회 때리는 등의 폭행을 하고, 계속하여 이를 말리는 피해자2의 가슴을 밀어 벽에 부딪치게 함.

※ 스토킹범죄 및 폭행과 관련하여서는 피해자가 처벌불원서를 제출함에 따라 공소기각되었고, 재물손괴 및 주거침입 등에 대해서는 소년부로 송치됨.

2 (전)배우자 또는 가족 및 친인척관계에서 발생한 스토킹 사례

배우자관계(사실혼 포함)에 기반한 스토킹사건에서는 이혼 후(또는 사실혼 해소 후) 전배우자를 상대로 범행을 하는 경우가 다수이지만, 아직 이혼과정 중인 상태에 있거나 또는 유효한 혼인관계에 있는 사이에서 사건이 발생하는 경우도 적지 않다. 구체적인 사건 내용을 살펴보면, 애정을 갈구하거나 관계의 회복을 요구하며 집착적으로 상대방이 원치않는 접촉을 시도하는 경우가 가장 빈번한 가운데(56.8%), 금전관계 기타 갈등을 해결하기 위한 목적으로 스토킹을 행하는 경우가 다른 관계에서 보다 높은 비율(18.2%)로 확인된다.

한편, 배우자 이외의 가족 및 친인척관계에서 발생하는 스토킹사건에서는 금전요구 등 문제해결을 목적으로 한 사례의 비율(38.9%)이 가장 높았다. 예를 들어 부모에게 또는 형제자매에게 금전 등을 요구하며 지속적으로 괴롭히는 사례 등이다.

배우자, 가족 및 친인척관계는 스토킹 범죄 피해에서 도망치기 어려운 덫으로 작용하기도 한다. 피해자가 도망쳐 숨어도 가해자는 친족이라는 관계를 이용해 피해자를 쉽게 찾아낼 수 있으며, 자녀 등 주변인을 괴롭혀 피해자에게 접근할 기회를 포착하는 일도 빈번하다.

사례 1-6

이혼하는 과정에서 상대방에 대한 미련으로 집착하며 관계의 회복을 요구하는 내용의 문자메시지 등을 반복하여 보내고 전화를 발신하거나 피해자의 직장 주변에 찾아가는 등의 행위를 함

– B지역 2022년 사건

- 인정죄명 : 스토킹범죄의처벌등에관한법률위반(스토킹범죄)
- 선고내용 : 징역1년, 집행유예 2년
  스토킹범죄 재범예방강의 40시간 수강

피고인(남)은 피해자(여, 53세)와 이혼한 사이로, 피해자에게 "OO야, 내가 좋아한 것을 알잖아. 아프지 말고 마음이 열리면 한번은 함께 이야기할 날이 이겠지요. 오늘은 너무 마음이 아파요. 내가 지켜주지 못해 미안하고 좋아했어요. 그리고 함께하고 싶었어요."라고 문자메세지를 보낸 것을 비롯하여, 아래 〈범죄일람표 요약〉의 기재와 같이 약 2주간 25회에 걸쳐 피해자에게 문자메시지를 보내고 전화를 발신하거나 피해자의 직장 주변에 찾아가 피해자가 타는 버스를 따라 타는 등의 스토킹행위를 함. 피고인은 이 사건 이전 별거 중에도 피해자에게 동일한 범행을 하여 벌금 300만 원을 선고받은 바 있으며, 이혼사건 조정기일에 참석하여 피해자를 대면한 후부터 다시 이 사건 범행을 시작하여 피해자가 고소를 하고 잠정조치가 이루어지기 직전까지 범행을 계속함.

※ 피고인이 다시는 범행을 하지 않겠다고 마음먹고 거주지를 다른 지역으로 옮겼고 피해자의 전화번호도 삭제하였다면서 반성하는 태도를 보이는 점이 양형에서 유리한 정상으로 참작됨.

〈범죄일람표 요약〉

연번	범행일시	범행장소	범행방법	내용
1	0000. 6. 14. 22:31	피고인 거주지	문자메시지 전송	OO야, 내가 좋아한것을 알잖아 아픈지 말고 마음이 열리면 한번은 함께 이야길 할날이 있겠지요 오늘은 너무 마음이 아파요 내가 지켜주지못에 미안하고 좋아했어요 그리고 함께 하고 싶었어요
2	0000. 6. 15. 09:44	피고인 거주지	문자메시지 전송	보내기 취소된 메시지
3	0000. 6. 20. 19:37	피고인 거주지	전화통화	전화 발신(부재중전화)
4	0000 6. 20. 19:40	피고인 거주지	문자메시지 전송	힘들게 할 생각 없습니다 한번만 믿어주세요 기회를 한번만 주면 안되겠어요 12년을 함께한 정을 생각했어라도 부탁드려요
5	0000. 6. 21. 23:56	피고인 거주지	문자메시지 전송	OO야, 야 날 나쁜사람으로 안했스면 합니다 내가 법원에서 말안한것은 미련이 있었습니다 당신이 한말이 진실입니까? 만나지 안했으면 좋아을텐데 난 준비가 안되고 항상
6	0000. 6. 21. 23:58	피고인 거주지	문자메시지 전송	미안합니다 그리고 나만큼 당신을 좋아한 사람이 있나요 아프지 안았으면 합니다

연번	범행일시	범행장소	범행방법	내용
7	0000. 6. 22. 22:00	피해자 직장인근	직장 부근에 접근	피해자를 따라가 OO번 버스를 따라 탑승한 뒤 말을 걸고 하차시까지 따라감
8	0000. 6. 23. 06:09	피고인 거주지	문자메시지 전송	OO야 마음을 열고 생각하면주면 안되겠니? 난 당신에게 과한말를 용서해 주세요 힘들게 했어 미안해 지금 당신과 어떻게 하자는것은 안이고 당신마음 편했으면 합니다 나의 진심를 이해해줘었으면 합니다 당신의 곁에 있을때 소중함 몰랐습니다 어리석음을 후회하고 있습니다
9	0000. 6. 23. 14:03	피고인 거주지	문자메시지 전송	우리가 살면서 싸움도 많이 했지만 좋은날도 생각했줘요 아파게 했어 미안합니다
10	0000. 6. 23. 14:31	피고인 거주지	문자메시지 전송	OO야 내가 욕심이 과했나 싶어 항상 당신가 있고 싶어고 당신의 상황을 이해가 부족함 알았어요 당신도 말 했듯이 우린 헤어질수 없다고 생각해요 아직도 당신만 생각하면 눈물나요 내가 당신을 많이 좋아했나 보다
11	0000. 6. 24. 03:38	피고인 거주지	문자메시지 전송	나역시 당신과의 끈을 놓을려니 힘들고 마음이 아파네 OO야 어떻게 하면 서로가 아파지 않고 행복할수 있을까?무엇이 서로에게 상처를 주었지라고 나에게 진 문을 해도아직도 답이 없네 난 당신과 살자격이 없나보다 나의 이기심이 당신을 힘들게 했습니다 당신을 미워하는 마음보단 좋아하는 마음 큰 모양이네 당신을 이용할 생각을 일도 해본적없습니다 당신말되로 세월가면 잊어질까? 가는 세월이 아까울 뿐이네
12	0000. 6. 24. 04:40	피고인 거주지	문자메시지 전송	당신 만나 행복한 날도 있어지요 당신이 앞치마 입은 모습 출근할때 포옹 뽀뽀할때 지금 생각하니 행복날도 있었네 그렇게 살고 싶었는데 내가 부족했어 미안해요
13	0000. 6. 24. 09:56	피고인 거주지	문자메시지 전송	이혼접수했나요 마음이 불안해
14	0000 6. 24. 09:58	피고인 거주지	문자메시지 전송	안하고 싶은데 나는
15	0000 6. 24. 10:02	피고인 거주지	전화통화	전화발신(부재중 전화)
16	0000. 6. 24. 10:05	피고인 거주지	문자메시지 전송	통화 한번만 해요
17	0000. 6. 24. 10:35	피고인 거주지	문자메시지 전송	그리고 부부의 인연이였고 이렇게 간절하고 부탁드립니다 한번만 전화하면 안되나요 미운정도정인데

연번	범행일시	범행장소	범행방법	내용
18	0000. 6. 24. 11:34	피고인 거주지	문자메시지 전송	사진 2장 (피해자를 찍은 사진, 피해자와 찍은 사진)
19	0000. 6. 24. 13:39	피고인 거주지	문자메시지 전송	좋은 날도 있어요
20	0000. 6. 25. 00:38	피고인 거주지	문자메시지 전송	진실
21	0000. 6. 25. 00:41	피고인 거주지	문자메시지 전송	깨끗한 마무리를 하고 싶습니다
22	0000. 6. 27. 17:23	피고인 거주지	전화통화	전화발신(부재중 전화)
23	0000. 6. 28. 12:08	피고인 거주지	문자메시지 전송	OO야 통화 한번만 해요 힘들게 하려 한것이 안이니
24	0000. 6. 28. 12:32	피고인 거주지	문자메시지 전송	집 정리하려니 물어볼말이 있어
25	0000.. 6. 28. 13:30	피고인 거주지	문자메시지 전송	전화가 어려우면 문자라도

사례 1-7

이혼한 지 약 20년이 지난 사이로, 근래 갈등상황이 다시 발생하자 피해자에게 여러 차례 연락을 취하고 접근하였으며, 피해자 및 자녀에게 위해를 가할 듯이 협박함

– B지역 2022년 사건

- 인정죄명 : 스토킹범죄의처벌등에관한법률위반(스토킹범죄), 협박
- 선고내용 : 징역1년, 집행유예 2년
  보호관찰, 스토킹범죄 재범예방강의 40시간 수강

피고인(남)은 피해자(여, 51세)와 약 20년 전 이혼한 사이로, 근래 들어 갈등상황이 다시 발생하자 피해자에게 여러 차례 전화를 걸고, 피해자의 직장으로 찾아가는 등의 행위를 하였음. 그럼에도 피해자와 연락이 잘 되지 않자 음성사서함에 "내 일 막으면 누구든지 용서 안 한다. 난 정관이고 서울이고 간다. 명심해, 빨리 연락해. 내가 지금 △△△ 여기 왔는데 너 뭐

안 왔다네? 애새끼들 나한테 덤비면 그냥 찔러버릴 거야. 그래서 내가 그걸 피하기 위해서 지금 안 가고 있는 거야 너한테. 이제 자식하고도 연 끊은 상태야. 지금 모가지 칼 들어가는 거 밖에 없어. 지금 당장이라도 너 뛰어들어갈 수 있어. 바로 연락해. 폭발 직전이니까 어느 순간에 어떻게 할지 나도 몰라. 각오해. 나 OOO야. 세상 놈처럼 생각하지 마. 너 여기서 씹할 옥상 끌고 가서 집어 던지기 전에 정신 똑바로 차리고 전화 연락 바로 해."라는 음성녹음을 남겨 피해자의 신체에 위해를 가할 듯 겁을 주어 협박함.

사례 1-8

이혼한 전배우자의 신고때문에 음주운전 및 무면허운전이 적발되었다고 오인하고 분노하여 전배우자에게 위협적인 문자메시지 및 전화통화를 계속하면서 괴롭힘

- B지역 2022년 사건

- 인정죄명 : 도로교통법위반(음주운전, 무면허운전), 스토킹범죄의처벌등에관한 법률위반(스토킹범죄)
- 선고내용 : 징역 6개월, 집행유예 2년
  보호관찰, 사회봉사 120시간, 스토킹범죄 재범예방강의 40시간 수강

피고인(남)은 음주운전 및 무면허운전으로 적발되자, 이혼한 전 아내인 피해자(여, 44세)가 신고한 것으로 오인하여 피해자에게 "너 나 무면허라고 신고했나, 잡혔다. 음주도 걸렸다. 날 이렇게 죽이냐. 정말 날 교도소 보내네", "너 이런 식으로 날 망가트리네", "바로 구속이다. 교도소간다. 1년 6개월 후에 꼭 한번 보자" 등의 문자메시지를 반복적으로 전송하고, 3시간 동안 총 14회에 걸쳐 전화를 거는 등의 스토킹행위를 함(피고인이 전화를 걸면 피해자는 받기도 하였는데, 이는 전화를 받지 않을 경우 받을 때까지 전화를 걸기 때문에 어쩔 수 없었다고 함).

사례 1-9

이혼과정에서 피해자를 유책배우자로 만들기 위하여 피해자가 자신과의 합의 하에 제3자와 성관계 했던 동영상을 피해자의 외도의 증거로 유포하겠다고 협박하고 피해자의 친정집을 찾아가는 등 집요하게 접근하였으며, 실제로 피해자의 친정가족들과 지인들에게 피해자의 성관계 동영상을 유포하고 다른 사람들에게도 유포할 듯이 협박하며 지속적으로 괴롭히고, 피해자의 친정가족들에 대한 살인을 예비함

– A지역 2023년 사건

- 인정죄명 : 스토킹범죄의처벌등에관한법률위반(스토킹범죄), 성폭력범죄의처벌등에관한특례법위반(촬영물 반포, 촬영물 이용 협박), 존속살해 예비, 살인예비
- 선고내용 : 징역 4년

피고인(남)과 피해자(여, 44세)는 3년 전 혼인한 배우자 사이로, 상호합의 하에 피해자가 직장후배 A와 성관계할 때 피고인이 이를 지켜보거나 합세하여 같이 성관계 하면서 그 장면을 휴대전화로 수회 동영상촬영 하였는데, 최근 불화가 생겨 피해자가 협의이혼을 신청함. 피해자가 친정으로 간 후 연락을 받지 않자, 피고인은 카카오톡으로 피해자에게 "섹스동영상 뿌리고 나 자살한다", "너 엄마 오빠 OO사장 손님 지명 폰번호 이럴까봐 알아뒀다. 나는 지금 이거 다 보내고 자살할꺼고", "전화 받아라 피한다고 상책이 아니다. 니 오빠한테 전화하기 전에 전화받아라" 등의 메시지를 보내 마치 피해자의 성관계 동영상을 피해자의 가족 등에게 유포할 것처럼 행세한 것을 비롯하여, 3일간 총 38회에 걸쳐 카카오톡 메시지나 문자메시지를 전송하고, 피해자의 친정집에 찾아가 초인종을 수회 누름. 또한 피고인은 피해자와 A의 성관계 영상 캡쳐사진을 피해자의 모친과 오빠, 그리고 지인에게 휴대전화 문자메시지로 전송하면서, 피해자가 외도를 한 증거라고 주장하며 피해자가 연락을 받지않으면 친척들에게도 성관계 영상을 다 보내겠다는 취지로 협박을 함. 그럼에도 피해자와 가족들이 연락을

받지 않자, 피고인은 피해자의 모친과 오빠를 살해하기로 마음먹고, 인터넷 쇼핑몰을 통하여 회칼 2자루(각 전체길이 약 33cm, 칼날 길이 약 21cm)를 구입하고 주유소에서 휘발유 2리터를 생수통에 담아 구입한 다음 평소 소지하던 라이터, 등산용 로프, 청테이프, 제이블 타이 한 봉지, 목장갑 2컬레와 함께 배낭에 담아 주거지에 보관함으로써 살인을 예비함.

※ 범행경위와 내용에 비추어 그 죄질이 매우 불량하고, 피해자들이 이 사건 범행으로 인하여 상당한 공포심을 느꼈을 것으로 보이고, 현재까지도 피해자들이 피고인에 대한 불안감을 호소하며 처벌을 원하고 있는 점 등이 양형에서 불리한 정상으로 참작되었으나, 피고인이 자신의 범행을 모두 인정하면서 반성하는 점, 피해자와의 불화가 생기자 자살을 기도하는 등 불안정한 상태에서 우발적으로 범행에 이른 점 등이 유리한 정상으로 참작됨.

사례 1-10

이혼과정에서 피해자에게 수 차례 접근하였으나 피해자가 만나주지 않자 피해자의 근무지를 찾아가 소동을 피우는 등 업무를 방해하였으며, 위험한 물건을 들고 피해자를 협박 및 폭행하였고, 이로 인해 접근금지 등의 잠정조치 결정이 내려졌음에도 불구하고 이를 위반하여 재차 피해자에게 접근함(여성이 남성을 스토킹한 사례)

– G지역 2022년 사건

인정죄명 : 스토킹범죄의처벌등에관한법률위반(잠정조치 불이행), 업무방해, 특수협박, 폭행, 상해, 모욕

선고내용 : 징역1년 6개월, 집행유예 2년
보호관찰, 사회봉사 120시간, 알코올 치료강의 40시간 수강

피고인(여)은 피해자(남, 53세)와 약 15년 전 결혼하였다가 약 3개월 전부터 이혼 소송 중인 사이로, 피해자가 만나주지 않자 피해자가 점장으로 근무 중인 마트 매장으로 찾아가 "개새끼야, 씨발놈아, 죽여버린다"라고 고함을 지르고, 피해자가 자리를 피하자 매장 안과 밖을 돌아다니면서 다른 매장 직원들에게도 심한 욕설을 하여 손님들이 매장을 떠나게 하는 등 피

해자의 매장 영업업무를 방해함. 이에 대해 피해자가 경찰에 신고하여 사건이 접수되자, 다음날 피고인은 피해자의 근무지 인근 주차장에서 피해자에게 고소취하를 요구함. 피해자가 이를 거절하자, 피고인은 그곳 길바닥에 있던 위험한 물건(깨진 화분 조각)을 손에 들고 피해자에게 "저런 거는 머리를 찍어 죽여야 된다"고 말하며 피해자를 협박하였고, 욕설을 하며 피해자의 목을 조르고 발로 피해자의 배 부위를 차고 손으로 피해자의 머리채를 잡고 흔들어 폭행함. 그리고 그날 오후에 다시금 피해자의 근무지인 마트로 찾아가 진열되어 있던 과일들을 집어던지며 소란을 피워 매장 영업업무를 방해하였고, 이에 피해자가 경찰에 신고한 뒤 피고인이 자리를 뜨지 못하도록 붙잡자, 피고인은 분노하여 피해자의 목을 잡아 조르고 목덜미를 꼬집는 등의 폭행을 함. 이러한 일련의 스토킹 행위로 인해 접근금지 등을 내용으로 하는 잠정조치 결정이 내려졌음에도 불구하고, 피고인은 이를 위반하여 다시금 피해자의 근무지로 접근함.

※ 일련의 스토킹범죄행위에 대해서도 공소가 제기되었으나, 피해자가 처벌불원의 의사를 밝힘에 따라 이 부분에 대해서는 공소가 기각됨.

사례 1-11

이혼한 후 피해자가 만남을 피하고 연락을 거부하였음에도 불구하고 재산상의 요구를 계속하며 피해자에게 지속적으로 접근하고 문자메시지 전송 및 전화연락을 수백차례 반복하였으며, 피해자를 폭행하고 그의 주거에 침입함. 이로 인해 가정폭력범죄의처벌등에관한특례법에 근거한 접근금지 및 통신금지 등의 임시조치 결정을 받았음에도 이를 위반하여 100회 가까이 피해자에게 연락을 계속함(여성이 남성을 스토킹한 사례)

- A지역 2022년 사건

- 인정죄명 : 스토킹범죄의처벌등에관한법률위반(스토킹범죄), 폭행, 주거침입, 가정폭력범죄의처벌등에관한특례법위반(임시조치 미이행)
- 선고내용 : 벌금 200만원, 집행유예 1년
  스토킹 치료프로그램 40시간 수강

🔍 피고인(여)은 피해자(남, 51세)와 이혼한 전배우자로, 피해자가 피고인과의 만남을 피하며 연락을 거부하였음에도 불구하고 피해자의 영업장소 및 피해자 부친의 거주지 앞으로 찾아가 "공동명의를 포기하고 내 퇴직금을 돌려달라"고 기재된 피켓을 들고 서 있거나 피해자를 기다려 접근하는 등의 행위를 여러차례 반복함. 또한 "공동명의 포기한다고 문자보내세요. 너 영업장에서 목매달까, 아님 약 처먹고 여기서 뒈져줄까 너가 죽으라 했잖아", "너 나 아닌 다른 사람이었다면 죽음을 면치 못했을 거다. 벌써 칼침 맞았을 거다" 등의 문자메시지를 약 1개월간 총 479회 전송하고, 수차례 발신표시 제한 전화를 시도함. 뿐만 아니라 피고인은 피해자와 공동명의로 전세계약이 되어 있는 건물에 대해 피해자의 권리를 포기하라고 요구하며 피해자의 팔을 잡아당겨 옷을 찢어지게 하는 등의 폭행을 하고, 피해자의 주거지에 침입함. 이러한 일련의 행위로 인해 피고인은 가정폭력범죄의처벌등에관한특례법에 근거한 접근금지 및 통신금지 등의 임시조치 결정을 받았음에도 불구하고, 정당한 사유없이 이를 위반하여 피해자의 휴대전화로 37회에 걸쳐 전화를 걸고, 72회에 걸쳐 문자메세지를 전송함.

※ 업무방해죄로 벌금형의 집행유예를 받은 전력을 제외하고는 다른 전과가 없고, 전남편인 피해자와 오랜 갈등을 배경으로 이같은 범행을 하였으며, 현재 우울 불면 불안 등 조정장애로 정신과 치료를 받고 있는 점, 피해자에 대한 폭행의 정도가 심하지 않은 점 등이 양형에서 유리한 정상으로 고려되어 벌금형의 집행유예가 선고됨.

사례 1-12

아들이 아버지에게 지속적으로 금전을 요구하며 연락하고, 위험한 물건을 이용하여 아버지의 차량 및 제3자의 차량을 훼손하였으며, 112 신고를 받고 출동한 경찰에 대해서도 위험한 물건을 들고 대치하는 등 공무집행을 방해함

- G지역 2022년 사건

- 인정죄명 : 스토킹범죄의처벌등에관한법률위반(위험한 물건 휴대 스토킹범죄), 위험한 물건 휴대 재물손괴, 특수공무집행방해 등
- 선고내용 : 징역 2년, 집행유예 3년 보호관찰, 스토킹 재범예방강의 40시간 수강

피고인(남)은 피해자(남, 52세)의 친아들로, 분가 이후 피해자와 따로 거주하고 있던 중 인터넷도박에 빠지면서 피해자에게 합의금 등의 명목으로 지속적으로 돈을 요구하면서 관계가 악화되었고 피해자는 피고인의 연락을 받지 않는 상황임. 피고인은 피해자가 자신의 연락을 받지 않는 것에 불만을 품고 피해자의 주차장에서 위험한 물건(돌, 지름 11cm 가량)로 피해자 소유 차량의 앞 유리창을 내리쳐 손괴하고, 며칠 후에는 피해자에게 돈을 요구하였으나 주지 않았다는 이유로 피해자의 거주지 주차장에서 피해자 소유의 다른 차량 앞 유리창을 돌로 내리찍어 훼손하는 등 약 10일 동안 16회에 걸쳐 스토킹 행위를 함. 또한 피고인은 "아버지를 죽일 거다, 잘못되면 너네 목이 날아간다"라는 내용으로 112신고를 하였고, 이에 경찰이 출동하여 피해자에게 신고내용을 설명하고 피해자의 거주지 주차장에 잠복하고 있는 상황에서, 피고인이 위험한 물건(커터칼, 전체길이 16cm, 칼날길이 9cm)을 소지하고 위 주차장으로 들어가던 중 경찰이 이를 제지하자 피고인은 커터칼로 자신의 목을 찌를 듯이 겨누고 팔을 긋는 행위를 하면서 "아버지를 빨리 데려와라. 아니면 목을 긋겠다"라고 소리를 지르는 등 경찰과 지속적으로 대치함.

사례 1-13

알코올 중독인 오빠가 여동생에게 술을 요구하며 지속적으로 괴롭힌 사례 : 피해자가 스토킹에 대해서 처벌불원의 의사를 표시하였으나, 스토킹과정에서 범한 주거침입으로 인해 형의 선고를 받음

– B지역 2022년 사건

- 인정죄명 : 건조물침입
- 선고내용 : 징역 4월, 집행유예 1년
  보호관찰

피고인(남)은 알코올 중독으로 병원치료를 받아왔으며 평소 친여동생인 피해자(여, 57세)가 옷이나 주거지를 마련해주는 등 도움을 주었으나, 피고인의 반복되는 행패로 피해자가 피고인의 접근을 거부한 상황임. 그럼에도 불구하고 피고인은 피해자가 운영하는 호프집에 지속적으로 찾아가 술을 요구하고 이를 거절하는 피해자에게 시비하며 행패를 부림. 이러한 과정에서 피해자의 동업자이자 남자친구(남, 53세)가 피고인에게 귀가를 권유하자, 분노한 피고인은 욕설을 하며 생명 또는 신체에 위해를 가할 듯이 협박함. 또한 피고인은 피해자가 운영하는 호프집에서 잠을 자려는 목적으로 평소 알고 있던 출입문 비밀번호를 입력하여 잠금장치를 열고 그곳 부엌 안쪽 방까지 들어감으로서 피해자가 관리하는 건조물에 침입함.

※ 스토킹범죄 및 협박에 대해서는 피해자가 처벌불원의 의사를 표시하여 공소기각됨.

3 지인관계에서 발생한 스토킹 사례

스토킹은 친밀한 관계 이외에 지인관계에서도 빈번히 발생하는데, 분석 대상 사건 1,307건 중 342건(26.2%)은 거래관계, 직장동료·상사·부하직원 관계, 친구관계, 학교동창관계, 동호회 회원관계, 이웃관계 등 평소 알고 지내던 지인관계를 기반으로 발생한 스토킹범죄 사례이다.

특히 손님 등 거래관계에서 발생한 스토킹 사례는 총 138건으로 전체 사건 중 10.6%에 달한다. 구체적인 내용을 살펴보면, 거래관계로 알게 된 사이일 뿐 교제를 약속한 바 없음에도 불구하고 일방적으로 구애하거나 성적 욕구의 대상으로 삼아 집착하는 사례가 다수이다(59.4%). 그러나 거래관계에서 발생한 갈등으로 인해 분노하여 상대방을 지속적 또는 반복적으로 괴롭히는 사례도 드물지 않게 나타난다(23.9%). 피해자의 연령대에 주목하여 살펴보면, 60대의 경우 다른 연령대에 비해 전체 사건 중 거래관계를 기반으로 발생한 사건의 비율(17.9%)이 상대적으로 높은 특징이 있다.

지인관계 중 이웃관계에 기반한 스토킹 사건에서는 애정을 갈구하거나 친밀한 관계를 요구하는 사례(12.7%)보다 분노표출 사례(48.1%)가 더 많은 것으로 확인된다. 즉, 이웃으로 지내며 갈등이 누적된 상태에서 분노하여 상대방을 집착적으로 괴롭히는 경우가 다수이다. 공동주택에서 층간소음을 둘러싼 갈등이 스토킹범죄로 인정되는 사례도 빈번하다. 피해자의 연령대에 주목하여 살펴보면, 70대 이상의 경우 다른 연령대에 비해 전체 사건 중 이웃관계를 기반으로 발생한 사건의 비율이 눈에 띄게 높았다(44.8%).

한편, 같은 직장의 동료, 상사 또는 부하직원 관계에서 발생하는 스토킹 사건에서는 상대방의 의사와 상관없이 애정을 갈구하거나 관계를 요구하는 사례의 비율이 50%를 넘는 가운데, 직장 내 갈등으로 인한 단순괴롭힘(22.2%) 또는 분노표출의 사례(19.0%)도 상당수 확인된다.

사례 1-14

손님이 일방적으로 미용실 원장에게 호감을 표하며 만남을 요구하다가 거절당하자, 분노하여 지속적·반복적으로 괴롭힘

- A지역 2022년 사건

- 인정죄명 : 스토킹범죄의처벌등에관한법률위반(스토킹범죄)
- 선고내용 : 벌금 300만원
  스토킹 치료프로그램 40시간 이수

피고인(남)은 피해자(여, 43세)가 운영하는 미용실에 손님으로 방문하여 피해자를 알게 된 후 피해자에게 선물을 사주며 만나자고 하였으나 거절당함. 이에 분노하여 피고인은 피해자에게 전화를 걸어 "너 지금 당장 여기로 올래, 어쩔래. 이씨, 내가 그냥 너한테 그걸 줬을 것 같아? 그 돈을 지금 당장 보내던가, 와서 보지를 벌리던가"라고 말한 것을 비롯하여, 여러차례 피해자에게 전화를 걸고 문자메시지를 발송하였으며, 피해자의 영업장소로 찾아가는 등의 행위를 함.

※ 피고인이 이 사건 이전에도 폭력범죄로 여러차례 처벌을 받은 전력이 있는 점, 피해자로 붙 용서받지 못한 점 등이 양형에서 불리한 정상으로 고려되었으나, 피고인에게 벌금형을 초과하는 전과는 없는 점, 자신의 잘못을 모두 인정하며 반성하는 점 등이 유리한 정상으로 참작되어 벌금형이 선고됨.

사례 1-15

거래관계에서 알게 된 사이일 뿐 교제를 약속한 바 없음에도 불구하고 일방적으로 연인관계라고 착오하여 집착적으로 연락하고, 피해자가 전화를 받지 않자 분노하여 피해자의 영업장소로 찾아가 피해자의 남자친구와 딸이 보는 앞에서 소동을 부렸으며, 위험한 물건인 도검을 들고 피해자의 주거지로 찾아가 소동을 부리는 등의 행위를 함

- G지역 2022년 사건

- 인정죄명 : 스토킹범죄의처벌등에관한법률위반(위험한 물건 휴대 스토킹범죄), 특수주거침입, 특수재물손괴, 총포·도검·화약류등의안전관리에관한 법률 위반죄(무허가 도검 소지)
- 선고내용 : 징역 1년, 집행유예 2년
  보호관찰, 사회봉사 80시간, 스토킹범죄 재방예방강의 40시간 수강

🔍 피고인(남)은 피해자(여, 55세)의 주거지 인테리어공사를 맡으면서 피해자를 알게 되었고 피해자와 정식으로 교제를 약속한 사실이 없음에도 불구하고 피해자와 수 회 성관계를 가졌다는 이유로 피해자와 자신이 연인관계에 있다고 착오하였고, 피해자와 연락이 되지 않자 피해자가 다른 남자를 만나느라 자신을 피한다고 생각하게 됨. 이에 피고인은 휴대전화를 이용하여 피해자에게 "전화 안 받으면 너 고객에게 다 전화해 볼게"라는 문자메시지를 보낸 것을 비롯하여 이틀에 걸쳐 87회 전화를 걸고, 32회 카카오톡 메시지를 보내고, 17회 문자메시지를 보냄. 또한 같은 기간에 피해자의 영업장소를 찾아가 소동을 부리며 피해자의 딸과 남자친구가 지켜보는 가운데 "너거 엄마랑 수 없이 잤어"라는 말을 하였고, 위험한 물건(도검 - 총길이 약 95cm, 날 길이 약 70cm)을 휴대하여 피해자의 주거지를 찾아가 "너 나와 봐, 나 칼 들고 왔어, 너 죽일 거야"라고 소리를 지르며 손가락으로 방문 창호지를 찢고, 피해자가 숨어있는 화장실 문을 발로 차면서 "빨리 문열어"라고 소리침.

※ 죄질이 매우 불량하고, 이로인해 피해자가 상당한 불안감과 공포심을 느꼈을 것이 보이는 점, 피고인은 이 사건 이전에도 흉기를 이용한 상해사건으로 집행유예처벌을 받은 전력이 있는 점 등이 양형에서 불리한 정상이나, 피고인이 범행을 인정하고 반성하는 점, 피해자에게 용서를 구하고 원만히 합의하여 피해자가 처벌을 원치 않는 점, 피고인들의 지인들이 선처를 탄원하고 있는 점 등이 유리한 정상으로 참작되어 집행유예가 선고됨.

사례 1-16

보험상담을 위해 자신의 주거지에 방문한 보험설계사를 성적 욕망의 대상으로 삼아 괴롭히다가 피해자가 112신고를 하자 이에 항의하여 메시지를 전송하고 직장으로 찾아가는 등의 스토킹 행위를 함

– B지역 2022년 사건

- 선고내용 : 공소기각

피고인(남)은 전화로 보험회사에 상담을 신청하였고, 그곳의 보험설계사로 근무하는 피해자(여, 44세)가 피고인의 주거지에 방문하여 보험가입상담을 진행하게 됨. 피고인은 상담을 위해 피해자가 방문하자, 팬티만 착용한 채 출입문을 열어주었고, 피해자로부터 "그런 상태로는 상담을 할 수 없다. 옷을 입고 오라"는 이야기를 듣고는 집 안으로 들어가 망사팬티로 갈아 입고 나왔으며, 재차 피해자로부터 "이런 상태로는 할 수 없다"는 이야기를 듣자, 그 자리에서 입고 있던 망사팬티를 벗어 성기가 드러나게 함. 이로 인하여 피해자는 112신고를 하였고, 피고인은 이에 대해 피해자에게 전화로 항의하고, 문자메세지를 전송하고, 피해자의 직장으로 찾아가 접근함.

※ 공소제기 후 피해자가 처벌불원의 의사가 표시된 합의서를 제출하여 공소기각됨.

사례 1-17

주점으로 찾아와 술을 달라고 소동을 부리거나 주점 운영자에게 이유없이 전화하여 괴롭히는 행위를 반복함

– A지역 2023년 사건

- 인정죄명 : 스토킹범죄의처벌등에관한법률위반(스토킹범죄)
- 선고내용 : 벌금 1백만원
  스토킹 치료프로그램 40시간 이수

🔍 피고인(남)은 피해자(여, 61세)가 운영하는 주점에 방문하여 외상술을 달라고 요구하다 피해자로부터 더 이상 찾아오지 말라는 말을 들음. 그럼에도 불구하고 피고인은 다시 여러 차례 주점으로 찾아가 피해자에게 접근하여 술을 달라고 소리를 지르거나 피해자에게 이유없이 전화를 걸어 괴롭힘.

※ 피고인이 범행을 인정하고 반성하는 점 등이 양형에서 유리한 정상으로 참작됨.

사례 1-18

대리운전기사가 주차문제로 손님과 말다툼을 한 뒤 전화와 문자메시지를 통해 욕설을 하며 괴롭힘

- A지역 2023년 사건

- 인정죄명 : 스토킹범죄의처벌등에관한법률위반(스토킹범죄)
- 선고내용 : 징역 6월, 집행유예 2년
  스토킹 치료프로그램 40시간 이수

🔍 피고인(남, 대리운전기사)은 피해자(여, 40세)의 차량을 대리운전해 준 후 주차문제로 피해자와 말다툼을 하고 화가 풀리지 않자, 피해자에게 여러 차례 전화하여 욕설을 하고, "니년 딸이 태어나면 강간 당해 뒤지고 아들이 태어나면 시멘트 바닥에 대가리 짖뭉게 뒈지길 빈다"는 등의 문자메시지를 발송함.

※ 피고인이 동종범죄로 처벌을 받은 전력이 있을 뿐 아니라 십여차례나 처벌을 받은 전력이 있는 점 등이 양형에서 불리한 정상이나, 피고인이 범행자체를 부인하고 있는 것은 아닌 점, 이 사건 범행이 대리운전 주차문제로시비가 되어 발생한 점, 피해자도 피고인에게 욕설을 한 것으로 보이는 점 등이 유리한 정상으로 참작되어 집행유예가 선고됨.

사례 1-19

이웃에 거주하는 피해자에게 오랫동안 악감정을 가지고 지속적·반복적으로 접근하여 괴롭히다가 접근금지 등의 잠정조치를 결정받고도 이를 위반하고, 경찰서 유치장에 유치되었다가 출소한 후에도 계속하여 피해자에게 접근하여 위협함

- B지역 2022년 사건

- 인정죄명 : 스토킹범죄의처벌등에관한법률위반(잠정조치 불이행), 특정범죄가중처벌등에관한법률위반(보복협박)
- 선고내용 : 징역 8개월
  스토킹 치료프로그램 80시간 이수, 알코올 치료프로그램 80시간 이수

피고인은 자신의 집 부근에 거주하는 피해자(남, 76세)가 약 30년 전에 피고인의 물건을 절취하였다고 오인하여 피해자에게 악감정을 가진 자로, 여러차례 피해자의 집으로 찾아가 패해자를 기다리거나 피해자를 만나면 욕설을 하는 등의 스토킹 행위를 하였고, 이로인해 접근금지 및 통신금지를 내용으로 하는 잠정조치 결정을 받은 바 있음. 그럼에도 불구하고 피고인은 잠정조치에 위반하여 다시금 피해자의 집 앞으로 찾아가 피해자의 주거지 내부가 들여다보이는 장소에서 피해자를 노려보며 "죽이뿐다, 나는 니 꼭 죽인다"라고 말하고, 피해자의 집 앞 노상에서 술에 취한 상태로 피해자를 노려보며 "야 개새끼야 두고 보자, 본때를 보여주겠다"라고 말하는 등 스토킹 행위를 지속함. 이에 피고인은 법원으로부터 1개월 유치를 내용으로 하는 잠정조치 결정을 받아 경찰서 유치장에 유치되었으나, 출감된 후 또다시 피해자의 집 앞 노상에서 옥상에 있는 피해자에게 욕설을 하고, "니 때문에 유치장에 입감되었다, 가만두지 않겠다, 죽인다, 두고 봐라"라며 피해자를 협박함.

※ 일련의 스토킹범행 및 협박에 대해서는 피해자가 처벌불원의 의사를 표시함에 따라 공소가 기각되었으나, 잠정조치위반 및 보복협박으로 징역형의 실형이 선고됨.

피고인이 누범기간 중에 저지른 범행인 점, 경찰관에게 여러차례 제지를 받았음에도 재차 같은 범죄를 저질러 법질서 준수에 대한 인식이나 의지가 있는지 의심스러운 점, 사법기관의 조치를 위반하는 것은 우리 사회 질서이 근간을 흔드는 것으로 용납되기 어렵다는 점 등이 양형에서 불리한 정상으로 참작됨. 다만 피고인이 잘못을 모두 인정하고 피해자에게 다시는 위해를 가하지 않겠다고 다짐하는 점, 피해자가 피고인의 사과를 받아들여 피고인의 처벌을 원하지 않으며 선처를 탄원하고 있는 점 등은 유리한 정상으로 참작됨.

사례 1-20

이웃에 거주하는 피해자 가족이 층간소음을 발생시킨다고 오인하여 항의하는 과정에서 피해자 가족들을 협박하고 폭행하였으며, 음향기기 등을 이용하여 피해자들의 주거지로 기계음이 도달하게 하는 행위를 한 달 이상 지속적으로 반복함

– G지역 2022년 사건

- 인정죄명 : 스토킹범죄의처벌등에관한법률위반(스토킹범죄), 특수협박, 폭행
- 선고내용 : 벌금 1000만원
  스토킹 치료프로그램 40시간 이수

피고인(남)은 자신이 거주하는 아파트의 윗집에 거주하는 피해자1(여, 45세), 피해자2(남, 11세), 피해자3(남, 46세)이 층간소음을 발생시킨다고 생각하여 불만을 품음(피고인이 피해자들의 집에서 층간소음이 발생한다고 주장하여 담당경찰관이 피고인 및 피해자들의 집을 방문하여 확인하였지만, 피해자의 집에서는 층간소음을 발생시킨 정황이 발견되지 않음). 피고인은 피해자들의 집 앞으로 찾아가 문을 두드려 밖으로 나온 피해자2에게 욕설을 하고 "조용히 안 하냐, 한 번만 더 하기만 해봐라"라고 말하며 위험한 물건인 고무망치를 들고 때릴 것처럼 위협함. 피고인은 다음날에도 다시 피해자들의 집 앞으로 찾아가 피해자3을 주먹으로 때리려 하였으며, 들고 있던 장갑으로 피해자3의 얼굴부위를 3~4회 때려 폭행함.

뿐만 아니라 피고인은 자신의 주거지에서 휴대전화와 스피커 등 음향기기를 이용하여 시계소리, 망치소리 등의 기계음을 크게 재생함으로써 그 음향을 피해자들의 주거지에 도달하게 하는 행위를 한 달여 이상 반복하여 피해자들에게 불안감을 일으킴.

※ 범행의 방법, 대상 등에 비추어 죄질이 좋지 않고 그 죄책도 가볍지 않지만, 피고인이 다른 지역으로 이사 감으로써 재범의 위험이 줄어든 점, 피고인이 층간소음 피해를 호소하는 과정에서 범행을 저지른 것을 보이는 점, 벌금형을 초과하여 처벌받은 전력이 없는 점 등이 양형에서 유리한 정상으로 참작되어 벌금형이 선고됨.

사례 1-21

층간소음 문제로 이웃과 갈등을 겪다가 피해자들의 주거지로 찾아가 피해자 가족들을 협박하고, 재물을 손괴하는 행위를 여러 차례 반복하였고, 피해자의 주거에 침입하고자 시도하였으나 잠금장치로 인해 미수에 그친 사실이 3회 있음

– A지역 2022년 사건

- 인정죄명 : 스토킹범죄의처벌등에관한법률위반(스토킹범죄), 협박, 재물손괴, 주거침입 미수
- 선고내용 : 벌금 300만원

피고인(남)과 피해자1(여, 65세), 피해자2(여, 37세, 피해자1의 딸)는 같은 아파트 위아래층에 사는 이웃으로, 층간소음 문제로 갈등을 빚어 온 사이임. 피고인은 피해자들의 주거지 현관문을 발로 차며 "나는 지구상에서 악만 남은 사람이고, 둘 중 하나를 죽이고 나도 뛰어 내려서 죽겠다. 아니면 아파트에 불을 지르겠다. 보통 사람이었으면 2년 전에 살인사건이 났을 것이다"라고 소리를 쳐 피해자1을 협박하였을 뿐 아니라, 한밤중에 피해자들의 주거지 현관문을 발로 차는 등의 행동을 통해 현관문과 도어락 자물쇠를 손괴하는 행위를 여러 차례 반복함. 또한 피고인은 피해자들의 주거지 작은 방 창문을 손으로 열려고 시도하는 등 피해자들의 주거

지에 침입하려고 하였으나, 잠금장치로 인해 그 뜻을 이루지 못하고 미수에 그친 사실이 3회 있음.

※ 피고인이 범행을 인정하는 점, 벌금형 이상으로 처벌받은 범죄전력이 없는 점, 지체장애 2급에 해당하는 정신장애를 가지고 있는 점, 피고인의 가족들이 피고인의 선처를 탄원하고 있는 점, 피고인이 이 사건 발생 이후 주거지를 이전하여 재범의 위험성이 현저히 감소된 점 등이 양형에서 유리한 정상으로 참작되어 벌금형이 선고됨.

사례 1-22

이웃에 새로 이사 온 여성에게 일방적인 호감을 표시하며 반복적으로 연락하고, 주거지를 찾아가 문을 두드리는 등의 접근을 함

– B지역 2022년 사건

- 인정죄명 : 스토킹범죄의처벌등에관한법률위반(스토킹범죄)
- 선고내용 : 징역 6개월
  스토킹 치료프로그램 40시간 이수

피고인(남)은 자신이 거주하는 원룸건물 아래층에 피해자(여, 31세)가 이사를 오자, 도시가스 검침원을 따라 피해자의 호실로 들어가 피해자의 휴대전화 번호를 알아낸 다음 피해자에게 "남자친구 있으시죠"라고 문자메시지를 보내어 호감을 표시하였으나, 피해자로부터 "네 있어요"라는 회신을 받아 거절당함. 그럼에도 피고인은 자정이 넘은 시각에 피해자에게 전화를 걸어 "누나 뭐해요"라고 말하였고, 피해자가 전화를 끊어도 재차 반복하여 전화를 걸고 피해자의 호실로 찾아가 현관문을 두드림. 피해자가 응대하지 않자 피고인은 4차례 더 전화를 걸고, "남친이랑 같이 만나요"라고 문자메시지를 보내고, 다시 피해자의 호실로 찾아가 현관문을 두드림.

※ 피고인은 보험사기방지특별법위반죄로 징역 4월을 선고받아 그 집행을 종료한 자로, 누범기간 중에 이 사건 범행을 한 점 등이 불리한 양형요소로 고려되어 징역형의 실형이 선고됨.

사례 1-23

자신이 근무하던 식당의 영업주를 대상으로 음란한 내용의 문자메시지를 지속적·반복적으로 전송함

- A지역 2023년 사건

- 인정죄명 : 스토킹범죄의처벌등에관한법률위반(스토킹범죄), 성폭력범죄의처벌등에관한특례법위반(통신매체이용음란)
- 선고내용 : 징역 8개월, 집행유예 2년
  보호관찰, 성폭력 치료강의 40시간 수강, 스토킹 치료강의 40시간 수강, 사회봉사 120시간

피고인(남)은 피해자(여, 38세)가 운영하는 음식점에서 1달 반 정도의 기간동안 종업원으로 일하였던 사람으로, 음식점을 그만 둔 뒤 피해자에게 "제 소원 하나만 들어주심 안될까요", "소원 말할게요", "화내지 마세용", "솔직히 말할게요, 안 돌리고 슴가 한번 만지는게 소원입니다. 다른건 없고", "저 좀 도와주십시오...계속 생각납니다. 한번만 부탁드리겠습니다", "아니면 킹이랑 옷을 주면 안되나요", "입던 거 주세요", "속옷이라도 주면 안되요" 등의 메시지를 약 20일간 수 십회 전송함. 이에 피해자는 응답을 하지 않는 방법으로 거부의사를 표시하다가 결국 피고인에게 "연락하지 마세요"라는 문자메시지를 전송하여 명시적인 의사표명을 함. 그럼에도 불구하고 피고인은 "소원인데도 안됩니까"라는 내용을 비롯하여 총 46회에 걸쳐 카카오톡 메시지를 전송함.

※ 피고인은 추행죄로 징역 6월에 집행유예 2년을 선고받은 바 있고, 성폭력처벌법위반(통신매체이용음란죄) 등으로 벌금 300만원, 같은 죄로 징역 6월에 집행유예 2년을 선고받는 등 여러차례 성폭력범죄 등으로 처벌받은 전력이 있는 점이 양형에서 불리한 정상이며, 피고인이 이 사건 범행을 인정하면서 뉘우치는 모습을 보이는 점, 이 사건 범행이 저질러진 기간이 7일 정도로 비교적 길지 않은 점, 이 사건 수사가 개시된 이후에는 피해자에게 문자메시지를 보내지 않는 점 등이 양형에서 유리한 정상으로 고려됨.

사례 1-24

같은 직장에서 자신이 관리감독하던 생산직 근로자를 대상으로 애정관계를 요구하며 집착적으로 접근하고, 이 과정에서 주거침입, 특수협박, 감금 등의 범죄를 범함

- D지역 2023년 사건

- 인정죄명 : 스토킹범죄의처벌등에관한법률위반(스토킹범죄), 주거침입, 특수협박, 특수감금
- 선고내용 : 징역 1년
  스토킹 치료프로그램 40시간 이수

피고인(남)은 피해자(여, 35세)와 같은 직장에서 생산직 노동자를 관리감독하는 업무를 담당하는 사람이고 피해자는 생산직 업무를 담당하던 사람으로, 둘은 직장 내 상하관계에 있으면서 서로 알고 지내던 사이임. 피고인은 피해자가 퇴사한 이후 연락을 피하자 피해자의 주거지에 찾아가 출입문을 두드리는 등의 행위를 수회 반복함. 피고인은 피해자가 피고인 몰래 이사하는 것을 발견하고는 몰래 뒤따라가 피해자의 새로운 주거지를 알아내려 피해자에게 접근함. 피해자가 더 이상 연락하지 말 것을 요구하였음에도 불구하고 피고인은 "오늘 많이 바빠" 등의 카카오톡 메시지를 계속하여 보냄. 피고인은 피해자의 새 주거지로 찾아가 피해자가 안에 있는 것을 보고 출입문을 두드렸으나 피해자가 아무런 응답을 하지 않자, 철제방범창을 양손으로 강하게 잡아당긴 후 벌어진 틈 사이로 창문을 넘어 들어가 피해자의 주거에 침입함. 그리고는 그 곳에 있던 위험한 물건(주방용 가위, 총 길이 24cm, 날길이 14cm)를 들고 피해자가 숨어있는 안방 문을 열려고 하였으나 열리지 않자, 피고인의 어깨로 안방 문을 충격하여 강제로 연 다음, 위 주방용가위를 피해자에게 겨누면서 피해자에게 "오늘 너하고 나하고 같이 죽자. 내가 너 앞에서 죽는 모습을 보여주겠다"고 소리치며 협박함. 피해자가 112신고를 하자 피고인은 피해자의 휴대폰을 빼앗아 바닥에 집어던지고, 비명을 지르는 피해자의 입에 청테이프를 붙였다가 떼어

낸 다음 위험한 물건인 위 주방용 가위를 피해자의 등 뒤에 들이대고 다른 손으로는 피해자의 목덜미를 잡아끌면서 피해자를 집 밖으로 데리고 나와 자신의 승용차에 태운 후 "너네 집에 가서 같이 죽자"라고 말하면서 피해자의 예전 주거지로 이동함. 피해자의 예전 주거지로 피해자를 끌고 간 피고인은 피해자의 옷을 벗기려 하면서 "우리 같이 있는 모습을 찍어서 가족들에게 보내자"라고 말하면서 피해자와 피고인의 모습을 가족들에게 전송할 것을 요구하였으나, 피해자가 이를 거부하자 다시 피해자를 잡아 끌고 밖으로 나와 자신의 승용차에 태운 후 이동함으로써 피해자를 감금함.

※ 스토킹행위에 대해서는 피해자가 처벌불원의 의사를 표시함으로 인해 공소기각 됨. 당초 직장 내 상하관계에 있었던 피고인과 피해자의 관계, 범행 경위와 내용, 위험성 등에 비추어 피고인의 죄질이 좋지 않고 비난가능성이 크며, 이 사건으로 인해 피해자는 상당한 정신적 충격과 공포를 느꼈을 것으로 보이는 점 등이 양형에서 불리한 정상이나, 피고인이 범행을 인정하고 반성하며 피해자와 합의하였고 초범인 점 등은 유리한 정상으로 참작됨.

사례 1-25

(전)직장 부하직원의 과거 행동이 마음에 들지 않았다는 이유로 전화를 걸어 아무 말 없이 끊는 행위를 수 십 차례 반복함

– B지역 2022년 사건

- 인정죄명 : 스토킹범죄의처벌등에관한법률위반(스토킹범죄), 경범죄처벌법위반(장난전화)
- 선고내용 : 징역 6월, 집행유예 2년, 벌금 10만원
  스토킹범죄 재범예방강의 40시간 수강

피고인(남)은 봉사단체의 사무국장으로 근무하면서 직원인 피해자(여, 25세)를 알게 되었으나 피고인이 퇴사한 이후에는 서로 연락한 바가 없는 사이임. 피고인은 퇴사한 지 3년쯤 지난 후 과거 피해자가 직장에서 한 행동이 마음에 들지 않았다는 이유로 공중전화를 옮겨다니며 피해자에게

한 달여의 기간 동안 총 77회에 걸쳐 전화를 걸었고, 피해자가 전화를 받으면 아무 말 없이 끊는 행동을 반복함.

※ 스토킹처벌법 시행 이전의 범행에 대해서는 경범죄처벌법이 적용됨.

4 아무런 관계가 없는 사이에서 발생한 스토킹 사례

친밀한 관계 또는 지인관계가 아님에도 불구하고 스토킹 사건이 발생하는 경우가 있다. 특히 전체사건의 5%는 사건 전 상호작용이 전혀 없었던 관계인 것으로 확인된다. 아무런 관계가 없는 사이에서 발생한 스토킹 사건들의 구체적 내용을 보면, 주로 SNS 등을 통해 우연히 상대방을 알게 된 후 마음에 든다는 이유로 일방적인 구애를 하는 사례가 가장 빈번하다.

사례 1-26

서로 모르는 사이임에도 불구하고 마음에 든다는 이유로 피해자의 영업장소 근처에서 피해자를 지켜보는 등의 행위를 함

- B지역 2022년 사건

- 인정죄명 : 스토킹범죄의처벌등에관한법률위반(스토킹범죄)
- 선고내용 : 징역 4월, 집행유예 1년
  스토킹 재범예방강의 40시간 수강

피고인(남)은 서로 모르는 사이임에도 피해자(여, 31세)가 마음에 든다는 이유로 피해자가 운영하는 네일아트숍 앞에서 피해자를 지켜보는 등의 스토킹행위를 1년 이상 지속하였고, 이에 피해자가 두 차례에 걸쳐 112 신고를 하여 피고인은 '스토킹 행위자 대상 서면 경고장'을 받은 바 있음. 그럼에도 불구하고 피고인은 아래 〈범죄일람표 요약〉의 기재와 같이 피해자의 영업장소 앞에서 피해자를 지켜보는 등의 행위를 3회에 걸쳐 함으로써 피해자에게 불안감 또는 공포심을 일으킴.

※ 피해자를 지켜보는 행위를 한 것이 1년이 넘은 점, 수사기관으로부터 서면경고장을 받았음에도 다시 이 사건 범행을 저지른 점 등에 비추어 죄질이 불량하고, 피고인의 범행으로 피해자가 큰 공포심을 느낀 점 등이 양형이 불리한 정상이나, 피고인이 범행을 인정하고 반성하는 태도를 보이며, 초범인 점 등이 유리한 정상으로 고려되어 집행유예가 선고됨.

〈범죄일람표 요약〉

연번	범행일시	범행장소	스토킹행위
1	0000. 1. 8. 20:34경	피해자의 영업장소	피해자의 의사에 반하여 정당한 이유없이 피해자를 지켜보는 행위를 하여 피해자에게 불안감 또는 공포심을 일으킴
2	0000. 1. 19. 19:06경 ~19:20경	상동	상동
3	0000. 1. 20. 20:39경 ~20:42경	상동	상동

사례 1-27

인스타그램을 구경하다가 알게 된 피해자에게 일방적으로 호감을 표시하고 여러 차례 DM을 보냈으나 답을 받지 못하자, 피해자를 미행하여 피해자의 주거지를 알아내고 주거지 부근에서 피해자를 기다리고 지켜보는 등의 행위를 하다가 피해자를 강제추행하기에 이름

– G지역 2022년 사건

- 인정죄명 : 스토킹범죄의처벌등에관한법률위반(스토킹범죄), 강제추행 등
- 선고내용 : 징역 1년 6개월, 집행유예 3년

중국국적을 가진 피고인(남)은 '인스타그램'을 구경하던 중 우연히 다수의 팔로워를 보유하고 있는 피해자(여, 23세)를 알게 되었고, 피해자와 아무런 친분이 없음에도 불구하고 인스타그램의 다이렉트 메시지 기능을 이용하여 "so sexy", "sexy", "Good", "Nice ass" 등의 메시지를 피해자에게 여러차례 보냈으나 아무런 답변을 받지 못함. 그 후 피고인은 다시 또 인스타그램의 다이렉트 메시지 기능을 이용하여 "아름다움, 나는 당신을 매우 존경합니다", "지금까지 매우 높은 가격을 제시할 수 있습니다", "나는 당신에게 매우 높은 가격을 제공할 용의가 있습니다", "나는 너랑 데이트하고 싶어", "10000000원을 줄 수 있습니다" 등의 메시지를 보냄. 그럼에도 불구하고 피고인은 피해자로부터 여전히 아무런 답변을 받지 못

하자 피해자를 직접 찾아가기로 마음먹고, 피해자 계정에 올라온 게시글을 통해 피해자의 직장주소를 알아낸 다음, 퇴근 중인 피해자를 뒤쫓아가 피해자의 주거지를 알아냄. 피고인은 피해자의 주거지 주차장에서 피해자를 기다리거나 따라가는 등의 행위를 여러차례 반복하다가, 주차 직후 차량에서 내리는 피해자의 뒤로 몰래 다가가 두 팔로 피해자를 껴안고 곧바로 도망함.

※ 일련의 스토킹행위 및 강제추행과 별개의 사건인 점유이탈물횡령 사건이 병합됨. 죄질이 무거움에도 불구하고 피고인은 납득하기 어려운 변명으로 추행사실을 부인하고 있는바 진정으로 잘못을 뉘우치고 있다고 보이지 않으나, 피고인이 피해자들과 원만히 합의하여 피해자들이 피고인의 처벌을 원하지 않는 점 등이 양형에서 유리한 정상으로 참작되어 집행유예를 선고받음.

사례 1-28

팬의 입장에서 피해자의 전시장을 찾아간 것을 계기로 일방적인 구애를 하는 등 지속적으로 스토킹행위를 함

- A지역 2023년 사건

- 인정죄명 : 스토킹범죄의처벌등에관한법률위반(스토킹범죄), 정보통신망이용촉진및정보보호등에관한법률위반(불안감 등 유발 문언 등의 반복적 도달)
- 선고내용 : 징역 1년 6개월, 집행유예 3년

피고인(남)은 팬의 입장에서 화가인 피해자(여, 32세)의 전시장을 찾아가 서로 안면을 익힌 후, 페이스북 메신저로 피해자에게 "OOO, 나 하고 싶은 이야기가 있다. 그동안 너의 활동을 방해될까봐 많이 이해했는데, 너의 생각을 듣고 싶다. 너는 나를 어떻게 생각하나. 나는 지금 물어보아야 할 때가 온 것 같다"라는 내용의 메시지를 보낸 것을 시작으로 동일한 취지의 문자메시지를 계속 보냄. 피해자가 만남을 거부하는 의사를 명시적으로 표시했음에도 불구하고, 피고인은 피해자의 차량이 주차되어 있던 주차장으로 찾아와 피해자의 차 앞유리창을 두드리고, 피해자의 사무실

부근에서 피해자를 만나기 위해 서성거리고, 피해자가 외근 중일 때 피해자의 사무실로 찾아와 피해자의 아버지에게 "OOO를 사랑한다, 결혼하고 싶다"고 말하며 피해자와의 만남을 요구함. 이러한 스토킹행위가 5년째 지속됨.

※ 스토킹처벌법 시행 이전의 범행에 대해서는 정보통신망이용촉진및정보보호등에관한법률이 적용됨.

〈범죄일람표 요약〉

연번	범행일시	범행장소	범행방법
1	0000. 11. 25. 03:35경	불상	C 메신저로 "OO, 나 하고 싶은 이야기가 있다. 그 동안 너의 활동을 방해될까봐 많이 이해했는데, 너의 생각을 듣고 싶다. 너는 나를 어떻게 생각하나. 나는 지금 물어 보아야 할 때가 온 것 같다."는 문자메시지 전송
2	0000. 11. 27. 23:20경	불상	C 메신저로 "달리 너 만큼 이쁜애도 없는 것 같다."는 문자메시지 전송
3	0000. 11. 30. 19:58경	불상	C 메신저로 "내사랑 OO"이라는 문자메시지 전송
4	0000. 12. 8. 00:57경	불상	C 메신저로 "보고 싶다 OO"이라는 문자메시지 전송
5	0000. 12. 14. 18:12경	불상	C 메신저로 "내사랑 OO"이라는 문자메시지 전송
6	0000. 1. 1. 00:19경	불상	C 메신저로 "사랑해 OO"이라는 문자메시지 전송
7	0000. 1. 26. 15:07경	불상	C 메신저로 "OO, 시집 않가나 나랑 살자"라는 문자메시지 전송
8	0000. 2. 25. 03:31경	불상	C 메신저로 "OO, 우리 결혼하자 내가 잘해주께"라는 문자메시지 전송
9	0000. 6. 11. 22:54경	불상	이메일로 "내가 여자 사진을 이렇게 많이 갖고 있는 건 처음인데 이것을 어떻게 철하면 좋겠냐"라는 문자메시지 전송
10	0000. 7. 2. 00:30경	불상	이메일로 "내가 보고 싶어한다라면 너는 코방귀를 낄 수도 있겠지만, OO 사랑해"라는 문자메시지 전송
11	0000. 8. 28. 23:19경	불상	이메일로 "사진발이 좋아서 표지로 사용하기로 하였다. 이쁘네"라는 문자메시지 전송
12	0000. 9. 22. 00:06경	불상	이메일로 "○○이 우리 같이 살자"라는 문자메시지 전송

연번	범행일시	범행장소	범행방법
13	0000. 9. 22. 01:09경	불상	이메일로 "요즘 뭐 하는데? 솔직히 많이 보고싶다 가면 얼굴 한 번 보여주나"라는 문자메시지 전송
14	0000. 2. 7. 01:15경	불상	C 메신저로 "우리 단 둘이 있어본 적이 여태것 없는 것 같아 맨날 너는 사람들 무리속에 꼭 숨었어"라는 문자메시지 전송
15	0000. 2. 7. 18:34경	불상	C 메신저로 "보고싶당"이라는 문자메시지 전송
16	0000. 4. 5. 02:35경	불상	C 메신저로 "우리도 결혼하자 내가 지금 현금 좀 갖고 있을 때"라는 문자메시지 전송
17	0000. 12. 21. 17:31경	불상	C 메신저로 "저번에 보고나니깐 자꾸 보고 싶네"라는 문자메시지 전송

제2절
내 마음을 받아 줘 : 상대방에게 자신의 감정을 강요하기 위한 접근

스토킹행위를 하는 이유는 상대방에게 교제를 요구하거나, 애정을 갈구하거나, 대화를 요구하기 위함인 경우가 가장 많다. 분석 대상 사건 1,307건 중 824건(63.0%)이 이와 같은 관계요구형 스토킹으로 확인된다.

친밀한 관계(특히 연인관계 또는 배우자 관계)였다가 이별을 통보받은 뒤 이를 받아들이지 못하고 상대방에게 집착하여 관계의 지속 등을 요구하는 사례가 가장 전형적이다. 관계요구형 스토킹 사례로 분류된 824건을 '피해자와 가해자의 관계'에 주목하여 분석해 보면, 그 중 527건(64%)이 (전)애인관계에서 발생한 것이다. 그 밖에 거래관계로 알게 된 상대방(82건, 10%), 직장동료/상사/부하직원(34건, 4.1%) 또는 아무런 관계가 없는 상대방(28건, 3.4%)에게 호감을 느끼거나 성적 욕망을 느껴서 일방적으로 자신의 감정을 강요하며 접근하는 경우도 드물지 않은 것으로 확인된다.

스토킹 사례에서 피해자와 가해자가 어떤 관계에 있든 대개는 관계요구형 스토킹의 비율이 가장 높지만, 피해자와 가해자가 (배우자 이외의)가족 및 친인척관계인 경우에는 문제해결형 스토킹의 비율이 가장 높으며, 이웃관계인 경우 분노형 스토킹의 비율이 가장 높은 특징이 있다.

피해자의 성별에 따라 살펴보면, 피해자가 여성인 사건에서는 관계요구형이 67.1%로 여타 목적을 위한 스토킹 사건의 비율과 현저한 차이를 보이는데 비해, 피해자가 남성인 사건에서는 관계요구형 스토킹이 41.8%에 그치는 점이 눈에 띈다. 남성 피해자의 스토킹 사례에서는 여성피해자의 사례에 비해 분노형, 문제해결형, 또는 단순괴롭힘 스토킹의 비율이 전반적으로 조금씩 더 높다.

관계요구형 스토킹은 주로 이성간에 발생하지만, 피해자와 가해자가 동성인 경우도 드물게 존재한다.

한편, 관계요구형 스토킹으로 분류되는 사건이라고 하더라고, 오로지 한가지 목적만 존재하는 것은 아니다. 관계를 요구하며 접근하였다가 거절당하였을 때, 상대방에게 분노를 표출하거나 혹은 상대방을 괴롭히기 위한 스토킹 행위들이 중첩적으로 행해지는 경우가 빈번하기 때문이다.

1 관계요구형 스토킹 사례

사례 2-1

연인관계로 동거하다가 헤어진 후 다시 한번 기회를 달라고 매달리며 스토킹함

- J지역 2022년 사건

- 인정죄명 : 스토킹범죄의처벌등에관한법률위반(스토킹범죄), 상해
- 선고내용 : 징역 2년, 벌금 300만원
  스토킹 치료프로그램 40시간 이수

피고인(남)과 피해자(여, 43세)는 연인관계로 지내며 동거하다가 헤어진 사이로, 피고인은 동거기간 동안 여러차례 피해자를 폭행하고 피해자는 피고인을 경찰에 신고하였다가 용서하기를 반복한 바 있음. 헤어진 후에도 피고인은 피해자와 말다툼을 하던 중 격분하여 피해자를 폭행하여 약 28일간의 치료가 필요한 상해를 가함. 피고인은 피해자에게 상해를 가한 다음 날 밤부터 아래 〈범죄일람표 요약〉의 기재와 같이 이틀간 총 17회에 걸쳐 피해자에게 전화를 시도하고, "OO야 미안하고 내가 잘못했어", "약 먹기 전에 마지막으로 한 번만 더 기회를 줘. 오빠 정말 죽을지도 몰라"는 등을 내용으로 하는 카카오톡 메시지 및 "오빠 수면제 다 먹을 거야. 용서해 줘, 마지막으로..." 등의 문자메시지를 여러차례 전송함. 그럼에도 계속하여 피해자가 연락을 받지 않고 더 이상 찾아오지도 말라고 하자, 피고인은 피해자의 주거지를 찾아와 현관문을 두드리고 복도와 맞닿아 있는 주방 창문을 열어 창살에 얼굴을 갖다 댄 채 집 안에 있는 피해자를 향해 알수 없는 말을 계속 중얼거리면서 지켜보아 피해자에게 불안감 또는 공포심을 느끼게 함.

※ 스토킹 사건과 별개로 범해진 2건의 절도사건이 병합되어 형이 선고됨.
피고인은 피해자와 동거하던 중 여러 차례 피해자를 폭행하였고, 피해자가 피고인을 경찰에 신고하였다가 다시 용서하기를 반복하였는바, 피고인은 자신의

잘못을 깨닫고 뉘우칠 기회가 있었지만, 스스로 포기하였음. 피고인은 상해죄, 재물손괴죄와 같이 폭력성향이 발현된 전과가 다수 있고, 이 사건 각 범행은 모두 누범기간 중에 이루어졌음. 이와 같은 사정 등이 양형에서 불리한 정상으로 고려됨.

〈범죄일람표 요약〉

연번	범행일시	범행방법	피해자 답변
1	0000. 8. 30. 22:02	피해자에게 전화	수신거부
2	0000. 8. 30. 22:03	피해자에게 전화	수신거부
3	0000. 8. 31. 01:34	피해자에게 전화	수신거부
4	0000. 8. 31. 01:37	피해자에게 전화	수신거부
5	0000. 8. 31. 08:05	(카카오톡) 미안하고 잘못했어. 입이 열 개라도 할말이 없다	떠나세요, 정선집으로
6	0000. 8. 31. 08:09	(카카오톡) 아니 그만 살고 싶어. 너 아니면 죽는다고 했잖아... 오늘 약먹을거야 잘살아 아프지 말고 진심으로 사랑했어!	답하지 않음
7	0000. 8. 31. 08:17	(카카오톡) 반찬, 해놓았으니까 맛있게 먹어... B야 미안해 이정도 밖에 안되서	답하지 않음
8	0000. 8. 31. 08:31	(카카오톡) 약 먹기전에 마지막으로 한번만 더 기회를 워 오빠 정말 죽을지도. 몰라...	답하지 않음
9	0000. 8. 31. 08:36	피해자에게 전화	수신거부
10	0000. 8. 31. 08:53	문자 메시지 B야 미안하고 내가 잘못 했어 이제 다시는 집안일이나 너 일하는 데 관여하지 않을 게 정말이야	답하지 않음
11	0000. 8. 31. 08:54	(문자 메시지) 오빠 갈때없는 거 알잖아 어제도 터미널에서 잤어	답하지 않음
12	0000. 8. 31. 08:55	(문자 메시지) 오빠 수면제 다 먹을 거야 - 용서해줘 마지막으로..	답하지 않음
13	0000. 8. 31. 09:05	(문자 메시지) 이제 다시는 너맘 아프게 안할게 정말이야	답하지 않음

연번	범행일시	범행방법	피해자 답변
14	0000. 8. 31. 09:11	(문자 메시지) B야 사랑해	답하지 않음
15	0000. 8. 31. 09:14	(문자 메시지) 한번만 더 속아주면 안될까?	답하지 않음
16	0000. 8. 31. 09:15	(문자 메시지) 마지막으로	답하지 않음
17	0000. 8. 31. 20:01	(카카오톡) 불쌍한 년 니딸이 왜 한번도 전화안 하는지 알겠다. 쯔쯔..	지금 한말 모두 신고접수 했어

사례 2-2

합의이혼 숙려기간 중 아내에게 이혼의사를 철회해 줄 것을 요구하며 자살을 암시하는 내용의 문자메시지를 수 십회 전송함

- A지역 2022년 사건

- 인정죄명 : 스토킹범죄의처벌등에관한법률위반(스토킹범죄)
- 선고내용 : 벌금 200만원
  스토킹 치료프로그램 40시간 이수

피고인(남)과 피해자(여, 41세)는 부부로, 합의이혼 숙려기간 진행 중에 있음. 피고인은 피해자에게 이혼의사를 철회해 줄 것을 요구하며 "OO한테 꼭 전해줘. 미안하고 사랑했다고. 담 생에 보자", "어차피 나는 삶에 미련없으니 내 사망보험금이라도 타서 OO랑 잘 보내라", "니 차에서 되진다", "내가 죽는다고 거짓말 한 것 같니 궁금하면 트럭에 가서 문열어 봐라" 등 자살을 암시하는 내용의 문자메시지를 총 56회에 걸쳐 전송함.

※ 피고인에게 동종전과 및 벌금형을 초과하는 전과는 없는 점, 반성하고 있는 점, 재범을 하지 않을 것을 다짐하고 있는 점 외에도, 피해자의 외도사실을 알게 된 피고인이 피해자와 이혼과정에서 저지른 범행이므로 그 동기에 참작할 만한 사정이 있는 점 등이 양형에서 유리한 요인으로 고려됨.

사례 2-3

헬스장의 여성회원이 남성 트레이너에게 일방적으로 집착하여 스토킹함

– K지역 2022년 사건

- 인정죄명 : 스토킹범죄의처벌등에관한법률위반(스토킹범죄, 잠정조치불이행), 경범죄처벌법위반(지속적 괴롭힘), 건조물침입
- 선고내용 : 징역 1년, 집행유예 2년, 벌금 10만원
  보호관찰, 스토킹 치료강의 40시간 수강

피고인(여)은 피해자(남, 34세)가 운영하는 헬스장에 회원등록을 하였다가 수업태도 등의 문제로 인해 재등록을 거부당한 사람으로, 피해자로부터 헬스장에 나오지 말라는 문자메시지를 받았음에도 피해자의 의사에 반하여 반복적으로 찾아는 등의 행위를 하여 이미 주거침입죄로 처벌된 전력이 있음. 그럼에도 불구하고 피고인은 피해자가 운영하는 헬스장 인근에서 피해자를 기다리고 지켜보다가 건물 안으로 뛰어들어는 등의 행위를 수차례 반복하였고, 이에 접근금지 등을 내용으로 하는 잠정조치 결정을 받음. 그러나 피고인은 피해자의 헬스장 건물 1층 앞에서 피해자를 기다리며 지켜보는 행위를 하고, 피해자에게 "경고장 보낸 거 받았어. 이제 안 올게. 마지막으로 온 거야. OO씨 미안해. 그냥 얘기 좀 해. 진짜 너무 한다. 난 그냥 네가 그렇게 해서 말하고 가려고 한 건데, 내가 지금 얼마나 난처한지 알아?! 대체 나한테 왜이래, 정말 너무 한다 너무해. 미안하다 자꾸 괴롭혀서"라는 문자메시지를 전송함으로써 잠정조치를 이행하지 않음.

※ 스토킹범죄의처벌등에관한법률 시행 이전의 스토킹행위에 대해서는 경범죄처벌법이 적용되어 벌금형이 선고됨.

사례 2-4

카페 손님이 여자 사장에게 일방적으로 호감을 표하며 지속적으로 연락하고, 사적인 관계를 요구하며 접근함

- A지역 2022년 사건

- 인정죄명 : 스토킹범죄의처벌등에관한법률위반(스토킹범죄)
- 선고내용 : 벌금 300만원
  스토킹 치료프로그램 40시간 이수

피고인(남)은 피해자(여, 53세)가 운영하는 카페에 손님으로 방문하였다가 피해자와 알게 된 사이로, 피해자에게 "둘이 만나자"고 요청했으나 피해자가 이를 거부함. 그럼에도 불구하고 피고인은 늦은 밤 피해자에게 "뵙고 싶고 궁금했는데, 오늘 그 수줍은 모습에 웃음이 빙그레 만발합니다. 항상 그 자리에, 다소곳한 당당함을 겸비한 변함없는 기풍으로 대해주신데 대해 감사드립니다. 편히 쉬십시오"라고 문자메시지를 전송한 것을 비롯하여 여러차례 문자메시지 등으로 연락을 취함. 또한 피고인은 피해자의 카페에 찾아가 "밥먹자, 어디 사느냐, 데려다주겠다"고 말하며 피해자에게 접근 하는 행위를 수차례 반복함.

※ 피고인에게 동종 전과는 없는 점, 자신의 잘못을 인정하며 반성하는 점, 피해자가 경찰에 신고한 이후에는 다시 피해자를 찾아가지 않은 점등이 양형에서 유리한 정상으로 고려됨.

사례 2-5

같은 직장에서 동료로 근무한 적이 있는 사이일 뿐 교제하는 관계가 아님에도 불구하고, 이유없이 여러차례에 걸쳐 사적인 연락을 취하고, 선물을 보내고, 직장으로 찾아가는 등의 스토킹 행위를 함

- A지역 2022 사건

피고인(남)은 피해자(여, 34세)와 약 1년 동안 같은 직장에 근무했던 동료

사이로, 1개월여 기간 동안 피해자에게 이유 없이 총 18회에 걸쳐 사적인 내용의 문자메시지를 보내고, 총 28회에 걸쳐 전화통화를 시도하고, 총 2회에 걸쳐 선물이 포함된 문자메시지를 보내고, 총 2회에 걸쳐 피해자의 직장으로 찾아가는 등의 스토킹 행위를 함.

※ 공소제기 후 피해자가 처벌불원의 의사를 표시함에 따라 공소기각 됨.

사례 2-6

이웃집에 혼자 거주하는 젊은 여성에게 일방적으로 호감을 표하며 스토킹함

– C지역 2023 사건

- 인정죄명 : 스토킹범죄의처벌등에관한법률위반(스토킹범죄), 주거침입, 특수공무집행방해
- 선고내용 : 징역 8월, 집행유예 2년
  보호관찰, 스토킹 치료프로그램 40시간 이수

피고인(남)과 피해자(여, 26세)는 같은 공동주택에 거주하는 이웃주민으로, 피고인은 피해자의 거주지 호실 앞에서 피해자에게 "이웃이니까 서로 소통하고 지내요"라고 말하고 아이스크림을 건네주며 안면을 익힌 바 있음. 그 뒤로 피고인은 피해자의 차량에서 임의로 알게 된 전화번호를 이용하여 피해자에게 메시지를 보내는 등 약 1달여 기간 동안 총 71회에 걸쳐 피해자의 의사에 반하여 정당한 이유없이 피해자에게 접근하거나 물건을 도달하게 하여 불안감 또는 공포심을 일으킴. 또한 피고인은 늦은 밤 피해자의 거주지 현관문을 두드리며 "OO씨"라고 불렀으나 피해자가 아무런 대답을 하지 않자, 디지털 도어락 비밀번호를 누르고 손잡이를 돌리며 현관문의 개방을 시도하였고, 문이 열리지 않자 현관문 옆 창문을 열고 그 곳 안으로 손을 집어 넣음. 이에 피해자의 112 신고를 받고 출동한 경찰 A로부터 사건 경위에 관한 질문을 받던 중 피해자의 남자친구 B로부터 항의를 받자, 이에 화가 나서 그 곳에 있던 삼단봉(길이 약 56cm)

을 손으로 집어 들고 "신고자를 만나게 해 달라", "너거들 중국놈들 사서 죽여버리겠다"고 말하며 경찰 A를 밀치고, 그 곳 벽에 걸려있던 나무 재질의 서각판(세로 길이 약 40cm, 가로 길이 약 33cm, 두께 약 2cm)를 손으로 집어 들고 "죽여버리겠다"라고 말하며 재차 경찰 A를 밀침.

※ 죄질이 매우 좋지 아니하며 범죄전력이 수회 있으나, 범행을 인정하고 피해 경찰공무원과 합의하였으며 , 피해자를 위해 일정 금액을 공탁하였고, 현재의 거주지가 아닌 모친의거주지로 이전하는 등 재범방지를 위해 적극 노력하겠다고 다짐하는 점 등이 양형에서 유리한 요소로 작용하여 집행유예가 선고됨.

사례 2-7

2차례 데이트를 했을 뿐 교제로 이어지지 않은 관계에서 일방적으로 계속 구애의 문자메시지를 전송하며 스토킹함

- G지역 2022년 사건

- 인정죄명 : 스토킹범죄의처벌등에관한법률위반(스토킹범죄)
- 선고내용 : 징역 4개월, 집행유예 1년
  보호관찰, 스토킹범죄 재범예방강의 40시간 수강

피고인(여)은 피해자(남, 37세)와 약 3년 전 데이팅 어플을 통해 알게 되어 2차례 만남을 가진 바 있는 사이로, 피해자가 더 이상 만남을 원하지 않는다며 명시적 거부의사를 표시하였음에도 이를 무시하고 피해자에게 일방적으로 연락을 해 오던 중 정보통신망이용촉진및정보보호등에관한법률위반죄로 벌금 200만원의 약식명령을 2회에 걸쳐 받은 바 있음. 그럼에도 불구하고 또 다시 "오빠, 사랑해" 등의 문자메시지를 81회에 걸쳐 전송함.

※ 피해자에게 반복적으로 문자메시지를 보내는 등의 행위로 2차례에 걸쳐 처벌을 받은 전력이 있음에도 같은 범행을 반복한 점. 피해자에게 용서받지 못한 점 등은 양형에서 불리한 정상이나, 피고인이 범행을 인정하고 있으며, 상세불명의 양극성 정동장애로 입원치료를 받은 사실이 있고, 조현병 진단을 받은 점 등이 양형에서 참작되어 집행유예가 선고됨.

사례 2-8

sns를 통해 알게 된 동성의 지인에게 마치 연인관계와 같은 양상으로 집착하여 관계의 지속을 요구하며 문자메시지 및 등기우편을 약 150회에 걸쳐 보냄

– B지역 2022년 사건

- 인정죄명 : 스토킹범죄의처벌등에관한법률위반(스토킹범죄, 잠정조치 불이행), 정보통신망이용촉진및정보보호등에관한법률위반(공포심이나 불안감을 유발하는 부호·문언 또는 영상의 반복적 전송)
- 선고내용 : 징역 8월, 집행유예 2년
  스토킹 재범예방강의 40시간 수강

피고인(남)은 SNS '인스타그램 DM'을 통해 피해자(남, 32세)에게 자신을 '39세의 의사'라고 소개하는 방법으로 접근하여 피해자와 가깝게 지냈으나, 피해자로부터 "신뢰가 깨졌으니 더 이상 연락을 하지 말라"는 말과 함께 수신차단 당한 후 집착하여 관계의 지속을 요구함. 피고인은 피해자에게 "비 내린다 운전조심해요"라는 카카오톡 어플리케이션 메시지를 전송하여 도달하게 한 것을 비롯하여 그 때부터 아래의 〈범죄일람표 요약-1〉 기재와 같이 총 100회에 걸쳐 피해자에게 카카오톡 메시지를 전송함. 피해자가 피고인에게 "제발 연락하지 마세요. 이제"라고 거부 의사를 밝혔음에도 불구하고 피해자에게 "잘못했다, 용돈이나, 영양제를 산 것 있는데 만나서 전해주마"라는 등기우편을 발송하여 도달하게 한 것을 비롯하여 〈범죄일람표 요약-2〉 기재와 같이 총 22회에 걸쳐 피해자에게 등기우편을 발송하거나 카카오톡 메시지를 전송하여 피해자에게 도달하게 함. 이로 인해 법원으로부터 피해자에 대한 스토킹범죄 중단의 경고와 함께 접근금지 및 통신금지 등을 내용으로 하는 잠정조치 결정을 받았으나, 피고인은 이를 무시하고 피해자에게 "새해 복 가득해라, 나 거짓말한거 없다, 나 폰도 두고 6일 긴 여행 다녀왔다, 동생아 보고싶다, 지금 성당이다, 낼 긴글 쓸께"라는 내용의 카카오톡 메시지를 발송한 것을 비롯하여 〈범

죄일람표 요약-3〉 기재와 같이 총 25회에 걸쳐 피해자에게 카카오톡 메시지를 전송함.

※ 지속적으로 스토킹하고 통신매체를 통하여 공포심이나 불안감을 일으키는 메시지 등을 전송한 것으로, 그 죄질이 좋지 않고, 피해자로부터 용서받지도 못하였으나, 피고인이 잘못을 인정하고 반성하는 태도를 보이고 있는 점, 그 밖에 피고인의 나이, 성행, 환경, 범행의 경위, 수단과 결과, 범행 후의 정황 등 양형조건이 종합적으로 고려됨.

〈범죄일람표 요약-1〉

연번	일시	장소	내용	비고
1	0000. 9. 30. 07:53	불상	비내린다운전조심해요	카톡 메시지
2	0000. 9. 30. 14:45	불상	전처럼 다시 친하게지내는건 이젠 불가능인가요?ㅠㅠ	카톡 메시지
3	0000. 9. 30. 14:51	불상	두달이상 한번도 본적없고 ㅠㅠ	카톡 메시지
4	0000. 9. 30. 15:14	불상	나 몇일만 시간좀주세요 부탁합니다	카톡 메시지
5	0000. 9. 30. 15:16	불상	낼 낮에 회사찾아갈께요 14층가서 무릅꿇고빌께요	카톡 메시지
6	0000. 9. 30. 16:30	불상	나지금 집 가고있어요 낼이나 모레봐요 부탁드립니다	카톡 메시지
7	0000. 10. 5. 23:59	불상	편하고 편한잠자라	카톡 메시지
8	0000. 10. 6. 00:00	불상	어제도 오늘도 낼도 모레도 넌 내동생이다 내주인이고	카톡 메시지
9	0000. 10. 6. 12:45	불상	점심 잘드세요 내동생ㅡ	카톡 메시지
10	0000. 10. 6. 18:47	불상	저녁잘드시고 운동잘하세요ㅡ	카톡 메시지
11	0000. 10. 6. 21:02	불상	내가 잘 할께요 잘못했어요ㅡ	카톡 메시지
12	0000. 10. 6. 21:07	불상	나 물러가기 힘들다 ㅠ 3개월 고민했다 나좀 다시받아주세오	카톡 메시지

연번	일시	장소	내용	비고
13	0000. 10. 7. 11:45	불상	용서해주세요	카톡 메시지
14	0000. 10. 7. 23:41	불상	편히자요 진짜 보고싶다 만나서 욕이라도 하고싶고 실컷 웃고싶다 나 보고싶죠? 지난3개월 나 미치는줄알았다 용서해주세요 나 사기꾼도 게이도 아니다 잘 자오	카톡 메시지
15	0000. 10. 7. 23:45	불상	잠 않자도 행복하죠? 난 잡니다ㅡ	카톡 메시지
16	0000.10.11. 23:00경	불상	우리 이제 완전히 끝 난거죠?ㅠㅠ 그씹 에게 완전히 돌아선거죠? 내가 이리 매달리지만 않음 끝난거죠? 3개월이됐으니ㅠㅠ	카톡 메시지
17	0000.10.13. 07:49	불상	편히주무셨어요?	카톡 메시지
18	0000.10.13. 08:10	불상	다시 노예로 살께요 그놈만 버려주세요 ㅡ	카톡 메시지
19	0000.10.13. 08:57	불상	나좀 살려주세요 ㅠ	카톡 메시지
20	0000.10.13. 09:12	불상	한번만 딱 한번더 나좀 살려주세요 ㅡ	카톡 메시지
			중략	
91	0000.10.18. 22:25	불상	톡 프로필 그대로 좀 해두세요사진 않팔아먹어요 작년에 그리도 내가 사진팔아먹을까 걱정했죠?ㅠㅠ	카톡 메시지
92	0000.10.18. 22:59	불상	부탁에요 언제봐요?	카톡 메시지
93	0000.10.18. 23:31	불상	지금이라도 전화한통주세요ㅠ 제발요ㅡ	카톡 메시지
94	0000.10.19. 00:00	불상	나좀 살려주세요 프로필 보게해주세요	카톡 메시지
95	0000.10.19. 11:34	불상	부탁이에요 정상적으로 프로필보고싶어요 ㅠㅠ	카톡 메시지
96	0000.10.19. 12:00	불상	제발 용서해주세요	카톡 메시지
97	0000.10.19. 14:05	불상	우리언제봐요? 목금토일중 에요 말해주세요 ㅡㅡ	카톡 메시지

연번	일시	장소	내용	비고
98	0000.10.19. 14:39	불상	부탁해요 말해주세요 ㅜ	카톡 메시지
99	0000.10.19. 17:27	불상	제발 나좀 받아주세요 ㅡㅡ 프로필도 보게해주세요ㅠ	카톡 메시지
100	0000.10.19. 18:46	불상	언제만나요? 네?	카톡 메시지

〈범죄일람표 요약-2〉

연번	일시	장소	내용	비고
1	0000.10.22. 16:57	불상	아침이 밝았네요. 꼭 보고 싶어요. 진짜 잘 할께요. 카카오 전화 얼마나 했는지 몰라요. ㅜ. 특이 OOO도, △△△도 나 차단하고 만든 HD??도 뜨지 않네요ㅡ. 제 폰 번호는 가지고 계시는 거예요? ***-****-**** ㅜㅜ. 오늘 못보면. 주말 토. 일이라도 봐요. (이하 내용 생략)	피해자 근무지로 등기우편 도달
2	0000.10.25. 16:45	불상	월요일 아침이네요. 이제 톡도 확인도 않네요, 괜찮아요ㅡ. 오늘 꼭 좀 봐요. 퇴근시간 맞추어. 부산역쪽에 있을께요. 그놈 손아귀에서. 떨어뜨리고. 싶어요. 수십억 받았죠? 수십억이라도 두사람에겐. 똥 딲는 종이에 불과하니 ㅡ. 제가 잘 할께요. 정말로 잘 할께요. 수없는 말을 했기에 더 이상 긴 글은 않을께요. 꼭 봐요. 오늘요. 부탁드립니다. 4일간 휴가라도. 내지 연락한번없이 그놈과 서울이고 여행다니고. ㅜ 그놈 그 찢어서 믹서기에 돌려야 할 놈에 미쳐서 ㅜㅜ. 부탁합니다. 꼭 좀 만나요. 톡! 어차피 나 차단하려고 만든 톡 영원히 않봐도 되요. 꼭 좀 보고싶어요. 부탁드려요. (이하 내용 생략)	피해자 근무지로 등기우편 도달
3	0000.10.25. 20:20	불상	사진 발송	카톡 메시지
4	0000.10.25. 20:22	불상	톡 않보겠지만 던킨2층 스벅에요 5시25분부터 앉아있어요	카톡 메시지

중략				
21	0000.11. 4. 16:45	불상	내용 미상	피해자 근무지로 등기우편 도달
22	0000.11. 5. 16:51	불상	내용 미상	피해자 근무지로 등기우편 도달

〈범죄일람표 요약-3〉

연번	일시	방법	내용	비고
1	0000. 1. 1. 00:03	카톡 메시지	새해 복 가득해라 나 거짓말한거없다 나폰도 두고 6일 긴 여행다녀왔다 동생아__보고싶다 지금성당이다 낼긴글쓸께	도달
2	0000. 1. 1. 00:08	카톡 메시지	굳이 변호사랑 다니는 파라다이스 로비라운지 사진 않올려도 된다	도달
3	0000. 1. 1. 00:13	카톡 메시지	복에복을더해서 복받아라	도달
4	0000. 1. 1. 00:56	카톡 메시지	좀 만나자구나 성탄절부터 준비한것도 있고 주려고 어렵게 남자용 밍크코트도 준비했다 난 속인거 없다___ 전해줄길 없네__ 이삼일 내 잠시만 보자 전처럼 얼굴돌리고 전해주고 돌아서마	도달
5	0000. 1. 1. 01:02	카톡 메시지	나 게이라니 말도않된다ㅠㅠ 말도 않된다 말도 않된다 몇일내잠시보자 사놓은거 잠시전해주고 가마	도달
중략				
24	0000. 1. 8. 16:37	카톡 메시지	나 받아주라 화해하자 __ 나 한결같다__ 나 용서해주라	도달
25	0000.1.11. 18:37	카톡 메시지	몇일내 꼭함보자 전해줄거있다 30 40초내 시야서 사라질께 __	도달

2 문제해결형 스토킹 사례

문제해결형 스토킹은 관계요구형 스토킹과는 성질이 다소 다른 유형의 스토킹이다. 상대방에게 금전 등을 요구하거나, 분쟁을 유리하게 해결하기 위한 증거 등을 채집하거나, 기타 갈등상황의 해결을 위한 수단으로 스토킹을 행하는 경우가 문제해결형 스토킹으로 분류할 수 있다. 분석 대상 사건의 8.6%가 이에 해당한다.

가해자와 피해자가 (배우자 이외의)가족 및 친인척 관계에 있는 경우, 문제해결형 스토킹으로 분류되는 사례의 비율(38.9%)이 상대적으로 높았다. 부모·형제 등 가족에게 돈을 달라고 요구하며 괴롭히는 사례, 소송으로 얽혀 있는 상대방에게 소 취하 등을 요구하며 괴롭히는 사례 등이 가장 전형적인 문제해결형 스토킹에 해당한다.

사례 2-9

아들이 어머니에게 금전적 지원을 지속적으로 요구하며 소란을 피우고 스토킹을 함

- G지역 0000년 사건

- 인정죄명 : 스토킹범죄의처벌등에관한법률위반(잠정보치 불이행)
- 선고내용 : 징역 4개월, 집행유예 1년
  보호관찰

피고인은 자신의 어머니인 피해자가 자신의 방문을 두려워하고 있음을 알면서도 피해자를 찾아가 "아내가 5억원을 해달라고 한다. 안 해오면 자해를 하거나 목숨을 담보로 할 수도 있다"라고 하면서 금전적 지원을 요구하였고, 그 후 피해자와 그 동거가족들이 피고인의 방문을 거부하는 의사를 명확히 하였음에도 불구하고 재차 금전적 지원을 요구하기 위하여 피해자를 찾아가 초인종을 누르고 현관에서 소란을 피우는 등 피해자에게 접근함. 이에 법원으로부터 접근금지 등을 내용으로 하는 잠정조치 결

정을 받았으나, 이를 무시하고 또다시 피해자의 휴대전화 번호로 총 231회에 걸쳐 전화를 걸어 잠정조치를 이행하지 않음.

※ 일련의 스토킹행위에 대해서는 공소제기 후 피해자가 처벌불원의 의사를 표시함에 따라 공소기각 되었으며, 잠정조치불이행의 점에 대하여만 징역형의 집행유예가 선고됨.

사례 2-10

남동생과 그 아내에게 오래전 빌려주었던 돈의 이자를 받아내기 위해 이들을 괴롭힘

– M지역 2022년 사건

- 인정죄명 : 스토킹범죄의처벌등에관한법률위반(스토킹범죄)
- 선고내용 : 벌금 300만원
  스토킹 치료프로그램 40시간 이수

피고인(여)는 피해자1(남, 47세)과는 남매지간이고 피해자2(여, 42세)와는 시누이 관계로, 피해자들에게 18년 전에 빌려준 돈에 대한 이자를 받아야 한다는 이유로 아래 〈범죄일람표 요약〉의 기재 내용과 같이 피해자1에게 25회, 피해자2에게 19회에 걸쳐 전화 및 카카오톡 메시지를 통해 연락을 취하였으며, 피해자들의 근무지 및 주거지로 찾아가 문을 두드리거나 기다리는 등의 행위를 함.

※ 피고인이 범행을 모두 인정하며 반성하는 태도를 보이고 있는 점, 형사처벌을 받은 전력이 없는 점, 조울증 등으로 건강 상태가 좋지 않아 보이는 점 등이 양형에서 고려됨.

〈범죄일람표 요약〉

연번	범행일시	피해자 및 범행방법	범행내용
1	0000. 10. 30. 10:12	피해자1의 휴대전화에 연락	수신전화
2	0000. 11. 2. 11:32	상동	부재중전화

연번	범행일시	피해자 및 범행방법	범행내용
3	0000. 11. 18. 09:52~11:48	피해자2에게 카카오톡 메시지 전송	'삼천에대한이자2부계산해서보내라. 그때10받았다. 니형님아니다다부쳐. 니나잘못건드렸다 못된년 얼마나 잘사는지보자 은혜를원수로갚네. 부자로살아봐라. 내눈에띄면 죽여버린다. 내고통받은만큼 꼭되갚아 준다. D아파트인테리어공사해준거 일당내가계산해줬거던 30보내라'는 내용의 메시지 7회 전송
4	0000. 11. 18. 11:53	피해자1에 카카오톡 메시지 전송	D아파트 인테리어 비용 30 부쳐라. 그년이니랑 이야기 해라네. 오늘 중으로 부쳐 꼭 되갚아준다. 내 고통 받은 만큼'라는 내용의 메시지 전송
5	0000. 11. 21. 13:52	상동	'돈 부쳐라'라는 내용의 메시지 전송
6	0000. 11. 22. 19:03	상동	'너거 집 가기 전에 돈 부쳐 나 퇴원하면 당장 간다'라는 내용의 메시지 전송
7	0000. 11. 23. 13:37	피해자1의 휴대전화에 연락	수신전화
8	0000. 11. 23.	상동	부재중전화
9	0000. 11. 23. 14:00	피해자1의 직장에 찾아감	피해자의 직장에 찾아와 소리를 지르는 등의 소란을 피움
10	0000. 11. 23. 14:23	피해자1에게 카카오톡 메시지 전송	'내일 저녁에 차 간다 실어 보내'라는 내용의 메시지 전송
11	0000. 11. 23. 불상시간	피해자2의 휴대전화에 연락	거절한 전화
12	0000. 11. 29. 11:00	상동	상동
13	0000. 11. 29. 11:00	피해자1의 전화에 연락	수신한 전화
14	0000. 12. 1. 06:02	피해자 1에게 카카오톡 메시지 전송	'아직 계산이 안 되셨는지요. 돈 부치세요. 이번에는 그쪽 부인 보러 갈 겁니다'라는 내용의 메시지 전송
15	0000. 12. 6. 07:25	상동	'돈 부쳐라. 내가 미치는 꼴 보기 전에'라는 내용의 메시지 전송
중략			
36	0000. 12. 7. 07:45	피해자1,2의 집에 찾아감	피해자들의 집에 찾아와 아파트 공동출입문 앞에서 피해자들을 기다림

연번	범행일시	피해자 및 범행방법	범행내용
37	0000. 12. 7. 08:20	피해자1의 휴대전화에 연락	수신전화
38	0000. 12. 7. 불상 시간	피해자2의 휴대전화에 연락	자동거절된 전화(차단)
39	0000. 12. 7. 불상 시간	상동	상동
40	0000. 12. 7. 08:10	피해자1에게 카카오톡 메시지 전송	'회사로 갈께'라는 내용의 메시지 전송
41	0000. 12. 7. 13:57	상동	'언제 경찰서로 갈까요, 내일 시간 됩니다'라는 내용의 메시지 전송

사례 2-11

피해자와 부부였으나 가정폭력으로 이혼한 뒤, 가정폭력 사건과 관련한 벌금을 낼 수 있도록 돈을 달라고 요구하며 피해자에게 지속적 반복적으로 접근함

– A지역 2022년 사건

- 인정죄명 : 스토킹범죄의처벌등에관한법률위반(스토킹범죄)
- 선고내용 : 징역 10개월, 집행유예 2년
  보호관찰, 스토킹 치료프로그램 40시간 이수

피고인은 피해자(여, 54세)와 약 10년간 부부 관계를 유지하다가 피해자에 대한 가정폭력 등의 사유로 협의이혼을 한 사람으로, 피해자는 피고인의 누적된 폭력으로 인해 피고인에 대한 불안감 또는 공포심을 가지고 있었음. 피고인은 피해자의 주거지로 찾아가 피해자의 휴대전화로 6회에 걸쳐 전화하여 통화를 시도하고, 다음 날 피해자와 통화가 되자 "집을 팔던지 벌금(피해자에 대한 가정폭력 사건 관련)을 낼 수 있도록 돈을 달라, 신고한 사건을 합의해 달라"고 요구하는 등 1달 반 정도의 기간 동안 총 85회에 걸쳐 피해자의 직장, 주거지에 찾아가거나 통화 또는 통화를 시도함으로써 피해자에게 불안감 또는 공포심을 일으키는 스토킹행위를 함.

사례 2-12

복수 피고인 사례 : 이혼소송에서 배우자의 불륜사실을 입증할 증거를 수집하기 위해 배우자와 그 내연관계인 자를 스토킹함

- I지역 2022년 사건

피고인(여)과 A(남)는 각자의 배우자가 불륜관계에 있다고 생각하고 각자의 이혼소송 중에 증거자료를 확보할 목적으로 피해자1(A의 아내) 및 피해자2(피고인의 남편)를 미행하기로 공모함. 이에 따라 피고인은 피해자의 주거지 근처에서 피해자를 지켜보다가 사진 및 동영상을 촬영하는 행위를 여러차례 반복함.

※ 공소제기 후 피해자가 처벌불원의 의사를 표시함에 따라 공소기각됨.

사례 2-13

이혼 후 자녀에 대한 양육비 및 면접교섭권에 대한 의견조율 과정에서 (전)배우자에게 지속적·반복적인 연락을 취하며 욕설 등 모욕적인 내용의 메시지를 여러차례 전송함

- E지역 2022년 사건

- 인정죄명 : 스토킹범죄의처벌등에관한법률위반(스토킹범죄)
- 선고내용 : 징역 8월, 집행유예 2년
  스토킹범죄 재범예방강의 40시간 수강

※ 범행기간과 횟수에 비춰보면 그 죄질이 좋지 않으며, 피해자로부터 용서받지도 못했으나, 피고인이 이 사건 범행을 자백하고 자신의 잘못을 반성하고 있는 점, 이종의 벌금형 전과 8회 이외에 동종 범죄로 처벌받은 전력이 없는 점, 자녀에 대한 양육비 및 면접교섭권에 대한 의견 조율 과정에서 이 사건 범행에 이른 것으로 범행 경위에 다소 참작할 사정도 있는 점 등이 양형에서 유리한 정상으로 고려됨.

사례 2-14

거래관계에서 생긴 분쟁을 자신의 의도대로 해결하기 위하여 거래상대방의 아들을 괴롭힘

– A지역 2022년 사건

- 인정죄명 : 스토킹범죄의처벌등에관한법률위반(스토킹범죄)
- 선고내용 : 징역 8월, 집행유예 2년

피고인(남)은 자신의 아내가 피해자(남, 35세)의 어머니에게 토지를 매도한 것이 시세보다 훨씬 낮은 헐값에 계약한 것이어서 부당하다고 주장하면서 피해자의 아버지에게 이 매매계약을 취소하고 토지를 반환하라고 요구하였으나 거부당하였고, 이에 피고인은 피해자를 괴롭혀서라도 토지를 돌려받겠다고 마음먹음. 피고인은 피해자의 근무지인 OO시청을 찾아가 사무실 안까지 들어가 서 피해자의 직장상사 등이 지켜보는 가운데 "이런 도둑놈의 자식을 공무원 시키냐"라고 소리를 지르고, 근무지의 앞 길가에서 확성기를 든 채로 "OO시청에 도둑놈이 근무하고 있어요, 시민 여러분"이라고 소리를 지름. 이에 피해자가 112신고를 하여 경찰관이 출동하자 위 경찰관 앞에서 피해자에게 "직장을 그만두게 만들어서 네 아버지 목매달아 죽게 하겠다."라고 소리를 지름. 피고인은 그 후로도 11차례 피해자의 직장으로 찾아가 피해자에게 접근하여 공포심 또는 불안감을 일으킴.

사례 2-15

사망한 형의 재산에 대해 일부 권리를 주장하여 질손(姪孫)에게 돈을 요구하며 지속적· 반복적으로 접근함

– D지역 2022년 사건

- 인정죄명 : 스토킹범죄의처벌등에관한법률위반(스토킹범죄)
- 선고형량 : 벌금 500만원
  스토킹 치료프로그램 40시간 이수

피고인(남)은 피해자(남, 42세)의 조부 A의 동생으로, 피해자가 운영하는 운수회사의 창업자인 A가 사망하기 전 자신에게 4억원을 증여하기로 했었다고 주장하며 10년 이상의 기간동안 수시로 피해자를 찾아와 돈을 요구해왔고, 그 과정에서 피해자에 대한 특수폭행죄 건조물침입죄, 업무방해죄 등으로 여러차례 처벌받은 바 있음. 그럼에도 불구하고 피고인은 또 다시 피해자의 회사를 찾아와 직원들에게 피해자를 만나게 해달라고 요구하는 행위를 반복하였고, 회사 구내식당에서 식사를 하고 "밥값은 알아서 하라"고 하였으며, 피해자의 사무실에서 피해자가 "그만하고 나가달라"고 요청하였음에도 이에 응하지 않음.

3 분노형 스토킹 사례

상대방에게 분노를 표출하거나, 위협하거나, 보복하기 위한 수단으로 스토킹을 행하는 경우를 분노형 스토킹으로 분류할 수 있다. 분노 등이 유일한 목적인 경우도 있지만, 대개는 관계요구형 또는 문제해결형과 결합된 유형으로 확인된다. 예를 들면, 연인관계에서 이별을 통보받은 후 이를 받아들이지 못하고 관계의 지속을 요구하며 집착적으로 매달리다가, 자신을 받아주지 않는 상대방에게 분노의 감정이 생겨 욕설 등이 담긴 메시지를 전송하며 괴롭히는 경우(관계요구형 + 분노형의 결합), 또는 부모에게 금전적 지원을 요청하였는데 거절당하자 화가 나서 거친 방법으로 접근을 반복하는 경우(문제해결형 + 분노형의 결합) 등이 전형적인 유형이다.

분석 대상 사건 중 24.3%는 분노형 스토킹에 해당한다.

사례 2-16

이별 후 1년 9개월이 지난 시점에 전 연인의 주거지로 찾아갔다가, 전 연인이 다른 남성과 동거 중인 것을 알게 되어 위협하는 내용의 문자메시지를 반복하여 전송함

– B지역 2022년 사건

- 인정죄명 : 스토킹범죄의처벌등에관한법률위반(스토킹범죄), 주거침입
- 선고내용 : 징역 6개월, 집행유예 2년
  보호관찰, 스토킹범죄 재범예방강의 40시간 수강

피고인(남)과 피해자(여, 48세)는 약 2년간 연인관계로 교제하다가 헤어진 사이로, 이별 후 약 1년 9개월이 지난 시점에 피고인은 피해자의 주거지로 찾아가 아파트 공용현관 비밀번호를 입력하는 방법으로 피해자의 주거지 현관문 앞까지 침입하였고, 피해자로부터 선물받았던 의류 등을 훼손하여 담아 둔 종량제 봉투를 피해자의 주거지 현관문 앞에 가져다 놓음. 또한 피해자가 다른 남성과 동거하고 있다는 사실을 알게 되자, 피해자에게 동거남

을 지칭하며 "OOO씨세요? OOO씨, 당신도 내가 무고죄로 고소할 거예요"라는 카카오톡 메시지를 전송하는 등 1개월여 기간 동안 총 47회에 걸쳐 카카오톡 메시지를 전송함.

※ 피해자와의 합의가 있은 점, 피고인이 구금될 경우 부양가족인 노모가 과도한 곤경에 처할 것으로 보이는 점, 피고인의 지인들이 피고인에 대한 선처를 간절히 탄원하는 등 피고인의 사회적 유대관계가 비교적 분명하게 보이는 점, 실형을 받은 전과가 없는 점 등이 양형에서 유리한 요인으로 고려됨.

사례 2-17

동거하면서 연인관계에 있던 피해자로부터 이별을 통보받자, 피해자의 마음을 돌리기 위해 집착적으로 접근하고, 피해자가 끝내 받아주지 않자 폭력을 수반한 스토킹 행위를 함

– G지역 2022년 사건

- 인정죄명 : 재물손괴, 주거침입
- 선고내용 : 징역 8월, 집행유예 2년
  보호관찰

피고인(남)은 피해자(여, 54세)와 동거하면서 교제하였던 사이로, 술만 마시면 폭력적으로 변하는 피고인이 성향때문에 피해자로부터 이별을 요구받고 별도의 주거지를 얻어 지내게 됨. 피해자는 친구사이로 지내자고 요청하였으나, 피고인은 이를 무시한 채 연인관계의 지속을 요구함. 피해자로부터 전화수신 거부를 당하게 되자 피고인은 피해자의 거주지를 찾아가 출입문 유리창을 발로 차 깨뜨리는 등의 방법으로 안까지 침입하고, 피해자의 근무지를 찾아가 꽃 등을 선물하며 이전의 범행에 대해 사과하였으나 피해자로부터 용서를 받지 못하자 분노하여 피해자를 폭행함. 그 후로도 피고인은 피해자의 주거지 및 근무지를 찾아가 기다리는 등의 행위를 반복하였으며, "어없다. 지금까지 살아 온 우리의리가 이게 단가싶

다. 사랑하다 헤어지면 남이가?", "그거하고 사귀나?", "그러면 내가 당신 행복을 위해서라도 그러면 안되겠지 과거는 과거일 뿐~ 사랑했다", "왜 혼자 사니?", "날 자살하게만들거가" 등의 메시지를 전송함.

※ 일련의 스토킹 행위에 대해서는 피해자가 처벌불원의 의사를 표시하였으므로 공소기각 됨.

사례 2-18

금전관계로 인한 민사소송에서 패소하자, 분노하여 피해자에게 수십차례 연락을 취함

- G지역 2022년 사건

- 인정죄명 : 스토킹범죄의처벌등에관한법률위반(스토킹범죄)
- 선고내용 : 징역 8월, 집행유예 2년
  스토킹범죄 재범예방강의 40시간 수강

피고인과 피해자는 금전관계로 인하여 민사소송을 하던 중 피고인이 항소심에서도 패소하게 되자 피해자에 대한 감정이 더 나빠짐. 이에 피고인은 피해자에게 "쓰레기야 사람 있는데서 놀지 마라. 냄새난다 ㅆ. 법이 안되면 내가 하께. 쓰레기는 분리수거 해야거든. 머 이런 개새끼 때문에 내 인생이 엉망되서 내가 가는 한이 있어도 넌 내가 찍는다 ㅆㅂ. 니가 하는 것이 얼마나 잘못한 건지 내가 보여주께 기대해라 ㅆㅂ"라고 문자메시지를 전송한 것을 비롯하여 수십차례에 거쳐 피해자에게 연락을 취함.

사례 2-19

층간소음 문제로 불만을 품고 피해자들의 주거지로 찾아가 현관문을 발로 차거나 망치로 내리쳐 훼손하는 등의 행위를 여러차례 행함

- B지역 2022년 사건

- 인정죄명 : 스토킹범죄의처벌등에관한법률위반(스토킹범죄), 특수재물손괴, 아동복지법위반(신체적 학대행위)
- 선고내용 : 징역 1년 2개월

피고인과 피해자1(남, 71세), 피해자2(여, 69세)는 같은 아파트 위 아래층에 사는 이웃주민으로, 평소 층간소음 문제로 다툼이 있었음. 피고인은 초반에는 피해자들의 집을 찾아가 현관문을 발로 차는 등의 행위를 여러차례에 걸쳐 지속·반복하다가, 시간이 흐른 뒤에는 피해자의 집 현관문과 그곳에 설치된 잠금장치 및 초인종을 위험한 물건(망치, 길이 약 30cm)으로 내리쳐 훼손하는 행위를 함. 이와 같은 스토킹 사건과 별개로 피고인은 아파트 놀이터에서 놀고 있던 10세 아동을 위협하고 발로 차는 등의 학대행위를 하여, 두 사건이 병합처리됨.

4 단순괴롭힘 스토킹 사례

상대방에게 관계를 요구하거나, 문제를 해결하거나, 분노를 표하기 위한 목적없이 그저 단순히 괴롭힘 자체가 스토킹의 목적인 사례도 존재한다. 이유없이 지속적 반복적으로 상대방을 조롱하거나 모욕하는 언행을 하는 경우들이 대표적이다.

분석 대상 사건 중 약 10%가 단순괴롭힘 스토킹에 해당하는 것으로 파악되는데, 특히 동창관계에서 발생하는 스토킹 중에는 단순괴롭힘 사례가 42.9%에 달한다. 그 밖에 직장동료/상사/부하직원 관계, 이웃관계, 모르는 관계에서 발생하는 스토킹 사례 중에서도 단순괴롭힘에 해당하는 비율이 20% 이상이다.

사례 2-20

대학원 동기인 피해자의 유튜브 채널에 피해자를 비방하는 댓글을 반복하여 게시하고, 피해자에게 이유없이 비난하는 내용의 문자메시지를 271회 발송함

- A지역 2023년 사건

- 인정죄명 : 스토킹범죄의처벌등에관한법률위반(스토킹범죄), 정보통신망이용촉진및정보보호에관한법률위반(불안감 유발 문언 반복 전송)
- 선고내용 : 징역 6월, 집행유예 2년
  스토킹범죄 재범예방강의 40시간 수강

피고인(여)는 피해자(여, 40세)와 대학원 동기관계로, 이 사건 이전에도 이미 피해자의 유튜브 채널에 6회에 걸쳐 피해자를 비방하는 댓글을 게시하여 정보통신망을 이용한 명예훼손죄로 벌금 300만원을 선고받음. 그럼에도 불구하고 피고인은 계속하여 피해자에게 "ㅋㅋㅋ 언니 언니 초등학교 사람들, 같이 밴드했던 사람들, 음악하는 사람들도 언니 허언증 있는 것 알아요?"라는 문자메시지를 발송한 것을 비롯하여 3개월간 총 185회에 걸

쳐 피해자를 비난하는 내용의 문자메시지를 발송하고, "언니~ 언니가 너무 안쓰럽고 불쌍해서 눈물이 나네요bb 형사 앞에서도 거짓말했어요?"라는 문자를 발송한 것을 비롯하여 약 9개월간 총 86회에 걸쳐 피해자를 비난하는 내용의 문자메시지를 발송함.

※ 일련의 스토킹 행위 중 스토킹처벌법 시행 이전의 행위에 대해서는 정보통신망법이 적용됨. 장기간 많은 횟수에 걸쳐 범행이 이루어진 점, 특히 피해자를 비방하는 댓글로 인하여 다른 형사사건으로 재판을 받던 중에도 범행을 계속한 점, 피해자로부터 용서받지 못한 점 등이 양형에서 불리한 정상으로 고려되었으나, 피고인이 자백하고 반성하며 벌금형을 초과하는 전과가 없으며, 문자메시지 내용 자체로는 공포심이나 불안감을 유발하는 정도가 심하지 않고 피해자에 대한 사과 취지의 문언도 있었다는 점, 피해자를 위하여 500만원을 형사공탁하였다는 점 등이 유리한 정상으로 참작되어 집행유예가 선고됨.

사례 2-21

옆집에 거주하는 이웃을 스토킹하여 접근금지의 잠정조치를 결정받고도 이를 위반하고 피해자에게 접근하여 욕설과 성적인 모욕이 담긴 말을 하고, 피해자의 주거지에 접근하여 위험한 물건을 두는 등의 행위를 함

- B지역 2022년 사건

- 인정죄명 : 스토킹범죄의처벌등에관한법률위반(흉기 등 이용 스토킹범죄, 잠정조치 위반)
- 선고내용 : 징역 10개월
  스토킹 치료프로그램 40시간 이수

피고인(남)은 피해자(여, 60세)의 옆집에 거주하는 이웃으로, 이 사건 이전에 이미 피해자에 대한 접근금지를 내용으로 하는 잠정조치 결정을 받은 바 있음. 그럼에도 피고인은 새벽 시간에 피해자의 주거지 앞에서 피해자에게 "씨발년아, 문 열어라, 자지 빨아본 적 있나, 내 자지 좀 빨아도" 라고 소리를 치며 피해자의 집 현관문을 발로 차고 문 손잡이를 잡아 흔

들어 피해자에게 접근함. 또한 며칠 후 새벽시간에 다시 피해자의 집 앞에서 소리를 지르며 피해자의 집 초인종을 누르고, 문 손잡이를 잡아 당기는 방법으로 재차 피해자에게 접근하였으며, 몇 시간이 지난 후 다시 피해자의 집에 접근하여 위험한 물건(커터칼, 칼날길이 7cm)을 피해자의 집 창문틀에 둠.

※ 위험한 물건을 이용하여 스토킹하여 피해자에게 큰 정신적 고통과 불안감을 준 점, 잠정조치를 위반하여 피해자에게 접근한 점, 폭행죄로 인한 실형전과를 비롯하여 다수의 전과가 있는 점 등으로 인해 실형의 선고가 불가피하나, 피고인이 범행을 자백하면서 반성하고 있는 점, 정신질환을 겪고 있었던 것으로 보이는 점 등이 양형에서 유리한 정상으로 참작됨.

제3절 집요하고도 치밀한 집착의 복합적 발현 양상

스토킹은 집요하고도 치밀한 집착에 의해 행해진다는 특징이 있다. 스토킹의 행위 유형은 매우 다양한데, 단일 유형의 행위만 지속·반복되는 사례 보다 여러 유형의 행위들이 복합적으로 결합되어 피해자를 괴롭히는 양상인 경우가 더 많다. 또한 흉기 등 위험한 물건을 휴대하거나 이용하여 스토킹 범행을 저지름으로써 피해자의 생명, 신체, 재산 등에 큰 위험을 야기하는 사례도 상당한 비율(분석 대상 사건의 9.9%)을 차지하며, 스토킹 행위 중에 주거침입, 폭행, 협박, 재물손괴 등의 추가적 범죄를 저지르는 경우가 전체 사건의 과반수(분석 대상 사건의 57.5%)에 달한다. 단시간 동안 집중적인 스토킹 행위가 일어나는 경우도 있는 반면, 몇 년에 걸쳐 긴 시간동안 스토킹 행위가 지속되는 사례도 빈번하다. 스토킹행위로 인해 경찰이나 법원이 개입하여 긴급응급조치 또는 잠정조치가 내려져도 이를 위반하여 스토킹을 계속하는 사례들이 대부분(분석 대상 사건의 85.7%)이다. 한편, 피해자가 스토킹으로부터 벗어나기 위해 연락을 차단하고 전화번호를 바꾸어도 가해자들은 자신이 가진 정보를 활용하여 집요한 추적을 통해 피해자를 찾아내곤 한다. 예를 들면 추정되는 모든 번호를 카카오톡 메신저에 친구추가 한 뒤 추가된 친구의 프로필을 상대로 카카오톡 송금하기 서비스를 이용하여 상대방의 이름을 확인하는 방식으로 피해자의 변경된 전화번호를 알아낸 사례들이 다수 있다.

1 스토킹의 행위 유형

개정 전 「스토킹처벌법」 제2조에 규정된 행위유형들을 기준으로 분석 대상 사건들의 구체적 행위유형들을 분류해 보면, '우편·전화·팩스 또는 정보통신망을 이용하여 물건 등을 도달하게 하기'의 사례가 가장 많다(968건, 74.1%). 즉, 근래의 스토킹은 피해자의 의사에 반해 수시로 전화를 걸고, 문자메시지나 카카오톡 메시지를 반복적으로 전송하는 경우들이 가장 빈번한 것으로 파악된다. 그 다음으로는 '접근, 따라다니기, 진로방해'(848건, 64.9%), 기다리거나 지켜보기(404건, 30.9%) 등의 순으로 나타난다.

대부분의 스토킹범죄 사례에서는 여러 유형의 행위들이 중첩적으로 결합된 양상으로 발현된다. 예를 들면, 전화를 걸었으나 피해자가 받지 않는 경우 문자메시지 등을 전송하고, 그럼에도 피해자의 답이 없으면 주거지 등을 찾아가거나 피해자의 일상생활 장소에서 피해자를 기다리는 등의 행위를 복합적으로 행하는 경우가 많다.

피해자 성별에 따라 스토킹의 행위유형이 본질적으로 차이가 있지는 않지만, 피해자가 남성일 때에는 '접근, 따라다니기, 진로방해' 비율(64.1%)이 가장 높은데 비해, 피해자가 여성일 때에는 '우편·전화·팩스 또는 정보통신망을 이용하여 물건 등을 도달하게 하기' 비율(76.6%)이 가장 높은 특징이 있다.

피해자 연령에 주목하여 스토킹의 행위유형을 분석해 보면, 피해자가 40대 이하일 경우에는 '우편·전화·팩스 또는 정보통신망을 이용하여 물건 등을 도달하게 하기'의 비율이 높았고, 피해자가 50대 이상일 경우에는 '접근, 따라다니기, 진로방해'의 비율이 가장 높은 특징이 확인된다.

사례 3-1

동일한 피해자에게 기다리기, 접근하기, 문자메시지 발송, 정보통신망 이용 접근, 택배를 이용한 물건 발송 등의 행위를 여러 차례 반복함

– A지역 2022년 사건

- 인정죄명 : 스토킹범죄의처벌등에관한법률위반(스토킹범죄)
- 선고내용 : 공소기각

🔍 피고인(남)은 피해자(여, 22세)와 약 1달 동안 교제하다가 헤어진 사이로, 피해자가 "더 이상 연락하지 말라"는 의사를 분명하게 전달하였음에도 불구하고 피해자의 주거지 앞에서 피해자를 기다리다가 피해자와 마주치면 "2번만 더 만나달라, 만나주지 않으면 다시 찾아오겠다" 등의 말을 함. 또한 휴대전화를 이용하여 "하늘의 남성성과 땅의 여성성이...(후략)"이라는 장문의 문자메시지를 전송한 것을 비롯하여 총 49회에 걸쳐 피해자에게 문자메시지를 전송하고, 피해자가 운영하는 블로그의 게시물에 사진을 업로드하는 등 총 9회에 걸쳐 정보통신망을 이용한 접근을 함. 뿐만 아니라 피해자에게 택배로 책과 향초 등을 발송하여 도달하도록 함.

※ 공소제기 후 피해자의 처벌불원서가 제출됨에 따라 공소기각됨.

사례 3-2

전화연락, 문자메시지 전송 뿐 아니라 피해자의 주거지에 접근하고 피해자와 신체를 접촉하였으며, 문 앞에 꽃이나 메모 등을 두는 등의 행위를 함

– A지역 2022년 사건

- 인정죄명 : 스토킹범죄의처벌등에관한법률위반(스토킹범죄), 주거침입, 강제추행
- 선고내용 : 징역 10월, 집행유예 2년
  성폭력 치료강의 40시간 수강

🔍 피고인(남)은 피해자(여, 30세)와 교제하다가 헤어진 사이로, 피해자의 주거지에 찾아가 초인종을 눌렀으나 피해자가 문을 열어주지 않자 피해자에게 전화를 걸어 문을 열어달라고 요구하고, 피해자의 거부의사에도 불구하고 계속 만나달라고 요구하며 피해자에게 접근함. 이에 피해자가 집 앞 골목길로 나와 피고인을 만나자 "다른 남자를 만나는 것이 맞냐, 핸드폰을

보여달라"고 추궁하며 피해자의 핸드폰을 빼앗으려 하고, 피해자가 피고인을 피해 큰길로 피하자 피해자의 집 앞에서 피해자를 기다리는 행위를 함. 집으로 돌아온 피해자가 피고인을 발견하고 112 신고를 하자, 피고인은 피해자의 휴대폰을 빼앗으려 하는 등 실랑이를 벌이다, 피해자에게 "진짜 갈 테니까, 한 번만 안아보자"고 말하며 피해자가 싫다는데도 억지로 끌어안는 등의 방법으로 피해자를 추행함. 그리고는 계속하여 "미안해 마지막까지 상처주네. OO이가 다른 남자에게 간 게 다 내가 지금까지 잘못해서 생긴거란걸 깨닫네" 등의 문자메시지를 피해자에게 전송함. 며칠 후 피고인은 다시 피해자에게 "혹시라도 그럴 일은 없겠지만 헤어지고 내 생각 나면 연락줘. 고마워, 경찰 소환되게 해 줘서. 오토바이 타다 건너편 트럭에 치여 죽고 싶다. 아 그리고 마지막으로 어제 무섭게 해서 미안해", "너 없음 안돼. 제발 잘 할게" 등의 문자 메시지를 수십차례 전송하고, 피해자의 주거지 공동현관 비밀번호를 임의로 누르고 안으로 들어가서 문고리에 꽃을 걸어두는 행위를 여러차례 반복하였으며, 피해자의 주거지 앞에서 피해자를 기다리다가 피해자가 퇴근하여 집에 들어가는 모습을 지켜보고 대문에 "사랑해 OOO"라고 적힌 종이를 붙여두는 등의 행위를 함.

사례 3-3

피해자에게 전화, 문자메시지 등으로 수 백회 연락하고, 피해자의 주거지에 찾아가 침입한 후 피해자를 기다리고, 위험한 물건을 이용하여 피해자의 재물을 손괴하고 공공의 위험을 발생시키는 가스방출범죄를 범함

- J지역 2022년 사건

- 인정죄명 : 스토킹범죄의처벌등에관한법률위반(스토킹범죄), 정보통신망이용촉진및정보보호등에관한법률위반(불안감 유발 부호 등 전송), 주거침입, 특수재물손괴, 가스방출
- 선고내용 : 징역 3년
  스토킹 치료프로그램 40시간 이수

🔎 피고인(남)는 피해자(여, 29세)와 교제를 하던 중 피해자의 남자관계를 의심하고 생활을 감시하는 등 강한 집착을 보임에 따라 피해자로부터 헤어지자는 말을 듣게 되자 이에 대해 앙심을 품게 됨. 이별 후 피고인은 피해자에게 "죽고보자, 니 남자로 이러고 싶지" 등의 문자메시지를 3시간 동안 226회에 걸쳐 반복적으로 보내고, 피해자의 주거지로 찾아가 현관문 도어락 비밀번호를 눌렀으나 비밀번호가 바뀐 것을 알게 되자, 여러 가지 번호를 조합해서 비밀번호를 알아내고 결국 집 안으로 침입함. 피해자의 주방에서 피해자가 오기를 기다리던 중 피해자에게 "죽겠다"는 취지의 문자를 보냈으나 피해자로부터 "거짓말 하지 마라"는 답을 받자, 그 곳에 있던 위험한 물건(가위, 약 25cm)으로 주방 도시가스 배관을 자르는 등 피해자의 재물을 손괴함. 그리고는 배관에 연결된 중간밸브를 열어 40여분간 가스를 방출시키면서, 그 모습을 촬영하고 피해자에게 전송함으로써 주택 4세대 및 인근 영업장에 거주하는 불특정 다수인의 생명 신체 재산 등에 대하여 위험을 발생시킴. 그 후에도 피고인은 "씨발 개같은 난 너 진짜 가족이고 너밖에 없어서 이러는건데 니는 그저 남자면 좋지? 신고하면 난 끝까지 니 누굴 만나든 인생망쳐줄게"라는 내용의 문자메시지를 총 615회에 걸쳐전송함.

사례 3-4

전화연락이 잘 되지 않는다는 이유로 반려견을 잔혹하게 죽인 후 여러차례 전화, 문자메시지 등을 통해 위협적인 연락을 반복하고, 피해자의 직장으로 찾아감

– D지역 2022년 사건

- 인정죄명 : 스토킹범죄의처벌등에관한법률위반(스토킹범죄), 협박, 동물보호법 위반(동물학대)
- 선고내용 : 징역 1년 6월
  스토킹 치료프로그램 40시간 이수

- 피고인(남)은 피해자(여, 44세)와 사실혼 관계에 있던 자로, 피해자가 자신의 전화를 잘 받지 않아 화가 나 있는 상태에서 키우던 강아지가 주의를 산만하게 한다는 이유로 강아지를 발로 걷어 차고, 이로 인하여 강아지가 축 늘어지자 사시미 칼로 강아지의 목 부위를 찌른 후 목을 절단하여 죽게 함. 그리고는 피해자에게 영상통화를 걸어 목이 잘린 강아지의 모습을 보여주며 "다음은 네 차례다"라고 위협함. 목이 잘린 강아지 사체를 들고 피해자의 직장으로 찾아가 피해자에게 접근하였으며, 강아지의 사체 및 피가 묻은 칼, 그리고 피해자의 직장에 찾아가 촬영한 사진 등을 카카오톡 메시지로 피해자에게 전송하여 피해자를 협박한 것을 비롯하여, 하루 동안 수 십 차례 문자메시지를 보냄.

2 흉기 등 위험한 물건의 휴대 또는 이용

「스토킹처벌법」 제18조 제2항은 흉기 또는 그 밖의 위험한 물건을 휴대하거나 이용하여 스토킹범죄를 저지른 경우 가중처벌하고 있는 바, 분석 대상 사건 1,307건 중 9.9%(130건)은 흉기 등 위험한 물건을 휴대 또는 이용하여 범한 스토킹 사례였다.

위험한 물건으로 인정되는 범위는 매우 넓어서, 본래 사람의 살상을 목적으로 제작된 물건이 아니더라도 용법에 따라서 능히 사람을 살상하고 재물을 손괴할 수 있는 물건이라면 위험한 물건이 될 수 있다. 총이나 칼 뿐만 아니라 전기충격기, 망치, 고무망치, 소화기, 커터칼, 돌, 깨진 화분 조각 등도 위험한 물건으로 인정될 수 있다.

피해자의 연령이 높을수록 대체로 흉기 등 휴대의 비율이 조금씩 높아지는 특징이 확인되었으며, 특히 피해자가 70대 이상인 경우에는 17.2%가 흉기 등 위험한 물건을 휴대 또는 이용하여 범한 스토킹 사례였다.

스토킹의 목적에 주목하여 분석할 경우, 분노형 스토킹에서는 다른 목적의 스토킹사례들에 비해 상대적으로 흉기 등 휴대의 비율(16.4%)이 높은 것으로 파악된다.

사례 3-5

회칼을 소지한 채 피해자의 주거지 인근으로 찾아가 지켜보며 기다리는 행위를 함

– D지역 2022년 사건

- 인정죄명 : 스토킹범죄의처벌등에관한법률위반(흉기휴대 스토킹범죄), 협박
- 선고내용 : 징역 3년
  스토킹범죄 치료프로그램 40시간 이수

피고인(남)은 피해자(여, 52세)와 약 2개월 정도 동거하다가 헤어진 사이로, 피해자에게 전화하여 "내가 자기하고 죽으면 죽었지 절대 못헤어져.

하여튼 나는 죽으면 죽었지 그러지 말어. 여기서 다 불사질러 버리고 같이 죽으면 죽었지 절대 못 헤어져 자기하고"라고 말하며 피해자를 협박한 것을 비롯하여 총 5회에 걸쳐 피해자에게 전화를 하거나 카카오톡 메시지를 전송하여 피해자를 협박함. 이에 피해자로부터 "앞으로 나한테 연락하지마"라는 내용의 메시지를 전송받아 명시적인 거부의사를 확인하였으나, 피고인은 카카오톡을 이용하여 "진짜 너무한다 이렇게 독하고 고집이 센 줄은 알았는데 이렇게까지 센줄은 몰랐다 하지만자기한테너무미얀해서기다릴거야"라고 메시지를 전송한 것을 비롯하여 총 10회에 걸쳐 연락을 계속하고, 위험한 물건(회칼, 총길이 35cm, 칼날 길이 24cm)을 자신의 승용차 조수석 바닥에 소지한 상태로 승용차를 운전하여 피해자의 주거지로 가서 인근 도로변에 주차한 후 피해자를 지켜보면서 기다리는 행동을 함.

※ 흉기인 회칼을 소지한 채 스토킹범죄를 행한 점 등에 비추어 죄질이 매우 불량하고 죄책이 상당히 무겁다는 점이 양형에서 불리한 요인으로 고려됨.

사례 3-6

연락을 피하는 피해자를 찾아가 돌로 피해자의 승용차 유리창을 깨뜨리고, 현관문 근처에 놓여 있던 소화기로 유리창을 깨뜨림

– K지역 2022년 사건

- 인정죄명 : 스토킹범죄의처벌등에관한법률위반(흉기휴대 스토킹범죄)
- 선고내용 : 징역 8월
  스토킹범죄 치료프로그램 40시간 이수

피고인(남)과 피해자(여, 48세)는 약 3년째 알고 지내던 관계로, 피고인이 술만 마시면 폭력적인 성향을 보이기를 반복하므로 피해자는 피고인과 그의 아내가 동석한 자리에서 더 이상 자신에게 연락하지 말 것을 명시적으로 요구한 바 있음. 그럼에도 불구하고 피고인은 약 한 달간 피해자에게

200회 이상 매일같이 전화를 걸었고, 피해자가 "연락하지 말라"고 하면 "만나주지 않으면 죽여 버린다"는 등의 폭언을 함. 이에 두려움을 느낀 피해자가 피고인의 전화번호를 수신차단한 뒤 전남편의 주거지로 거처를 옮김. 이 사실을 알게 된 피고인은 분노하여 피해자의 주거지 인근 공영주차장에서 주변에 놓여있던 위험한 물건(돌)으로 그곳에 주차되어 있던 피해자의 승용차 전면 유리창과 운전석 유리창을 깨뜨려 손괴하였고, 피해자의 주거지로 찾아가 벨을 누르고 피해자를 불러내려 하였으나 이를 눈치 챈 피해자가 문을 열어주지 않자 주변에 놓여 있던 위험한 물건(소화기)으로 피해자의 거처 유리창을 깨뜨림.

※ 상당히 오랜기간 피해자를 대상으로 스토킹범죄를 저질렀으며, 스토킹범죄를 피하기 위해 피해자가 거처를 옮기자 위험한 물건을 휴대하여 피해자의 물건을 손괴하는 등 보다 위험한 방식의 범행으로 나아간 점 등에서 피해자의 책임이 매우 무거우며, 동일한 피해자를 대상으로 이미 특수재물손괴죄를 범하여 2회에 걸쳐 형사처벌을 받은 전력이 있는 점 등이 양형에서 불리한 정상으로 고려됨.

3 스토킹 행위의 횟수

스토킹행위를 크게 '물리적 접근'과 '정보통신망 등을 이용한 접근'으로 분류할 경우, '접근/따라다니기/진로방해', '기다리거나 지켜보기', '직접 또는 제3자를 통하여 물건 등을 도달하게 하거나 주거 등에 물건 등을 두는 행위', '주거 등에 놓여있는 물건 등을 훼손하는 행위' 등은 물리적 접근에 해당하며, '우편·전화·팩스 또는 정보통신망을 이용하여 물건 등을 도달하게 하기'는 정보통신망 등을 이용한 접근에 해당한다.

분석 대상 사건 1,307건 중에서 물리적 접근이 있었던 경우는 총 955건인데, 평균적으로는 1개의 사건에서 5회의 물리적 접근이 있었던 것으로 파악되지만 그보다 적은 횟수의 물리적 접근으로 스토킹범죄가 인정된 사례도 많으며, 수백 번의 물리적 접근이 있었던 사례도 드물지 않다.

분석 대상 사건에서 정보통신망 등을 이용한 접근이 있었던 경우는 총 1,014건으로, 10회 이상 50회 미만의 접근이 행해졌던 경우가 가장 많으나 수백 번, 수천 번의 접근이 시도되었던 사례도 드물지 않다.

물리적 접근 사례

사례 3-7

명예훼손으로 고소를 당한 사건에 관하여 대화를 요구하며 5회에 걸쳐 피해자의 근무지로 찾아가서 피해자를 기다리는 행위를 함

– A지역 2022년 사건

피고인(여)과 피해자(남, 31세)는 '데이팅 어플리케이션'을 통해 알게 되어 교제하였던 사이로, 피해자가 피고인을 명예훼손 혐의로 고소한 사실이 있음. 피고인은 명예훼손 고소와 관련하여 대화를 하겠다는 이유로 피해자의 주거지로 찾아갔다가 앞으로는 찾아오지 말라는 의사를 전달받음. 그럼에도 불구하고 피고인은 피해자의 직장인 병원 정문 앞, 또는 진

료실 앞 등에서 피해자를 기다리는 행위를 5회에 걸쳐 반복함.
※ 공소제기 후 피해자의 처벌불원서가 제출됨에 따라 공소기각됨.

사례 3-8

악취에 대한 항의를 위해 이웃집에 찾아가 문을 두드리고 소리를 지른 적이 있고, 공원에서 그 이웃을 만나 주거지까지 따라가며 항의하고 진로를 방해하는 등 2차례에 걸쳐 물리적으로 접근함

- H지역 2022년 사건

- 인정죄명 : 스토킹범죄의처벌등에관한법률위반(스토킹범죄)
- 선고내용 : 벌금 200만원

피고인은 피해자(여, 74세) 가족이 살고 있는 아파트의 윗집에 살고 있는 사람으로, 피해자 가족의 윗집에 살게 된 이후부터 피해자 가족이 살고 있는 집에서 악취가 올라온다는 등의 이유로 여러 차례 항의하면서 갈등을 겪어 왔음. 피고인은 피해자의 주거지로 찾아가 2차례에 걸쳐 현관문을 두드리고 "야 나와, 왜 냄새를 올려 보내."라고 소리를 지른 바 있으며, 또한 인근공원에서 피해자가 산책하고 있는 것을 발견하고는 피해자를 주거지까지 따라가면서 "왜 약품 냄새를 올리냐, 너희 집에 냄새난다. 무슨 짓을 하냐"라고 소리치면서 피해자의 앞을 가로막음.

사례 3-9

피해자의 의사에 반하여 꽃을 보내고, 근무지 인근에서 피해자를 기다리거나 지켜보는 행위를 4회 반복함

- K지역 2022년 사건

- 인정죄명 : 스토킹범죄의처벌등에관한법률위반(스토킹범죄)
- 선고내용 : 징역 8개월, 집행유예 2년
  보호관찰, 스토킹범죄 재범예방강의 40시간 수강

피고인(남)은 피해자(여, 44세)가 운영하는 한의원에 환자로 방문하였던 사람으로, 피해자의 의사에 반하여 피해자에게 일방적으로 호감을 표현하면서 "OO야! 많이 사랑한다♡"는 메모가 적힌 꽃바구니를 피해자의 근무지로 보내고, 피해자의 근무지 인근에서 피해자를 기다리며 지켜보는 등의 행위를 총 4회에 걸쳐 반복함.

정보통신망 등을 이용한 접근 사례

사례 3-10

연락을 원치않는 피해자의 의사에 반하여 90차례 이메일을 전송함

- F지역 2022년 사건

피고인(남)은 피해자(여, 34세)와 약 2년 정도 교제하다가 헤어진 사이로, 피해자가 자신의 연락을 피한다는 이유로 총 20회에 걸쳐 불안감 등을 유발하는 메시지를 보내 정보통신망법 위반죄로 벌금형을 받은 일이 있음. 그럼에도 또 다시 피고인은 이메일을 통해 피해자에게 "11시 반 쯤에 갈게. 그 때 퇴근이지? 잠깐 보자"는 글을 전송한 것을 비롯하여 총 90회에 걸쳐 피해자의 의사에 반하여 정당한 이유없이 이메일을 전송함.

※ 공소제기 후 피해자의 처벌불원서가 제출됨에 따라 공소기각됨.

사례 3-11

피해자가 연락을 차단하자 다른 전화번호로 수십 차례 전화를 걸고 수십 차례 문자메시지를 보냄

- F지역 2022년 사건

- 인정죄명 : 스토킹범죄의처벌등에관한법률위반(스토킹범죄)
- 선고내용 : 벌금 500만원
  스토킹 치료프로그램 40시간 이수

피고인(남)은 납품입찰에서 피해자(여, 68세)가 낙찰받고 자신은 낙찰받지 못하였다는 이유로 앙심을 품고 피해자에게 전화로 욕설을 하였고, 이로인해 피해자는 피고인의 전화를 차단함. 그러자 피고인은 다른 번호로 피해자에게 전화를 54회 걸고, "똥칠할때까지 세제 열심히 조립하세요. 나중에 기회되면 묘지위에 샤프란 좀 뿌려드리겠나이다" 등의 메시지를 비롯하여 총 64회 문자메시지를 전송함

사례 3-12

수십 회에 걸쳐 정당한 이유없는 내용증명을 피해자에게 보내고, 피해자의 가족들에게 전화를 하여 괴롭힘

- K지역 2022년 사건

- 인정죄명 : 스토킹범죄의처벌등에관한법률위반(스토킹범죄)
- 선고내용 : 징역 8월, 집행유예 2년
  보호관찰

피해자(여, 40세)는 피고인의 조카(피고인의 여동생 A의 딸)와 동명이인일 뿐, 피고인과 피해자는 전혀 모르는 사이임. 그럼에도 불구하고 피고인은 "피해자는 피고인의 친동생 A의 딸로, 피고인이 A의 학자금을 대주었으니 자녀로서 책임지고 변제하라"는 내용 등이 포함된 내용증명을 피해자가 근무하는 학교로 보낸 것을 비롯하여, 총 77회에 걸쳐 피해자에게 내용증명 우편을 보내거나 피해자의 가족에게 전화를 함.

물리적 접근 및 정보통신망 등을 이용한 접근이 혼재된 사례

사례 3-13

다른 사람으로 가장하여 여러 차례 메시지를 보내고, 피해자의 주거지를 찾아와 치킨과 돈 봉투, 편지 등을 두고 감

– K지역 2022년 사건

- 인정죄명 : 스토킹범죄의처벌등에관한법률위반(스토킹범죄)
- 선고내용 : 징역 2월

피고인(남)은 피해자(여, 45세)와 약 3년간 사귀다가 헤어진 관계로, 피고인은 이별 후 2년여가 지난 시점에 피해자에게 "안녕하세요, 저는 OO이의 지인입니다. 갑작스레 연락드려 죄송합니다. 다름이 아니라 OO이가 평소 많이 우울해 하였는데 결국 극단적인 선택을 하였습니다. 저에게 부탁을 남긴 것이 있어 전달해드립니다. 이것과 한께 돈을 남겼는데 꼭 전달을 부탁하여서 내일 보내드리도록 하겠습니다 그럼 수고하세요"라는 메시지를 도달하게 한 것을 비롯하여, 총 11회에 걸쳐 문자메시지를 도달하게 하였음. 그리고 피고인은 피해자의 거주지 현관문 앞에 포장된 치킨 1마리, 50만원이 들어있는 봉투, "난 당신에게 어떤 걸 하여도 얼마를 주어도 아깝지 않아 이 하나면 됐어 사랑하고 고맙고 미안해 당신을 소중히 여겨주는 그 사람에게 실수하기 는 싫어 이거 하나만은 진심이야 미안해 그리고 행복해 많이 사랑해 다시는 연락하는거 않을게 이건 답 꼭 줘 어떠한 일이 있어도 연락하지 않을테니"라고 적힌 메모지를 두고 피해자의 주거지 벨을 3회 누름.

사례 3-14

내연관계의 청산을 요청하는 피해자의 의사를 무시하고 정보통신망 등을 이용한 접근 수백 회 및 물리적 접근 수회를 반복함

- K지역 2022년 사건

- 인정죄명 : 스토킹범죄의처벌등에관한법률위반(스토킹범죄)
- 선고내용 : 징역 2월

피고인(남)은 피해자(여, 55세)와 sns를 통해 알게 되어 교제를 시작했다가 7개월 후 피해자가 더 이상 교제하거나 연락할 의사가 없음을 밝혔음에도 불구하고 계속하여 피해자에게 문자메시지를 보냄. 이에 피해자가 "내가 떳떳한 엄마로 살 수 있게 도와줘요. 부탁드려요", "자꾸 전화하면 차단합니다", "사는 게 고통스러워요. 각자 가정에 충실해요. 나 부끄러운 엄마되긴 싫어", "그만하자고 제발" 등으로 응답함으로써 거절의 의사를 명확히 함. 그러나 피고인은 "내거", "전화 왜 안 받아?", "보고싶다", "집 앞에서 기다릴게", "잘 할게요" 등의 문자메시지를 보내는 등 총 551건의 문자 전송함. 또한 피고인은 피해자에게 128건의 음성통화 또는 영상통화를 발신하였으며, 피해자가 예배드리는 교회로 찾아가 피해자를 기다리는 등의 행위를 2차례 반복함.

사례 3-15

연인관계 중 피해자와의 성관계 장면을 불법촬영하고, 피해자가 이별을 요구하자 문자메시지 및 전화를 통해 천 번이 넘는 위협적인 연락을 취함으로써 피해자를 괴롭히고, 이에 접근금지 등의 잠정조치가 결정되었으나 이를 위반함

- F지역 2022년 사건

- 인정죄명 : 스토킹범죄의처벌등에관한법률위반(스토킹범죄, 잠정조치불이행), 성폭력범죄의처벌등에관한특례법위반(카메라이용촬영)
- 선고내용 : 징역 1년 6개월
  스토킹 치료프로그램 40시간 이수, 성폭력 치료프로그램 40시간 이수

피고인(남)은 피해자(여, 46세)와 연인관계였다가 헤어진 후, 피해자의 주거지에 찾아가 문을 두드리고 도시가스 밸브를 끊어놓는 등의 스토킹행위를 하여 피해자에 대한 접근금지 및 통신금지와 1개월 유치를 내용으로 하는 잠정조치 결정을 받았으나 이를 위반하여 피해자에게 수십 차례 접근하고 휴대전화 등으로 수 백 차례 연락을 취함. 그 후 피고인과 피해자는 잠시 연인관계를 회복하였고, 피고인은 나체 상태의 피해자와 성관계하면서 해당 장면을 휴대전화 카메라를 이용하여 몰래 촬영함. 1달이 채 지나지 않아 피해자가 다시 이별을 요구하자, 피고인은 "출근하자마자 남자하구 자나", "내가 못 할 거라 믿지 너는?", "진짜 후회하게 될 거다", "동영상두 보내줄게" 등의 문자메시지를 총 261회에 걸쳐 전송하고, 휴대전화 번호를 바꿔가며 1500여 차례 전화를 걸었으며, 수시로 피해자의 일상생활 장소에 찾아가 "씨발년아, 너 신고했지?" 등의 말을 하며 접근하는 등의 행위를 하여, 또다시 접근금지 및 통신금지, 1개월 유치를 내용으로 하는 잠정조치 결정을 받음. 그럼에도 불구하고 피고인은 식당에서 식사 중인 피해자를 보고 다가가는 등의 접근을 함.

4 범행장소

물리적 접근을 통한 스토킹보다 정보통신망 등을 이용한 스토킹의 비율이 더 높은 가운데, 분석 대상 사건 중 정보통신망 등 온라인 상에서 스토킹 행위가 이루어진 사례가 68.9%에 달하는 것으로 확인된다. 오프라인 공간 중에서는 피해자의 주거지에서 스토킹 행위가 일어난 경우가 가장 많았으며(52.9%), 그 다음으로는 피해자의 일상생활 장소(28.4%)였다.

피해자가 50대 이하인 경우에는 정보통신망 등 온라인에서 이루어진 스토킹의 비율이 가장 높지만, 피해자가 60대 이상일 경우 정보통신망 등 온라인에서 이루어진 스토킹보다 피해자의 주거지에서 이루어진 스토킹의 비율이 더 높은 특징이 있다.

5 스토킹 지속기간

스토킹의 지속기간은 평균 2.7개월로 확인된다. 분석 대상 사건의 과반수는 스토킹이 1개월 이상 지속된 경우이며(51.5%), 수 년 동안 스토킹이 지속된 사례도 드물지 않다. 다만 스토킹 지속기간이 1주일 미만 단기인 경우도 32.8%에 달하였으며, 특히 스토킹 기간이 단 하루에 불과한 경우도 6.8%인 것으로 나타난다.

스토킹이 장기간 지속된 사례

사례 3-16

정신병으로 심신미약 상태인 자가 4년에 걸쳐 이웃주민을 괴롭힘

– D지역 2022년 사건

- 인정죄명 : 스토킹범죄의처벌등에관한법률위반(스토킹범죄), 특수공무집행방해
- 선고내용 : 징역 1년 6월

피고인(남)은 만성적인 정신분열병으로 인한 망상, 환청, 사고장애, 기괴한 행동 등의 증상이 있어서 사물을 변별할 능력이나 의사를 결정할 능력이 미약한 상태에 있는 자로, 피해자(여, 44세)와 아파트 바로 옆집에 사는 이웃 사이임. 피고인은 4년 전 피해자가 옆집으로 이사온 이후부터 복도창문을 열어놓아 춥다는 이후로 화가 났으며, 피해자가 집에서 나가는 시각과 들어오는 시각을 기억해두었다가 속옷만 입은 상태로 피해자의 집 현관문 앞에서 피해자가 나타날 때까지 기다리고 현관문 옆에서 신음소리를 내고 현관문을 세게 두드리면서 문을 열라고 소리치고 욕설을 하는 행위를 반복해 옴. 이에 피해자의 112 신고를 받고 출동한 경찰이 피고인의 집 현관문을 열 것을 요구하였음에도 불구하고 문을 열지 않았고, 경찰이 강제로 개방하고 안으로 들어가자 피고인은 위험한 물건(식칼, 전체길이 약 35cm, 칼날 길이 약 20cm)을 손에 들고 찌를 듯이 휘둘러 경찰을 폭행함.

사례 3-17

조현병이 있는 자가 교회에서 만난 사람을 자신의 진짜 아내라고 주장하며, 2년째 계속 찾아가고 소란을 피움

– D지역 2022년 사건

- 인정죄명 : 스토킹범죄의처벌등에관한법률위반(스토킹범죄), 건조물침입, 절도
- 선고내용 : 징역 10월
  스토킹 치료프로그램 40시간 이수

피고인(남)은 피해자(여)가 근무하였던 교회의 성도였던 사람으로 조현병이 있음. 오래 전부터 '자신이 하나님이 계시로 맺어 준 피해자의 진짜 아내'라고 일방적인 주장을 하여왔고, 2년 전 부터는 피해자가 근무하는 교회에 찾아가 소리를 지르거나 소란을 피워 피해자로부터 신고당하고 건조물침입 등으로 수사를 받은 전력이 총 4회 있음. 그리하여 피고인은 피해자로부터 명시적인 거부의사를 받았음에도 불구하고 교회로 찾아가 현

관문을 두드리고 욕설을 하는 등의 행위를 반복하고, 의미를 알 수 없는 문자메시지를 피해자에게 총 56회 전송함. 그리고 피해자에 대한 스토킹 사건과 별개로 마트, 백화점, 의류매장 등에서 타인의 물건을 절취하는 범죄를 여러차례 저지름.

스토킹이 단기간에 그친 사례

사례 3-18

헤어진 연인을 찾아가 약 4-5분에 걸쳐 소란을 피움

- D지역 2022년 사건

피고인(남)은 피해자1(여, 16세)과 약 1년간 교제하다가 헤어진 사이이고, 피해자2(남, 84세)는 피해자1의 친할아버지임. 피고인은 피해자1이 다른 남자와 연락을 하고 약을 올린다는 이유로 피해자들의 주거지 앞에서 현관문을 발로 차고 손으로 두드리는 등의 행위를 하였고, 피해자1의 은행계좌로 1원씩을 송금하며 이체내용에 "끝장보자" 등의 메시지를 총 22회 전송함. 그럼에도 피해자 문을 열어주지 않자, 피고인은 건물 외부로 이동하여 빗물받이를 밟고 벽을 통해 2층으로 기어 올라가 피해자2 소유 방충망을 손으로 잡아당겨 뜯은 후 안으로 들어가 피해자들의 거실까지 침입함. 피고인과 피해자1이 실랑이를 하던 중, 피해자1의 신고를 받고 경찰이 출동하여 현관문을 두드리자 갑자기 흥분한 피고인이 피해자1의 머리채를 잡고 주먹으로 얼굴을 수회 때리는 등의 폭행을 하고, 계속하여 이를 말리는 피해자2의 가슴을 밀어 벽에 부딪치게 함.

※ 스토킹 및 폭행과 관련하여서는 피해자가 처벌불원서를 제출함에 따라 공소기각되었고, 재물손괴 및 주거침입 등에 대해서는 소년부로 송치됨.

사례 3-19

미성년자들이 자신에게 욕설을 한다고 착각하여 이들의 뒤를 약 30분 정도 따라다님

- A지역 2023년 사건

- 인정죄명 : 스토킹범죄의처벌등에관한법률위반(스토킹범죄)
- 선고내용 : 징역 6월, 집행유예 1년
  보호관찰, 스토킹 치료프로그램 40시간 이수

조현병이 있는데 제때 약을 복용하지 못한 피고인(남)은 귀가중이던 피해자1(여, 14세)과 피해자2(여, 14세)가 자신에게 욕설을 한다고 착각하여 이들을 쫓아가야겠다고 마음먹고, 피해자들의 동선을 따라 계속 뒤따라 다니는 행위를 20-30분간 지속함.

6 다른 죄와의 경합

스토킹 사건에서는 스토킹 범죄 이외에 다른 범죄가 경합하여 발생하는 경우가 빈번하다. 분석 대상 사건의 과반수는 스토킹 행위가 다른 범죄와 경합되어 피해가 확대된 사례임이 확인된다(752건, 57.5%).

분석 대상 사건 중 다른 죄와의 경합이 확인된 사례들의 상세내용을 살펴보면, 주거침입 관련 범죄가 가장 많았고(245건, 32.6%), 다음으로는 폭행·상해 관련 범죄(229건, 30.5%), 협박(220건, 29.3%), 재물손괴(143건, 19.0%), 성폭력(136건, 18.2%) 등의 순이었다. 스토킹이 살인범죄로 이어진 경우도 확인된다(12건, 1.6%).

여러 가지 범죄가 중첩적으로 경합하는 사례도 매우 빈번한데, 예를 들면 피해자를 스토킹하는 과정에서 현관문 도어락을 부수고 피해자의 주거에 침입하여, 피해자를 폭행하거나 협박하는 경우(주거침입, 폭행·협박, 재물손괴 경합) 등이다.

스토킹의 직접적 피해자 뿐 아니라, 그의 가족이나 동료 등 주변인물이 생명·신체·주거의 평온·재산 등에 피해를 입는 경우도 많다. 예를 들어 스토킹 피해자의 위치를 알아내기 위하여 피해자의 가족을 협박하거나 폭행하는 경우 등이 그러하다.

또한, 개인적 법익에 대한 범죄가 아닌 사회적 법익에 대한 범죄가 경합하는 경우도 있다. 예를 들어 스토킹 피해자의 112 신고를 받고 출동한 경찰에게 폭행을 가하여 공무집행을 방해하는 경우, 스토킹 피해자의 주거에 침입하여 도시가스 호스를 자르고 가스를 방출하여 공공의 위험을 발생시키는 경우들이 그러하다.

사례 3-20

흉기휴대 스토킹, 특수주거침입, 특수협박, 특수재물손괴가 경합된 사례

– A지역 2023년 사건

- 인정죄명 : 스토킹범죄의처벌등에관한법률위반(흉기휴대 스토킹범죄), 특수협박, 특수재물손괴, 특수주거침입
- 선고내용 : 징역 10월
  스토킹 치료프로그램 40시간 이수

피고인(남)은 피해자(여, 22세)와 6개월간 교제하다가 이별한 사이로, 피해자가 피고인의 연락을 받지 않고 만나주지 않는다는 이유로 피해자의 주거지로 찾아가 미리 알고 있던 공용현관 비밀번호를 이용하여 건물내부로 침입하여 피해자가 거주하는 2층까지 올라가 현관문을 두드리고 초인종을 누르는 등의 행위를 반복함. 피고인이 피해자의 주거지 문을 열어주지 않자, 소지하고 있던 위험한 물건(정육칼, 총길이 28.5cm, 칼날길이 14cm)으로 현관문을 긁고, 이를 문틈에 꽂아두는 등 피해자의 재물을 손괴하고 피해자를 협박함.

사례 3-21

피해자에 대한 성폭력범죄 및 피해자의 가족에 대한 살인범죄가 경합된 사례

– A지역 2023년 사건

- 인정죄명 : 스토킹범죄의처벌등에관한법률위반(스토킹범죄), 성폭력범죄의처벌등에관한특례법위반(촬영물반포, 촬영물이용협박), 존속살해 예비, 살인예비
- 선고내용 : 징역 4년

피고인(남)과 피해자(여, 44세)는 3년 전 혼인한 배우자 사이로, 상호합의

하에 피해자가 직장후배 A와 성관계할 때 피고인이 이를 지켜보거나 합세하여 같이 성관계 하면서 그 장면을 휴대전화로 수회 동영상촬영 하였는데, 최근 불화가 생겨 피해자가 협의이혼을 신청함. 피해자가 친정으로 간 후 연락을 받지 않자, 피고인은 카카오톡으로 피해자에게 "섹스동영상 뿌리고 나 자살한다", "너 엄마 오빠 OO사장 손님 지명 폰번호 이럴까봐 알아뒀다. 나는 지금 이거 다 보내고 자살할꺼고", "전화 받아라 피한다고 상책이 아니다. 니 오빠한테 전화하기 전에 전화받아라" 등의 메시지를 보내 마치 피해자의 성관계 동영상을 피해자의 가족 등에게 유포할 것처럼 행세한 것을 비롯하여, 3일간 총 38회에 걸쳐 카카오톡 메시지나 문자메시지를 전송하고, 피해자의 친정집에 찾아가 초인종을 수회 누름. 또한 피고인은 피해자와 A의 성관계 영상 캡쳐사진을 피해자의 모친과 오빠, 그리고 지인에게 휴대전화 문자메시지로 전송하면서, 피해자가 외도를 한 증거라고 주장하며 피해자가 연락을 받지않으면 친척들에게도 성관계 영상을 다 보내겠다는 취지로 협박을 함. 그럼에도 피해자와 가족들이 연락을 받지 않자, 피고인은 피해자의 모친과 오빠를 살해하기로 마음먹고, 인터넷 쇼핑몰을 통하여 회칼 2자루(각 전체길이 약 33cm, 칼날 길이 약 21cm)를 구입하고 주유소에서 휘발유 2리터를 생수통에 담아 구입한 다음 평소 소지하던 라이터, 등산용 로프, 청테이프, 제이블 타이 한 봉지, 목장갑 2컬레와 함께 배낭에 담아 주거지에 보관함으로써 살인을 예비함.

사례 3-22

위치정보의보호및이용등에관한법률 위반죄 등이 경합된 사례

– 춘천지방법원 원주지원 2022년 사건

- 인정죄명 : 특수주거침입, 특수재물손괴, 위치정보의보호및이용등에관한법률위반(개인정보의수집 및 이용)
- 선고내용 : 징역 2년 6월
  가정폭력 치료프로그램 40시간 이수

🔍 피고인(남)은 피해자(여, 25세)와 이혼소송 중이던 관계로, 피해자가 피고인의 전화를 2번이나 거절하였음에도 불구하고 피해자의 주거지에 찾아가 출입문 도어락 및 창문을 손괴하고 내부로 침입하는 행위를 여러차례 하였으며, 피해자의 부모가 거주하는 곳 주차장에 주차된 피해자의 승용차 하부에 미리 소지하고 있던 위치추적장치를 부착하고 피고인의 휴대전화에 설치된 어플리케이션을 통해 피해자의 승용차의 위치정보를 실시간으로 전송받는 등의 행위를 함.

※ 일련의 스토킹행위에 대해서는 공소제기 후 피해자가 처벌불원의 의사를 표시함으로써 공소기각 됨.

사례 3-23

스토킹피해자에 대한 범죄뿐 아니라 피해자의 전남편을 향한 범죄, 불특정 다수를 향한 범죄 및 사회적 법익에 대한 범죄가 경합된 사례

– K지역 2022년 사건

- 인정죄명 : 스토킹범죄의처벌등에관한특례법위반(스토킹범죄), 성폭력범죄의처벌에관한특례법위반(카메라이용촬영죄 및 촬영물 반포, 통신매체이용음란), 상해, 재물손괴, 특수공무집행방해
- 선고내용 : 상해죄에 대해 징역 2월, 나머지 죄에 대하여 징역 2년
  성폭력 치료프로그램 40시간 이수

🔍 피고인(남)은 피해자(여, 43세)와 교제하다가 헤어진 사이로,

(1) 피고인은 피해자가 자신의 묻는 말에 대답을 제대로 하지 않는다는 이유로 화가 나 주먹과 발로 피해자의 얼굴과 몸을 수 회 폭행하여 전치 20일의 상해를 입혔으며, 모텔에서 피해자가 나체상태로 누워있는 모습을 휴대전화 카메라 기능을 이용하여 촬영하고 이를 피해자의 전남편에게 문자메시지를 이용하여 전송함. 또한 피해자의 주거지를 찾아가 지하주차장을 배회하며 피해자가 귀가하기를 지켜보았고, 피해자

가 다른 남자를 만나고 있는 것에 화가 나, 주차장에 주차되어 있던 피해자 소유의 승용차 타이어의 바람마개를 손으로 빼 놓아 타이어의 공기를 빠지게 함.

(2) 피고인은 피해자의 전남편에게 전화하여 성적인 내용의 모욕이 담긴 말을 함.

(3) 피고인은 자신의 주거지에서 자살암시 112 신고를 접수하여 경찰들이 현장에 출동하자, 이들을 향해 "우리집 비밀번호를 어떻게 알았어?"라고 고함을 지르며 위험한 물건(골프채, 길이 88cm, 헤드폭 11cm)을 휘둘러 폭행, 협박함.

(4) 피고인은 피해자가 거주하던 곳을 무작정 찾아가 그 곳 주차장에 주차되어 불특정 다수의 차 중 1대를 손괴하기로 마음먹고 전혀 모르는 관계의 피해자 A의 승용차를 선택하여 손괴함.

7 긴급응급조치 및 잠정조치의 실효성

긴급응급조치 및 잠정조치 명령의 실효성은 그리 크지 않은 것으로 확인된다. 분석 대상 사건 1,307건 중에서 긴급응급조치 또는 잠정조치가 있었던 경우는 315건(24.1%)으로 파악되는데, 이 중 270건(85.7%)의 사례에서 긴급응급조치 또는 잠정조치 명령에 대한 위반이 나타났다.

스토킹처벌법은 긴급응급조치 또는 잠정조치 위반에 대한 처벌을 명시하고 있을 뿐 아니라, 긴급응급조치 또는 잠정조치 위반여부는 비난가능성 및 재범위험성 판단의 지표가 되며 양형에서 고려되는 중요한 이유 중 하나이다. 긴급응급조치 및 잠정조치 위반이 있는 스토킹 사건의 경우 징역형의 실형이 선고되는 비율은 전체 사건 대비 다소 높다(전체 스토킹사건의 징역형 실형 선고비율 : 30.3%, 잠정조치 등 위반 스토킹사건의 징역형 실형 선고비율 : 39.3%). 그러나 긴급응급조치 또는 잠정조치를 위반하여도 징역형의 집행유예(44.8%)나 벌금형(11.9%)이 선고되는 경우도 적지 않다.

사례 3-24

접근금지 및 통신금지 등의 잠정조치 결정을 받고도 이를 위반하여 피해자에게 문자메시지를 지속적·반복적으로 전송함으로써 징역 6월의 실형이 선고됨

– B지역 2022년 사건

- 인정죄명 : 스토킹범죄의처벌등에관한법률위반(잠정조치불이행)
- 선고내용 : 징역 6개월

피고인은 전 처인 피해자나 그 주거 등으로부터 100미터 이내에 접근하지 말 것과 피해자의 휴대전화 또는 이메일 주소로 유선·무선·광선 및 기타의 전자적 방식에 의하여 부호·문언·음향 또는 영상을 송신하지 말 것을 명하는 잠정조치 결정을 통지받았음에도 불구하고 피해자에게 “니가 사람 맞나, 그래 그 집 내가 먼저 사께, 발악을 해바라”라는 내용의 문자

메시지를 전송한 것을 비롯하여 아래 〈범죄일람표 요약〉의 기재와 같이 총 38회에 걸쳐 피해자에게 메시지를 전송하여 잠정조치 결정을 위반함.

※ 피해자에 대한 스토킹 행위를 하던 중에 접근금지의 잠정처분을 받았다는 사실을 알게 되었음에도 오히려 그 결정문을 피해자에게 문자메시지로 보내면서 계속 연락을 한 점, 특수상해죄 등으로 인한 집행유예 기간 중에 있으면서도 이러한 범행을 한 점, 메시지를 보낸 횟수가 적지 않은 점 등의 불리한 양형 요소로 참작된 반면, 피고인이 자신의 잘못을 반성하는 점, 피해자와 합의한 점 등은 유리한 양형요소로 참작됨.

〈범죄일람표 요약〉

연번	범죄일시	범죄장소	범행내용
1	0000. 2. 15. 19:02경	불상	'니가 사람 맞나, 그래 그집 내가 먼저 사께, 발악을 해바라'는 문자 메시지 전송
2	0000. 2. 16. 02:35경	불상	△△경찰서 경찰관으로부터 통보받은 잠정조치 결정문을 촬영한 사진을 피해자에게 전송
3	0000. 2. 16. 02:36경	불상	'협의를 입증하겠나 검사랑 내가 끝까지 해주께 검사내인생전부걸게 OO아 니가먼저시작했다' 라는 문자 메시지를 전송
4	0000. 2. 16. 02:37경	불상	'판결업어보께','미안하다' 라는 문자 메시지 전송
5	0000. 2. 16. 02:39경	불상	'내일죽어도 여한없다 니가 거짓말로 옷벗고 애들 때문에'라는 문자 메시지 전송
6	0000. 2. 24. 08:21경	불상	'OO아 어제 형사들이 사는데 찾아왔단다 제발좀 고소취하 해주가 이번에는 진짜 실형받는다 내집행유예 1년짜리 있다 이번에 고소취하않하면진짜잡혀간가말이다 내가 언제니스토킹했도 돈주러간게 잘못이가 그만좀하고 양육비 돈줄테니까 제발고소취하해주가 진짜내한테 그만좀해라 정말너무힘들다 엄마한테 무릎꿇고 빌께 그라믄되겠나 너무힘들고 죽을거같다 니도알잔아 내가 니를 왜 죽이노 아직도니마보면 좋다근데 왜니를죽인다말이고 내가다 잘못했다 고소취하해주가 제발오빠야가 정말나쁜사람아닌거 니가더잘알잔아' '원하는거 말해라 내가 해주께' 라는 카카오톡 메시지 전송
7	0000. 2. 24. 08:22경	불상	'아직메일 사진 □□이랑 니사진이다 이래도 내가 오빠는정말변함없다' 라고 하며 프로필 캡처 사진, '답장좀해주가 부탁한다'라는 카카오톡 메시지 전송

연번	범죄일시	범죄장소	범행내용
8	0000. 2. 25. 17:05경	불상	‘OO아 어제 형사들이 사는데 찾아왔단다 제발좀 고소취하 해주가 이번에는 진짜 실형받는다 내집행유예 1년짜리 있다 이번에 고소취하않하면진짜잡혀간가말이다 내가 언제니스토킹했도 돈주러간게 잘못이가 그만좀하고 양육비 돈줄테니까 제발고소취하해주가 진짜내한테 그만좀해라 정말너무힘들다 엄마한테 무릎꿇고 빌께 그라믄되겠나 너무힘들고 죽을거같다 니도알잔아 내가 니를 왜 죽이노 아직도니마보면 좋다근데 왜니를죽인다말이고 내가다 잘못했다 고소취하해주가 제발오빠야가 정말나쁜사람아닌거 니가더잘알잔아’ ‘원하는거 말해라 내가 해주께’ 라고하며 프로필 캡쳐사진, ‘니가 내한테 남이라고 해놓고 왜내빛은 아무말없는데 아직내살집하나 없서서 남의집 얻혀산다. 그래도 □□이 졸업도하고 고등학교올라가는데 교복이라도 사라고 힘들게 준돈인데 신고를하나 그날도 이야기좀하자고 그렇게말해도 아무도 않나오데 정말니가 니가 내한테 약물하는거 도대체이해못하겠다’ 라는 문자 메시지 전송
9	0000. 2. 25. 17:06경	불상	‘정말내가 니한테 스토킹한적이 있나’,‘ OO아 아무리 니내한테 자꾸 이상한죄 덥어씌우는데 그만 해라’, ‘전화28통’, ‘돈만주면 전화않받아서 내가 한거지’,‘내가 니한테 사랑한다 했나 죽인다고 했나’,‘ 그냥전화잘받아달라고한건데’,‘스토킹한놈으로 몰고가는데“애들도2년가까이 한번않보여주고. 말도않되는 진단서 끈어서 이혼하자고 하드만 돈주러간내한테 니가 이하나’,‘내가 언제 니 찾아간적이 있나 니랑 통화한적이있나’ 라는 문자 메시지 전송
10	0000. 2. 25. 17:10경	불상	‘OO아’,‘내가 욕했어’,‘내가 욕했나’ 라는 카카오톡 메시지 전송
		중략	
31	0000. 2. 25. 17:35경	불상	‘나는 집도 없다 남에집애 얻혀산다’,‘양육비 20주고 나는 흙퍼먹고 살아야하나’ 라는 카카오톡 메시지 전송
32	0000. 2. 25. 17:36경	불상	‘그마이 고소 취하해달라고 할 때’, ‘니모르척않했나’ 라는 카카오톡 메시지 전송
33	0000. 2. 25. 17:37경	불상	‘고소취하 않할꺼제’ 라는 카카오톡 메시지 전송
34	0000. 2. 25. 17:38경	불상	‘그래 끝까지 가보자 정말인강아이다’ 라는 카카오톡 메시지 전송
35	0000. 2. 25. 17:41경	불상	‘경찰전화번호주바라 내발로 찾아가깨’ 라는 카카오톡 메시지 전송
36	0000. 2. 25. 17:43경	불상	‘이래사나 저래사나 다끝이다’ 라는 카카오톡 메시지 전송

연번	범죄일시	범죄장소	범행내용
37	0000. 2. 25. 19:14경	불상	'내발로 경찰서 지금갈테니까 앞으로 양육비고 돈이고 말하지마라 애들한테는 사실대로말해라 양육비않주가 교도소 갔다고 니는 인간아이다' 라는 카카오톡 메시지 전송
38	0000. 2. 25. 19:29경	불상	'진짜 마지막이다 취하해라 그래야 니가얻는거 얻는다 다포기하까?' 라는 카카오톡 메시지 전송

사례 3-25

피해자를 폭행한 후 피해자가 경찰에 신고할 것을 우려하여 피고인에게 집요하게 접근 등을 하였으며, 피해자가 경찰에 신고한 사실을 알게 되자 피해자에게 상해를 가하고, 접근금지 등의 잠정조치 결정을 받고도 이를 위반하였으나 징역형의 집행유예가 선고됨

– G지역 2022년 사건

- 인정죄명 : 스토킹범죄의처벌등에관한법률위반(잠정조치불이행), 상해
- 선고내용 : 징역 6개월, 집행유예 2년
  보호관찰

피고인과 피해자(여, 28세)는 약 4개월간 피해자의 주거지에서 동거하면서 사귀었던 관계로, 피고인은 반려견 사육 문제로 피해자와 말다툼하던 중에 피해자의 목을 졸라 피해자를 폭행한 바 있으며, 피해자가 다른 남자를 만난다고 의심하여 말다툼하던 중에도 피해자의 목을 조르고 머리채를 잡아끌고 가는 등의 폭행을 함. 그 후 피고인은 피해자를 폭행한 사실이 경찰에 신고될 것을 우려하여 피해자를 찾아갔다가 피해자의 주거지 현관문 비밀번호가 변경되어 있고 피해자가 문을 열어주지 않자, 수차례에 걸쳐 초인종을 누르고 현관문을 두드리는 행위를 한 것을 비롯하여, 아래의 〈범죄일람표 요약-2〉 기재와 같이 총 20회에 걸쳐 정당한 이유 없이 피해자에게 접근하거나 정보통신망을 통하여 부호·문언·음향 등을 도달하게 하거나 피해자의 주거지 부근에서 기다리는 행위를 함. 그뿐 아

니라 피고인은 노상에서 반려견과 산책 중이던 피해자를 발견하자, 피해자가 피고인과의 다툼에 대해 경찰에 신고를 했다는 이유로 화가 나 주먹으로 피해자의 얼굴을 때려 피해자에게 약 3주간의 치료가 필요한 안면부·비부 등의 다발성 타박상, 코의 표재성 손상, 눈꺼풀 및 눈 주위의 기타 표재성 손상 등의 상해를 가함. 이러한 행위로 인하여 피고인은 법원으로부터 접근금지 및 통신금지 등을 내용으로 하는 잠정조치 결정을 받았으나, 피고인은 이를 무시하고 휴대전화의 '발신자 표시 제한' 기능을 이용하여 피해자에게 22번에 걸쳐 전화를 건 것을 비롯하여, 〈범죄일람표 요약-1〉 기재와 같이 모두 13회에 걸쳐 피해자의 휴대전화에 전화를 걸거나 문자메시지를 보냄.

※ 폭행 및 스토킹범죄에 대해서는 공소제기 후 피해자가 처벌불원의 의사를 표시함에 따라 공소기각됨.

〈범죄일람표 요약-1〉

연번	일시	장소	범행방법
1	0000. 4. 30. 00:23경 ~ 12:42경	불상	피해자의 휴대전화에 총 222번 전화를 걺
2	0000. 4. 30. 12:18경	불상	인스타그램 메신저를 이용하여 피해자에게 재결합을 요구하는 내용의 문자메시지를 전송함
3	0000. 5. 1. 20:38경 ~ 23:59경	불상	피해자의 휴대전화에 총 64번 전화를 걺
4	0000. 5. 2. 00:16경 ~ 13:03경	불상	피해자의 휴대전화에 총 137번 전화를 걺
5	0000. 5. 6. 00:26경 ~ 11:50경	불상	피해자의 휴대전화에 총 72번 전화를 걺
6	0000. 5. 7. 07:14경 ~ 21:11경	불상	피해자의 휴대전화에 총 64번 전화를 걺
7	0000. 5. 8. 00:13경 ~ 20:02경	불상	피해자의 휴대전화에 총 75번 전화를 걸고 피해자의 휴대전화에 문자메시지를 전송함
8	0000. 5. 9. 00:07경 ~ 23:53경	불상	피해자의 휴대전화에 총 241번 전화를 걺
9	0000. 5. 10 : 00:09경 ~ 20:38경	불상	피해자의 휴대전화에 총 8번 전화를 걺

연번	일시	장소	범행방법
10	0000. 5. 12. 03:41경 ~ 19:41경	불상	피해자의 휴대전화에 총 12번 전화를 겲
11	0000. 5. 15. 15:02경	불상	피해자의 휴대전화에 총 2번 전화를 겲
12	0000. 5. 16. 15:30경 ~ 22:37경	불상	피해자의 휴대전화에 총 11번 전화를 겲
13	0000. 5. 19. 05:04경 ~ 16:06경	불상	피해자의 휴대전화에 총 4번 전화를 겲

〈범죄일람표 요약-2〉

연번	일시	장소	범행방법
1	0000. 4. 22. 05:40경	피해자 주거지	피해자의 주거지에 찾아가 수차례 현관문 초인종을 누르고, 현관문을 두드림
2	0000. 4. 22. 06:00경 ~ 08:00경	불상	피해자의 휴대전화에 총 28번 전화를 겲
3	0000. 4. 26. 06:00경 ~ 08:00경	불상	피해자의 휴대전화에 총 28번 전화를 겲
4	0000. 4. 27. 07:37경 ~ 09:41경	불상	피해자의 휴대전화에 총 59번 전화를 겲
5	0000. 4. 28. 04:20경	피해자 주거지 인근	피해자 주거지 인근에 자신의 차량을 주차해 놓은 채 피해자를 기다림
6	0000. 4. 28. 00:07경 ~ 07:53경	불상	피해자의 휴대전화에 총 42번 전화를 겲
7	0000. 4. 29. 05:25경 ~ 11:07경	불상	피해자의 휴대전화에 총 266번 전화를 겲
8	0000. 4. 30. 00:23경 ~ 12:42경	불상	피해자의 휴대전화에 총 222번 전화를 겲
9	0000. 4. 30. 12:18경	불상	인스타그램 메신저를 이용하여 피해자에게 재결합을 요구하는 내용의 문자메시지를 전송함
10	0000. 5. 1. 20:38경 ~ 23:59경	불상	피해자의 휴대전화에 총 64번 전화를 겲
11	0000. 5. 2. 00:16경 ~ 13:03경	불상	피해자의 휴대전화에 총 137번 전화를 겲
12	0000. 5. 6. 00:26경 ~ 11:50경	불상	피해자의 휴대전화에 총 72번 전화를 겲

연번	일시	장소	범행방법
13	0000. 5. 7. 07:14경 ~ 21:11경	불상	피해자의 휴대전화에 총 64번 전화를 걺
14	0000. 5. 8. 00:13경 ~ 20:02경	불상	피해자의 휴대전화에 총 75번 전화를 걸고 피해자의 휴대전화에 문자메시지를 전송함
15	0000. 5. 9. 00:07경 ~ 23:53경	불상	피해자의 휴대전화에 총 241번 전화를 걺
16	0000. 5. 10 : 00:09경 ~ 20:38경	불상	피해자의 휴대전화에 총 8번 전화를 걺
17	0000. 5. 12. 03:41경 ~ 19:41경	불상	피해자의 휴대전화에 총 12번 전화를 걺
18	0000. 5. 15. 15:02경	불상	피해자의 휴대전화에 총 2번 전화를 걺
19	0000. 5. 16. 15:30경 ~ 22:37경	불상	피해자의 휴대전화에 총 11번 전화를 걺
20	0000. 5. 19. 05:04경 ~ 16:06경	불상	피해자의 휴대전화에 총 4번 전화를 걺

사례 3-26

접근금지 등의 잠정조치를 결정받고도 피해자의 주거지에 찾아갔으나 벌금형이 선고됨

- B지역 2022년 사건

- 인정죄명 : 스토킹범죄의처벌등에관한법률위반(스토킹범죄, 잠정조치 불이행)
- 선고내용 : 벌금 500만원
  스토킹 치료프로그램 40시간 이수

피고인(남)은 피해자(여, 38세)와 연인사이였으나 피해자가 이별을 요구하자, "현재 가게에 모든 상황과 혼자 불가능 상황에서 가게를 부수고 영업곤란 및 2달 넘게 해 온 행동으로 피해가 막심하며 그래도 OOO씨에 대해 이해해주고 있었음을 알려드립니다. 당신이 수백 번 돈에 대한 정신병적인 행동과 돈을 주지 말고 해라는 이야기도 수십 번 했으며, 술에 의존하지 않았을 때도 그런 행동을 반복했음을 알려드립니다" 등의 내용이

담긴 문자메시지를 수차례 전송하고, 6회에 걸쳐 피해자의 주거지에 찾아감. 이로 인해 접근금지 및 통신금지 등을 내용으로 하는 잠정조치 결정을 받았으나, 피고인은 재차 피고인의 주거지 주차장 인근으로 다가감으로써 이를 위반함.

※ 피고인이 사실관계 자체는 인정하면서 재범하지 않겠다고 다짐하는 점, 동종전과 및 벌금형을 초과하는 전과가 없는 점 등이 양형에서 유리한 정상으로 참작됨.

8 가해자의 특성 : 직업, 전과 및 정신병력

가해자의 직업

스토킹범죄 사건에서 가해자의 직업은 무직이 가장 많고(분석 대상 사건 중 33.5%), 다음으로는 일용직 등을 포함한 근로직(18.9%), 회사원(14.6%), 자영업(11.6%) 등의 순으로 나타난다.

가해자의 직업이 스토킹범행의 구체적 양상에 큰 영향을 미치는 것으로 단정하기는 어렵지만, 직업적 특성으로 피해자의 주거지나 연락처 등의 정보를 손쉽게 얻어 스토킹을 감행한 경우도 드물지는 않다. 배달업 종사자가 배달 업무 중 알게 된 고객정보를 이용하여 스토킹범죄를 저지른 사례에 대해, 법원은 '배달업의 안전성에 대한 공공의 신뢰를 훼손하게 하는 범죄이며, 다수의 시민들로 하여금 불안과 공포를 느끼게 하는 한다'는 점을 지적하여 중하게 처벌한 바 있다(사례 3-27 참조).

사례 3-27

배달업무를 하면서 알게 된 공동현관 비밀번호를 이용하여 주거에 침입하고, 출입문 바닥에 놓여있는 택배물 표지에 기재된 피해자의 이름, 주소, 연락처 등의 정보를 알아내는 등의 스토킹 행위를 함

– B지역 2022년 사건

- 인정죄명 : 주거침입
- 선고내용 : 징역 1년 6월

피고인(남)은 음식 배달 업무를 하는 사람으로, 원룸 건물에 혼자 거주하는 피해자(여, 26세)의 주거지에 배달을 간 적이 있는 동료로부터 피해자의 목소리가 예쁘다는 소리를 들은 적이 있어서 피해자에게 관심을 가지게 됨. 피고인은 피해자의 주거지 현관문 비밀번호를 알아내기 위하여 도어락 키패드에 검정색 싸인펜으로 표시를 해 놓을 목적으로 피해자 등 원

룸거주자들의 동의없이 음식배달을 하면서 알게 된 공동현관 비밀번호를 이용하여 문을 열고 건물 안으로 침입하는 행위를 두 차례 반복하였으며, 피해자의 거주지 문 앞 바닥에 놓여있던 택배물 표지에 기재되어 있는 피해자의 이름, 주소, 연락처 등을 휴대폰을 촬영하는 등 총 4차례에 걸쳐 피해자에게 접근하거나 주거 등에 놓여져 있는 물건 등을 훼손함.

※ 이 사건 범행은 배달업의 안전성에 대한 공공의 신뢰를 훼손하게 하는 범죄에 해당하고, 음식 배달업을 이용하는 다수의 시민들로 하여금 피해자가 겪은 일이 누구에게나 일어날 수 있다는 불안과 공포를 느끼도록 하는 범죄라는 점에서 그 비난가능성이 높은 점 등이 양형에서 불리한 사유로 참작됨.
일련의 스토킹행위에 대하여는 공소제기 후 피해자가 처벌불원의 의사를 표시함에 따라 공소기각되었으나, 주거침입에 대해 징역형의 실형이 선고됨.

사례 3-28

대리운전하며 알게 된 여성손님의 연락처로 정당한 이유없이 지속적인 연락을 함

– A지역 2022년 사건

- 인정죄명 : 스토킹범죄의처벌등에관한법률위반(스토킹범죄, 잠정조치 위반)
- 선고내용 : 징역 1년
  스토킹 치료프로그램 80시간 이수

피고인(남)은 피해자(여, 26세)의 자동차를 운전한 대리기사로, 대리운전 요청을 접수하면서 알게 된 피해자의 전화번호를 이용하여 피해자에게 "으9~ 2녀석아 힘든 12있어도 집은 찾아갈 정도로 마셔야지! 아프론 짜증나는 12있어도 적당히 마시기 RG~ K(0712) 기사아저씨 dream!"이라는 문자메시지를 보낸 것을 비롯하여 정당한 이유없이 아래 〈범죄일람표 요약〉의 기재와 같이 피해자에게 문자메시지, 사진, 이모티콘, 동영상 등을 45회 전송함. 이로 인해 피고인은 스토킹범죄 중단 및 접근금지 등의 잠정조치 결정을 받았으나, 이를 무시하고 피해자에게 계속하여 전화를 걸고 문자메시지, 동영상, 이모티콘 등을 전송함.

※ 범행 내용, 피고인의 범죄전력(다수의 이종전과)에 비추어 일정기간의 구금생활을 통해 피고인의 성향을 교정할 필요가 있다는 이유로 실형이 선고됨.

〈범죄일람표 요약〉

연번	범행일시	전송내용	구분	비고
1	0000.12.21. 13:11경	으9~2녀석아 힘든12 있어도 집은 찾아갈 정도로 적당히 마셔야지~ 아프론 짜증나는 12 있어도 적당히 마시기 RG~ C기사아저씨dream!	문자	
2	0000.12.22. 09:01경	토끼 무드등 사진	사진	
3	0000.12.22. 09:01경	호ㄴ내려는 (개 이모티콘) 아니구 아끼기 때문에 진(해바라기 이모티콘) 소리를 한건데 1988 2 무인걸보니 5해를 한거가트네~ 기분 상했다면 (사과 이모티콘)할게 (사과 이모티콘) 쏘리 행복한 하루되렴...	문자	
4	0000.12.22. 09:35경	결혼을 했을거란 생각도 못했네요~ 때론 반말이 가족절친같은 이에게만 쓰는 극존칭이니 기분상했다면 사과드릴께요~ 남편분께도 오해푸르시라고 전해주세요...(네잎클로버 이모티콘)	문자	
5	0000.12.25. 14:55경	고객님 안녕하세요! 지난 화요일 D에서 E 자택으로 이용하셨던 기사님으로부터 연락이 와서 연락 드렸습니다~ 그날 현장 현금 결제로 되어있는데 결제가 안됐는지 확인차 연락드렸습니다! 연락부탁드립니다~	문자	
6	0000.12.27. 12:27경	고객님 불편을 들려 죄송합니다~ 대리기사님께서 그날 운행건수가 많아 착각을 하셨다고 연락이 왔네요~ㅠ.ㅠ 늘 저희 대리운전을 이용해주셔서 감사하구요 즐겁고 행복한 연말되세요^^	문자	
7	0000.1.6. 13:23경	고객님 불편을 드려 죄송합니다~ 다른 고객님 크크레임 건 때문에 전화한다는게 고객님께 전활 드렸네요~ㅠ 양해바랍니다...(네잎클로버 이모티콘)	문자	
8	0000.1.6. 21:06경	[365좋은글귀] 늘 웃을 수만은 없는게 우리 삶이지만 그래도 꼭 웃게 될 일이 생길 거에요 우리 고운 님들! 항상 힘내시고 건강하세요	카카오톡 글귀링크	
9	0000.1.8. 07:53경	[노래 동영상] F, G	카카오톡 노래링크	
10	0000.1.8. 19:59경	고객님 늘 배려해주셔서 감사합니다! 행복한 주말 되세요...(해바라기 이모티콘)	카카오톡	

연번	범행일시	전송내용	구분	비고
11	0000.1.8. 12:53경	(이모티콘) 응	카카오톡	
12	0000.1.9. 00:05경	(이모티콘)	카카오톡	
13	0000.1.9. 00:16경	(이모티콘)		
14	0000.1.11. 17:54경	고객님 무슨일 때문에 저나 하셨는지요? 지난번 저희 서비스를 이용하시면서 불편한점이 있으셨나요? 불편하거나 아쉬운 점 있으시면 조언 부탁드릴께요~ 아까는 저가 바빠서 전화 못 받았습니다...(네잎클로버 이모티콘)	문자	
15	0000.1.11. 18:02경	[노래 동영상] F, G	카카오톡 노래링크	
		중략		
41	0000.1.26. 22:59경	도무지 뭐가몬지 모겠네요~ 어느땐 천사였다가 이럴땐 욕쟁이 아줌마~ 도무지 뭐가뭔지 모르겠네요~ㅠ.ㅠ	문자	
42	0000.1.26. 23:03경	찌질한게 아니구 그 마음 다R기에 통화를 안하는거 뿐이5~꼬마이가씨..(웃음 이모티콘)	문자	
43	0000.1.26. 23:11경	R겟소~ 문자 하지말라면 안하겠(소 이모티콘)~편안한(밤 이모티콘)~잘자요...	문자	
44	0000.1.26. 23:16경	연락하지 말래서 안하겠다고 했고 마지막 인사한건데 그것도 죄란말25...(궁금 이모티콘)	문자	
45	0000.1.26. 23:19경	R겠(소 이모티콘)~ ㅠ.ㅠ	문자	
46	0000.2.19. 01:47경	부재중전화	전화	잠정조치 위반
47	0000.2.21. 02:04경	네~ 오늘 에서야 금지명령이 풀렸네요...(네잎클로버 이모티콘)(웃음 이모티콘)	문자	잠정조치 위반
48	0000.2.22. 03:47경	[노래 동영상] R - S	카카오톡 노래링크	잠정조치 위반
49	0000.2.22. 00:34경	네~그런거 같은데요! 저는 기쁜데 그쪽은 그러치 안은가바요?(궁금 이모티콘)	문자	잠정조치 위반
50	0000.2.22. 00:44경	토끼 이모티콘	문자	잠정조치 위반
51	0000.3.5. 21:41경	[노래 동영상] T, U –V	카카오톡 노래링크	잠정조치 위반

연번	범행일시	전송내용	구분	비고
52	0000.3.5. 21:55경	부재중전화	전화	잠정조치 위반
53	0000.3.5. 22:04경	[노래 동영상] F, W	카카오톡 노래링크	잠정조치 위반
54	0000.3.5. 22:10경	[노래 동영상] X, Y - Z	카카오톡 노래링크	잠정조치 위반
55	0000.3.5. 22:25경	부재중전화	전화	잠정조치 위반

사례 3-29

오피스텔 분양업무를 담당하던 자가 출입용 카드키를 해당 호실의 소유주에게 전달하지 않고 소지하고 있다가 이를 이용하여 피해자의 주거지에 들어가는 등의 스토킹 행위를 함

- A지역 2023년 사건

- 인정죄명 : 스토킹범죄의처벌등에관한법률위반(스토킹범죄), 주거침입
- 선고내용 : 징역 8월, 집행유예 2년
  보호관찰, 스토킹 재범예방강의 40시간 수강, 사회봉사 80시간

피고인(남)은 피해자(여, 31세)가 거주하는 오피스텔의 분양업무를 담당하였던 사람으로, 출입용 카드키를 소유주에게 전달하지 않고 소지하고 있던 중 피해자가 해당 호실을 임차하여 혼자 거주하고 있다는 사실을 알게 됨. 피고인은 오피스텔 인근 길가에서 피해자가 출근하기를 기다리며 지켜보다가 피해자가 오피스텔에서 나가는 것을 확인한 뒤 미리 소지하고 있던 카드키를 이용하여 피해자의 주거지로 들어가 약 10분 정도 머물면서 자위행위를 하였으며, 그 뒤로도 3개월간 총 12회에 걸쳐 피해자에게 접근하거나 지켜보는 등의 행위를 하고, 같은 기간 동안 총 9회 피해자의 주거지에 침입함.

가해자의 전과

판결문에서 피고인의 전과 유무가 확인되지 않는 경우들이 다수 있어서 단정짓기는 어렵지만, 스토킹 사건에 있어서 가해자에게 전과있는 경우가 전과 없는 경우보다 더 많은 것으로 파악된다. 분석 대상 사건 1,307건 중 564건(43.2%)에서 피고인의 전과있음이 확인되었고, 전과가 없는 것으로 확인된 사건은 445건(34.0%)였다(전과유무가 불분명한 경우는 298건으로 22.8%였음).

피고인의 전과 유무는 양형에서 주요 고려사유 중 하나이며, 분석 대상 사건을 선고유형별로 살펴보았을 때 징역형(집행유예, 실형)이 선고된 사례에서는 피고인들에게 전과가 있었던 경우의 비율이 높았으며, 공소기각이나 벌금형이 선고된 사례에서는 전과가 없었던 경우의 비율이 더 높았다.

분석 대상 사건 중 가해자에게 전과가 있는 것으로 확인된 564건에 대해 전과의 상세내역을 살펴보면, 스토킹범죄 동종전과가 있는 경우가 60건으로 10.6%였다. 이종전과 중에서는 폭행·협박 전과가 가장 많았고, 그 밖에 성폭력 전과, 재산범죄전과, 업무방해 전과, 주거침입 전과 등이 확인된다.

사례 3-30

동종범죄로 처벌받은 전력이 있음에도 불구하고 또 다시 협박하는 내용의 문자메시지 등을 반복적으로 보내 상대방을 스토킹을 행함

– A지역 2022년 사건

- 인정죄명 : 스토킹범죄의처벌등에관한법률위반(스토킹범죄), 협박
- 선고내용 : 징역 6월
  스토킹 치료프로그램 40시간 이수

피고인(남)은 스토킹처벌법이 시행되기 이전에도 정보통신망을 이용하여 불안감 또는 공포심을 유발하는 문언을 반복적으로 상대방에게 도달하게 하는 행위를 하여 정보통신망법 위반 내지 협박죄로 여러 번 처벌받은 전

력이 있음. 그럼에도 불구하고 더 이상 연락하지 말라는 피해자(여, 47세, 피고인의 직장동료)에게 하루동안 93회에 걸쳐 문자메시지를 보내고, "왜 요새 스토커 살인이 많은지 이해간다. 니 집 어딘지둥 다 아는데 먼 생각으로 배짱이냐. 너 때문에 화나서 죽구싶은 생각뿐야. 쌍 열받네. 내가응징하러낼무조건 찾아간다. (중략) 너 이따가 보자 내 성격상 가만 안 둔다. 니네집 3층이 집주인이지? 너 그동네서 소문나서 못살게해줄거야 나 한다면하는거 알지?" 등의 문자메시지를 보내 피해자에게 어떤 위해를 가할 것처럼 협박함.

※ 피해자로부터 용서를 받지 못한 점, 피고인에게 동종범죄 전력이 다수 있는 점 등이 양형에서 불리한 요소로 고려되어, 징역 6월의 실형이 선고됨.

사례 3-31

교제하다가 헤어진 여성을 위협하는 범죄로 처벌을 받은 전력이 있음에도 불구하고 또 다시 비슷한 성질의 범행을 저지름

- J지역 2022년 사건

- 인정죄명 : 스토킹범죄의처벌등에관한법률위반(스토킹범죄)
- 선고내용 : 징역 10월, 집행유예 2년
  보호관찰, 스토킹범죄 재범예방강의 40시간 수강

피고인(남)은 과거 교제하던 여성이 헤어지자고 말하였다는 이유로 회칼을 휴대하고 주거에 침입한 범행을 저질러서 징역형의 집행유예를 선고받은 사실이 있음. 그런데 5년여 기간이 지난 후 교제하던 피해자(여, 41세)가 이별을 통보하자 "여보, 전화 좀 주세요, 당신하고 진짜로 약속 지키고 잘 해보려고 하는 거예요~~ 더는 당신 힘들게 안 해요." 등의 문자메시지 및 카톡 베시지를 120회에 걸쳐 전송하고 50차례 전화를 거는 등의 행위를 하였을 뿐 아니라 피해자의 주거지를 찾아가 기다리다가 외출하려는 피해자의 앞을 가로막고 "조용히 이야기 하자"고 말하며 계속 대

화를 요구함.

※ 비슷한 성질의 범행으로 징역형의 집행유예를 선고받은 바 있음에도 불구하고 다시금 이 사건 범행을 저지른 바, 비난가능성이 크고 자칫 더 위험한 범행을 저지를 염려가 있다는 점이 양향에서 불리한 요소로 고려됨.

사례 3-32

수차례의 이종전과가 있을 뿐 아니라 성폭력처벌법위반(카메라이용촬영죄) 등으로 집행유예기간 중에 있는 자가 스토킹범죄를 범함

- D지역 2022년 사건

- 인정죄명 : 스토킹범죄의처벌등에관한법률위반(스토킹범죄)
- 선고내용 : 징역 10월
  스토킹 치료프로그램 40시간 이수

피고인(남)은 성폭력처벌법위반(카메리이용촬영죄) 등으로 징역 1년에 집행유예 3년을 선고받고 집행유예기간 중에 있으면서 피해자1(여, 50세)과 피해자2(여, 43세)가 근무하는 노숙자 쉼터에서 숙식을 하던 사람으로, 각 피해자들의 주거지를 찾아가 기다리거나 접근하는 등의 행위를 반복하고, 피해자2의 차량에 표시된 휴대전화 번호로 "보고 싶은 감정을 누를 수 없네요" 등의 메시지를 여러차례 전송함.

※ 피고인에게 수 차례의 전과가 있으며, 집행유예 기간 중에 있음에도 불구하고 자숙하지 않고 범죄를 범한 점, 피해자들이 피고인의 처벌을 희망하고 있는 점 등이 양형에서 불리한 요소로 고려되어 징역 10월의 실형이 선고됨.

사례 3-33

아동청소년을 강간하는 등의 공소사실로 기소되어 재판을 받고 있는 중에 다시금 다른 아동청소년을 대상으로 스토킹 및 협박 등의 범죄를 범함

- K지역 2022년 사건

- 인정죄명 : 스토킹범죄의처벌등에관한법률위반(스토킹범죄), 경범죄처벌법(지속적 괴롭힘), 협박, 폭행
- 선고내용 : 징역 11년, 벌금 10만원
  스토킹 치료프로그램 40시간 이수

피고인(남)은 아동청소년을 대상으로 한 성폭력처벌법위반(주거침입강간)죄 등으로 기소되어 재판을 받던 무렵, 피해자(여, 15세)와 교제를 시작하였고, 피해자가 이별을 통보하고 자신의 연락을 받지 않는다는 이유로 분노하여 피해자의 지인을 통해 피해자의 위치를 확인한 후 피해자가 있는 곳으로 찾아가 기다리는 등의 행위를 함. 또한 피해자에게 페이스북 다이렉트 메시지를 이용하여 욕설과 함께 위협적인 내용을 여러차례 반복적으로 전송하고, 전화하여 욕설함. 피해자가 피고인의 모든 연락을 차단하자 에스크로 어플리케이션의 피해자 계정 게시판에 익명으로 "동생아 너 좆 걸레냐규// 보고싶은데 언제 잡혀줄까 ㅋㅋ// 낼부터 등교랑 하교길 재밌겠다 그치 보고싶은데 언제 잡혀줄까, 쳐 잡으러 갈테니까 앞에서 욕해봐, 잡히지 만 마. OO동 순찰단 내일부터 진행합니다" 등의 글을 게시함. 뿐만 아니라 피해자가 다른 남성과 걸어가는 모습을 우연히 발견하고는 화가나 피해자를 폭행함.

※ 다른 아동청소년을 강간하는 등의 공소사실로 기소되어 재판을 받는 중에 이 사건 범행을 저지른 점 등이 양형에서 불리한 정상으로 고려됨(일련의 스토킹행위 중 스토킹처벌법 시행 이전의 건에 대해서는 경범죄처벌법을 적용하여 벌금형을 선고함).

가해자의 정신병력

분석 대상 사건 1,307건 중 108건(8.3%)에서 가해자의 정신병력이 확인되는데, 가해자의 성별이 여성인 경우에는 정신병력의 비율이 남성 대비 3배 이상 높은 것이 눈에 띈다.

피고인의 정신장애, 지적장애 등이 범행에 영향을 미친 경우에는 양형에서 특별히 고려되지만, 알콜중독, 조현병 등 정신병력이 있더라도 사건 당시 책임능력을 인정할 수 있는 경우에는 양형에서 관대하게 고려되지 않는 경우도 확인된다.

사례 3-34

조현병을 앓고 있는 피고인이 헤어진 연인의 주거지에 침입하고 소란을 피움

– D지역 2022년 사건

- 인정죄명 : 스토킹범죄의처벌등에관한법률위반(스토킹범죄), 주거침입, 퇴거불응, 재물손괴
- 선고내용 : 징역 6월

피고인(여)는 피해자(남, 43세)와 약 6개월 정도 교제하다가 헤어진 사이로, 피해자의 주거지에 열쇠수리공을 불러 현관문 도어락을 부수고 침입하였고, 며칠 후 다시 피해자의 주거지에 찾아가 "화장실이 급하다, 화장실만 사용하게 해 달라"고 요청하여 집안에 들어간 다음 다짜고짜 피해자에게 "이제부터 이 집에서 살겠다"라고 말 한 후 퇴거를 거부하다가 112 신고를 받고 출동한 경찰관에게 현행범으로 체포되는 등 총 7회에 걸쳐 지속적 반복적으로 피해자의 의사에 반하여 피해자에게 접근함. 피고인의 변호인은 피고인이 조현병으로 이 사건 당시 책임능력이 없었으므로 무죄가 선고되어야 한다고 주장함.

※ 법원이 채택하여 조사한 증거들에 의하면, 피해자가 조현병을 앓고 있는 사실은 인정되나 그로 인하여 심신미약의 정도를 넘어 사물을 변별할 능력이나 의사를 결정할 능력이 없었다고는 보이지 않는다고 판시됨.

사례 3-35

지적장애가 있는 피고인이 20대 여성과 그 자녀에게 호감을 보이며 계속하여 접근함

– 춘천지방법원 2022년 사건

- 인정죄명 : 스토킹범죄의처벌등에관한법률위반(스토킹범죄)
- 선고내용 : 징역 6월, 집행유예 2년
  보호관찰, 스토킹범죄 재범예방강의 40시간 수강

피고인(남)은 등교 중인 피해자1(10세)에게 다가가 손을 잡고 약 128m 가량 도보로 이동한 후 버스 정류장에 나란히 앉아 스쿨버스를 기다리는 등의 행위를 하였고, 그날 오후 피해자1의 친모인 피해자2(여, 29세)를 아파트 입구에서 발견하고는 다가가 피해자2가 접근을 거부함에도 불구하고 "OO엄마 맞으시죠. 나와 함께 아이를 키우며 같이 살자. 몇 동 몇 호에 사냐"라고 물으며 말을 걸고, 계속하여 피해자를 따라다님. 며칠 후 또다시 피고인이 등굣길에 스쿨버스를 기다리는 피해자1에게 다가가 머리를 쓰다듬는 등의 행위를 하자, 피해자2가 "우리한테 아는 척 하지 않았으면 좋겠어. 불편하고 아이도 무서워 해"라고 분명하게 거절함. 그럼에도 불구하고 피고인은 "나와 함께 카페를 가자", "내가 군대를 다녀오면 나와 결혼해 줄거냐. 서울에 사냐" 등의 말을 하며 피해자2의 주변을 서성이고, 피해자2의 신고로 경찰관이 출동할 때까지 피해자2를 지켜보는 행위를 함. 또한 그 후로도 피고인들이 물놀이 테마파크를 가는 것을 발견하고는 따라다니며 지켜보는 행위를 함.

※ 피고인이 반성하고 있으며, 피고인의 지적장애가 이 사건 범행에 영향을 미친 것으로 보이는 점, 피고인에게 아무런 범죄전력이 없다는 점 등이 양형에서 유리한 사유로 고려됨.

사례 3-36

정신장애로 인하여 사물을 변별할 능력이나 의사를 결정할 능력이 미약한 상태에서 피해자에게 접근하고 공연음란 행위를 함

- 춘천지방법원 원주지원 2022년 사건

- 인정죄명 : 스토킹범죄의처벌등에관한법률위반(스토킹범죄)
- 선고내용 : 벌금 100만원
  성폭력 치료프로그램 40시간 이수

피고인(남)은 정신장애로 인하여 사물을 변별할 능력이나 의사를 결정할 능력이 미약한 상태에서 편의점에 들어가 사람들이 보는 앞에서 바지와 팬티를 내리고 성기를 꺼낸 후 만지는 등 공연음란 행위를 하고, 그 편의점에 근무하는 피해자1(여, 51세)에게 지속적으로 접근하거나 알 수 없는 물건을 건네주는 등의 행위를 함. 또한 도로변 건물앞 철제울타리에 사고예방을 위해 설치해둔 피해자2의 반사경 2개를 절취하고, 피해자3이 운영하는 무인점포에서 손소독제 1개 등을 계산하지 않은 채 가져감.

※ 피고인이 짧은 기간 동안 다수의 범죄에 나아갔고, 피해자들로부터 용서를 받지 못하였으나, 절취품 일부가 피해자에게 반환되었으며, 피고인이 심신미약 상태에서 범행한 것으로 입원치료를 받음으로써 재범의 위험이 현저히 낮아진 점, 초범인 점 등이 양형에서 유리한 정상으로 고려됨.

사례 3-37

정신건강에 문제가 있는 중국 국적의 유학생이 중국 국적의 여자 유학생을 스토킹함

- G지역 2022년 사건

- 인정죄명 : 스토킹범죄의처벌등에관한법률위반(스토킹범죄), 협박, 퇴거불응
- 선고내용 : 징역 8월, 집행유예 2년

피고인(남)은 중국 국적의 유학생으로, 같은 중국인 유학생 피해자(여, 22세)가 거주하는 대학교기숙사 호실의 문을 두드리고, 피해자의 룸메이트가 문을 열어주자 "혼자 있냐, 룸메이트는 어디있느냐, 나중에 다시 오겠다"고 말하고 돌아간 후, 몇 시간 후 다시 찾아가 문을 두드렸으나 피해자가 문을 열어주지 않자 돌아갔다가 몇 분 후 다시 찾아와 문을 두드리고, 피해자에게 알 수 없는 사람과의 음란 채팅을 한 화면을 보여주며 "나와 채팅을 한 사람이 당신 맞느냐?"라고 물었는데 피해자가 아니라고 하자 되돌아감. 그러나 그 이후에도 피고인은 계속 피해자를 찾아와 휴대폰 화면을 보여주며 " 정말 너 아니야?", "그러면 너 이름은 뭐야" 라고 물었고 피해자가 대답을 하지 않고 문을 닫자 그 주변을 배회함. 그 후 며칠에 걸쳐 피고인은 피해자가 거주하는 기숙사 호실의 방문을 두드리고 그 주변을 배회하는 등의 행위를 반복함. 이 사건과 별개로 피고인은 대학교 국제교류팀의 학생관리 업무담당 직원이 "자퇴하였으면 기숙사와 식당을 이용할 수 없다"고 안내하자 화를 내며 위해를 가할 듯이 협박하였고, 기숙사 관리직원이 퇴거를 요구하였음에도 이에 불응하여 112신고를 받고 출동한 경찰에 의해 퇴거불응죄의 현행범으로 체포됨.

※ 피고인의 정신적 건강에 문제가 있는 것으로 보이며, 이러한 건강상태가 범행에 영향을 미쳤을 뿐 아니라 수사가 진행되는 과정에서 반성하지 않는 모습으로 비춰졌을 가능성이 있는 점 등이 양형에서 유리한 정상으로 고려됨.

제4절

스토킹사건의 1/3은 징역형의 집행유예를 선고받음

분석 대상 사건의 선고내용을 살펴보면, 징역형의 집행유예가 34.6%(453건)로 가장 많았고, 그 다음으로는 징역형의 실형 30.8%(4.3건), 벌금형(309건, 23.6%), 공소기각(297건, 22.7%) 등의 순으로 확인된다. 징역형과 벌금형 및 공소기각이 중복적으로 선고된 경우도 많은데, 이는 여러 범죄가 경합된 사건들이 다수 포함되었기 때문이다. 즉, 일부 범죄에 대해서는 징역형이 선고되고 다른 범죄에 대해서는 벌금형이 따로 선고된 경우도 상당수 있으며, 또는 스토킹범죄 등에 대해서는 피해자의 처벌불원의사로 인해 공소기각되면서, 나머지 경합된 범죄들에 대해 징역형이나 벌금형이 선고된 경우가 많다.

징역형의 실형이 30.8%에 달하는 것은 '스토킹에 대한 처벌이 지나치게 가볍다'는 일각의 우려와 비판을 일견 무색하게 한다. 그러나 이는 스토킹범죄 이외에 경합범죄들이 양형에 영향을 미친 경우들이기 때문에 이를 근거로 스토킹사건 처벌의 엄격성을 주장하는 것은 적절치 못하다.

분석 대상 사건 중 경합범죄가 없었던 스토킹 단일사건의 경우, 벌금형이 선고된 사례가 34.6%, 징역형의 집행유예가 선고된 사례가 31.4%, 징역형 실형이 선고된 사례가 11.7% 였다.

한편 스토킹처벌법은 스토킹 치료프로그램 이수명령, 스토킹범죄 재범예방강의 수강명령 등 보안처분을 규정하고 있는 바, 분석 대상 사건 중 852건(65.2%)에서 형의 선고와 함께 보안처분이 병과된 것으로 확인된다.

1 스토킹 사건의 주된 양형이유

일반적으로 양형에서 참작하는 사정으로는 범행동기 및 경위, 피해자와의 관계, 범행 수단과 내용, 범죄전력, 범행결과, 재범의 위험성, 범행 후 정황, 피고인의 사정 등이다. 스토킹 사건에서도 이와 같은 양형사유가 고려된다. 분석 대상 사건에서 주로 언급된 양형이유는 아래의 표와 같다.

| 표 3-1 | 스토킹 사건의 주된 양형 이유

	양형에서 유리한 정상	양형에서 불리한 정상
범행동기 및 범행경위	- 피해자에게 의심할 정황이 있음(배우자의 외도 등) - 피고인이 피해자로부터 고통받은 경우 - 피고인과 피해자 사이에 해결해야 할 갈등이 있는 경우(이혼조건 협의, 재산분배 관련 분쟁, 상속 관련 다툼 등) - 이별과정에서의 우발적 범행	- 보복 목적 스토킹
피해자와의 관계		- 약자를 상대로 한 스토킹 - 피해자 취약점 이용 스토킹
범행수단 및 내용	- 스토킹 기간이 길지 않음 - 스토킹 내용, 횟수, 범죄태양, 정도가 중하지 않음 - 과격한 언사나 행동 없음 - 메시지 내용이 위협적이지 않음 - 피해자를 직접 찾아가거나 불이익 주기 위한 구체적 행동을 하지 않음	- 스토킹이 상당히 장기간 지속됨 - 스토킹행위 횟수가 많고, 표현이 거칠거나 내용이 위협적임 - 피해자 이외에 가족이나 지인 등에도 접근하여 위협함 - 만남을 거부하는 피해자가 이사하자 따라가 주거지를 알아낸 후 범행 - 피해자의 자동차 등에 위치추적기 부착
범죄전력	- 범죄전력 없음 - 동종전과 없음	- 동종전과 있음 - 동일 피해자에 대한 유사범죄전력 있음
범행결과 및 피해정도	- 피해자의 불안감·공포감이 크지 않음	- 피해자가 주거지 이전, 이직·사직 및 휴직 등 생활방식을 변경함 - 피해자의 심리치료, 수면장애 외상 후 스트레스 증후군, 공황장애 등 - 피해자 및 피해자 가족의 일상생활 불가능 - 피해자의 극심한 고통

	양형에서 유리한 정상	양형에서 불리한 정상
재범의 위험성 및 중대범죄 가능성	- 신고, 경찰의 경고, 임시조치 또는 잠정조치 등이 있은 후 더 이상 접근하지 않음 - 피고인이 주거지 옮김 - 재범방지를 위해 상담, 치료	- 경찰의 경고, 임시보호조치 또는 잠정조치 후에도 계속된 스토킹 - 석방 후 당일 또는 직후의 범행 - 유치장 또는 구치소에서 피해자에게 보복 등을 암시하는 연락 - 수사, 재판 중에도 연락, 접근 - 용서 받고도 재범 - 수사과정 및 재판과정에서 피해자 관련 부적절한 언동 - 범행이 점차 대담해짐 - 스토킹에서 강력범죄로 전개됨
범죄 후 정황	- 범행인정 및 반성 - 피해자와 합의 - 피해자의 처벌불원의사 표시 - 상당한 금액의 합의금 수령 또는 공탁	- 범행부인 및 반성없음 - 피해자로부터 용서받지 못함 - 피해자의 엄벌 탄원
피고인의 정신질환	- 피고인의 정신질환이 범행에 어느 정도 원인이 됨 - 치료의 필요성(응급입원, 치료와 상담 필요함)	

2 벌금형이 선고된 사례

스토킹범죄 이외에 다른 범죄가 경합하여 발생한 경우에는 벌금형 선고의 가능성이 낮아지며, 특히 피해자의 생명 신체 등에 중대한 피해를 발생시키는 범죄들(예를 들어, 살인·살인미수, 체포·감금, 성폭력, 가정폭력, 아동학대 등)이 경합하여 발생한 경우에는 벌금형이 선고된 사례가 드물었다.

벌금형이 주로 선고되는 사례는 물리적 접근없이 정보통신망 등을 통하여 메시지 전송이나 전화발신을 반복한 사례이다. 그러나 물리적 접근이 있었다고 하여도 벌금형이 불가능한 것은 아니며, 범행의 횟수나 정도가 심하지 않거나, 공권력의 개입(긴급응급조치 또는 잠정조치) 이후에는 더 이상 접근하지 않은 경우 등에서는 벌금형이 선고되는 경우가 많았다. 그리고 잠정조치를 위반한 경우라고 하여도 물리적 접근 없이 정보통신망 등을 이용한 접근만 하였으며 그 횟수가 많지 않은 경우에는 벌금형이 선고되기도 했다.

사례 4-1

피해자에 대한 연락을 금지하는 내용의 잠정조치결정을 받았음에도 이를 위반하여 2회에 정보통신망을 이용하여 메시지를 전송하였으나, 물리적 접근은 없었던 경우 벌금형(200만원)이 선고됨

- H지역 2022년 사건

사례 4-2

정보통신망 등을 통하여 메시지만 반복적으로 보낸 사례에 대해 벌금 300만원이 선고됨

피고인(남)과 피해자(여)는 내연관계에 있다가 헤어진 사이로, 피해자가 피고인의 연락 등을 거부하는 의사를 표시하였음에도 불구하고 피고인은 피해자에게 "톡을 안보셧나보네 상세하게 보냇으니 수요일오전까지 입금해줘요 일크게 만들지마시고"라는 내용의 문자메시지를 전송한 것을 비롯하여 총 18회에 걸쳐 피해자 또는 피해자의 가족에 대하여 지속적 또는 반복적으로 스토킹행위를 함.

- H지역 2022년 사건

사례 4-3

과거에도 동일한 피해자를 스토킹한 바 있는 사람이 피해자에게 정보통신망 등을 통하여 메시지를 반복적으로 보낸 사례에 대해 벌금 700만원이 선고됨

수개월여 동안 교제관계에 있으면서 피고인이 피해자를 스토킹하여 스토킹범죄 중단의 잠정조치를 받은 바 있으며, 피해자가 1차례 용서하여 처벌불원의사를 표시함으로써 처벌을 면한 적이 있음에도 불구하고 정보통신망 등을 이용하여 지속적 반복적으로 모욕적이고 위협적인 메시지를 전달함.

- H지역 2022년 사건

사례 4-4

교제를 요구하였다가 거절당하자 문자메시지 및 전화를 통해 연락하고 피해자의 일상생활 장소 부근에서 기다리거나 접근하는 등의 행위를 반복하였으나, 피고인이 형사처벌을 받은 전력이 없는 점, 잠정조치결정을 위반하지 않은 점, 피해자에게 다시 연락하지 않겠다고 다짐하고 있는 점 등이 양형에서 유리한 정상으로 참작되어 벌금 100만원이 선고됨

– A지역 2022년 사건

- 인정범죄 : 스토킹범죄의처벌등에관한법률위반(스토킹범죄)
- 선고내용 : 벌금 100만원
  스토킹 치료프로그램 40시간 이수

피고인(남)은 채팅앱을 통해 알게 된 피해자(여, 23)에게 호감을 표시하며 교제를 요구하였으나 피해자로부터 거절당하자, 피해자에게 전화를 걸고 피해자가 전화번호를 차단하자 발신번호표시 제한을 거는 방법 등으로 피해자에게 10회 연락을 취하고, 피해자의 주거지인 A아파트 앞 벤치에 앉아 귀가하는 피해자를 기다리고, 대화를 거부하는 피해자에게 다가가 계속하여 대화를 요구하는 등 행패를 부려 피해자에게 불안감 또는 공포심을 일으킨 것을 비롯하여 아래 〈범죄일람표 요약〉의 기재와 같이 피해자의 의사에 반하여 문자메시지 8회 및 카카오톡 메시지 1회 전송하고, 전화를 이용하여 13회 연락을 취하고, 피해자가 생활하는 장소 주변에서 기다리는 등 지속적 또는 반복적으로 스토킹행위를 함.

〈범죄일람표 요약〉

연번	일시	사용수단	내용	횟수	비고
1	0000. 11. 12. 18:52	문자메시지	(문자내용 생략)	1회	불상자명의 휴대전화 번호
2	0000. 11. 12. 20:06	문자메시지	차단부터 풀어줘/ 답답해	2회	불상자명의 휴대전화 번호
3	0000. 11. 13. 01:23~02:36	전화	전화수신	1회 8회 1회	
4	0000. 11. 13 02:37	문자메시지	나 신반포역이야 시간 안 끌게 얘기 좀만 하자/ 옆에 패션하는 분 있어도 돼. 전화 한통만 줘	2회	불상자명의 휴대전화 번호
5	0000. 11. 13. 15:00	카카오톡 메시지	피의자가 피해자에게 사과를 하며 정신과 치료를 받겠다는 내용	1회	대화명 OO
6	0000. 11. 12. 18:52		피해자의 주거지 앞에서 무작정 기다리다 피해자를 대면한 후 행패부림	1회	
7	0000. 12 26.	전화	전화번호를 변경한 피의자가 피해자에게 전화 연락	3회	피의자 명의 휴대전화 번호
8	0000. 12 26. 12:13	문자메시지	그렇게 기억에 남는 게 싫고/ 번호바꿀 필요없어 미안해 내가 번호 삭제할게/ 근데 진짜 미국 가기 전에 사과하고 싶어	3회	피의자 명의 휴대전화 번호

사례 4-5

전화/문자메세지 등을 통해 연락을 지속하고, 주거지와 근무지로 찾아가 기다리는 등의 행위를 하였으나, 경찰로부터 긴급응급조치의 대상이 됨을 통보받은 이후로는 스토킹행위를 중단한 경우 벌금형(500만원)이 선고됨

– H지역 2022년 사건

사례 4-6

헤어진 전 연인에게 집착하여 관계의 지속을 요구하며 수 백회에 걸쳐 연락을 반복하고, 일상생활 장소로 찾아가는 등의 행위를 하였으나, 피고인이 미성년인 자녀를 부양해야 하는 사정 등이 양형에서 고려되어 벌금 700만원이 선고됨

– F지역 2022년 사건

- 인정죄명 : 스토킹범죄의처벌등에관한법률위반(스토킹범죄)
- 선고내용 : 벌금 700만원

피고인(남)은 피해자(여, 55세)와 sns를 통해 알게 되어 연락을 주고받다가 약 7개월간 교제한 사이로, 피해자가 더 이상 교제하거나 연락할 의사가 없음을 밝혔음에도 불구하고 관계의 지속을 요구하며 집착함. 피고인은 휴대전화를 이용하여 피해자에게 "내거", "전화 왜 안받아?", "보고싶다", "집 앞에서 기다릴게", "잘할게요" 등의 문자메시지를 보내는 등 아래의 〈범죄일람표 요약-1〉 기재와 같이 총 551건의 문자메시지를 전송하고, 〈범죄일람표 요약-2〉의 기재와 같이 총128건의 음성통화 또는 영상통화를 발신함. 또한 피고인은 교회에서 예배드리는 피해자를 찾아와 인근에서 기다리는 행위를 2회에 걸쳐 반복함.

※ 범행방법, 횟수 등에 비추어 그 범정이 무겁고, 피고인의 범행으로 인해 피해자가 상당한 불안감을 느끼는 등 정신적 고통을 겪은 것으로 보이는 점 등이 양형에서 불리한 정상으로 고려된 반면, 피고인이 자신의 잘못을 인정하고 진지하게 반성하는 태도를 보이며, 향후 다시는 피해자를 찾아가거나 연락하지 않을 것을 다짐하는 점, 및 피고인이 한부모가정의 가장으로서 미성년자녀를 부양하여야 하는 사정 등은 양형에서 유리한 정상으로 고려됨.

〈범죄일람표 요약-1〉

연번	일시	범행방법	카톡내용
1	0000.10.21. 06:00	카톡메시지 전송	자어
2	0000.10.21. 10:32	카톡메시지 전송	전화해도돼어?
3	0000.10.21. 17:09	카톡메시지 전송	전화할까어
4	0000.10.21. 17:12	카톡메시지 전송	전화해요
5	0000.10.21. 17:13	카톡메시지 전송	나와서 전화해요 좀있다가
6	0000.10.21. 17:13	카톡메시지 전송	왜요
7	0000.10.21. 17:14	카톡메시지 전송	왜
8	0000.10.21. 17:15	카톡메시지 전송	누가하고있어
9	0000.10.21. 17:16	카톡메시지 전송	왜
10	0000.10.21. 17:17	카톡메시지 전송	나와서전화
11	0000.10.21. 17:19	카톡메시지 전송	누가 하고 있어
12	0000.10.21. 17:24	카톡메시지 전송	교회 갈 때 전화좀줘어
13	0000.10.21. 17:24	카톡메시지 전송	내거
14	0000.10.21. 17:25	카톡메시지 전송	내거예요
15	0000.10.21. 17:26	카톡메시지 전송	교회 갈때전화해어
16	0000.10.21. 17:28	카톡메시지 전송	아도너무힘들어
17	0000.10.21. 17:29	카톡메시지 전송	나도
18	0000.10.21. 17:29	카톡메시지 전송	힘들어
19	0000.10.21. 17:30	카톡메시지 전송	일요일 날 갈게어
20	0000.10.21. 17:59	카톡메시지 전송	전화할까어
21	0000.10.21. 18:01	카톡메시지 전송	10시에 갈까어
22	0000.10.21. 18:06	카톡메시지 전송	자기가 말을 해야지
23	0000.10.21. 18:25	카톡메시지 전송	어디냐고
24	0000.10.21. 18:27	카톡메시지 전송	뭐해어
25	0000.10.21. 21:15	카톡메시지 전송	알집알았어
26	0000.10.21. 21:18	카톡메시지 전송	집에왔냐고어
27	0000.10.21. 21:21	카톡메시지 전송	전화해?
28	0000.10.22. 06:19	카톡메시지 전송	잘자어?
29	0000.10.22. 08:04	카톡메시지 전송	전화해도돼어
30	0000.10.22. 16:09	카톡메시지 전송	전화왜안받어?
31	0000.10.22. 16:25	카톡메시지 전송	넹
32	0000.10.22. 17:17	카톡메시지 전송	전화해
33	0000.10.22. 17:21	카톡메시지 전송	전화안받어

연번	일시	범행방법	카톡내용
34	0000.10.22. 17:44	카톡메시지 전송	뭐해어
35	0000.10.22. 17:57	카톡메시지 전송	뭐해
36	0000.10.22. 17:58	카톡메시지 전송	어디서먹어
37	0000.10.22. 17:59	카톡메시지 전송	어디서
38	0000.10.22. 18:00	카톡메시지 전송	밥먹고 전화좀해어
39	0000.10.22. 18:04	카톡메시지 전송	오늘 가면 안돼어
40	0000.10.22. 18:05	카톡메시지 전송	보고싶어
41	0000.10.22. 18:07	카톡메시지 전송	아니 왜안봐어
42	0000.10.22. 18:07	카톡메시지 전송	전화해
43	0000.10.22. 18:12	카톡메시지 전송	짜증나
44	0000.10.22. 18:15	카톡메시지 전송	전화해
45	0000.10.22. 18:36	카톡메시지 전송	자기야
46	0000.10.22. 18:36	카톡메시지 전송	전화해어
47	0000.10.22. 18:39	카톡메시지 전송	밥맛있게먹어
48	0000.10.22. 18:40	카톡메시지 전송	넹
49	0000.10.22. 22:58	카톡메시지 전송	전화해도돼어
50	0000.10.22. 22:59	카톡메시지 전송	뭐해어
		중략	
540	0000.11. 7. 09:22	카톡메시지 전송	교회갔어
541	0000.11. 7. 09:29	카톡메시지 전송	말좀하세요
542	0000.11. 7. 10:36	카톡메시지 전송	지금왔어
543	0000.11. 7. 10:37	카톡메시지 전송	교회지금가냐고
544	0000.11. 7. 10:38	카톡메시지 전송	예배끝났어
545	0000.11. 7. 10:39	카톡메시지 전송	알았어
546	0000.11. 7. 10:41	카톡메시지 전송	어디냐고요
547	0000.11. 7. 10:46	카톡메시지 전송	교회끝났어
548	0000.11. 7. 13:00	카톡메시지 전송	끝났어
549	0000.11. 7. 13:03	카톡메시지 전송	뭐해어
550	0000.11. 7. 13:33	카톡메시지 전송	조용하고 나가
551	0000.11. 7. 13:33	카톡메시지 전송	쪽팔려

〈범죄일람표 요약-2〉

연번	일시	범행방법	내 용	발신번호	수신번호
1	0000.10.22. 16:13	휴대전화 발신	전화발신 1회	피고인 휴대폰번호	피해자 휴대폰번호
2	0000.10.22. 18:17	휴대전화 발신	전화발신 4회	피고인 휴대폰번호	피해자 휴대폰번호
3	0000.10.22. 23:07	휴대전화 발신	전화발신 3회	피고인 휴대폰번호	피해자 휴대폰번호
4	0000.10.30. 08:00	휴대전화 발신	영상통화 발신 9회	피고인 휴대폰번호	피해자 휴대폰번호
5	0000.10.30. 08:01	휴대전화 발신	전화발신 1회	피고인 휴대폰번호	피해자 휴대폰번호
6	0000.10.30. 08:04	휴대전화 발신	전화발신 4회	피고인 휴대폰번호	피해자 휴대폰번호
7	0000.10.30. 09:26	휴대전화 발신	전화발신 1회	피고인 휴대폰번호	피해자 휴대폰번호
8	0000.10.30. 12:57	휴대전화 발신	전화발신 2회	피고인 휴대폰번호	피해자 휴대폰번호
9	0000.10.30. 14:53	휴대전화 발신	전화발신 1회	피고인 휴대폰번호	피해자 휴대폰번호
10	0000.10.30. 14:59	휴대전화 발신	전화발신 1회	피고인 휴대폰번호	피해자 휴대폰번호
11	0000.10.30. 15:41	휴대전화 발신	영상통화 발신 3회	피고인 휴대폰번호	피해자 휴대폰번호
12	0000.10.30. 15:43	휴대전화 발신	전화발신 1회	피고인 휴대폰번호	피해자 휴대폰번호
13	0000.10.30. 15:45	휴대전화 발신	전화발신 1회	피고인 휴대폰번호	피해자 휴대폰번호
14	0000.10.30. 21:29	휴대전화 발신	전화발신 23회	피고인 휴대폰번호	피해자 휴대폰번호
15	0000.10.30. 21:38	휴대전화 발신	전화발신 1회	피고인 휴대폰번호	피해자 휴대폰번호
16	0000.11.01. 19:11	휴대전화 발신	전화발신 2회	피고인 휴대폰번호	피해자 휴대폰번호
17	0000.11.01. 22:44	휴대전화 발신	전화발신 7회	피고인 휴대폰번호	피해자 휴대폰번호

연번	일시	범행방법	내 용	발신번호	수신번호
18	0000.11.01. 22:46	휴대전화 발신	전화발신 1회	피고인 휴대폰번호	피해자 휴대폰번호
19	0000.11.02. 19:36	휴대전화 발신	전화발신 20회	피고인 휴대폰번호	피해자 휴대폰번호
20	0000.11.02. 19:44	휴대전화 발신	전화발신 2회	피고인 휴대폰번호	피해자 휴대폰번호
21	0000.11.02. 19:45	휴대전화 발신	전화발신 2회	피고인 휴대폰번호	피해자 휴대폰번호
22	0000.11.02. 21:13	휴대전화 발신	전화발신 1회	피고인 휴대폰번호	피해자 휴대폰번호
23	0000.11.03. 18:11	휴대전화 발신	전화발신 1회	피고인 휴대폰번호	피해자 휴대폰번호
24	0000.11.03. 22:26	휴대전화 발신	전화발신 31회	피고인 휴대폰번호	피해자 휴대폰번호
25	0000.11.03. 22:34	휴대전화 발신	전화발신 3회	피고인 휴대폰번호	피해자 휴대폰번호
26	0000.11.03. 22:42	휴대전화 발신	전화발신 1회	피고인 휴대폰번호	피해자 휴대폰번호
			총 128회 전화발신		

3 징역형의 집행유예가 선고된 사례

물리적 접촉없이 비교적 짧은 시간동안 전화통화 및 문자메시지를 수회 반복하였을 뿐이더라도 피고인에게 동종전과를 비롯하여 다수의 전과가 있는 경우 또는 다른 죄와 경합이 있는 경우 등에서는 벌금형이 선고되지 않고 징역형의 집행유예가 선고되는 경우가 많다.

또한 물리적 접근없이 정보통신망 등을 이용한 연락이 반복된 경우라고 하여도 범행기간이 길거나 공권력의 개입 이후에도 범행이 계속된 경우 등에서는 벌금형이 아닌 징역형의 집행유예가 선고될 수 있다.

그리고 죄질이 좋지 않거나, 다른 범죄가 경합하였거나, 잠정조치를 위반하였거나, 흉기 등을 휴대하여 스토킹 범죄를 범하였더라도 특별히 양형에서 유리한 정상이 존재하는 경우에는 실형이 아닌 징역형의 집행유예가 선고될 수 있다.

사례 4-7

물리적 접촉없이 비교적 짧은 시간동안(4시간) 전화통화 및 문자메시지를 5회 반복하였을 뿐이더라도 피고인에게 동종전과를 비롯하여 다수의 전과가 있는 사례에 대해 벌금형이 선고되지 않고 징역형의 집행유예가 선고됨.

– A지역 2023년 사건

인정죄명 : 스토킹범죄의처벌등에관한법률위반(스토킹범죄)
선고내용 : 징역 6월, 집행유예 2년
스토킹 치료프로그램 40시간 이수

피고인(남, 대리운전기사)은 피해자(여, 40세)의 차량을 대리운전해 준 후 주차문제로 피해자와 말다툼을 하고 화가 풀리지 않자, 피해자에게 여러 차례 전화하여 욕설을 하고, "니년 딸이 태어나면 강간 당해 뒤지고 아들이 태어나면 시멘트 바닥에 대가리 짓뭉게 뒈지길 빈다"는 등의 문자메시지를 발송함.

사례 4-8

피해자의 영업장소 근처에서 지켜보기만 했을 뿐 더 이상의 접근으로 이어지지 않았으며 피고인이 범행을 인정하고 반성하는 태도를 보이며 초범이라고 하더라도, 스토킹 지속기간이 장기간(1년 이상)이고 수사기관의 서면경고에도 범행을 멈추지 않은 사례에서 징역형의 집행유예가 선고됨

– B지역 2022년 사건

- 인정죄명 : 스토킹범죄의처벌등에관한법률위반(스토킹범죄)
- 선고내용 : 징역 4월, 집행유예 1년
  스토킹 재범예방강의 40시간 수강

피고인(남)은 서로 모르는 사이임에도 피해자(여, 31세)가 마음에 든다는 이유로 피해자가 운영하는 네일아트숍 앞에서 피해자를 지켜보는 등의 스토킹행위를 1년 이상 지속하였고, 이에 피해자가 두 차례에 걸쳐 112 신고를 하여 피고인은 '스토킹 행위자 대상 서면 경고장'을 받은 바 있음. 그럼에도 불구하고 피고인은 계속하여 피해자의 영업장소 앞에서 피해자를 지켜보는 행위를 하여 피해자에게 불안감 또는 공포심을 일으킴.

사례 4-9

잠정조치를 위반하고 흉기 등을 휴대하여 스토킹 범죄를 범하였으며, 특수협박죄가 경합되었으나, 피해자가 반성하고 있으며 피고인이 심신미약에 이르지는 않았더라도 피고인이 앓고 있는 정신질환이 이 사건 범행에 어느 정도 영향을 미친 것으로 보이는 점, 피해자와 원만히 합의하여 피해자가 피고인의 처벌을 원하고 있지 아니한 점 등이 유리한 정상으로 참작되어 징역형의 집행유예가 선고됨

– H지역 2022년 사건

- 인정죄명 : 스토킹범죄의처벌등에관한법률위반(흉기 등 휴대 스토킹범죄, 잠정 조치 불이행), 특수협박
- 선고내용 : 징역 2년, 집행유예 4년
  보호관찰, 스토킹 치료강의 40시간 수강

피고인은 피해자와 8개월여간 교제하다가 헤어진 관계로, (헤어진 후 2년여 가까이 지난 시점에) 피고인이 피해자의 영업장소로 찾아가 다시 사귈 것을 요구하였으나 거절당하자 피해자에게 욕설을 하였고, 그 뒤로도 며칠 간격으로 여러 차례 피해자의 영업장소로 찾아가 구애를 하며 소란을 피웠으며, 그 과정에서 위험한 물건(낚시대, 식칼)를 휴대하기도 함. 이로 인하여 스토킹범죄 중단을 명하는 잠정조치 결정이 있었음에도 이를 위반하여 3차례에 걸쳐 피해자의 영업장소를 찾아감. 또한 피해자에게 프러포즈 하였다가 거절당하자 흉기(칼날길이 18cm, 전체길이 30cm의 식칼)을 들고 "누나 이제 나 못 봐, 죽어 버릴거야"라며 피해자를 협박함.

사례 4-10

스토킹범죄에 대해 피해자가 처벌불원의 의사를 표시하였더라도, 카메라이용촬영죄 등 성폭력범죄가 경합된 사례에 대해 징역형의 집행유예가 선고됨

- H지역 2022년 사건

- 인정죄명 : 성폭력범죄의처벌등에관한특례법위반(카메라등이용촬영)
- 선고내용 : 징역 6월, 집행유예 2년
  보호관찰, 스토킹 치료강의 40시간 수강

피고인은 피해자(여, 42세)와 약 2년간 교제하다가 헤어진 사이로, 교제하던 기간 중 모텔 객실 내에서 휴대전화에 있는 카메라 기능을 이용하여 잠자고 있는 피해자의 얼굴, 음부, 가슴 등 신체를 피해자의 의사에 반하

여 사진 촬영한 바 있고, 얼마 후 또다시 모텔 객실 내에서 카메라 동영상 촬영 기능을 켜 둔 상태로 휴대전화를 옷걸이에 걸려있는 피고인의 바지 뒷주머니에 넣어 두는 방식으로 피해자와의 성관계 모습을 동영상 촬영한 바 있음. 또한 피고인은 피해자가 헤어지자고 하자 화가 나서 휴대전화를 이용하여 “나도 너 없음 죽고 넌 나 있음 죽고 서로 양보는 없고 그럼 가치 같은 곳에서 죽자”라는 내용의 카카오톡 메시지를 전송함으로써 마치 피해자에게 위해를 가할 듯이 행세하여 협박한 것을 비롯하여 약 2주 동안 동일한 방법으로 아래의 〈범죄일람표 요약-1〉 기재와 같이 총 4회에 걸쳐 피해자를 협박하였고, 같은 기간 동안 〈범죄일람표 요약-2〉 기재와 같이 수 회에 걸쳐 지속적, 반복적으로 카카오톡 메시지를 전송함.

※ 스토킹범죄 및 협박죄에 대해서는 공소제기 후 피해자의 처벌불원의사가 표시됨에 따라 공소기각됨.

〈범죄일람표 요약-1〉

연번	일시	장소	범죄사실
1	0000.10.18. 12:32경	피고인의 주거지	“나도 너 없음 죽고 넌 나 있음 죽고 서로 양보는 없고 그럼 가치 같은 곳에서 죽자”라는 내용의 카카오톡 메시지를 전송하여 피해자를 협박하였다.
2	0000.10.22. 01:24경	피고인의 주거지	“나를 개무시한 거에 대해 내 인생 망친 거 죗값을 치루게 해줄께”라는 내용의 카카오톡 메시지를 전송하여 피해자를 협박하였다.
3	0000.10.23. 22:21경	피고인의 주거지	“남자가 생긴 거면 너 낵아 죽여버릴 꺼야”라는 내용의 카카오톡 메시지를 전송하여 피해자를 협박하였다.
4	0000.11.03. 11:28경	피고인의 근무지	“나도 이젠 막장이야 서로 그냥 죽자”라는 내용의 카카오톡 메시지를 전송하여 피해자를 협박하였다.

〈범죄일람표 요약-2〉

연번	일시	장소	범죄사실
1	0000.10.21. 07:55경	피고인의 주거지	"지금 톡까지 차단했냐, 한번 보자, 아주 끝까지 몰고 가는구나"라는 내용의 문자를 전송하는 등 반복하여 문자를 전송
2	0000.10.22. 12:53경	피고인의 근무지	"나 그러는 거 아니다 나를 개무시한 거에 대해 내 인생 망친 거에 대해 죗값을 치루게 해 줄게"라는 내용의 문자를 전송하는 등 반복하여 문자를 전송
3	0000.10.23. 08:03경	피고인의 근무지	"언제나 저멀리 강에 있었어"라는 내용의 문자를 전송하는 등 반복하여 문자를 전송
4	0000.10.24. 09:34경	피고인의 근무지	"톡도 확인안해 전화도 차단해"라는 내용의 문자를 전송하는 등 반복하여 문자를 전송
5	0000.10.25. 09:33경	피고인의 근무지	"저나안해 그냥 퇴근할 때 니가전화해"라는 내용의 문자를 전송하는 등 반복하여 문자를 전송
6	0000.10.26. 11:55경	피고인의 근무지	"차단풀면 안되니? 밥 마니 먹어"라는 내용의 문자를 전송하는 등 반복하여 문자를 전송
7	0000.10.27. 12:16경	피고인의 근무지	"보고싶다 너무... 절대 헤어지지 않아 그건 변함없어요"라는 내용의 문자를 전송하는 등 반복하여 문자를 전송
8	0000.10.28. 08:32경	피고인의 주거지	"요번주에 한번 봐. 못 참게써요"라는 내용의 문자를 전송하는 등 반복하여 문자를 전송
9	0000.10.29. 01:14경	피고인의 주거지	"안자고 뭐해?"라는 내용의 문자를 전송하는 등 반복하여 문자를 전송
10	0000.10.30. 01:10경	피고인의 주거지	"보고싶다고 미치겠다구요"라는 내용의 문자를 전송하는 등 반복하여 문자를 전송
11	0000.10.31. 12:21경	피고인의 근무지	"목숨걸고 다시 시작하든 만나 협박아니고 통보야"라는 내용의 문자를 전송하는 등 반복하여 문자를 전송
12	0000.11.02. 17:50경	피고인의 근무지	"니 지금 카톡도 차단했냐"라는 내용의 문자를 전송하는 등 반복하여 문자를 전송
13	0000.11.03. 10:58경	피고인의 근무지	"꽂히기 전에 차단 다 풀어요"라는 내용의 문자를 전송하는 등 반복하여 문자를 전송

사례 4-11

잠정조치 결정을 받고도 이를 위반하여 계속 피해자에게 접근하는 행위를 하였으며, 스토킹 행위 중 피해자의 주거에 침입한 사례에 대해 징역형의 집행유예가 선고됨

– M지역 2022년 사건

- 인정죄명 : 스토킹범죄의처벌등에관한법률(잠정조치 불이행), 주거침입
- 선고내용 : 징역 4개월, 집행유예 2년
  보호관찰

피고인(남)은 피해자(여, 60세)와 약 30년간 연인관계로 지내다가 헤어진 후 피해자로부터 "더는 찾아오지 말라"는 말을 듣게 됨. 그럼에도 피고인은 아래의 〈범죄일람표 요약〉 연번 1 내지 7 기재와 같이 총 7회에 걸쳐 피해자에게 접근하거나 피해자의 주거지 부근에서 피해자를 기다리는 등의 행위를 함. 피고인은 접근금지 등을 내용으로 하는 잠정조치 결정을 받고도 〈범죄일람표 요약〉 연번 5, 6 기재와 같이 총 2회에 걸쳐 피해자에게 접근하여 잠정조치 결정을 위반함. 또한 피고인은 피해자의 주거지 현관문에 설치된 방충망을 열고 피해자의 주거에 침입한 것을 비롯하여 〈범죄일람표 요약〉 연번 2, 5, 6 기재와 같이 총 3회에 걸쳐 피해자의 주거에 침입하였다.

※ 일련의 스토킹범죄에 대해서는 공소제기 후 피해자가 처벌불원의 의사를 밝힘으로 인해 공소기각됨.

피고인이 자신의 잘못을 인정하고 있는 점, 피해자와 합의하여 피해자가 피고인의 처벌을 원하지 않고 있는 점, 피고인이 벌금형을 넘는 형사처벌을 받은 전력이 없는 점 등이 양형에서 유리한 요인으로 고려되어 징역형의 집행유예가 선고됨.

〈범죄일람표 요약〉

<table>
<tr><th>연번</th><th>일시 · 장소</th><th>범죄사실</th><th>비고</th></tr>
<tr><td>1</td><td>0000. 6. 9. 08:10
피해자의 주거지</td><td>피해자의 의사에 반하여 피해자의 주거지 현관문 앞에 이르러 그곳 출입문 디지털 도어락 번호를 누르고, 초인종을 누르며 피해자를 기다림</td><td></td></tr>
<tr><td>2</td><td>0000. 6. 20. 09:20
피해자의 주거지</td><td>피해자의 의사에 반하여 피해자의 주거지에 이르러 열려진 현관문에 설치된 방충망을 열고 피해자의 주거지 안으로 들어가 피해자에게 접근</td><td>주거침입</td></tr>
<tr><td>3</td><td>0000. 6. 29. 10:50
피해자의 주거지</td><td>피해자의 의사에 반하여 피해자의 주거지 현관문 앞에 이르러 그곳 출입문 디지털 도어락 번호를 누르고, 초인종을 누르며 피해자를 기다림</td><td></td></tr>
<tr><td>4</td><td>0000. 6. 30. 09:40
피해자의 주거지</td><td>피해자의 의사에 반하여 피해자의 주거지 현관문 앞에 이르러 그곳 출입문 디지털 도어락 번호를 누르고, 초인종을 누르며 피해자를 기다림</td><td></td></tr>
<tr><td colspan="4">0000. 7. 2. 피해자 주거 접근금지 잠정조치 결정(0000. 7. 2. ~ 0000. 9. 1.) 및 피고인 통지</td></tr>
<tr><td>5</td><td>0000. 7. 20. 14:30
피해자의 주거지</td><td>위와 같이 잠정조치 결정을 받았음에도, 피해자의 의사에 반하여 피해자의 주거지에 이르러 열려진 현관문에 설치된 방충망을 열고 피해자의 주거지 안으로 들어가 피해자에게 접근</td><td>주거침입,
잠정조치
위반</td></tr>
<tr><td>6</td><td>0000. 8. 12. 10:35
피해자의 주거지</td><td>위와 같이 잠정조치 결정을 받았음에도, 피해자의 의사에 반하여 피해자의 주거지에 이르러 열려진 현관문에 설치된 방충망을 열고 피해자의 주거지 안으로 들어가 피해자에게 접근</td><td>주거침입,
잠정조치
위반</td></tr>
<tr><td colspan="4">0000. 9. 1. 잠정조치 기간 종료</td></tr>
<tr><td>7</td><td>0000. 9. 30. 09:40
피해자의 주거지</td><td>피해자의 의사에 반하여 피해자의 주거지 현관문 앞에 이르러 그곳 출입문 디지털 도어락 번호를 누르고, 초인종을 누르며 피해자를 기다림</td><td></td></tr>
</table>

4 징역형의 실형이 선고된 사례

범행 수법 및 횟수와 기간, 경합된 범죄의 종류, 피해자의 범죄전력, 피해자와 피고인의 관계, 피해자의 직업 등에서 특별히 비난할 만한 사유가 인정되는 경우에는 징역형의 실형이 선고된다.

사례 4-12

위험한 물건을 이용한 계획적인 범행으로, 더 중한 범행으로 나아가려 했던 의도가 보이는 경우 실형이 선고됨

– C지역 2022년 사건

- 인정죄명 : 스토킹범죄의처벌등에관한법률위반(스토킹범죄), 특수폭행, 주거침입, 재물손괴
- 선고내용 : 징역 1년
  스토킹 치료프로그램 40시간 이수

피고인(남)과 피해자(여, 50세)는 약 10년간 연인사이(불륜관계)였으나 피해자의 요구로 결별하였는데, 피고인은 이를 받아들이지 못하고 피해자에게 전화하여 "만나자", "기다린다"라고 말하는 등, 약 1달여 기간 동안 총 96회에 걸쳐 피해자에게 전화로 말·부호·음향을 도달하게 하였음. 또한 같은 기간 동안 피고인은 피해자의 주거지 및 근무지 인근에서 피해자를 기다리거나 지켜보는 등의 행위를 여러 차례 반복하였으며, 귀가하는 피해자를 붙잡아 지상 및 지하주차장 이리저리로 끌고 다니기도 함. 그리하여도 피해자가 만나주지 않자 분노한 피고인은 피해자의 주거지 앞 복도에서 피해자의 팔목을 잡아당겨 바닥에 쓰러뜨리고 1~2m 가량 끌고 간 뒤, 미리 준비한 위험한 물건(전기충격기)으로 피해자의 가슴 부위를 수회 찌르고, 이에 겁을 먹은 피해자에게 현관문 비밀번호를 누르게 하여 현관까지 들어가서도 피해자의 가슴 부위를 계속하여 여러 차례 찌르는 등의 폭행을 함. 그 후

피해자를 밖으로 끌고 가려고 먼저 현관문을 열고 나갔으나 피해자가 따라 나오지 않고 안전고리를 걸어 현관문을 잠그자, 이에 분노하여 현관문을 손으로 세게 잡아당겨 안전고리가 떨어져 나가도록 함.

사례 4-13

스토킹범행 중 성폭력범죄 및 살인예비죄를 범한 경우 실형이 선고됨

– A지역 2023년 사건

- 인정죄명 : 스토킹범죄의처벌등에관한법률위반(스토킹범죄), 성폭력범죄의처벌등에관한특례법위반(촬영물반포, 촬영물이용협박), 존속살해 예비, 살인예비
- 선고내용 : 징역 4년

피고인(남)과 피해자(여, 44세)는 3년 전 혼인한 배우자 사이로, 상호합의하에 피해자가 직장후배 A와 성관계할 때 피고인이 이를 지켜보거나 합세하여 같이 성관계 하면서 그 장면을 휴대전화로 수회 동영상촬영 하였는데, 최근 불화가 생겨 피해자가 협의이혼을 신청함. 피해자가 친정으로 간 후 연락을 받지 않자, 피고인은 카카오톡으로 피해자에게 "섹스동영상 뿌리고 나 자살한다", "너 엄마 오빠 OO사장 손님 지명 폰번호 이럴까봐 알아뒀다. 나는 지금 이거 다 보내고 자살할꺼고", "전화 받아라 피한다고 상책이 아니다. 니 오빠한테 전화하기 전에 전화받아라" 등의 메시지를 보내 마치 피해자의 성관계 동영상을 피해자의 가족 등에게 유포할 것처럼 행세한 것을 비롯하여, 3일간 총 38회에 걸쳐 카카오톡 메시지나 문자메시지를 전송하고, 피해자의 친정집에 찾아가 초인종을 수회 누름. 또한 피고인은 피해자와 A의 성관계 영상 캡쳐사진을 피해자의 모친과 오빠, 그리고 지인에게 휴대전화 문자메시지로 전송하면서, 피해자가 외도를 한 증거라고 주장하며 피해자가 연락을 받지않으면 친척들에게도 성관계 영상을 다 보내겠다는 취지로 협박을 함. 그럼에도 피해자와 가족들이 연락을

받지 않자, 피고인은 피해자의 모친과 오빠를 살해하기로 마음먹고, 인터넷 쇼핑몰을 통하여 회칼 2자루(각 전체길이 약 33cm, 칼날 길이 약 21cm)를 구입하고 주유소에서 휘발유 2리터를 생수통에 담아 구입한 다음 평소 소지하던 라이터, 등산용 로프, 청테이프, 제이블 타이 한 봉지, 목장갑 2컬레와 함께 배낭에 담아 주거지에 보관함으로써 살인을 예비함.

사례 4-14

누범기간 중에 범행하였으며, 공권력에 의한 경고가 여러차례 있었음에도 불구하고 스토킹을 계속한 경우 실형이 선고됨

– B지역 2022년 사건

- 인정죄명 : 스토킹범죄의처벌등에관한법률위반(잠정조치 불이행), 특정범죄가중처벌등에관한법률위반(보복협박)
- 선고내용 : 징역 8개월
  스토킹 치료프로그램 80시간 이수, 알코올 치료프로그램 80시간 이수

피고인은 자신의 집 부근에 거주하는 피해자(남, 76세)가 약 30년 전에 피고인의 물건을 절취하였다고 오인하여 피해자에게 악감정을 가진 자로, 여러차례 피해자의 집으로 찾아가 패해자를 기다리거나 피해자를 만나면 욕설을 하는 등의 스토킹 행위를 하였고, 이로인해 접근금지 및 통신금지를 내용으로 하는 잠정조치 결정을 받은 바 있음. 그럼에도 불구하고 피고인은 잠정조치에 위반하여 다시금 피해자의 집 앞으로 찾아가 피해자의 주거지 내부가 들여다보이는 장소에서 피해자를 노려보며 "죽이뿐다, 나는 니 꼭 죽인다"라고 말하고, 피해자의 집 앞 노상에서 술에 취한 상태로 피해자를 노려보며 "야 개새끼야 두고 보자, 본때를 보여주겠다"라고 말하는 등 스토킹 행위를 지속함. 이에 피고인은 법원으로부터 1개월 유치를 내용으로 하는 잠정조치 결정을 받아 경찰서 유치장에 유치되었으나, 출감된 후 또다시 피해자의 집 앞 노상에서 옥상에 있는 피해

자에게 욕설을 하고, “니 때문에 유치장에 입감되었다, 가만두지 않겠다, 죽인다, 두고 봐라”라며 피해자를 협박함.

※ 일련의 스토킹범행 및 협박에 대해서는 피해자가 처벌불원의 의사를 표시함에 따라 공소가 기각되었으나, 잠정조치위반 및 보복협박으로 징역형의 실형이 선고됨. 피고인이 누범기간 중에 저지른 범행인 점, 경찰관에게 여러차례 제지를 받았음에도 재차 같은 범죄를 저질러 법질서 준수에 대한 인식이나 의지가 있는지 의심스러운 점, 사법기관의 조치를 위반하는 것은 우리 사회 질서이 근간을 흔드는 것으로 용납되기 어렵다는 점 등이 양형에서 불리한 정상으로 참작됨. 다만 피고인이 잘못을 모두 인정하고 피해자에게 다시는 위해를 가하지 않겠다고 다짐하는 점, 피해자가 피고인의 사과를 받아들여 피고인의 처벌을 원하지 않으며 선처를 탄원하고 있는 점 등은 유리한 정상으로 참작됨.

사례 4-15

직장 내 상하관계에 있었던 가해자와 피해자의 관계 등이 양형에서 불리한 요소로 고려되어, 피고인의 반성 및 범행인정, 전과없음, 피해자와의 합의 등이 양형에서 유리한 요소로 참작되었음에도 불구하고 실형이 선고됨

- D지역 2023년 사건

🔍 같은 직장에서 자신이 관리감독하던 생산직 근로자를 대상으로 애정관계를 요구하며 집착적으로 접근하고 이 과정에서 주거침입, 특수협박, 감금 등의 범죄를 범한 사건에서, 스토킹범죄에 대해서는 피해자의 처벌불원 의사로 인해 공소기각 되었으나 징역 1년의 실형이 선고되고 스토킹 치료프로그램 40시간 이수 명령이 내려짐.

사례 4-16

배달업무를 하면서 알게 된 공동현관 비밀번호를 이용하여 주거에 침입하고, 출입문 바닥에 놓여있는 택배물 표지에 기재된 피해자의 이름, 주소, 연락처 등의 정보를 알아내는 등의 스토킹 행위를 한 사례에 대해 배달업의 안전성에 대한 공공의 신뢰를 훼손하게 하는 범죄에 해당하고 비난가능성이 높다는 이유로 실형이 선고됨

- B지역 2022년 사건

- 인정죄명 : 주거침입
- 선고내용 : 징역 1년 6월

피고인(남)은 음식 배달 업무를 하는 사람으로, 원룸 건물에 혼자 거주하는 피해자(여, 26세)의 주거지에 배달을 간 적이 있는 동료로부터 피해자의 목소리가 예쁘다는 소리를 들은 적이 있어서 피해자에게 관심을 가지게 됨. 피고인은 피해자의 주거지 현관문 비밀번호를 알아내기 위하여 도어락 키패드에 검정색 싸인펜으로 표시를 해 놓을 목적으로 피해자 등 원룸거주자들의 동의없이 음식배달을 하면서 알게 된 공동현관 비밀번호를 이용하여 문을 열고 건물 안으로 침입하는 행위를 두 차례 반복하였으며, 피해자의 거주지 문 앞 바닥에 놓여있던 택배물 표지에 기재되어 있는 피해자의 이름, 주소, 연락처 등을 휴대폰을 촬영하는 등 총 4차례에 걸쳐 피해자에게 접근하거나 주거 등에 놓여져 있는 물건 등을 훼손함.

※ 이 사건 범행은 배달업의 안전성에 대한 공공의 신뢰를 훼손하게 하는 범죄에 해당하고, 음식 배달업을 이용하는 다수의 시민들로 하여금 피해자가 겪은 일이 누구에게나 일어날 수 있다는 불안과 공포를 느끼도록 하는 범죄라는 점에서 그 비난가능성이 높은 점 등이 양형에서 불리한 사유로 참작됨.
일련의 스토킹행위에 대하여는 공소제기 후 피해자가 처벌불원의 의사를 표시함에 따라 공소기각됨.

5 무죄가 선고된 사례

스토킹범죄에 해당하기 위해서는 ① 행위가 지속적이거나 반복적일 것, ② 피해자의 의사에 반할 것, ③ 정당한 이유가 없을 것, ④ 피해자에게 불안감 또는 공포심을 일으키는 것일 것, ⑤ 피고인이 이와 같은 사정을 인식하고서 그 행위에 나아갔을 것 등의 요건을 갖추어야 한다는 것이 판례의 입장이다. 이러한 요건을 갖추지 못한 사례들에 대해서는 무죄판결이 선고된다.

사례 4-17

형사사건에 대한 합의를 받아내고자 연락을 여러번 하였을 뿐 피해자에게 위해를 가할 듯한 언동은 없었으며, 객관적으로 볼 때 피해자에게 불안감 또는 공포심을 일으키는 행위에 해당하지 않는 경우 무죄가 선고됨

- D지역 2023년 사건

피고인은 교제중인 피해자와 말다툼을 하다가 피해자가 결별을 고지하자 분노하여 중감금치상을 범함. 그로 인해 수사기관에서 조사를 받으면서 피고인과 피해자는 헤어지게 되었는데, 그 후에도 피고인이 피해자에게 여러 차례 연락함.

이에 대해 법원은 중감금치상에 대해서만 유죄를 인정하고, 스토킹범죄에 대해서는 무죄를 선고하였는데, 이 사건의 경우 피고인의 연락은 형사사건에 대한 합의를 받아내고자 하는 의도가 있었을 뿐 피해자에게 위해를 가할 듯한 언동은 없었으며, 객관적으로 볼 때 피해자에게 불안감 또는 공포심을 일으키는 행위에 해당한다고 단정지을 수 없다는 것이 그 이유임.

사례 4-18

피고인이 피해자에게 약혼자의 과거를 알려주며 결혼을 신중하게 생각하라는 이메일을 4차례 발송한 행위는 스토킹에 해당하지 않는다고 보아 무죄가 선고됨

-B지역 2022년 사건

피고인은 피해자(여, 29세)가 결혼할 예정인 약혼자 A 때문에 자신의 처형이 자살하였다고 생각하여, 피해자에게 "결혼을 신중하게 생각하라"는 제목으로 "결혼 소식을 어떻게 알게 되었는데, 다시 한 번 신중하게 생각해라. 지금 결혼하려는 A가 전 여자친구에게 일방적으로 이별을 통보하여 자살하게 만들었다. A는 조건과 외모만 생각하는 사람 같다. 전 여자친구도 키가 크고 예쁘고 가게를 운영했다. 농담이 아니니 결혼을 신중하게 생각해라"는 취지의 메시지를 보냄. 이에 피해자가 "A는 전부 부인하는데, 어떤 근거로 그런 말을 하느냐"고 답장을 보냈고, 피고인은 그에 대한 근거를 대며 A가 나쁜 사람이라는 것을 알려주기 위하여 2번째 메시지(A가 사망에 책임이 있다는 내용) 및 3번째 메시지(자신의 처형과 A의 웨딩사진)를 연속하여 보냄. 피해자가 "자료는 다 봤는데, A가 이에 대하여 해명을 한다"는 취지로 메시지를 보내오자, 피고인은 "A가 일방적으로 파혼을 하였으며, 이로 인해 동거하던 여성을 죽음으로 내 몰았다. 결혼을 다시 생각하라"고 4번째 메시지를 보냄.

법원은 피고인이 이와 같이 메시지를 4차례 발송한 행위는 스토킹에 해당하지 않는다 판단하여 무죄를 선고함. 피고인이 피해자에게 험한 말이나 저주, 협박, 욕설 등을 하지 않았을 뿐 아니라, 피고이니 피해자에게 연락을 취하는 동안 피해자가 피고인에게 거부의 의사표시를 명시적으로 하지 않은 점 등이 무죄의 근거로 제시됨.

04

외국의 스토킹범죄 처벌법규

제1절 독일의 스토킹범죄 처벌법규

1 연혁

독일에서 스토킹에 대한 최초의 형법적 대응은 2001년 12월 11일 통과되어 2002년 1월 1일부터 효력이 발생한 「폭력행위 및 의사에 반한 접촉 행위에 대한 민사적 보호에 관한 법률'(폭력행위방지법)」[41]이라고 할 수 있다. 이 법률의 핵심은 가정폭력의 피해자에게 민사법적 보호명령을 신청할 수 있도록 한 것인데, 현재 또는 과거의 배우자, 친밀한 파트너, 지인 및 알려지지 않은 사람에 의한 신체적 폭력, 위협 및 스토킹으로부터 피해자를 보호하기 위한 법적 조치를 취하고 신속한 지원을 제공한다. 민사법적 집행명령을 위반한 경우에 한하여 행위자를 처벌할 수 있다는 점에서 스토킹 행위를 직접 규제하는 규정은 아니나, 타인의 의사에 반하여 반복하여 따라다니거나 접촉을 시도함으로써 부당하게 괴롭히는 행위에 대한 형사처벌이 처음으로 법제화되었다는 의미가 있다고 하겠다.

그 후 독일은 2007년 3월 22일 제40차 형법개정법인 「집요한 스토킹의 처벌에 관한 법률」[42]을 통하여 그동안 형법상의 여러 관련규정들로 규율하고 있던 스토킹범죄 처벌에 관한 명확한 법적 근거를 확보하였다. 이 법률은 독

41) Gesetz zum zivilrechtlichen Schutz vor Gewalttaten und Nachstellungen (Gewaltschutzgesetz – GewSchG)
42) Gesetz zur Strafbarkeit beharrlicher Nachstellungen

일 형법전 제238조에 스토킹 처벌규정을 도입하고, 이와 관련하여 형사소송법전에도 스토킹범죄에 관한 특별규정들을 추가하는 것을 내용으로 한다. 스토킹 규제 강화에 대한 사회적 요구가 커지자 2016년과 2021년 두 차례에 걸쳐 스토킹 관련 규정에 대한 개정이 이루어져 오늘날과 같은 엄격한 스토킹 규제 규범이 완성되었다.

2 독일형법의 스토킹범죄 처벌 규정

독일형법 제238조 (스토킹)

① 누구든지 반복해서 다음 각 호의 행위를 함으로써 타인의 생활형성에 사소하지 않은 침해를 야기할 우려가 있는 방식으로 타인을 권한없이 괴롭힌 자는 3년 이하의 자유형 또는 벌금에 처한다.

1. 타인의 주변에 공간적으로 접근하는 행위
2. 전기통신 수단 또는 그 밖의 통신수단을 이용하거나 제3자를 통하여 타인에게 접촉을 시도하는 행위
3. 타인의 개인정보를 남용하여 (a) 그를 위하여 물건을 주문하거나 서비스를 신청하거나, (b) 제3자가 그에게 접촉하도록 하는 행위
4. 타인, 그의 친족 또는 그와 친밀한 관계를 맺고 있는 다른 사람의 생명, 신체적 완전성, 건강 또는 자유에 대한 침해를 통해 위협하는 행위
5. 타인, 그의 친족 또는 친밀한 관계를 맺고 있는 다른 사람에 대한 제202조의a(데이터 염탐), 제202조의b(데이터 가로챔), 또는 제202조의c(데이터 염탐 및 가로챔의 예비)의 행위
6. 타인, 그의 친척 또는 가까운 사람의 사진을 배포하거나 대중에 공개하는 행위
7. 작성자를 가장하여, 타인을 모욕하거나 공개적으로 비방하는 내용(제11조 제3항)을 배포하거나 공개하는 행위
8. 제1항부터 제7항까지와 유사한 행위

② 제1항 제1호부터 제7호의 행위가 특히 중한 경우에는 3월 이상 5년 이하의 자유형에 처한다. 특히 중한 경우란 다음 각 호의 경우를 말한다.

1. 그 행위를 통해 피해자나 그의 친족 또는 그와 친밀한 관계를 맺고 있는 다른 사람의 건강을 해한 경우
2. 그 행위를 통해 피해자나 그의 친족 또는 그와 친밀한 관계를 맺고 있는 다른 사람에게 사망이나 심각한 건강상의 침해를 입을 위험이 야기된 경우
3. 최소 6개월 이상의 기간 동안 피해자를 여러 차례 접촉하여 괴롭힌 경우
4. 제1항 제5호의 행위에 있어서, 타인에 대한 디지털 염탐 목적의 컴퓨터 프로그램을 실행한 경우
5. 제1항 제5호의 행위에서 얻은 사진을 제1항 제6호의 행위에 사용한 경우
6. 제1항 제5호의 행위에서 얻은 내용을 제1항 제7호의 행위에 사용하거나
7. 행위자의 나이가 21세 이상이고 피해자의 나이가 16세 이하인 경우

③ 그 행위를 통해, 피해자, 피해자의 친족 또는 그와 가까운 관계에 있는 사람을 사망하게 한 경우에는 1년 이상 10년 이하의 자유형에 처한다.

범죄의 명칭 – Nachstellung

스토킹에 관한 새로운 범죄구성요건을 창설함에 있어서, 범죄명을 어떻게 설정할 것인가와 관련하여 진지한 고민이 있었다고 한다. 2005년 6월 독일연방의회의 논의 당시부터 다수의 일반국민은 스토킹(Stalking)이라는 용어가 무슨 말인지를 전혀 이해하지 못한다는 주장이 있었고, 이를 고려하건대 '심한 괴롭힘'(schwere Belätigung) 등의 표현이 보다 바람직하다는 견해가 제시되었다고 한다.[43] 그러나 결국 독일형법 제238조의 표제어로는 '쫓아다님, 추적함'의 의미를 갖는 'Nachstellung'이라는 명칭이 채택되었고, 이는 영어의 스토킹(stalking)과 유사한 표현이라고 하겠다. 다만, 스토킹에 해당한다고 볼 수 있는 개별적인 행위태양들이 모두 'Nachstellung'이라는 표지에 포함된다고 보기는 어려울 수 있기는 하다.

보호법익

독일형법 제238조는 개인의 자유로운 생활형성(Lebensgestaltung)의 보호를 위한 규정임이 법문에서 확인된다. 범죄구성요건이 보호법익 자체를 명시해야만 하는 것은 아니지만, 무엇을 보호하는 것인지 명백하지 않을 경우에는 처벌규정의 해석과 적용에 있어 방향성이 흐려질 수 있다는 점에서 독일 형법 제238조는 우리나라 스토킹 규정에서도 참고가 될 만하다.

기본적 구성요건

독일형법 제238조 제1항은 '일정한 접촉행위를 반복하여 타인의 생활형성에 사소하지 않은 침해를 야기할 우려가 있는 방식으로 타인을 권한없이 괴롭힌 경우'를 3년 이하의 자유형 또는 벌금형에 처벌하도록 규정하면서, 규제의 대상이 되는 스토킹행위의 유형을 7가지로 제시하되, 이에 명확히 포섭되지 않는 경우에도 이에 준하는 행위는 처벌할 수 있도록 보충규정을 두고 있다.

2021년 개정 전 규정에서는 접촉행위가 '집요하게(beharrlich)' 행해졌

---

43) 예를 들어, CDU-CSU 연합소속 국회의원인 Ute Granold의 발언참조(BT. Plenarpro tokoll 15/16784)

어야만 처벌이 가능했으나, 현행법에서는 접촉이 '반복적으로(wiederholt)' 행해진 경우에도 처벌 가능해졌다. 그리고 종래에는 피해자의 생활형성에 '심각하게(schwerwiegend)' 침해를 야기할 우려가 있는 경우에만 처벌대상이 되었으나, 현행의 규정에서는 침해의 우려가 '사소하지 않은(nicht unerheblich)' 경우에도 처벌대상이 된다.

규제의 대상이 될 수 있는 7가지 대표적인 접촉행위 유형으로는 ① 타인의 주변에 공간적으로 접근하는 행위, ② 통신수단을 이용하거나 제3자를 통하여 타인에게 접촉을 시도하는 행위, ③ 타인의 개인정보를 남용하여 그를 위하여 물건 또는 서비스를 주문하거나 제3자가 그에게 접촉하도록 하는 행위, ④ 타인, 그의 친족 또는 그와 친밀한 관계를 맺고 있는 다른 사람의 생명, 신체적 완전성, 건강 또는 자유에 대한 침해를 통해 위협하는 행위, ⑤ 타인, 그의 친족 또는 친밀한 관계를 맺고 있는 다른 사람에 대한 제202조의a(데이터 염탐), 제202조의b(데이터 가로챔), 또는 제202조의c(데이터 염탐 및 가로챔의 예비)의 행위, ⑥ 타인, 그의 친척 또는 가까운 사람의 사진을 배포하거나 대중에 공개하는 행위, ⑦ 작성자를 가장하여 타인을 모욕하거나 공개적으로 비방하는 내용을 배포하거나 공개하는 행위가 있으며, 이에 준하는 행위 역시 처벌의 대상이 될 수 있다. 오늘날 다양한 방식으로 진화하고 있는 사이버 스토킹이 명시적으로 포섭되어 있는 점이 눈에 띈다.

가중적 구성요건

독일형법 제238조 제2항은 특히 중한 경우의 스토킹에 대해 3월 이상 5년 이하의 자유형으로 가중처벌을 규정하고 있다. 특히 중한 경우란 ① 건강에 대한 침해가 발생한 경우, ② 행위로 인하여 사망의 위험 또는 심각한 건강침해의 위험이 야기된 경우, ③ 최소 6개월 이상의 기간 동안 피해자를 여러 차례 접촉하여 괴롭힌 경우, ④ 제1항 제5호의 행위(데이터 염탐, 데이터 가로챔 및 그 예비)에 있어서, 다른 사람들에 대한 데이터 염탐 목적의 컴퓨터 프로그램을 실행한 경우, ⑤ 제1항 제5호 데이터 염탐 등의 행위에서 얻은 타인의 사진을 제1항 제6호의 행위(배포하거나 공개하는 행위)에 사용한 경우, ⑥ 제1항

제5호 데이터 염탐 등의 행위에서 얻은 콘텐츠를 사용하여 제1항 제7호의 행위(작성자를 가장하여 타인을 모욕하거나 공개적으로 비방하는 내용을 배포하거나 공개하는 행위)를 범한 경우, ⑦ 행위자의 나이가 21세 이상이고 피해자의 나이가 16세 미만인 경우를 말한다.

또한 스토킹 행위를 통해 피해자나 피해자의 친족 또는 피해자와 친밀한 관계를 맺고 있는 다른 사람이 사망에 이르게 된 경우에는 제3항에 의해 1년 이상 10년 이하의 자유형으로 가중처벌된다.

종래에는 행위로 인하여 사망의 위험 또는 심각한 건강침해의 위험이 야기된 경우 및 사망의 결과가 발생한 경우에 대한 가중처벌을 규정하고 있을 뿐이었으나, 2021년의 개정에서 가중적 구성요건이 다양화된 것이다.

친고죄 규정의 삭제

2021년 개정 전 독일형법 제238조 제4항은 '제1항의 경우 형사소추기관에 소추할 특별할 공익이 있음을 이유로 직권에 의한 형사소추가 허용되지 않는 한, 소추는 피해자의 고소에 의한다'고 규정하고 있었으나, 현행법에서는 이 규정이 삭제되었다. 즉, 독일형법에서 스토킹은 더 이상 친고죄가 아니다.

3 독일형사소송법의 스토킹범죄 관련 규정

독일형사소송법에서 스토킹관련 특별규정으로는 구속사유에 관한 제112a조 및 부대소송에 관한 제395조가 있다. 2007년의 「집요한 스토킹의 처벌에 관한 법률」에 의해 독일 형사소송법 제112a조, 제374조 및 제395조에 스토킹 관련 규정이 추가되었으나, 2017년 3월 10일의 형사소송법 개정을 통해 제374조 사인소추가 가능한 범죄에서 형법 제238조가 삭제되었다. 이는 스토킹범죄가 사인소추의 대상이 되는 경미범죄가 아니라는 인식에 근거한 것이다.

구속사유

독일 형사소송법 제112a조 제1항에 의하면, 피의자에게 형법 제238조의 스토킹 범죄를 범하였다는 유력한 혐의가 있고, 특정한 사실에 비추어 볼 때 확정판결 이전에 동종의 중대한 범죄를 행할 위험이 있거나 그 범죄를 계속할 위험이 있고, 이러한 급박한 위험을 방지하기 위하여 필요한 경우에는 구속사유가 인정된다. 즉, 제112조에 의한 원칙적인 구속사유가 인정되지 않더라도, 스토킹 범죄의 경우 예외적 사유에 의해 구속이 가능한 것이다.

부대소송

독일 형사소송법 제395조 이하에서는 일정한 범죄의 경우 피해자가 공판절차에 참가하여 독자적인 권리를 행사하는 것을 내용으로 하는 부대공소제도를 규정하고 있는데, 이는 일정한 중죄의 피해자와 그 유족이 검사가 제기하고 있는 공소에 당사자로서 부대적으로 참여하여 검사 또는 피고인의 변호인과 거의 같은 권리를 행사하는 제도이다. 독일의 부대소송제도는 형사재판의 목적이 공공의 질서유지 외에 피해자의 이익보호에도 있다는 사고를 반영한 것으로 이해된다. 형사소송법 제395조는 형법 제238조의 스토킹 범죄의 피해자에 대해서도 부대공소참여를 규정하고 있다.

제2절 일본의 스토킹범죄 처벌법규

1 연혁

일본에서는 1990년대 중반 이후 스토킹 피해를 사회적 문제로 인식하게 되었는데, 특히 1999년 '오케가와(桶川) 스토커 살인 사건'[44]을 계기로 스토킹 행위가 생명의 위험과 직결된 사건으로 발전할 수 있다는 사실이 명확히 드러났으며, 종래의 「경범죄법(軽犯罪法)」만으로는 스토킹 행위에 대한 실효성 있는 규제효과를 기대할 수 없다는 한계점에 대해 공감대가 확산되었다. 스토킹은 그 자체로 상대방의 생활의 안전과 평온을 해할 뿐만 아니라, 흉악범으로 진행될 경우 상대방의 생명·신체 등을 해할 가능성이 적지 않음에도 불구하고 스토킹 초기 단계는 기존의 「형법」에 저촉되지 않는 경우가 많고, 그로 인하여 경찰 등에 의한 조기 대응도 용이치 않으므로 스토킹 행위만을 규제할 수 있는 독립적인 법제가 필요하다는 주장이 강하게 대두되었던 것이다. 이에 2000년 5월 24일 「스토커 행위 등의 규제 등에 관한 법률(ストーカー行為等の規制等に関する法律 : 약칭 「스토커 규제법」)」이 제정되었다.

44) 1999년 10월 26일, 사이타마현(埼玉県) 오케가와시(桶川市) 오케가와역(桶川駅) 앞에서 여대생 A가 전 남자친구 B 및 그의 친형으로부터 사주를 받은 범죄자 집단에 의해 살해당한 사건이다. B의 폭력성향으로 인해 A가 결별을 통보하자, B는 "관계를 복원하지 않으면 A 본인은 물론 그 친족에게도 위해를 가하겠다"는 취지의 언동을 반복하였고, 이에 A와 그 가족은 경찰에 수차례 신고 하였다. 그러나, 경찰은 범죄행위의 불명확성 및 민사불개입 원칙 등을 이유로 적극적인 대응을 하지 않았다. 결국 오케가와역 앞의 자전거 거치대에서 B와 그의 형에게서 사주를 받은 자들 중 한 사람이 휘두른 칼에 A는 사망하였으며, 그 후 B는 자살하였다.

그러나 「스토커 규제법」은 현실에서 다양한 양상으로 발생하는 스토킹 유형들을 폭넓게 포섭하지 못하는 한계를 내포하고 있어서 규제의 사각지대가 존재하며, 잔혹한 스토커 살인사건 등 사회적으로 이슈가 되는 대형사건이 발생할 때마다 법률에 대한 보완요구가 커졌고, 이에 2013년, 2016년, 그리고 2021년 세 차례에 거쳐 중요한 법개정이 이루어졌다.

제1차 개정(2013년 7월 3일)은 2011년 12월 '나가사키현(長崎県) 사이카이시(西海市) 스토커 살인사건[45]'과 2012년 '가나가와현(神奈川県) 즈시시(逗子市) 스토커 살인사건[46]' 등이 계기가 되었다. 당시의 법률로는 연속적인 전자메일의 송신행위가 그저 스팸메일 발송으로 다루어졌을 뿐 스토킹으로 인식되지 않아 규제대상에 포함되어 있지 않았으며, 지역 경찰들 간의 원활한 소통 및 협력이 미비하였는데 이러한 실태가 문제로 지적되었던 것이다. 이에 전자메일의 연속송신을 규제대상 행위유형으로 추가하고, 가해자의 주소지를 담당하는 경찰도 경고와 금지명령을 내릴 수 있으며, 경찰이 경고를 내릴 경우 그 내용을 피해자에게 알리고 만약 경고를 내리지 않는 경우에는 그 이유를 서면으로 통지하도록 하는 내용의 법 개정이 행해졌다.

---

45) 치바현(千葉県)에 거주하는 여성A가 인터넷을 통한 교제로 동거에 이르게 된 남성 B로부터 학대를 받자, 이 사실을 나가사키(長崎)에 거주하는 A의 친부가 나가사키현(長崎県) 경찰에게 신고하고 상담을 하였다. 나가사키현 경찰로부터 그 내용을 통보받은 치바현 경찰은 B에게 주의를 주고 A는 B와 헤어지도록 하였다. 이에 B는 A와 그녀의 친구에게 관계복원을 요구하는 협박성 메일을 여러 차례 보냈고, A는 이를 치바현 경찰에게 신고하였다. 치바현 경찰은 B에게 다시 접근하지 않도록 주의를 주었고, 이후 B는 관계의 복원이 받아들여지지 않은 원인이 A의 가족들에게 있다고 여기고, A의 본가인 나가사키로 가서 A의 조모와 어머니 등 2명을 살해하였다. 이 사건을 계기로 지역 경찰 간의 연대와 소통이 부족한 점이 사회적 문제로 지적되었다.

46) 과거에 교제하던 여성 A가 결혼 후 가나가와현(神奈川県)의 즈시시(逗子市)로 이사하자, Facebook에서 이와 같은 사실을 알게 된 전 교제남성 B는 하루 100여 통의 협박성 메일을 보냈다. B는 협박죄 혐의로 체포·기소되어 법원에서 유죄판결을 받았고(집행유예), 동시에 「스토커 규제법」에 근거한 '경고'를 받았다. 그러나 그 후에도 B는 다시 A에게 결혼약속 파기를 이유로 위자료를 청구하는 메일을 1개월 간 1000통 이상 보냈다. A는 이러한 사실을 경찰에 알렸으나, 경찰은경찰은 메일송신의 경우 「스토커 행위규제법」에서 규정하는 범죄행위에는 해당하지 않는다는 이유로 대응을 보류하였다. 그 사이 B는 A가 거주하는 즈시(逗子) 시청(市役所)에 허위신고를 하고, 탐정을 고용하는 등을 통해서 A의 거주지를 알아내었고 결국에는 살해하였다. 그 후 B는 자살하였다. 이 사건에서는 「스토커규제법」상 전자메일의 송신은 규제대상에 포함되지 않는 문제점이 지적되었다.

제2차 개정(2016년 12월 14일)은 '코가네이(小金井) 스토커 살인미수사건[47]'을 통해 'SNS 상의 연속적인 글쓰기' 역시 스토킹으로 규제해야 한다는 필요성을 인식하게 된 것이 계기였다. 이에 규제대상 범위를 확대하여 '상대방의 주거 등 부근을 무분별하게 서성거리는 행위', 'Twitter와 LINE 등 SNS에의 메시지 연속송신이나 개인 블로그에의 집착적인 글쓰기', '성적 수치심을 일으키는 전자적 기록 등의 일방적 송부행위'가 추가되었다. 또한 스토킹 우려를 알면서도 위험인물에게 피해자의 주소, 이름 등의 정보를 제공하는 행위가 명시적으로 금지되었으며, 경찰의 신속한 대응을 위한 절차규정이 보완되었고, 스토커에 대한 법정형이 강화되었다. 스토킹 범죄를 친고죄에서 비친고죄로 바꿔 피해자가 고소를 취하해도 기소할 수 있도록 한 것도 제2차 개정에서의 일이다.

제3차 개정(2021년 5월 26일)은 헤어진 연인의 자동차 등에 GPS 기기를 몰래 설치하여 그 위치정보를 취득하는 행위가 처벌대상이 되는지에 대해 법원이 일관성없는 판결을 내린 것이 사회적 문제가 되면서 이루어졌다. 당시의 법률로는 이러한 행위가 규제대상인 스토킹에 포함되는지 여부가 명확하지 않았던 것이다.[48] 이에 개정법률에서는 'GPS 기기 등을 이용하여 승낙없이 위치정보 등을 취득하는 행위', '상대방이 현재 위치하고 있는 장소 부근의 감시', '거부되었음에도 불구하고 계속 문서를 보내는 행위'가 새롭게 규제 대상에 포함되었다.

---

47) 아이돌 가수생활을 하고 있었던 여대생 A는 팬을 자처하는 남성 B로부터 여러 차례 SNS를 통해 협박성 연락을 받자, 경찰에 신고·상담하였으나, 당시 「스토커규제법」상 'SNS 상의 연속 글쓰기'는 규제대상에 포함되지 않는다는 이유로 경찰은 적극적인 조치를 취하지 않았다. B는 그 후로도 동일한 내용의 글을 SNS에 반복하여 올리고 선물을 보냈으나, A는 이를 반송하였다. 이에 격분한 B는 A가 출연하는 라이브 콘서트 장으로 찾아갔다. A는 곧바로 경찰에 긴급신고를 하였으나, 그 직후 B에 의해 10곳 이상 흉기에 찔려 중태에 빠졌고, 긴급출동한 경찰관의 대처로 가까스로 생명은 건졌다.

48) A는 피해자 B의 자동차의 범퍼 뒤에 테이프로 고정된 GPS 장치를 설치하여, 1년에 걸쳐 약 600번 위치정보를 확인해온 혐의가 인정되었다. 제1심 법원은 스토커규제법의 '미행'에 해당된다고 판단하여 징역 6개월의 유죄선고를 내렸으나, 제2심 법원은 제1심 판결을 파기하였다. 최종적으로 일본 최고재판소에서는 '미행'을 '피해자의 주변에 가해자가 있으며, 일정한 장소에서 움직임을 관찰하는 행위'로 정의하고 해당 사건의 GPS 스토킹은 피해자와 가해자 간에 약 1,400km의 거리가 있었음을 근거로 검찰 측의 상고를 재판관 5명 전원 일치로 기각하였다. 일본 검찰이 제시한 자료에 의하면, 2014년 9월부터 2018년 11월 사이에 GPS를 이용한 미행이 스토커규제법 위반죄로 처벌된 건수는 37건이었다는 점에서, 일관성없는 최고재판소의 판결에 대해서는 비판의 여지가 있었다 : 東京新聞(2020.07.31.), "ストーカーがGPSで居場所を追跡しても「見張り」に当たらず　最高裁が初判断" 참조, https://www.tokyo-np.co.jp/article/45997(2021.11.07. 최종접속)

2 「스토커 규제법」의 주요 내용

목적

「스토커 규제법」 제1조는 이 법률의 제정 목적을 '스토커의 행위를 처벌하는 등 스토커 행위 등에 관한 필요한 규제를 행함과 동시에, 그 상대방에 대한 원조의 조치 등을 정함으로써 개인의 신체, 자유 및 명예에 대한 위해의 발생을 방지하고, 아울러 국민생활의 안전과 평온에 이바지하는 것'이라고 규정하고 있다. 즉, 스토킹 행위의 처벌뿐만 아니라 그 피해자의 지원 등도 이 법의 목적범위에 명시되어 있다.

규제의 대상

제2조는 규제의 대상이 되는 스토킹 행위유형으로 '따라다니기 등(つきまとい) 등'과 '동의없이 위치정보를 취득하는 행위 등'을 규정하고 있는데, 다만 '연애감정 등 호의의 감정 혹은 그것이 충족되지 못한 것에 대한 원한의 감정을 채우기 위한 목적으로' 행해진 행위로 제한되는 점이 특징이다. 이러한 제한요건에 대해서는 삭제를 요구하는 여론이 강하였으나 법률개정 과정에서 수용되지 못하였다.[49]

따라다니기 행위 등 : 특정 대상에 대한 연애감정 등 호의의 감정 혹은 그것이 충족되지 못한 것에 대한 원한의 감정을 채우기 위한 목적으로, 특정의 대상자나 그 배우자, 직계 또는 동거의 친족, 그 밖의 특정 대상자와 사회생활상으로 밀접한 관계를 가진 자에 대해 아래의 8가지 항목에 해당하는 행위를 하는 것을 말한다(제2조 제1항). 이들 항목에 명확히 포섭되지 않는 사례들에 적용될 수 있는 일반규정은 존재하지 않는다.

---

49) 2021년 5월 「스토커규제법」의 개정 논의에서도 이에 관한 요구가 있었으나, 받아들여지지 않았다. 정부 측에서는 "이 법이 제정될 당시에는 '따라다니기 등'의 행위가 연애감정 등에 기인하는 경우가 많았으며, 국민에 대한 규제의 범위를 최소화해야 한다는 점을 고려하여 '연애감정'에 대한 요건을 마련한 것"이라는 설명을 내놓기도 했다 : 朝日新聞(2021.07.28.), "「恋愛感情」なければストーカーでない？　法改正で議論" 참조, https://www.asahi.com/articles/ASP7W7D4LP64PTIL052.html(2021.11.07. 최종접속); JIJI.COM(2021.05.19.), "改正３度目、課題なお「恋愛要件」撤廃求める声ーストーカー規制法" 참조, https://www.jiji.com/jc/article?k=2021051800725&g=pol(2021.11.07. 최종접속).

일본 「스토커규제법」의 '따라다니기(つきまとい) 등'의 행위유형

번호	유형	구체적인 예
1	미행/ 매복/ 들이닥침. 서성거림 (제2조 제1항 제1호)	- 미행하여 따라오기 - 출퇴근하는 길 또는 외출지 등에서 매복하여 기다리기 - 진로를 막아서기 - 집이나 직장, 학교 등 실제로 소재하는 장소의 부근에서 감시하기 - 집이나 직장, 학교 등이나 실제로 소재하는 장소에 들이닥침 - 집이나 직장, 학교 등이나 실제로 소재하는 장소의 부근을 엿봄
2	감시 중임을 알리는 행위 (제2조 제1항 제2호)	- 피해자를 감시하고 있다는 사실을 이야기함 - 피해자의 그날 그날의 행동이나 복장을 이메일이나 전화로 언급함 - 피해자가 자주 접속하는 인터넷 게시판에 위와 같은 내용을 게시함
3	데이트 혹은 교제를 요구하는 행위 (제2조 제1항 제3호)	- 만남이나 교제 혹은 관계의 회복 등, 의무 없는 일을 요구함 - 선물들을 강제로 주고자 함
4	난폭한 언동 (제2조 제1항 제4호)	- 모욕적인 욕설을 하거나 - 모욕적인 욕설이 담긴 이메일을 보내거나 - 집 앞에서 자동차 경적을 울리는 행위
5	무언의 전화/ 피해자의 거부 후에 계속되는 전화·팩스·이메일·NS 등 (제2조 제1항 제5호)	- 전화를 걸었으면서 아무 말도 하지 않음 - 거부했음에도 불구하고, 휴대전화, 집전화, 회사 전화로 계속 연락을 해 옴 - 거절했음에도 팩스, 이메일, SNS 메시지, 문서 등을 계속 발송함
6	오물 등의 우편발송 (제2조 제1항 제6호)	- 오물이나 동물의 시체 등 불쾌감이나 혐오감을 주는 것을 집이나 직장 등에 보냄
7	명예훼손 (제2조 제1항 제7호)	- 비방하거나 명예를 손상시킬만한 내용의 말을 하거나 이메일 등을 보냄
8	성적 수치심을 일으키는 행위 (제2조 제1항 제8호)	- 외설적인 사진을 집으로 보냄 - 전화나 편지로 외설적인 말을 하여 수치심을 일으킴

동의 없는 위치정보 취득 등 : 이 법에서 '동의 없는 위치정보 취득 등'이라 함은, 특정 대상에 대한 연애감정 기타 호의의 감정 또는 그것이 충족되지 않았던 것에 대한 원한의 감정을 채우려는 목적으로, 특정 대상자나 또는 그 배우자, 직계 또는 동거의 친족 그밖에 특정 대상자와 사회생활에서 밀접한 관계를 가지는 자에 대하여 ① 상대방의 동의 없이 상대방이 소유한 위치정보 기록 및 전송장치(GPS 장치 등)의 위치정보를 취득하는 행위 또는 ② 상대방의 승낙 없이 그 소지하는 물건에 GPS 기기 등을 설치하는 행위를 의미한다(제2조 제3항).

스토커 행위

'스토커 행위'란 동일한 자에 대하여 '따라다니기 등' 또는 '동의없는 위치정보 취득 등'을 반복적으로 행하는 것을 말하며, 형사처벌의 대상이 된다. 다만, 따라다니기 등의 유형 중 제1항 제1호 내지 제4호 및 제5호의 전자메일 송신 등과 관련된 부분에 있어서는 신체의 안전, 주거 등의 평온, 또는 명예를 훼손하거나 행동의 자유를 현저히 해치게끔 불안을 느끼게 하는 경우에만 스토커 행위가 된다(제2조 제4항).

┃그림 4-1┃ 「스토커규제법」상 규제의 대상

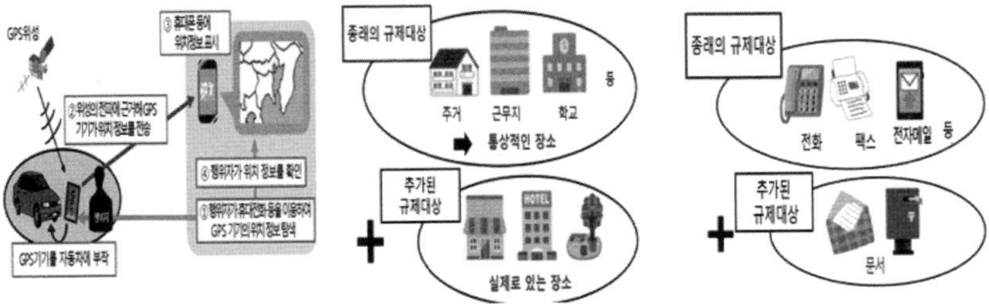

그림출처 : 경시청 웹사이트 번역

경찰의 개입 - 경고와 금지명령

경고 : 경시총감과 도부현(道府県) 경찰본부장 그리고 경찰서장(이하 "경찰본부장 등"이라 한다)은 스토킹('따라다니기 등' 또는 '동의없는 위치정보 취득 등')을 당한 자가 행위자에 대한 경고를 신청하는 경우, 위반행위가 확인되고 행위자가 스토킹 행위를 반복할 우려가 있다고 인정되는 때에는 국가공안위원회 규칙이 정하는 바에 따라 당해 행위를 반복해서는 안 된다는 것을 '경고' 할 수 있다. 경고가 내려진 때에는 신속히 경고의 내용 등을 신청인에게 통지하여야 하고, 만약 경고를 내리지 않은 때에도 마찬가지로 신속히 그 취지 및 이유를 신청인에게 서면으로 통지하여야 한다. 경고는 스토킹 범죄의 초기에 가장 많이 활용되는 제도라고 하겠다. 비교적 가벼운 스토킹 행위에 대해서도 경찰에 신고하면 행위의 금지를 경고하는 제도로 이해할 수 있다(제4조).

금지명령 : 도도부현(都道府県) 공안위원회는 신체의 안전, 주거 등의 평온, 명예를 훼손하거나, 행동의 자유를 현저히 제한 할 수 있을 정도의 불안을 느끼게 하는 행위를 반복적으로 행할 우려가 있다고 인정할 때에는 상대방의 신청 또는 직권으로 그 행위자에 대하여 '금지명령'을 내릴 수 있다. 금지명령은 '계속하여 반복적으로 당해 행위를 해서는 안 된다'는 것과, '계속하여 반복적으로 당해 행위가 이루어지는 것을 방지하기 위해 필요한 사항'을 포함한다. 원칙적으로 금지명령을 내리고자 할 때에는 청문의 절차를 거쳐야 하나, 긴급한 필요가 있다고 인정될 때에는 청문의 절차 없이, 상대방의 신청이나 직권으로 금지명령을 내릴 수 있다. 신청에 의하여 금지명령을 내린 경우에는 신속히 금지명령의 내용 등을 신청인에게 통지하여야 하며, 반대로 금지명령을 내리지 않은 경우에도 신속히 그 취지와 이유를 서면으로 통지하여야 한다. 금지명령의 효력은 1년으로 하고, 같은 기간만큼 연장할 수 있다. 금지명령의 기간이 비교적 길기 때문에 사건의 처리과정 동안 안정적으로 접근금지 등의 효력이 유지될 수 있는 장점이 있다(제5조).

벌칙

원칙적으로 '스토커 행위'를 한 자를 처벌대상으로 하며, 아직 스토커 행위에 이르지 않은 전 단계의 행위인 '따라다니기 등 행위' 또는 '동의없는 위치정보 취득 등의 행위'에 대해서는 위험방지의 관점에서 금지명령을 위반한 경우 등에 한하여 처벌한다.

스토커 행위를 한 자는 1년 이하의 징역 또는 백만 엔 이하의 벌금에 처하며(제18조), 금지명령 등에 위반하여 스토커 행위를 한 자는 2년 이하의 징역 또는 2백만 엔 이하의 벌금에 처한다. 금지명령 등을 위반하여 따라다니기 등의 행위 또는 동의없는 위치정보 취득 등의 행위를 함으로써 스토커 행위를 한 자도 동일하다(제19조). 그밖에 금지명령 등을 위반한 자는 6월 이하의 징역 또는 50만엔 이하의 벌금에 처한다(제20조).

기타

누구든지 스토커행위를 할 우려가 있는 사람임을 알면서도 그 자에게 스토커행위 상대방의 성명, 주소 기타 정보를 제공함으로써 스토커 행위 등을 원조해서는 아니 된다(제6조). 피해자의 신청으로 경찰이 변호사의 소개 및 방범경보의 임대 등 국가공안위원회 규칙에 따른 지원을 행하며(제7조), 국가나 지방자치단체는 스토킹방지계도, 피해자에 대한 여성상담소 등 공공시설의 지원·알선, 민간단체 조직활동의 지원(재정상의 조치를 포함)에 노력하여야 한다(제9조 제1항). 또한 전기통신의 송신이나 우편배송에 관련된 사업자도 역시 피해자의 요구에 따라 스토킹 행위의 송신이나 우편, 배송 등을 금지하도록 노력할 의무를 부담한다(제9조 제2항).

제3절

미국의 스토킹범죄 처벌법규

1 연방 스토킹법

미국 연방법 2261A (18 U.S. Code § 2261A - Stalking)

누구든지 -

(1) 타인에게 살해, 상해, 괴롭힘, 협박을 행할 의도로 또는 그러한 의도를 가지고 감시할 의도로 미국의 주 경계나 국경을 넘어 이동하거나 미국의 특별해양영토관할 내에 머무르거나 인디언 자치구역에 입장하거나 퇴장하는 경우, 그러한 이동이나 머무름의 동안 또는 그 결과로 다음의 행위를 하였을 경우,

(A) 타인이 자신, 직계가족, 배우자나 친밀한 파트너, 또는 반려동물의 사망이나 심각한 상해를 합리적으로 두려워하게 하는 행위 또는

(B) 타인과 그의 직계가족, 배우자나 친밀한 파트너에게 상당한 정서적 고통을 겪게 하거나, 겪게 하려고 시도하거나, 또는 겪게 할 것을 합리적으로 기대할 수 있는 행위

(2) 타인에게 살해, 상해, 괴롭힘, 협박을 행할 의도로 또는 그러한 의도를 가지고 감시할 의도로 미국의 주나 국경을 넘나드는 우편, 컴퓨터 상호작용 서비스, 정보통신 기술을 사용해 다음의 행위를 하였을 경우

(A) 타인이 자신, 직계가족, 배우자나 친밀한 파트너, 또는 반려동물의 사망이나 심각한 상해를 합리적으로 두려워하게 하는 행위 또는

(B) 타인과 그의 직계가족, 배우자나 친밀한 파트너에게 상당한 정서적 고통을 겪게 하거나, 겪게 하려고 시도하거나, 또는 겪게 할 것을 합리적으로 기대할 수 있는 행위, 사안에 따라 2261(b)나 2261B의 처벌을 받아야 한다.

미국은 스토킹을 범죄화한 최초의 국가이다. 1990년 캘리포니아주가 최초로 형법에 스토킹 범죄를 신설한 이후 1995년까지 50개 주와 워싱턴 D.C. 모두 스토킹 범죄를 법제화하였다. 1990년까지는 다수의 주에서 스토킹 피해자가 신체적 상해를 입기 전까지는 가해자를 체포할 수 없었고, 가해자가 심각한 협박을 행한 경우에도 피해자가 그러한 협박이 급박하게 현실화될 것이라고 생각했어야 함을 요구하는 등(Cal. Penal Code §422), 범죄가 실제로 발생하기 전에 경찰이 피해자를 보호할 수 있는 방법이 제한되어 있었다. 스토킹 행위자의 협박이 형사 기소를 정당화할 만큼 심각한 경우에도 스토킹에 대한 법의 처벌은 대부분 약했고 경범죄로 처벌하는 경우도 많았다.[50) 1994년 제정된 「여성폭력방지법(The Violence Against Women Act, Title IV of the Violent Crime Control and Law Enforcement Act, H.R. 3355)」에 의하여 가정폭력과 성폭력, 스토킹과 관련한 연방법이 마련되었고, 1996년 연방의회가 「연방 스토킹법(18 U.S. Code §2261A - Stalking)」을 통과시키게 되었다.

미국의 경우 스토킹과 가정폭력, 성폭력의 관련성을 인지하고 스토킹을 여성에 대한 폭력, 또는 젠더에 기반한 폭력(gender-based violence)의 한 유형으로 개념화했다는 점에서 주목할 만하다. 1995년 「여성폭력방지법」에 의거하여 미국 연방정부는 법무부에 여성폭력부서(Office on Violence Against Women, OVW)를 설립하였다. OVW는 가정폭력과 데이트폭력, 성폭력, 스토킹의 4대 여성폭력(four VAWA crimes)을 근절하기 위한 프로그램과 정책, 사업을 개발하는 전국 각지의 기관과 조직에 대한 재정적 지원과 기술적 보조를 제공하는 역할을 하고 있다.[51) 또한 「여성폭력방지법」은 연방정부의 예산을 여성폭력 근절과 피해자 지원을 위해 사용할 수 있는 근거가 되며,[52) 피해자에 대한 법률지원과 피해자보호명령 집행, 의료지원 등 사업을

50) Stephen J. Morewitx, Stalking and Violence : New Patterns of Trauma and Obsession (2003)
51) https://www.justice.gov/ovw/about-office 미국 연방정부 여성폭력부서(OVW) 홈페이지
52) 미국 연방 법무부 여성폭력부서 회계연도 2021년 예산 설명서 (U.S. Department of Justice, FY 2021 Congressional Justification, Office on Violence Against Women)

보조하고 지역 공동체의 다양한 관계자들이 협력하여 가정폭력과 성폭력에 대처하는 접근방식(coordinated community approaches)을 지원하여 경찰과 피해자 조력인, 검찰 등 관계자들이 각자가 속한 조직의 경계를 넘어서 다른 조직과 힘을 합쳐 피해자의 안전과 사법 정의를 확보하고 가해자에게 책임을 지울 수 있도록 하고 있다.[53)]

「연방 스토킹법」에 따라 타인을 스토킹하거나 괴롭히기 위해 주의 경계를 넘는 행위로 인해 스토킹 피해자에게 자신과 관련인(직계 가족, 배우자나 애인), 또는 반려동물에 대한 심각한 신체적 상해나 사망에 대한 두려움을 겪게 할 경우 연방법상 중범죄(징역 최대 5년, 벌금 최대 $250,000)로 처벌할 수 있으며, 스토킹 피해자와 관련인에게 상당한 정서적 괴로움을 겪게 하거나 겪게 하고자 하는, 또는 그러한 괴로움을 겪게 할 것이라는 사실을 합리적으로 예측할 수 있는 경우 또한 스토킹 범죄에 해당한다. 연방법 §2261B는 18세 미만 아동에 대한 스토킹 경우 성인에 대한 스토킹의 최대형량보다 5년 더 가중할 수 있도록 하고 있다. 다만 스토킹 가해 행위자가 18세 미만인 경우 또는 피해자가 15세 이상 17세 이하이고 가해 행위자와의 연령 차이가 3년 이하일 경우에는 최대형량 가중 조항을 적용하지 않는다.

「연방 스토킹법」이 수정헌법 제1조가 보호하는 표현의 자유를 침해하는지 여부와 관련하여 다수의 연방 항소법원은 합헌으로 판단하였는데, 「연방 스토킹법」은 표현이 아닌 행위를 1차적으로 규율하는 것이기 때문이라고 한다.[54)] 피고인의 의사소통 내용이 구두 또는 서면 협박 등 스토킹 범죄의 성립요건을 충족한 경우, 피고인이 수정헌법 제1조에 근거해 스토킹법에 이의를 제기하여 성공한 전례는 없다.

---

53) Id.

54) 예컨대, 제9순회항소법원의 2014년 판결(U.S. v. Osinger, No. 11-50338). 이 사건의 피고인은 전 여자친구가 성적으로 노출된 사진을 그 여성의 직장동료와 친구들에게 이메일로 보내고 가짜 페이스북 계정을 만들어 사진을 게시하고 그 여성을 협박하는 등의 행위를 하여 「연방 스토킹법」에 따라 유죄 선고를 받자, §2261A가 수정헌법 제1조를 위배한다는 주장을 하였던 것이다. 그러나 제9순회항소법원은 이를 받아들이지 않았다.

2 캘리포니아 주의 스토킹 관련 법령

1980년대 미국에서는 유명인의 스토킹 피해 사건에 대한 언론보도를 중심으로 스토킹의 위험성에 대한 대중의 인식과 관심이 높아졌다. 특히 1982년 아더 리처드 잭슨(당시 46세)이라는 영국인 남성이 영화에서 본 유명 배우 테레사 살다나(당시 28세)에게 집착하여 개인 탐정을 고용해 살다나 어머니의 전화번호를 알아내고 유명 감독 마틴 스코세지의 비서인 척 연락하여 살다나의 주소를 알아낸 뒤 집으로 찾아가 사냥용 칼로 10회 찌른 살인미수 사건이 미국인들의 이목을 집중시켰다. 잭슨은 교도소에 수감되고 난 이후에도 살다나와 조력자에 대한 위협과 협박을 수차례 반복하였다. 잭슨이 피해자에게 접근하기 위해 사용한 방법은 언론보도를 통해 널리 알려졌고 사회적 이슈가 되기도 했다. 또한 1989년 로버트 존 바르도(당시 19세)라는 미국 남성이 잭슨과 동일한 방법으로 개인 탐정과 캘리포니아주 자동차운전면허관리국(Department of Motor Vehicles)을 통해 자신이 좋아하던 배우 레베카 섀퍼(당시 21세)의 집 주소를 알아내 접근했고 피해자의 집에 찾아가 총기로 살해하였다. 이 사건이 있고 난 이듬해인 1990년 캘리포니아 주가 세계 최초로 스토킹을 범죄로 입법화했고 1994년에는 자동차운전면허관리국의 개인정보보호책임과 관련한 연방법(Driver's Privacy Protection Act)이 제정되었다.

1990년 이전에 캘리포니아 주에서는 테러리즘 협박을 금지하는 형법 § 422와 상대방을 짜증나게 하고(annoying) 외설적인 내용의 전화를 하는 행위를 금지하는 §653에 근거하여 스토킹행위를 처벌하였다. 두 조항 모두 '위협적이거나 짜증나는 구체적인 사건'으로부터 피해자를 보호하기 위해 설계되었고 단독적인 한 사건이 아니라 지속, 반복되는 일련의 괴롭힘 행위를 규율하기 위한 법은 아니었다.[55] 일회성 사건뿐만 아니라 오랜 시간에 걸쳐 축적되는 스토킹의 피해자는 두 조항을 통해 충분히 보호받을 수 없었다. 특정한 상황에서 임시접근금지처분(temporary restraining order) 등 피해자보

55) Christine B. Gregson, California's Antistalking Statute : The Pivotal Role of Intent, 28 Golden Gate U. L. Rev. 221, 226 (1998).

호명령 제도를 이용할 수는 있었지만 '괴롭힘이 합리적인 사람에게 상당한 정서적 고통을 겪게 할 만한 행위'라는 사실뿐만 아니라 피해자가 실제로 정서적 고통을 겪었다는 사실을 입증해야 하였다. 스토킹이 본격적으로 범죄로 규정되기 전 이 시기에는, 경찰이 §422와 §653에 의거해 가해자를 체포하는 일은 흔치 않았고, 실제로 체포가 이루어진 경우에도 특히 가정폭력 등 친밀한 관계에서 발생한 스토킹의 경우에는 검찰 기소 또한 흔치 않았으며, 기소된 경우에도 가정폭력 스토킹 가해자들은 낮은 형량으로 처벌받았다.

스토킹을 범죄로 규정한 새 법이 시행된 초창기인 1990년대에 수차례 개정이 이루어져 법의 한계점이 거듭 보완되었다.[56] 1992년에는 스토킹 피해자의 범위를 피해자의 가족까지 확장하고 재범을 경범죄 대신 중범죄로 규정하는 등으로 개정되었고, 1993년에는 범죄의 형량을 높이고 다수의 피해자를 스토킹 한 경우 가중처벌하고, 가족의 범위를 배우자, 부모, 자녀뿐만 아니라 친인척과 동거인을 포함하는 것으로 확장하였으며, 법원이 스토킹 가해자에 대한 재활 상담치료를 권고할 수 있도록 개정이 이루어졌다. 1994년의 개정은 수감된 스토킹 가해자가 출소하기 15일 전에 피해자와 가족, 증인에게 출소 사실을 알려야 하는 의무와 이들의 개인정보에 대한 보호를 포함했고, 스토킹 행위자가 현재 수감된 상태라는 사실이 불기소의 이유가 될 수 없다는 점도 명시하여 교도소 안에서 피해자에 대한 협박을 계속하는 가해자를 기소할 수 있게 하였다. 1996년에는 피해자가 느끼는 두려움에 대한 객관적 기준만을 요구하고 스토킹의 원인이 성적 충동이나 성적 만족을 위한 것이었다면 법원이 성범죄자로 등록할 것을 명령할 수 있도록 하고 피해자 개인정보 보호 강화, 스토킹 가해자 접근금지가처분의 유효기간을 5년 이상으로 할 수 있도록 개정되었다.

현행 캘리포니아 주법(형법 §646.9)에서의 스토킹의 정의는 '고의성과 악의성을 띠고 지속적으로 타인에게 추근거리거나 괴롭히고 상대방이 자신 또

---

56) Tatia Jorda, The Efficacy of the California Stalking Law : Surveying Its Evolution, Extracting Insights from Domestic Violence Cases, Hastings Women's Law Journal, Vol. 6, No. 2,, 363-383.

는 가족의 안전에 대한 합리적인 두려움을 가지도록 할 의도를 가지고 있다고 믿을만한 위협(credible threat)을 하는 행위'로, 크게 행위, 위협, 고의의 세 가지 구성요건으로 이루어져 있다. '괴롭히는 행위'란 특정인을 심각하게 불안하게 만들거나 짜증나게 하거나 정신적인 고통을 주거나 공포에 사로잡히게 하는 일련의 행위에 고의적이고 의도적으로 관여하는 것이다. 의도가 있다고 '믿을만한 위협'은 전자적 의사소통 장치의 사용을 통한 것을 포함하여 구두 또는 서면으로 위협을 하거나 위협을 암시하는 행위의 패턴을 말한다. 위협의 대상이 되는 사람에게 자신 또는 가족의 안전에 대한 합리적인 두려움을 느끼도록 만들려는 의도를 가지고 한 행위이며, 또한 행위자에게 위협의 내용을 실행에 옮길 수 있는 표면적 능력이 있기 때문에 위협의 대상이 되는 사람이 자신 또는 가족의 안전에 대한 합리적인 두려움을 느끼도록 만드는 행위이다. 피고인이 실제로 위협의 내용을 실행에 옮길 의도가 있었는지는 입증할 필요가 없다. 수감 중이기 때문에 위협의 내용을 실행하기 어려운 상황의 사람이 위협을 했다고 해서 기소를 할 수 없는 것은 아니다. 헌법이 보호하는 활동은 '믿을만한 위협'에 포함되지 않는다. 스토킹 일반범죄의 처벌은 자치구 구치소 최대 1년, 벌금 최대 $1,000, 또는 주 교도소 복역이고, 동일인에 대한 스토킹 행위를 금지하는 임시금지명령, 가처분, 기타 법원의 명령이 존재하는 상황에서 스토킹을 반복한 경우와 가정폭력, 살해 및 상해 협박 등 중범죄 전과자가 스토킹을 한 경우 등에 대해서는 가중처벌 규정이 있다. 또한 법원은 스토킹 행위자에 대한 성범죄자 등록을 명령할 수 있다.

캘리포니아 주가 미국과 세계에서 처음으로 스토킹을 범죄화한 법을 제정하고 시행한 이후 5년 만에 미국 50개 주와 워싱턴 D.C. 모두 캘리포니아 주법의 세 가지 구성요건(행위, 위협, 고의)을 참고하여 스토킹 범죄를 신설하였다.[57] 앨러바마 주와 아칸소 주 등의 경우는 캘리포니아 주와 동일하게 행

57) Ashley N. B. Beagle, Modern Stalking Laws : A Survey of State Anti-stalking Statutes Considering Modern Mediums and Constitutional Challenges, Chapman Law Review, Vol. 14, Issue 2, 457-482.

위, 위협, 고의를 모두 요구한다. 델라웨어 주[58]와 사우스다코타 주 등의 경우는 가해자의 고의와 함께 행위 또는 위협 중 하나만을 요구하여 고의적인 행위 또는 고의적인 위협을 스토킹 범죄로 보고 있다. 커네티컷 주[59]와 아이다호 주 등의 경우는 가해자의 고의와 행위를 요구하여, 고의로 일정한 행위를 하는 것을 스토킹 범죄로 본다.

58) 델라웨어 주 형법 § 1312 합리적인 사람이 자신이나 타인에 대한 신체적 상해를 두려워하게 하거나 (위협) 다른 상당한 정신적 괴로움이나 곤경에 처하게 하는 일련의 행위를 고의로(knowingly) 행하면 스토킹에 해당한다.

59) 커네티컷 주 형법 § 53a-181d 고의로 특정인에 대하여 합리적인 사람이 자신 또는 제3자의 신체적 안전을 두려워하게 할 만한 행위를 한 경우 스토킹에 해당한다.

3 뉴욕 주의 스토킹 관련 법령

뉴욕 주 형법(Penal Code §§ 120.45, 120.50, 120.55, 120.60)은 스토킹 행위를 '합리적으로 받아들일 만한 피해의 위협을 야기하는 반복적인 괴롭힘'이라 정의하여 스토킹 범죄를 4단계로 구분한다. 4급 스토킹은 B급 경범죄(최대 90일의 자유형)로 신체적 건강과 안전, 또는 재물에 대한 피해의 위협을 야기할 가능성이 높은 행위와 피해자가 접근을 원하지 않음을 알면서도 따라다니거나 전화하거나 소통이나 연락을 시작한다거나 하여 정신 또는 정서 건강에 대한 피해를 야기하는 행위를 포함한다. 3급 스토킹은 A급 경범죄(최대 1년의 자유형)로 3인 이상의 피해자를 스토킹하는 행위, 과거에 행한 범죄의 피해자나 가족을 스토킹하는 행위, 피해자를 괴롭히거나 짜증나게 하거나 경계하게 할 의도로 피해자 본인 또는 가족의 신체적 상해, 성폭력, 납치, 불법감금, 또는 사망에 대한 두려움을 야기하는 행위, 또는 4급 스토킹 재범행위를 포함한다. 2급 스토킹은 E급 중범죄(최대 4년의 자유형)로 총기나 흉기를 이용해 스토킹하는 행위, 21세 이상의 성인이 14세 미만의 아동을 스토킹하는 행위, 또는 10인 이상의 피해자를 스토킹하는 행위를 포함한다. 1급 스토킹은 D급 중범죄(최대 7년의 자유형)로 스토킹 행위 중 피해자에게 신체적 상해를 입히거나 다른 범죄를 자행하는 행위를 포함한다.

스토킹 범죄 구분의 기준은 가해자가 과거에 스토킹 범죄 전력이 있는지, 3인 이상의 개인을 대상으로 스토킹 행위를 행한 적이 있는지, 14세 미만 아동을 대상으로 스토킹 행위를 행한 적이 있는지 등으로 가해자의 과거와 상습성, 위험성을 고려하고 특정 피해자의 취약성도 함께 고려한다. 또한 피해자의 직장이나 사업 공간에 찾아오거나 전화하는 등의 행위로 피해자의 고용이나 사업을 위협하여 경제생활과 사회활동에 피해가 발생하게 하는 경우도 스토킹 행위에 포함된다. 피해자 본인뿐만 아니라 피해자의 가족과 친구, 직장동료, 이웃 등 피해자와 알고 지내는 제3자에 대한 행위도 스토킹에 포함된다.

이 밖에도 뉴욕 주에는 스토킹에 적용할 수 있는 다양한 법규정이 마련되어 있다.[60] 혈연이나 혼인에 의한 관계, 또는 상대방과 사이에 아이가 있는 경우 등 가정폭력과 관련된 스토킹 피해자의 경우 가정법원과 형사법원 모두에서 피해자 구제와 피해자보호명령을 받을 수 있고, 그렇지 않은 스토킹 피해자의 경우 형사법원에서만 가능하다.

'합리적으로 받아들일 만한 피해의 위협'이라는 것은 스토킹 피해자가 위협에 대한 두려움을 실제로 느끼지 않거나 인지하지 못한 경우에도 스토킹 가해자의 행위 자체만을 두고 판단했을 때 합리적인 사람이 피해의 위협을 느낄만하다는 것을 말한다. 특히 친밀한 관계에서 오랜 기간 지속적으로 폭력 피해를 경험한 피해자 중에는 '학습된 무기력'[61] 또는 심리적 마비 상태에 빠져 폭력이나 위협에 민감하게 반응할 수 없는 경우도 있기 때문에 피해자의 상태와 별개로 가해자의 행위를 합리적인 사람이 어떻게 받아들일 만한지를 중심으로 사실관계를 분석하는 것이다. 또한 피해의 위협이 합리적이었는지를 파악하기 위해서는 일회성 사건만을 분석하는 대신 피해자와 가해자의 관계와 총체적 맥락, 과거에 두 사람 사이에 있었던 사실 모두가 스토킹 여부를 판단하는 데 중요한 정보가 된다. 예컨대, 헤어진 연인이 찾아와 문 앞에 흰 꽃을 한 송이 두고 간 경우, 그 사실 하나만을 가지고 이것이 처벌가능한 스토킹인지를 판단한다면 스토킹 피해를 인정받기는 매우 어려울 것이다. 하지만

---

60) 뉴욕 주법 (Penal Code §§ 250.00, 250.40, 250.45, 250.50, 250.55, 250.60, 250.65은 영상촬영을 통한 관음 행위를 처벌하는 규정이다. 고의로 타인을 모욕하거나 학대할 목적을 가지고 또는 자신의 성적 흥분, 재미, 오락 또는 이득을 위해서 디지털, 기계로 작동되는 또는 전자식 촬영장치를 사용하거나 설치하여 침실, 화장실, 샤워 또는 피팅룸과 같이 타인이 프라이버시에 대한 합리적 기대를 할 수 있는 장소와 시간에 그 타인의 성적이거나 은밀한 신체 부위를 몰래 관람, 상영, 또는 기록하는 행위가 불법이다. 이 죄목의 1급은 D급 중죄로 주 교도소 7년형이 최대이며 2급은 E급 중죄로 4년형이 최대이다. 불법감시영상이나 사진을 유포하는 범죄에 대한 경범죄와 중범죄 처벌 또한 정하고 있다. 뉴욕 주법(Penal Code § 250.05)은 도청에 대한 형사처벌을 정하고 있는 법으로 불법적으로 도청하거나, 기계적으로 대화를 듣거나 전자적으로 소통된 내용을 중간에서 가로채거나 그에 접근하면 도청죄에 해당한다. 이 범죄는 E급 중죄이다. 뉴욕 주 형사소송법 §530.14와 가정법원법 §842-a에 의거하여 특정 스토킹 사건의 경우 법원이 가해 행위자의 총기소지면허를 정지하거나 취소할 수 있다. 뉴욕주 행정법 §631은 범죄피해자보상금의 수급 자격을 정하는 법이다. 괴롭힘, 위협, 스토킹 범죄의 직접적인 결과로 신체적 상해를 입은 피해자뿐만 아니라 신체적 상해를 입지 않은 피해자 또한 보상을 청구할 수 있다. 보상에는 임금 손실, 중요한 물건이 분실, 손상, 또는 파괴되어 수리하거나 대체하는 데 소요된 비용, 피해자의 개인 안전을 강화하기 위한 경호 장치 비용, 범죄 기소와 관련하여 증인으로 재판에 출석하는 교통비용, 심리 상담 비용과 직업 훈련에 관련한 비용이 포함된다.

61) 홍정현, 권현정, 윤성인, 이수정, 가정폭력 피해여성들의 가정 복귀에 영향을 미치는 요인 : 학습된 무기력과 사회적지지, 가정폭력의 위험성을 중심으로, 한국심리학회지, 2017, vol.22, no.1, pp.1-22

만약 두 사람이 교제하던 시절 행위자가 피해자에게 헤어지면 죽여버리겠다는 이야기를 한 적이 있고 피해자가 장례식장을 연상시킨다는 이유로 흰 꽃을 좋아하지 않는다는 사실을 행위자가 알고 있었다면 헤어진 연인이 문 앞에 놓고 간 흰 꽃의 의미는 살해의 위협 또는 예고라고 볼 수도 있다.

4 일리노이 주의 스토킹 관련 법령

일리노이 주의 스토킹 범죄 법제화는 전 연인과 배우자에 의한 수 건의 여성 살해 사건이 보도된 1992년 이루어졌다. 일리노이 주 형법 720 ILCS 5/12-7.3은 스토킹을 '합리적인 사람이 자신 또는 제3자의 안전이 위협받을 것을 두려워하거나 기타 정서적 고통을 겪게 될 것을 알거나 알았어야 하는 일련의 행위에 고의로 관여하는 행위'라고 정의한다. 스토킹이란 합법적으로 정당화할 사유가 없이 고의로 최소 2회 이상 다른 사람을 따라다니거나 감시하는 행위이며, 특정인이나 그의 가족에 대한 신체적 위해, 성폭행, 감금, 또는 억제에 관한 위협을 하거나, 특정인이 자신 또는 가족을 향한 급박하거나 미래의 신체적 위해, 성폭행, 감금, 또는 억제에 대한 합리적인 불안을 느끼게 하는 행위를 포함한다. 스토킹 초범은 4급 중죄로 일리노이 주 중죄 체계 중 가장 낮은 급수이며, 재범부터는 3급 중죄로 규율한다.

일리노이주 형법 720 ILCS 5/12-7.4은 가중 스토킹(aggravated stalking) 규정을 통해 스토킹 범죄에 수반하여 피해자에게 신체적 상해를 입히거나 피해자를 감금 또는 억제하는 경우와 스토킹 가해자가 임시금지명령, 피해자보호명령, 스토킹접근금지명령, 민사접근금지명령, 또는 일리노이주 가정폭력법이 정하는 행위를 금지하는 가처분 명령을 위반한 경우에 대한 가중처벌을 정하고 있다. 가중 스토킹 초범은 3급 중죄, 재범부터는 2급 중죄로 규율한다.

일리노이주 형법 720 ILCS 5/12-7.5은 또한 사이버 스토킹에 대한 규정을 두어 정보통신 기술을 이용한 스토킹 행위를 규율한다. 인터넷 웹사이트나 웹페이지를 만들고 1인 이상의 제3자가 접속할 수 있는 상태로 24시간 이상 유지하여 스토킹 행위를 한 경우도 사이버 스토킹에 해당한다. 사이버 스토킹은 초범이 4급 중죄이고, 재범은 3급 중죄로 규율한다.

일리노이 주에는 스토킹 접근금지명령(stalking no contact order)이라는 피해자보호명령 제도가 있다. 많은 스토킹 사건이 가정폭력과 성폭력과 함께 발생하기 때문에 피해자들이 가정폭력피해자보호명령이나 성폭력민사접근금지명령을 주로 이용하게 되지만 일부 스토킹 피해자의 경우에는 가정폭력이나 성폭력은 해당 사항이 없어서 보호의 공백이 있다는 문제의식으로

2010년에 스토킹접근금지명령법(740 ILCS 21)이 시행되었다. 이 법이 명시하는 입법 목적에 따르면 스토킹 피해자의 70%가 면식범에 의한 스토킹 피해를 입고 있는 것은 맞지만 가해자와 교제하였거나 가족, 동거 등 친밀한 관계에 있었던 경우는 30%에 불과하기 때문에 가정폭력법상 보호만으로는 부족하다는 것이다. 스토킹접근금지명령에는 응급명령(emergency stalking no contact order)과 본명령(plenary stalking no contact order)이 있다. 피해자가 응급명령을 신청하면 가해자가 이 사실을 모르는 경우에도 법원은 최장 3주일의 보호명령을 내릴 수 있다. 본명령의 경우에는 가해자가 신청 사실을 알게 되고 최장 2년의 보호명령을 받을 수 있다.

	가정폭력피해자보호명령	성폭력민사접근금지명령	스토킹접근금지명령
신청자격	다음 중 하나에 해당하는 가족 또는 동거인 : ※ 혈연이나 현재 또는 과거의 혼인 관계 존재 ※ 현재 또는 과거에 동일한 거주지에 거주 ※ 상대방과의 사이에 자녀가 있거나 있다고 주장하는 관계 ※ 현재 또는 과거에 연애 또는 약혼 관계 존재 ※ 가족이나 돌봄제공자로부터 학대를 받고 있는 고위험군 성인 장애인	동의하지 않은 성적 행위나 성적 삽입의 피해를 입은 사람은 누구나 본 명령을 신청할 수 있으며 다음의 사람들도 본 명령의 보호를 받을 수 있다 ※ 피해자의 가족 또는 동거인 ※ 성폭력위기센터 직원과 자원봉사자	자신 또는 타인의 안전이 위협받을 것을 두려워하거나 정서적 괴로움을 느끼게 하는 일련의 행위의 피해자이며 일리노이주 가정폭력법이나 성폭력 민사접근금지명령의 구제를 받을 수 없는 경우 스토킹접근금지명령을 신청할 수 있다
구제보호책	판사는 최대 18개의 구제책을 승인할 수 있다 (추가적 학대 금지, 가해행위자 접근금지명령, 총기소지자격증 취소, 물건과 반려동물 보호, 경제적 지원, 미성년 자녀 임시 돌봄 제공, 거주지에 대한 배타적 권리 인정 등)	판사는 다음 중 1개 이상의 구제책을 승인할 수 있다 ※ 피해자에게 연락 금지 ※ 피해자에게 일반적으로 접근 금지 ※ 특정 장소 접근 금지 ※ 가해행위자와 피해자가 같은 학교에 다니는 경우 가해행위자가 다른 학교로 전학할 것을 명령 ※ 신청인을 보호하기 위해 필요한 기타 가처분 조치	판사는 다음 중 1개 이상의 구제책을 승인할 수 있다 ※ 추가적 스토킹 또는 스토킹 협박 금지 ※ 특정 장소 접근 금지 ※ 총기소지자격증 및 총기 금지 ※ 신청인을 보호하기 위해 필요한 기타 가처분 조치경제적 구제책은 변호사비용이 유일하다
위반	초범 A급 경범죄	초범 A급 경범죄	초범 A급 경범죄
	재범 또는 다른 가정폭력범죄 유죄 확정 이후에 본 명령을 위반한 행위는 4급 중범죄	재범 4급 중범죄	재범 4급 중범죄

5 워싱턴 D.C.의 스토킹 관련 법령

워싱턴 D.C. 법 §22-3131이 명시한 입법목적에 따르면 스토킹은 "피해자의 개인적 사생활과 자율성을 심각하게 침해하는 문제이자 피해자의 삶의 질에 장기적인 영향을 미칠 수 있는 범죄이며 신체를 해치겠다는 명시적인 협박이 부재한 경우에도 피해자와 주변인의 보안과 안전을 위협"한다. 법문에는 스토킹 행위가 지속될수록 폭력성이 증가하며 스토킹과 가정폭력, 성폭력 사이에 강한 연관성이 있다는 점 또한 언급되고 있다.

워싱턴 D.C. 법의 스토킹에 대한 정의는 '특정인이 자신 또는 타인의 안전을 두려워하게 하거나 심각한 경계, 불안, 또는 두려움을 느끼게 하거나 정서적 고통을 느끼게 하려는 구체적 고의를 가지고 특정인 또는 그 특정인과 동일한 상황에서 합리적인 사람이 합리적으로 자신 또는 타인의 안전을 두려워하거나 심각한 경계, 불안, 또는 두려움을 느끼거나 정서적 고통을 느끼게 할 만한 일련의 행위를 하는 것'이다. '일련의 행위'란 24시간을 기준으로 행위를 나누어 2회 이상의 행위를 말한다. 특정인에 대한 접근금지명령이 내려진 상황에서 행한 스토킹과 지난 10년 내 어떤 관할에서든 사람을 스토킹하여 유죄를 받은 전과가 있는 사람이 행한 스토킹, 스토킹의 대상이 된 특정인이 18세 미만 아동이었고 스토킹 행위자가 스토킹 대상보다 4년 이상 연상인 상황에서 행한 스토킹, 스토킹으로 인해 피해자에게 $2,500 이상의 재산상 피해가 발생한 경우 등에 대해서는 가중처벌 규정을 두고 있다.

워싱턴 D.C.에서 스토킹 피해자가 받을 수 있는 피해자보호명령(§16-1063, 1064, 1065)의 종류는 두 가지로 임시일방명령(temporary ex parte anti-stalking order)과 최종명령(final anti-stalking order)이다. 임시일방명령은 법원이 상대방(가해자)에게 사전에 통지를 하지 않고도 피해자의 일방적인(ex parte) 신청에 따른 명령을 내릴 수 있는 제도이다. 임시일방명령 신청을 접수한 시각이 너무 늦지만 않으면 신청 당일 판사가 공판(hearing)을 진행하여 명령 여부를 판단하고 늦은 시각에 접수한 경우에도 신청한 익일에 공판이 열린다. 피해자가 자신이나 동거인 또는 반려동물의 안전이 즉시 위협받고 있다는 사실을 보여줄 수 있으면 판사는 임시일방명령을 내릴 수 있다. 최초의 임시일방명령은 14일 이하의 기간으로 받을 수 있으며 이후에 피해자가 법원에서 다시 신청하여 판사가 14일씩 연장할 수 있고, 정당한 이유(good cause)가 있을 경우에는 28일 동안 연장할 수 있으며, 쌍방이 합의하는 경우 그보다 더 긴 기간 동안 연장하는 것도 가능하다. 최종명령은 ① 법정 공판에 피해자와 가해자가 출석해 판사에게 증거를 제시하고 진술을 한 경우, ② 적법한 공판기일 통지를 받고 나서도 가해자는 공판에 출석하지 않고 피해자만 출석한 경우, 또는 ③ 가해자가 법정에서 최종명령에 합의한 경우(이 때 스토킹 혐의를 인정하지 않고도 최종명령에만 합의할 수 있음) 가능하다. ①과 ②의 경우 판사는 가해자가 피해자를 스토킹 했을 가능성이 그렇지 않을 가능성보다 크다고 믿는 경우(more likely than not)에만 최종명령을 내릴 수 있고, ③의 경우에는 그러한 믿음 없이도 가해자의 합의에 의해 최종명령을 내릴 수 있다. 최종명령의 유효기간은 최장 2년이고 명령문 자체에 명시되어야 한다. 신청인(피해자)과 상대방(가해자) 중 어느 쪽이든 법원에 명령 신청(motion)을 하여 최종명령을 연장하거나 변경하거나 취소해야 할 정당한 이유가 있음을 증명할 수 있으면 최종명령의 유효기간은 바뀔 수 있다. 피해자보호명령 신청은 무료이며 상대방(가해자)의 집 또는 직장 주소를 알고 있으면 송달은 D.C. 경찰이 처리한다. 판사가 명령할 수 있는 내용은 임시일방명령이든 최종명령이든 모두 동일하며, 범죄 또는 범죄의 위협 금지, 접근금지, 신청인 소유 물건 등의 반환 또는 사용 중단, 피해자보호명령을 받기 위해 신청인에게 발생한 비용 지급, 피해자보호명령의 강제에 필요한 경찰의 조치 이행, 반려동물에의 접근 금지 등, 신청인의 안전을 위한 조치 이행, 총기 및 탄약의 소지 금지 등이 이에 해당한다.

제4절 비교법적 검토를 통한 시사점

1 스토킹범죄 대응의 기본방향

스토킹의 경우, 비록 전통적인 형사법적 시각으로 봤을 때 아직 범죄행위에 해당하지 않는 경미한 괴롭힘에 불과하더라도 더 큰 위험을 예방하기 위해서 초기단계부터 공권력을 발동하고, 피해자의 안전을 보호하는 조치들을 취하는 것이 세계 각국의 일반적인 대응이다.

2 스토킹 규제의 범위

스토킹 규제의 범위는 각국마다 약간의 차이는 있지만, 오늘날 생활양식의 변화를 반영하여 스토킹으로 포섭되는 행위유형들의 범위가 점차 확대되어 가는 경향이 확인된다. 전통적인 스토킹행위에 해당하는 따라다니기, 지켜보기, 전화나 메시지 보내기 등 이외에 특히 온라인 공간에서의 괴롭힘도 스토킹으로 규제해야 한다는 인식이 확산되고 있다.

독일과 미국의 경우, 법에서 스토킹을 명확히 정의하기 보다는 스토킹의 예시를 규정함으로써 해석의 지침을 제시하되 피해자를 괴롭히는 다양한 행위들을 폭넓게 포섭하려는 방식을 취하고 있는 것이 특징이다. 특히 미국의 스토킹처벌법에서 두드러진 점은 '합리적 공포'라는 개념을 도입했다는 점이다.

예컨대, 캘리포니아, 뉴욕, 미시간 등 상당수 주가 스토킹에 해당하는 행위를 구체적으로 정의하기보다 사안별로 '스토킹 피해자가 공포를 느낄만한 상황' 인지를 살펴서 스토킹 여부를 판단한다. 피해자의 '합리적 공포'만으로 스토커에 대한 법적 처벌이 가능할 만큼 피해자 중심 법체계가 마련됐다는 뜻이다. 독일에서는 스토킹의 행위유형 중 대표적인 형태를 나열하여 구성요건의 명확성을 도모하되, 보충규정을 두어 처벌의 공백을 최소화하려는 시도를 하고 있으며, 특히 최근의 법개정을 통해 새로운 유형의 스토킹 행위들을 규제의 범위에 명시적으로 포섭하고 있다.

이에 비해 일본의 경우, 우리나라와 마찬가지로 스토킹의 정의와 관련하여 제한적 열거방식을 취하고 있는데, 열거된 행위유형들이 스토킹행위들을 제대로 포섭하고 있지 않다는 지적이 계속 제기되고 있는 상황이며, 사회적 이슈가 되는 대형사건이 발생할 때마다 여론에 떠밀려 규제의 범위를 확대하는 방향으로 법개정이 이루어지고 있는 실정이다. 제한적 열거방식의 한계를 보여주는 사례라고 할 수 있겠다.

해외의 입법례와 비교해 보건대, 우리 「스토킹처벌법」의 규제대상 행위유형은 너무 제한적이며, 현실을 반영하지 못하고 있다. 스토킹행위 유형을 예시적으로 열거하여 구성요건의 명확성을 도모하되, 현실을 반영하여 유형을 확장할 필요가 있으며, 보충적 조항을 두어 규제의 공백을 최소화할 필요가 있다.

3 스토킹 피해자 보호 조치

피해자보호조치와 관련하여 해외의 법제를 살펴보면, 우리 「스토킹처벌법」에 비해 상당히 다양한 보호장치들을 마련하고 있으며, 가해자가 금지명령 등을 위반했을 경우 그에 대한 처벌도 강력하다.

미국의 경우, 스토킹혐의가 입증된 후 내려지는 금지명령과 그에 앞선 경찰단계에서의 임시금지명령을 있을 뿐 아니라, 피해자에게 가해자 동향정보(예컨대 출소 일정 등)를 사전에 제공하고, 피해자의 고용주인 제3자가 피해자를 대신하여 임시금지명령 또는 금지명령을 요청하는 것도 가능하도록 되어 있다. 금지명령의 내용에는 접근금지, 추가적인 스토킹행위 금지 이외에 피해자를 보호하기 위해 필요한 기타의 가처분조치 등이 포함된다. 그리고 가해자가 임시금지명령 또는 금지명령을 위반하여 스토킹을 행한 경우 가중처벌된다.

일본의 경우 경찰은 피해자 보호를 위해 즉각적으로 스토킹 행위를 금지할 수 있는 권한을 갖는바, 금지명령을 내릴 수 있다. 금지명령의 내용에는 추후 스토킹행위를 계속하는 것을 금지하는 것과, 추후 스토킹행위를 계속하는 것을 방지하기 위해 필요한 사항이 폭넓게 포함되며, 금지명령에 위반하여 스토킹을 계속하면 가중처벌 된다. 금지명령의 효력은 1년이며, 그 기간만큼 연장이 가능하다.

해외 각국들의 사례를 참고하자면, 긴급응급조치 및 잠정조치의 내용을 좀 더 다양화하여 피해자보호를 위한 다각적 조치들이 가능하도록 개선할 필요가 있고, 접근금지 등의 조치가 지속되는 효력기간을 지금보다 연장하여 적어도 사건이 진행되는 동안 피해자 보호가 안정적으로 유지될 수 있도록 해야 하며, 접근금지 등의 조치에 위반한 경우 제재를 강화하여 그 실효성을 제고할 필요가 있다.

4 스토킹 범죄의 처벌

범죄의 처벌과 관련하여 해외사례를 살펴보면, 미국의 경우 스토킹은 초범이더라도 중죄이다. 미국과 독일의 경우 스토킹의 가중적 유형들에 대한 별도의 규정을 두고 있는 바, 특히 여러 차례 반복된 스토킹범죄, 특별히 취약한 피해자(아동, 노인, 장애인 등)에 대한 스토킹 범죄 등에 대해서는 가중처벌을 규정을 두고 있다. 이러한 해외의 입법례를 참고하여 우리 「스토킹처벌법」도 가중처벌규정을 보완하여, 불법과 책임이 무거운 스토킹 유형들에 대해서는 그에 합당한 엄격한 처벌이 이루어질 수 있도록 해야 할 것이다.

05

스토킹범죄의 처벌과 피해자의 보호

제1절

「스토킹처벌법」의 주요내용

「스토킹처벌법」은 스토킹이 범죄임을 명확히 규정하고, 가해자 처벌 및 그 절차에 관한 특례와 스토킹범죄 피해자에 대한 각종 보호절차를 마련하여 범죄 발생 초기 단계에서부터 피해자를 보호하고, 스토킹이 더욱 심각한 범죄로 이어지는 것을 방지하여 건강한 사회질서의 확립에 이바지하려는 취지에서 제정되었다. 그러나 실효성 있는 대응과 실질적인 피해자 보호에 미흡한 점이 여전히 남아 있다. 스토킹처벌법의 주요내용을 살펴보면서 제도적 개선책을 덧붙였다.

1 스토킹행위와 스토킹범죄

1) 스토킹행위 유형

「스토킹행위」란 상대방의 의사에 반(反)하여 정당한 이유 없이 일정한 행위를 하여 상대방에게 불안감 또는 공포심을 일으키는 것을 말한다(제2조 제1호).

스토킹처벌법의 스토킹행위 유형으로는 다음의 7가지가 열거되어 있다. 스토킹처벌법 제정 당시에는 행위유형은 '가~마' 까지 5가지였는데, 2023년 7월 11일 개정으로 정보통신망을 이용한 스토킹의 행위유형을 추가할 필요성이 있어 다목에 행위유형이 추가되고 바목과 사목이 신설되었다. 그리고 '상대방 또는 그의 동거인, 가족'을 '상대방등'으로 각 행위 유형에서 명시하는 것으로 수정되었다.

가. 상대방 또는 그의 동거인, 가족(이하 "상대방등"이라 한다)에게 접근하거나 따라다니거나 진로를 막아서는 행위

나. 상대방등의 주거, 직장, 학교, 그 밖에 일상적으로 생활하는 장소(이하 "주거등"이라 한다) 또는 그 부근에서 기다리거나 지켜보는 행위

다. 상대방등에게 우편·전화·팩스 또는「정보통신망 이용촉진 및 정보보호 등에 관한 법률」 제2조제1항제1호의 정보통신망(이하 "정보통신망"이라 한다)을 이용하여 물건이나 글·말·부호·음향·그림·영상·화상(이하 "물건등"이라 한다)을 도달하게 하거나 정보통신망을 이용하는 프로그램 또는 전화의 기능에 의하여 글·말·부호·음향·그림·영상·화상이 상대방등에게 나타나게 하는 행위

라. 상대방등에게 직접 또는 제3자를 통하여 물건등을 도달하게 하거나 주거등 또는 그 부근에 물건등을 두는 행위

마. 상대방등의 주거등 또는 그 부근에 놓여져 있는 물건등을 훼손하는 행위

바. 다음의 어느 하나에 해당하는 상대방등의 정보를 정보통신망을 이용하여 제3자에게 제공하거나 배포 또는 게시하는 행위

1)「개인정보 보호법」 제2조제1호의 개인정보

2)「위치정보의 보호 및 이용 등에 관한 법률」 제2조제2호의 개인위치정보

3) 1) 또는 2)의 정보를 편집·합성 또는 가공한 정보(해당 정보주체를 식별할 수 있는 경우로 한정한다)

사. 정보통신망을 통하여 상대방등의 이름, 명칭, 사진, 영상 또는 신분에 관한 정보를 이용하여 자신이 상대방등인 것처럼 가장하는 행위

스토킹범죄의 처벌 등에 관한 법률 [법률 제19518호, 2023. 7. 11., 일부개정]	스토킹범죄의 처벌 등에 관한 법률 [법률 제18083호, 2021. 4. 20., 제정]
제2조(정의)	제2조(정의)
이 법에서 사용하는 용어의 뜻은 다음과 같다.	이 법에서 사용하는 용어의 뜻은 다음과 같다.
1. "스토킹행위"란 상대방의 의사에 반하여 정당한 이유 없이 다음 각 목의 어느 하나에 해당하는 행위를 하여 상대방에게 불안감 또는 공포심을 일으키는 것을 말한다.	1. "스토킹행위"란 상대방의 의사에 반하여 정당한 이유 없이 상대방 또는 그의 동거인, 가족에 대하여 다음 각 목의 어느 하나에 해당하는 행위를 하여 상대방에게 불안감 또는 공포심을 일으키는 것을 말한다.
가. 상대방 또는 그의 동거인, 가족(이하 "상대방등"이라 한다)에게 접근하거나 따라다니거나 진로를 막아서는 행위	가. 접근하거나 따라다니거나 진로를 막아서는 행위
나. 상대방등의 주거, 직장, 학교, 그 밖에 일상적으로 생활하는 장소(이하 "주거등"이라 한다) 또는 그 부근에서 기다리거나 지켜보는 행위	나. 주거, 직장, 학교, 그 밖에 일상적으로 생활하는 장소(이하 "주거등"이라 한다) 또는 그 부근에서 기다리거나 지켜보는 행위
다. 상대방등에게 우편·전화·팩스 또는「정보통신망 이용촉진 및 정보보호 등에 관한 법률」 제2조제1항제1호의 정보통신망(이하 "정보통신망"이라 한다)을 이용하여 물건이나 글·말·부호·음향·그림·영상·화상(이하 "물건등"이라 한다)을 도달하게 하거나 정보통신망을 이용하는 프로그램 또는 전화의 기능에 의하여 글·말·부호·음향·그림·영상·화상이 상대방등에게 나타나게 하는 행위	다. 우편·전화·팩스 또는 「정보통신망 이용촉진 및 정보보호 등에 관한 법률」 제2조제1항제1호의 정보통신망을 이용하여 물건이나 글·말·부호·음향·그림·영상·화상(이하 "물건등"이라 한다)을 도달하게 하는 행위
라. 상대방등에게 직접 또는 제3자를 통하여 물건등을 도달하게 하거나 주거등 또는 그 부근에 물건등을 두는 행위	라. 직접 또는 제3자를 통하여 물건등을 도달하게 하거나 주거등 또는 그 부근에 물건등을 두는 행위
마. 상대방등의 주거등 또는 그 부근에 놓여져 있는 물건등을 훼손하는 행위	마. 주거등 또는 그 부근에 놓여져 있는 물건등을 훼손하는 행위
바. 다음의 어느 하나에 해당하는 상대방등의 정보를 정보통신망을 이용하여 제3자에게 제공하거나 배포 또는 게시하는 행위 1) 「개인정보 보호법」 제2조제1호의 개인정보 2) 「위치정보의 보호 및 이용 등에 관한 법률」 제2조제2호의 개인위치정보 3) 1) 또는 2)의 정보를 편집·합성 또는 가공한 정보(해당 정보주체를 식별할 수 있는 경우로 한정한다)	

스토킹범죄의 처벌 등에 관한 법률 [법률 제19518호, 2023. 7. 11., 일부개정]	스토킹범죄의 처벌 등에 관한 법률 [법률 제18083호, 2021. 4. 20., 제정]
사. 정보통신망을 통하여 상대방등의 이름, 명칭, 사진, 영상 또는 신분에 관한 정보를 이용하여 자신이 상대방등인 것처럼 가장하는 행위	
2. "스토킹범죄"란 지속적 또는 반복적으로 스토킹행위를 하는 것을 말한다. 3. "피해자"란 스토킹범죄로 직접적인 피해를 입은 사람을 말한다. 4. "피해자등"이란 피해자 및 스토킹행위의 상대방을 말한다.	2. "스토킹범죄"란 지속적 또는 반복적으로 스토킹행위를 하는 것을 말한다. 3. "피해자"란 스토킹범죄로 직접적인 피해를 입은 사람을 말한다. 4. "피해자등"이란 피해자 및 스토킹행위의 상대방을 말한다.

2) 스토킹범죄

「스토킹범죄」란 지속적 또는 반복적으로 스토킹행위를 하는 것을 말한다(제2조 제2호).

스토킹의 정의는 다양하게 구사되지만, 스토킹처벌법은 '스토킹범죄'를 규정된 '스토킹행위'를 지속적 또는 반복적으로 하는 것으로 정의하고 있다. '스토킹행위'는 "상대방의 의사에 반하여 정당한 이유 없이 상대방 또는 그의 동거인, 가족에 대하여 다음 각 목의 어느 하나에 해당하는 행위를 하여 상대방에게 불안감 또는 공포심을 일으키는 것을 말한다"고 한다.

이 정의규정에 의하면 스토킹범죄 구성요건은 4가지가 핵심적 내용을 이루는데, ① 상대방의 의사에 반하여, ② 정당한 이유 없이, ③ 불안감 또는 공포심을 일으키며, ④ 지속적 또는 반복적으로 행하는 것이다.

스토킹범죄는 피해자의 의사에 반할 뿐 아니라, 정당한 이유 없이 지속적 또는 반복적으로 피해자에게 불안감과 공포심을 초래하는 행위를 하였다는 점에서 형사제재의 대상이 되어 마땅한 것이다. 더불어, 더 심각하고 상시적인 위험을 방지하기 위고 피해자를 보호하기 위하여 가해자에게 조치를 부여할 수 있다.

2 스토킹행위에 대한 조치 : 응급조치, 긴급응급조치

응급조치와 긴급응급조치는 스토킹범죄가 발생하기 이전 단계에서 스토킹행위에 대해 경찰이 개입할 수 있는 조치이다. 스토킹행위가 스토킹범죄로 진행되는 것을 예방하고 피해자를 보호하기 위하여 사건 초기단계부터 공권력이 발동될 수 있는 근거가 마련되었다는 점에서 의의를 찾을 수 있다.

1) 응급조치

사법경찰관리는 진행 중인 스토킹행위에 대하여 신고를 받은 즉시 현장에 나가 스토킹행위를 제지하고, 향후의 스토킹행위를 금지함을 통보하며, 스토킹행위를 지속적 또는 반복적으로 할 경우의 처벌을 서면경고하고, 스토킹행위자와 피해자등의 분리 및 범죄수사, 잠정조치 요청 절차 등을 피해자에게 안내하는 등의 조치를 하여야 한다(제3조).

2023년 7월 11일 개정에 의해 응급조치의 처벌 경고가 '서면경고'로 변경되어 경고의 자료까지 남기게 함으로써 가해자에게 확실한 경종의 메시지를 주게 되었다.

스토킹처벌법 제3조(스토킹행위 신고 등에 대한 응급조치)

사법경찰관리는 진행 중인 스토킹행위에 대하여 신고를 받은 경우 즉시 현장에 나가 다음 각 호의 조치를 하여야 한다. 〈개정 2023.7.11〉

1. 스토킹행위의 제지, 향후 스토킹행위의 중단 통보 및 스토킹행위를 지속적 또는 반복적으로 할 경우 처벌 서면경고
2. 스토킹행위자와 피해자등의 분리 및 범죄수사
3. 피해자등에 대한 긴급응급조치 및 잠정조치 요청의 절차 등 안내
4. 스토킹 피해 관련 상담소 또는 보호시설로의 피해자등 인도(피해자등이 동의한 경우만 해당한다.)

2) 긴급응급조치

사법경찰관은 스토킹범죄가 발생할 우려가 있고 그 예방을 위하여 긴급을 요

하는 경우 직권으로 또는 스토킹행위의 상대방등이나 그 법정대리인 또는 스토킹행위를 신고한 사람의 요청에 따라 스토킹행위의 상대방이나 그 주거 등으로부터 100미터 이내의 접근 금지나 스토킹행위의 상대방에 대한 전기통신을 이용한 접근 금지 조치 등의 긴급응급조치를 할 수 있다(제4조-제7조). 2023년 7월 11일 개정에 의해서는 '상대방'이 '상대방등'으로 변경된 것뿐이다.

사법경찰관이 긴급응급조치를 하면 즉시 긴급응급조치결정서를 작성하여 지체 없이 검사에게 사후승인을 지방법원판사에게 청구하여 줄 것을 신청하여야 하며(제5조 제1항), 판사가 사후승인을 하지 않으면 즉시 취소해야 한다(제5조 제4항).

따라서 긴급응급조치는 사법경찰관이 직권으로 할 수 있지만 즉시 검사를 통해 법원의 사후승인을 받도록 함으로써 절차적으로 다소 번거로운 측면이 있다. 이는 「가정폭력처벌법」의 긴급임시조치(제8조의2)와 비슷한데, 긴급임시조치는 경찰에게 초기대응의 권한을 확대할 필요성이 있다고 보아 개정으로 신설하였는데 절차적 번거로움으로 기대한 것보다 적극적으로 사용되지는 않았다.

긴급응급조치를 이행하지 아니한 사람은 1년 이하의 징역 또는 1천만원 이하의 벌금에 처하는 규정을 신설함으로써(제20조 제3항) 처벌이 강화되었다.

스토킹처벌법 제4조(긴급응급조치)

① 사법경찰관은 스토킹행위 신고와 관련하여 스토킹행위가 지속적 또는 반복적으로 행하여질 우려가 있고 스토킹범죄의 예방을 위하여 긴급을 요하는 경우 스토킹행위자에게 직권으로 또는 스토킹행위의 상대방이나 그 법정대리인 또는 스토킹행위를 신고한 사람의 요청에 의하여 다음 각 호에 따른 조치를 할 수 있다. 〈개정 2023.7.11〉

1. 스토킹행위의 상대방등이나 그 주거등으로부터 100미터 이내의 접근 금지
2. 스토킹행위의 상대방등에 대한 「전기통신기본법」 제2조제1호의 전기통신을 이용한 접근 금지

② 사법경찰관은 제1항에 따른 조치(이하 "긴급응급조치"라 한다)를 하였을 때에는 즉시 스토킹행위의 요지, 긴급응급조치가 필요한 사유, 긴급응급조치의 내용 등이 포함된 긴급응급조치결정서를 작성하여야 한다.

3 스토킹범죄에 조치 : 잠정조치

1) 잠정조치의 의의

스토킹범죄가 재발될 우려가 있다고 인정될 경우 검사가 직권으로 또는 사법경찰관의 신청에 의해 법원에 청구하여 법원이 행하는 처분이 잠정조치이다. 법원은 스토킹범죄의 원활한 조사·심리 또는 피해자 보호를 위하여 필요하다고 인정하는 경우 잠정조치의 결정을 할 수 있다. 피해자는 독자적으로 잠정조치의 청구를 할 수 없으나, 검사 또는 사법경찰관에게 잠정조치의 청구 또는 신청을 요청하거나 이에 관한 의견을 진술할 수 있다(제8조).

2) 잠정조치의 내용

스토킹 가해자에게 부여할 수 있는 잠정조치는 5가지이다. ① 스토킹범죄 중단에 관한 서면 경고, ② 피해자 또는 그의 동거인, 가족이나 그 주거 등으로부터 100미터 이내의 접근 금지, ③ 피해자 등에 대한 전기통신을 이용한 접근 금지, ④ 위치추적 전자장치의 부착, ⑤ 국가경찰관서의 유치장 또는 구치소에의 유치를 잠정조치로 행할 수 있으며, 이러한 조치는 병과 될 수 있다(제9조 제1항). 법원은 잠정조치를 결정한 경우 검사와 피해자 또는 그의 동거인, 가족, 그 법정대리인에게 통지하여야 한다(동조 제5항).

전자장치부착은 2023년 개정에 의해 추가신설된 것으로서 스토킹방지의 실효성을 높일 것으로 기대된다. 그리고 전자장치가 부착된 사람은 잠정조치 기간 중 전자장치의 효용을 해치는 행위를 금지하는 조항도 신설하고 있다(동조 제4항).

그밖에 신설한 조항으로 전자장치를 부착하거나 유치장 또는 구치소에 유치하는 경우에는 법원이 조치에 관한 결정을 하기 전 잠정조치의 사유를 판단하기 위하여 검사, 스토킹행위자, 피해자, 기타 참고인으로부터 의견을 들을 수 있도록 함으로써(동조 제3항) 보다 신중한 결정을 하도록 하였다.

스토킹처벌법 제9조(스토킹행위자에 대한 잠정조치)

① 법원은 스토킹범죄의 원활한 조사·심리 또는 피해자 보호를 위하여 필요하다고 인정하는 경우에는 결정으로 스토킹행위자에게 다음 각 호의 어느 하나에 해당하는 조치(이하 "잠정조치"라 한다)를 할 수 있다. 〈개정 2023.7.11〉

1. 피해자에 대한 스토킹범죄 중단에 관한 서면 경고
2. 피해자 또는 그의 동거인, 가족이나 그 주거등으로부터 100미터 이내의 접근 금지
3. 피해자 또는 그의 동거인, 가족에 대한 「전기통신기본법」 제2조제1호의 전기통신을 이용한 접근 금지

3의 2. 「전자장치 부착 등에 관한 법률」 제2조제4호의 위치추적 전자장치(이하 "전자장치"라 한다)의 부착

4. 국가경찰관서의 유치장 또는 구치소에의 유치

② 제1항 각 호의 잠정조치는 병과할 수 있다.

③ 법원은 제1항제3호의2 또는 제4호의 조치에 관한 결정을 하기 전 잠정조치의 사유를 판단하기 위하여 필요하다고 인정하는 때에는 검사, 스토킹행위자, 피해자, 기타 참고인으로부터 의견을 들을 수 있다. 의견을 듣는 방법과 절차, 그 밖에 필요한 사항은 대법원규칙으로 정한다. 〈신설 2023.7.11〉

④ 제1항제3호의2에 따라 전자장치가 부착된 사람은 잠정조치기간 중 전자장치의 효용을 해치는 다음 각 호의 행위를 하여서는 아니된다. 〈신설 2023.7.11〉

1. 전자장치를 신체에서 임의로 분리하거나 손상하는 행위
2. 전자장치의 전파(전파)를 방해하거나 수신자료를 변조하는 행위
3. 제1호 및 제2호에서 정한 행위 외에 전자장치의 효용을 해치는 행위

⑤ 법원은 잠정조치를 결정한 경우에는 검사와 피해자 또는 그의 동거인, 가족, 그 법정대리인에게 통지하여야 한다. 〈개정 2023.7.11〉

⑥ 법원은 제1항제4호에 따른 잠정조치를 한 경우에는 스토킹행위자에게 변호인을 선임할 수 있다는 것과 제12조에 따라 항고할 수 있다는 것을 고지하고, 다음 각 호의 구분에 따른 사람에게 해당 잠정조치를 한 사실을 통지하여야 한다. 〈개정 2023.7.11〉

1. 스토킹행위자에게 변호인이 있는 경우 : 변호인
2. 스토킹행위자에게 변호인이 없는 경우 : 법정대리인 또는 스토킹행위자가 지정하는 사람

⑦ 제1항제2호·제3호 및 제3호의2에 따른 잠정조치기간은 3개월, 같은 항 제4호에 따른 잠정조치기간은 1개월을 초과할 수 없다. 다만, 법원은 피해자의 보호를 위하여 그 기간을 연장할 필요가 있다고 인정하는 경우에는 결정으로 제1항제2호·제3호 및 제3호의2에 따른 잠정조치에 대하여 두 차례에 한정하여 각 3개월의 범위에서 연장할 수 있다. 〈개정 2023.7.11〉

3) 잠정조치의 기간

원칙적으로 서면경고, 접근금지 조치, 전자장치부착은 3개월을 부과할 수 있으며, 두 차례에 한정하여 각 3개월의 범위에서 연장할 수 있도록 하고 있다. 유치장 또는 구치소에의 유치는 1개월을 초과할 수 없으며 연장에 관한 규정도 두고 있지 않다(제9조 제7항). 유치장 또는 구치소 유치처분에 대해서는 기간연장이 가능하지 않는 1개월을 고수하고 있으나, 기간이 짧다는 비판에 따라 2023년 개정에서 2개월을 3개월로 늘인 것이다.

서면경고, 접근금지 조치, 전자장치부착의 경우 최대 9개월까지 가능하지만, 이것 또한 수년간 지속될 수 있는 스토킹의 특성에 비추어보면 짧은 것이다. 예컨대 처음부터 6개월 정도까지 부과할 수 있는 길을 미리 열어 둘 필요가 있다.

4 스토킹범죄 전담 검사 및 사법경찰관 지정

검찰총장은 각 지방검찰청 검사장에게 스토킹범죄 전담 검사를 지정하도록 하고, 경찰관서의 장은 스토킹범죄 전담 사법경찰관을 지정하여 스토킹범죄에 대한 전문적 대응 및 수사가 이루어질 수 있도록 한다(제17조).

5 스토킹범죄에 대한 처벌

1) 스토킹범죄

스토킹처벌법 제18조(스토킹범죄)

① 스토킹범죄를 저지른 사람은 3년 이하의 징역 또는 3천만원 이하의 벌금에 처한다.

② 흉기 또는 그 밖의 위험한 물건을 휴대하거나 이용하여 스토킹범죄를 저지른 사람은 5년 이하의 징역 또는 5천만원 이하의 벌금에 처한다.

③ 삭제 〈2023.7.11〉

(1) 단순 스토킹범죄 : 3년 이하의 징역 또는 3천만원 이하의 벌금

스토킹행위만으로는 원칙적으로 처벌대상으로 하지 않고, 스토킹범죄가 인정되는 경우에 처벌이 이루어진다. 스토킹범죄를 저지른 사람을 3년 이하의 징역 또는 3천만원 이하의 벌금에 처할 수 있다(제18조 제1항).

피해자가 구체적으로 밝힌 의사에 반하여 공소를 제기할 수 없도록 규정하였던 반의사불벌죄 조항은(제18조 제3항) 2023년 7월 11일 개정에 의해 삭제되었다. 스토킹처벌법 시행 초반부터 반의사불벌죄 규정으로 인하여 피해자가 가해자로부터 처벌불원의사를 밝혀달라는 위협에 시달리는 경우가 많으므로 이 규정을 삭제해야 한다는 비판이 가장 많이 제기되었었다. 스토킹사건 중 많은 경우 공소기각으로 끝난 이유가 이 조항 때문이었는데, 반의사불벌죄 규정의 삭제는 적절하다고 보인다.

(2) 흉기 휴대 등 스토킹범죄 : 5년 이하의 징역 또는 5천만원 이하의 벌금

흉기 또는 그 밖의 위험한 물건을 휴대하거나 이용하여 스토킹범죄를 저지른 경우에는 행위의 위험성이 크기 때문에 5년 이하의 징역 또는 5천만원 이하의 벌금으로 가중 처벌된다(제18조 제2항).

2) 형벌과 수강명령 등의 병과

스토킹처벌법 제19조(형벌과 수강명령 등의 병과)

① 법원은 스토킹범죄를 저지른 사람에 대하여 유죄판결(선고유예는 제외한다)을 선고하거나 약식명령을 고지하는 경우에는 200시간의 범위에서 다음 각 호의 구분에 따라 재범 예방에 필요한 수강명령(「보호관찰 등에 관한 법률」에 따른 수강명령을 말한다. 이하 같다) 또는 스토킹 치료프로그램의 이수명령(이하 "이수명령"이라 한다)을 병과할 수 있다.

1. 수강명령 : 형의 집행을 유예할 경우에 그 집행유예기간 내에서 병과
2. 이수명령 : 벌금형 또는 징역형의 실형을 선고하거나 약식명령을 고지할 경우에 병과

② 법원은 스토킹범죄를 저지른 사람에 대하여 형의 집행을 유예하는 경우에는 제1항에 따른 수강명령 외에 그 집행유예기간 내에서 보호관찰 또는 사회봉사 중 하나 이상의 처분을 병과할 수 있다.

③ 제1항에 따른 수강명령 또는 이수명령의 내용은 다음 각 호와 같다.
1. 스토킹 행동의 진단·상담
2. 건전한 사회질서와 인권에 관한 교육
3. 그 밖에 스토킹범죄를 저지른 사람의 재범 예방을 위하여 필요한 사항
④ 제1항에 따른 수강명령 또는 이수명령은 다음 각 호의 구분에 따라 각각 집행한다.
1. 형의 집행을 유예할 경우 : 그 집행유예기간 내
2. 벌금형을 선고하거나 약식명령을 고지할 경우 : 형 확정일부터 6개월 이내
3. 징역형의 실형을 선고할 경우 : 형기 내
⑤ 제1항에 따른 수강명령 또는 이수명령이 벌금형 또는 형의 집행유예와 병과된 경우에는 보호관찰소의 장이 집행하고, 징역형의 실형과 병과된 경우에는 교정시설의 장이 집행한다. 다만, 징역형의 실형과 병과된 이수명령을 모두 이행하기 전에 석방 또는 가석방되거나 미결구금일수 산입 등의 사유로 형을 집행할 수 없게 된 경우에는 보호관찰소의 장이 남은 이수명령을 집행한다.
⑥ 형벌에 병과하는 보호관찰, 사회봉사, 수강명령 또는 이수명령에 관하여 이 법에서 규정한 사항 외에는 「보호관찰 등에 관한 법률」을 준용한다.

법원은 스토킹범죄를 저지른 사람에 대하여 유죄판결을 선고하거나 약식명령을 고지하는 경우에는 200시간의 범위에서 수강명령 또는 스토킹 치료프로그램의 이수명령을 병과할 수 있다(제19조 제1항). 스토킹범죄를 저지른 사람에 대하여 형의 집행을 유예하는 경우에도 수강명령 외에 보호관찰 또는 사회봉사 중 하나 이상의 처분을 병과할 수 있도록 함으로써 스토킹 예방을 위해 다양한 보안처분을 두고 있다(제19조 제2항). 수강명령 또는 이수명령의 내용은 ① 스토킹 행동의 진단·상담, ② 건전한 사회질서와 인권에 관한 교육, ③ 스토킹범죄를 저지른 사람의 재범 예방을 위하여 필요한 사항에 대한 것이다(제19조 제3항).

3) 전자장치 효용 해치는 경우 등 : 3년 이하의 징역 또는 3천만원 이하의 벌금

3년이하 징역 또는 3천만원 이하의 벌금에 처하는 비교적 수위가 높은 법정형에 처하는 3가지의 경우를 신설한 바, ① 전자장치의 효용을 해치는 행위를 한 사람, ② 제17조의3제1항을 위반하여 피해자등의 주소, 성명, 나이, 직

업, 학교, 용모, 인적사항, 사진 등 피해자등을 특정하여 파악할 수 있게 하는 정보 또는 피해자등의 사생활에 관한 비밀을 공개하거나 다른 사람에게 누설한 사람, ③ 제17조의3제2항을 위반하여 피해자등의 주소, 성명, 나이, 직업, 학교, 용모, 인적 사항, 사진 등 피해자등을 특정하여 파악할 수 있게 하는 정보를 신문 등 인쇄물에 싣거나 「방송법」 제2조제1호에 따른 방송 또는 정보통신망을 통하여 공개한 사람에 대한 것이다.

4) 잠정조치 불이행 : 2년 이하의 징역 또는 2천만원 이하의 벌금

법원의 잠정조치 중, 제9조제1항 제2호 100미터이내 접근금지 또는 제3호의 전기통신 접근금지 명령의 잠정조치를 이행하지 아니한 사람은 2년 이하의 징역 또는 2천만원 이하의 벌금에 처한다(제20조 제2항).

5) 긴급응급조치 불이행 : 1년 이하의 징역 또는 1천만원 이하의 벌금

긴급응급조치를 이행하지 아니한 사람에 대해서도 1년 이하의 징역 또는 1천만원 이하의 벌금에 처하는 규정을 신설하여 스토킹 관련 처벌을 강화하고 있다(제20조 제3항). 제정 당시 긴급응급조치에 위반에 대해 1천만 원 이하의 과태료를 부과하였던 것을 형벌부과로 개정한 것이다.

6) 이수명령 불이행

이수명령을 부과 받은 후 지시에 따르지 아니하여 「보호관찰 등에 관한 법률」 또는 「형의 집행 및 수용자의 처우에 관한 법률」에 따른 경고를 받은 후 다시 이수명령 이행에 관한 지시를 따르지 아니한 경우에는 다음 각 호에 따라 처벌할 수 있도록 처벌조항이 신설되었다(제20조 제4항).

1. 벌금형과 병과된 경우에는 500만원 이하의 벌금에 처한다.
2. 징역형의 실형과 병과된 경우에는 1년 이하의 징역 또는 1천만원 이하의 벌금에 처한다.

제2절 스토킹처벌법 적용의 난점과 개선책

1 스토킹행위와 스토킹범죄의 개념 정의 수정

1) 스토킹행위와 스토킹범죄의 양분은 문제 있다.

스토킹행위와 스토킹범죄를 이분하여 대처를 달리하는 것이 우리 「스토킹처벌법」의 특성이다. 즉 스토킹행위는 응급조치나 긴급응급조치의 대상으로 한 반면, 스토킹범죄는 스토킹행위를 지속적 또는 반복적으로 하는 것으로(제2조 제2호)범죄로 규명되어 형사처벌의 대상이 된다. 스토킹행위와 스토킹범죄의 구분은 이론적으로 인식 가능하지만 실제 대응에서는 명확하게 구분하기 어렵기 때문에 현실적으로 신속히 대응하는 데 걸림돌이 될 우려가 있다. 스토킹처벌법 제2조 정의규정에 따르면 피해자에 대한 반복적인 스토킹행위라는 것이 특정되어야 경찰이 스토킹범죄로 대응할 수 있다고 현장전문가들이나 일선경찰들이 이해하기도 한다. 따라서 피해자가 신고하더라도 그것이 스토킹이라고 보기 애매하거나 몇 번 당했는지 특정하지 못하면 경찰은 소극적으로 대응할 수밖에 없는 현실이다. 스토킹을 얼마나 효과적으로 차단시키고 피해자를 안전하게 하는가는 초기의 공적개입이 큰 영향을 미치는데, 이러한 형식적인 이분법적 절차로는 피해자보호를 위한 효과적인 대응이 어려운 문제가 있다.

2) 스토킹범죄 개념의 수정 : "지속적 또는 반복적으로 행할 우려가 있는 것"으로 명시하는 방법을 제안한다.

이분법적 절차로 인한 대응적 문제를 해결하기 위해서는, 우선 개념정의에서 스토킹범죄의 개념을 다소 확대할 필요가 있다. '지속적 또는 반복적'의 의미를 어떻게 해석하는가가 관건인데, 이를 해석에 맡길 것이 아니라[62] 문언상 '지속적 또는 반복적으로 행할 우려가 있는 것'으로 명시하는 방법을 제안한다. 스토킹은 개념상 반복 또는 지속을 전제하므로 적어도 2번 이상이 되어야 한다고 이해할 수 있지만 '우려가 있는' 경우로 하면 1번이라도 포섭될 수 있으므로 논란을 없앨 수 있다. '우려가 있는' 식의 위험범의 형태처럼 파악하여 적용될 영역을 확대하는 것이 피해자보호에도 상응한다.

3) 스토킹범죄를 위험범의 형태로 수정할 적을 제안한다.

그리고 스토킹행위의 표지에서도 '불안감 또는 공포심을 일으키는 것'을 '상대방에게 불안감 또는 공포심을 일으킬 위험이 있거나 안전에 위협이 되는 것'으로 수정하여 전제되는 행위영역을 확대하여 스토킹범죄의 개념도 위험범의 형태로 수정하는 것이 적절할 것이다. 제안한대로 스토킹 행위와 범죄의 개념을 모두 확대하는 경우, 개념이 지나치게 확대되고 양자를 구분하는 경계가 흐려지는 것이 아닌가 의문을 제기할 수 있을 것인데, 스토킹의 대처에서는 범죄예방에 초점을 두므로 현실적으로 크게 문제되지 않으리라 판단된다.

4) 스토킹행위 유형에 '기타 유사한 행위'라는 보충적 조항을 둘 필요 있다.

그밖에 현행법은 스토킹범죄 유형을 열거하는 방식으로 규정하고 있기 때문에, 여기에 해당하지 않는 행위에 대한 처벌공백의 문제가 생길 수 있다. 일반규정은 처벌범위를 지나치게 확대시키므로 필요할 때마다 추가입법으로

---

62) 해석을 '지속적 또는 반복적 가능성'으로 하자는 견해로, 이원상, "스토킹처벌법의 문제점에 대한 고찰", 『비교형사법연구』(비교형사법학회, 2022), 제23권 제4호, 220면.

행위유형을 확장하자는 견해가 있으나,[63] 스토킹행위를 구체적으로 모두 나열하기는 어려우며 독일형법처럼 '기타 유사한 행위를' 포섭할 수 있도록 보충규정을 두는 것이 적절할 것이다.[64] 전화벨만 울리게 하는 것과 같은 전화를 거는 행위 등 상대방이 인지하도록 접촉하는 경우도 스토킹행위로 추가하자는 개정안이 있으나,[65] 이것은 '기타 유사한 행위'라는 일반조항을 둔다면 해결할 수 있다.

보충규정을 두더라도 SNS 등을 통해 타인의 정보를 엿보고 흔적을 남긴다든지, 타인에 관한 정보를 배포 또는 게시하는 등의 사이버스토킹과 같은 현실적으로 규제가 필요한 중요한 행위는 추가하여 개정할 필요가 있다. 외국의 입법례를 참조하자면, 독일은 형법의 스토킹규정에 일반규정이 있음에도 데이터 염탐, 데이터 가로채기 등의 '사이버 스토킹' 행위를 명시적으로 추가하는 개정을 하였으며, 일본도 최근에 GPS 등을 통해 위치정보를 수집하는 행위도 처벌의 범위에 포함시키는 개정을 하였다.[66]

---

63) 이원상, 위의 글, 218면.

64) 정현미, "스토킹범죄 규제를 위한 입법방향", 이화젠더법학 제12권 제3호, 2020, 249면; 심영주, 이상한, "「스토킹범죄의 처벌 등에 관한 법률」 개정논의에 대한 검토 및 제언 -구성요건상 행위유형과 피해자 범위 설정, 반의사불벌죄 적용여부 문제를 중심으로-", 『법조』(2022. 4.), 제71권 제2호, 74면; 김정연, "제정 스토킹범죄처벌법에 대한 소고 : 스토킹범죄 구성요건의 적용 및 한계, 『형사정책』(한국형사정책학회, 2022. 1.), 제33권 제4호, 376면.

65) 김미애 의원 대표발의안(2022. 12. 14.).

66) 스토킹처벌법 개정에 대한 정부안도 스토킹행위의 유형에 상대방을 괴롭히거나 해악을 끼칠 목적으로 정보통신망을 이용하여 상대방 또는 그 가족 등의 개인정보, 개인위치정보, 신용정보 등을 제3자에게 제공하거나 배포 또는 게시하는 행위와 정보통신망을 이용하여 상대방등으로 사칭하는 행위를 추가하고 있다. 그밖에 홍정민 의원 대표발의안(2022. 12. 14.), 김상희 의원 대표발안의안, 2021. 7. 29.도 정보통신망을 이용하여 개인정보를 수집·가공·편집·배포 또는 게시하는 행위를 추가하고 있다. 정도희, "가상공간에서의 피해자 보호 : 사이버스토킹의 입법을 중심으로", 『형사정책』(한국형사정책학회, 2022. 7.), 제34권 제2호, 125면.

2 반의사불벌죄 삭제

스토킹처벌법 제정 당시 스토킹범죄를 반의사불벌죄 규정하였는데(제18조제3항), 이는 스토킹범죄를 공적인 범죄로 규정하면서도, 다른 한편 사적인 판단의 여지를 남겨두고자 하는 것으로 해석되거나,[67] 피해자의 의사를 존중하는 방안으로서 적절하다고 보는 견해도 있다.[68] 그런 측면에서 스토킹처벌법 제정 당시에는 반의사불벌죄가 타당하는 입장에 무게가 실렸고 반의사불벌죄로 규정되었다.[69] 그런데 법률이 시행되면서 스토킹사건의 상당수가 과거의 연인사이 등과 같은 친밀한 관계에서 행해지는 현실에서 피해자는 자신에 대한 많은 정보를 갖고 있는 가해자의 보복이 두려워 처벌불원의 의사를 밝히는 경우가 많으므로 반의사불벌죄 규정은 적절하지 않다는 주장이 압도적으로 제기되었다.[70]

반의사불벌죄 조항은 가장 시급히 삭제되어야 할 부분으로 지적되기어 2023년 7월 11일 법개정에 의해 반의사불벌죄 규정은 삭제되었다. 이는 스토킹범죄 에 대한 법적 처리를 통하여 얻은 실무적 경험에 의해 개선책을 찾은 것이라 할 수 있다. 공소제기 및 처벌과 관련하여서만 피해자의 의사를 묻는 것이 오히려 사건처리 전반에 대한 책임을 피해자에게 전가하는 것이 될 수 있으며,[71] 가해자의 입장에서도 자신이 처벌받는 것은 피해자의 탓이라고 인식하며 처벌불원서를 받기 위해 피해자에게 재차 접근할 위험도 크기 때문에 반의사불벌죄는 피해자보호에 적절하지 않은 점이 실무적으로 드러난 것

67) 김정혜, "스토킹처벌 법안의 주요 내용 및 쟁점, '스토킹범죄의 처벌 등에 관한 법률' 제정안 "이의있습니다"", 『한국여성정책연구원·한국여성의전화 공동주최 토론회 자료집』(2018. 7. 3.), 25면 참조.

68) 김정연, 위의 글, 376면; 정도희, "스토킹의 개념과 처벌에 관한 몇 가지 제언", 『법과 정책연구』(한국법정책학회, 2017), 제17권 제3호, 47면.

69) 현행법의 모태가 되었던 10개의 입법안 중 서범수의원 법안(제16조 제3항)과 정부안(제18조 제3항)을 제외한 대부분의 법안은 반의사불벌규정을 담고 있지 않았다.

70) 원혜욱, "스토킹범죄 피해자의 실효적인 보호방안", 『피해자학연구』(한국피해자학회, 2021. 12.), 제29권 제3호, 65면; 심영주·이상한, "「스토킹범죄의 처벌 등에 관한 법률」 개정논의에 대한 검토 및 제언 -구성요건상 행위유형과 피해자 범위 설정, 반의사불벌죄 적용여부 문제를 중심으로-", 『법조』(2022. 4.), 제71권 제2호, 80면; 김정연, 위의 글, 377면.

71) 박보람, "스토킹 처벌법은 피해자를 보호하는가 : 처벌법의 의의와 개선방안, 스토킹 피해자 보호와 지원 강화를 위한 입법과제", 『한국여성정책연구원·국회의원 정춘숙 주최 제32차 젠더와 입법포럼 자료집』(2021.11.23.), 20면.

이었다. 피해자의 의사는 사건처리 전 과정에서 마땅히 존중되어야 하지만, 반의사불벌죄 조항은 스토킹범죄의 특성을 제대로 고려하지 못한 것으로 폐지한 것은 적절하였다. 독일과 일본의 경우도 초기에는 스토킹범죄를 친고죄로 규정하였으나, 시행 이후 개정을 통해 친고죄 조항을 삭제한 것을 보면 우리도 같은 길을 걸었다고 할 수 있다.

3 긴급응급조치 개선

1) 긴급응급조치는 '사법경찰관'이 아니라 '경찰관'이 행하게 함으로 충분하다.

긴급응급조치는 응급조치(제3조)와 마찬가지로 스토킹범죄가 발생하기 이전 단계에서 경찰이 개입하는 조치이다. 스토킹행위가 스토킹범죄로 진행되는 것을 예방하고 피해자를 보호하기 위하여 사건 초기단계부터 공권력이 발동될 수 있는 근거를 마련하고자 한 것이다. 사법경찰관은 스토킹범죄가 발생할 우려가 있고 그 예방을 위하여 긴급을 요하는 경우 직권으로 또는 스토킹행위의 상대방이나 그 법정대리인 등의 요청에 따라 (1) 주거 등으로부터 100m 이내의 접근금지, (2) 전기통신을 이용한 접근금지의 조치를 할 수 있다(제4조 제1항). 그리고 사법경찰관은 지체 없이 검사에게 법원의 사후승인을 신청하여 검사는 48시간 이내에 지방법원 판사에게 해당 긴급응급조치에 대한 사후승인을 청구하여야 한다(제5조 제2항).

사법경찰관의 긴급응급조치와 관련한 절차는 가정폭력처벌법의 긴급임시조치에 대한 경우와 유사하다. 가정폭력특례법처럼 응급조치의 주체는 사법경찰관리, 긴급응급조치와 잠정조치는 사법경찰관으로 하고 있는데, 피해자보호조치들은 사실상 경찰의 행정작용으로 행하는 것이며 실제 반드시 사법경찰관 혹은 관리가 행하는 것도 아니므로 '사법경찰관'으로 할 것이 아니라 '경찰관'으로 규정하는 것이 타당하다.

2) '긴급응급조치', '잠정조치'라는 말은 부적절하며, '긴급금지조치', '금지조치'라는 용어수정을 제안한다.

무엇보다 긴급응급조치라는 용어는 매우 부적절하므로 수정할 필요가 있다. 응급에다 또 긴급을 덧붙여 '긴급응급'이라는 이해할 수 없는 말이 되었다. 조치의 내용이 100미터 이내 접근금지 또는 통신이용 접근 등을 금지하는 것이므로 스토킹을 막기 위한 '긴급금지조치'라는 용어를 제안한다.

'잠정조치'라는 용어는 더욱 더 와 닿지 않는 말이다. '잠정조치'는 「가정폭력처벌법」에서 '임시조치'라는 것에 대응한 것인데, 그와 비슷한 의미이면서도 다른 용어를 사용하려는 의도로 '임시' 대신에 '잠정'이라는 말을 채택한 것으로 보인다. 그러나 이는 사실상 무슨 의미인지 이해되지 않으며, 수사 및 재판 절차가 진행되는 동안 스토커에게 스토킹 '금지조치'를 내린다는 말이 더 적확할 것이다.

3) '긴급응급조치' 위반에 대해서는 엄격히 다루어야 한다.

판결례를 보면 긴급응급조치를 내렸음에도 그것을 위반한 경우까지 집행유예를 내리는 경우가 많은 것은 「스토킹처벌법」에 특별히 피해자보호를 위해 둔 예방조치의 의미를 무색케 한다. 긴급응급조치에 위반에 대하여 1천만원 이하의 과태료를 부과한 것을 1년 이하 징역 또는 1천만원 이하의 벌금으로 형사처벌 할 수 있도록 개정한 것은 어느 정도 적절하다. 그러나 긴급응급조치를 위반하여 피해자 등에게 재차 접근하는 행위는 단순히 행정처분 위반에 불과한 것이 아니라 '스토킹범죄'를 구성하는 것으로 보아야 하므로, 긴급응급조치 위반을 하면서 스토킹범죄로 나간 것은 오히려 가중처벌로써 무겁게 다룰 필요가 있다.[72)]

---

72) 한동효·허영희, "현행 「스토킹처벌법」의 문제 진단과 입법 정책적 관점의 개선방안 연구", 『법학연구』(경성대 법학연구소, 2022. 1.), 제30권 제1호, 244면.

4 잠정조치 개선

1) 잠정조치의 기간을 더 연장해야 한다.

잠정조치는 스토킹범죄가 재발될 우려가 있다고 인정될 경우 검사가 직권으로 또는 사법경찰관의 신청에 의해 법원에 청구하여 법원이 행하는 처분으로, 법원은 스토킹범죄의 원활한 조사·심리 또는 피해자 보호를 위하여 필요하다고 인정하는 경우 잠정조치의 결정을 할 수 있다(제8조). 스토킹범죄 중단에 관한 서면 경고, 피해자나 그 주거 등으로부터 100미터 이내의 접근 금지, 피해자에 대한 전기통신을 이용한 접근 금지, 위치추적 전자장치 부착, 경찰관서의 유치장 또는 구치소에의 유치를 잠정조치로 행할 수 있으며, 이러한 조치는 병과될 수 있다(제9조 제1항, 제2항).

잠정조치의 기간은 서면경고와 접근금지, 전자장치부과 조치는 3개월, 유치장 또는 구치소에의 유치는 1개월을 초과할 수 없으나, 법원이 피해자의 보호를 위하여 기간을 연장할 필요가 있다고 인정하는 경우에는 서면경고, 접근금지 및 전자장치부과 조치의 기간은 두 차례에 한정하여 각 3개월의 범위에서 연장할 수 있다(제9조 제7항). 그러나 유치장 또는 구치소 유치처분에 대해서는 연장규정이 없으므로 1개월까지만 가능하다.

스토킹의 재발위험으로부터 피해자를 보호하기 위해서는 수사단계에 들어가 형사절차가 진행되는 경우에도 구속되어 있지 않는 경우에는 가해자가 피해자에게 접근하는 등 스토킹행위를 할 수 있으므로 형사처벌과 별도로 잠정조치가 효과적으로 적용될 필요가 있다. 그러나 현행법이 규정하고 있는 긴급응급조치, 잠정조치의 기간이 너무 짧아서 피해자를 실효성 있게 보호하기 어려운 점이 있다.

한국여성의전화의 사전설문조사에 의하면, 「스토킹처벌법」에 마련된 피해자 보호조치(응급조치, 긴급응급조치, 잠정조치)가 피해자 보호 및 가해자 제재를 위해 충분한지에 대한 질문에 대해, '그렇지 않다'가 80%(32명), '보통이다' 17.5%(7명), '그렇다' 2.5%(1명)로, 보호조치에 관한 아쉬움과 함께 실효성에 대한 우려를 드러냈다. 특히, 응답자의 대부분이 그 이유로 보호조치의 핵심 내용인 접근금지의 기간이 짧다는 점을 꼽았다. '임시적인 조치'로는 제대로 피해자를 보호할 수 없을 뿐만 아니라 오히려 끈질긴 스토킹 가해자의 보복 가능성만 높인다는 것이다.[73] 한국성폭력상담소에 2014년 접수된 스토킹 상담 50건 중에서 6개월 이상 지속된 경우가 1/3가량이 적어도 6개월 이상 지속되었고 장기 6년까지 피해가 고루 분포된 것을 보면, 3개월의 금지조치로 시작하는 현행법은 너무나 피해자보호에 미흡하다.

법 제정 당시에는 2개월의 기간이었는데 그나마 2023년 7월 개정에 의해 3개월로 연장된 것이다. 접근금지나 전자장치부착 조치의 경우 3개월마다 두 번 연장하더라도 9개월밖에 되지 않는데, 매번 피해자가 3개월마다 연장하는 것도 쉽지 않다. 스토킹으로 공포와 불안에 처한 피해자에게 3개월은 잠시잠깐 지나버리며, 경찰이나 검찰에 다시 연장 신청하는 것은 쉬운 일이 아니다. 신당동 전철역에서 일어난 스토킹살인의 경우도 가해자에게 2개월 접근금지 명령을 내려 진 후(개정 전에는 2개월 이었음) 잠잠해져서 피해자가 기간을 연장하지 않고 방심한 틈에 당한 경우이다. 접근금지조치의 경우 최초기간을 6개월에서 1년 이하의 범위에서 법원이 결정하며, 3차례 연장이 가능하게 할 필요가 있다. 그리고 가해자에 대해 불구속으로 수사 또는 재판이 진행되는 동안에는 가해자가 피해자에게 재차 접근할 위험이 있으므로 스토킹 재발위험으로부터 피해자가 안전해질 때까지 접근금지조치의 효력을 원칙적으로 지속시켜야 한다.

유치기간은 현재 1개월에 한정되어 있다. 가정폭력의 경우는 2개월까지 연장할 수 있도록 되어 있지만, 스토킹범죄의 경우 잠정조치로 2개월의 유치로 연장하는 것 보다, 구금이 1개월 이상 필요하면 구속영장을 발부하여 형사사법의 절차로 가는 것이 적절할 것이다.

---

73) 김다슬, "스토킹, 당사자의 목소리로 정책을 말하다", 『스토킹처벌법 관련 법·제도 개선 토론회, 한국여성의전화 자료집』(2021. 9. 3.), 10면.

2) 위치추적 전자장치 부착의 도입은 적절하다.

스토킹범죄는 초기에 차단하지 않으면 생명이나 신체의 침해로 이어질 위험성이 높은 범죄이다. 스토킹범죄자인 가해자에 효과적인 범죄 차단 대응책이 필요하며, 피해자의 측면에서 보다 강력한 보호방안이 마련되어야 한다. 여기에는 외국에서 시행되고 있는 스토킹 범죄자에 대한 보안처분의 방법으로 전자장치의 부착이 적절한 방안 될 수 있는데, 처음 이 법률 제정 시에는 이 방안이 채택되지 않았던 것은 유감이었다. 그러나 다행히 법무부의 「스토킹처벌법」 개정안 발의에 의해 2023년 7월 11일 법률이 개정되면서 전자장치부착 잠정조치가 신설되어 2024년 1월 12일부터 시행되고 있다.[74]

이전에 피해자에게 제공하는 스마트워치만에 의존한 것은 피해자보호에 매우 불완전한 점이 많았는데, 가해자에게 전자장치를 부착한다면 접근금지의 실효성을 높이는 수단이 될 것이다.

3) 스토킹의 대응에서는 피해자안전을 가장 염두에 둔 행위의 근절과 가해자에 대한 제재를 찾아야 한다.

긴급응급조치는 스토킹행위가 지속적 또는 반복적으로 행하여질 우려, 즉 스토킹범죄가 될 우려가 있고 범죄의 예방을 위하여 긴급을 요하는 경우에만 가능할 뿐인데, 긴급응급조치의 내용은 단순히 공간적 접근금지, 전기통신을 이용한 접근금지 조치라는 두 가지에 불과하여 다양한 스토킹행위에 대한 대응으로 매우 미흡하다.

스토킹범죄의 가해자의 처벌도 중요하지만 피해자의 안전을 뒷전으로 하는 처벌은 잘못된 대응이다. 스토킹은 연인들 사이에서 일어나는 가벼운 폭행이나 다툼과는 분명히 다르다는 것을 인식해야 한다. 스토킹의 대응에서는 피해자안전을 가장 염두에 둔 행위의 근절과 가해자에 대한 제재를 찾아야 한다. 스토커의 접근을 어떻게 하면 가장 안전하게 막을 수 있을까 하는 것이

---

74) 「스토킹범죄의 처벌 등에 관한 법률」이 2023. 7. 11. 개정되어 공포한 날부터 시행되었으나, 위치추적전자장치 부착의 잠정조치는 공포 후 6개월이 경과한 날인 2024. 1. 12. 부터 시행되었다(부칙 제1조).

핵심이다.

그런데 「스토킹처벌법」의 스토킹범죄 대응체계는 기본적으로 가정폭력 사건을 처리하는 절차와 비슷하게 디자인되어 있다. 따라서 경찰의 응급조치, 검사의 청구에 의한 법원의 결정이라는 잠정조치 같은 제도는 효율적인 초기 대응을 못하고 있다고 비판을 받는 가정폭력대응의 문제점을 그대로 다시 떠안는 것일 수 있다.

스토킹범죄의 특성에 맞게 대응하고 적시에 피해자의 안전과 보호를 확립하기 위해서는 즉각적인 가해자 차단과 피해자보호가 필요하다. 스토킹범죄는 가정폭력과 달리 가해자를 보호처분의 특례까지 주면서 보호할 근거가 없다. 그럼에도 스토킹범죄에 대해 긴급응급조치나 잠정조치를 부과하게 하는 이유는 스토킹행위에 대해 신고를 받은 후 잠정조치를 내리고 그것이 가해자에 의해 잘 이행되어 피해자의 안전이 확보된다면 기소하지 않는 길을 열어두기 위함이다. 스토킹범죄를 가벼이 보아 처벌하지 않으려는 것이 아니라 피해자의 보호를 초기대응으로 최대한 이끌어 내려는 것이고, 나아가 가해자를 기소하더라도 피해자보호조치는 피해자의 안전을 위해 유지될 수 있도록 하는 것이다.

4) 새로운 잠정조치로서 의무적 단기유치를 도입할 필요가 있다.

스토킹의 특성은 반복적 혹은 지속적이며, 스토커 개인의 특성이 있긴 하지만 그 수법이 진화되므로 피해자보호를 위해서는 초기의 공적대응으로 승부를 내는 것이 무엇보다 중요하다는 것은 일반적으로 인정되며, 각국의 스토킹 대응 법들도 초기대응으로 스토커를 무력하게 하는데 초점을 맞추고 있다. 독일은 스토킹범죄에 대한 대응으로 스토킹이 구속사유가 될 수 있도록 형사소송법에 예외적 규정까지 두고 있다.

스토킹범죄에 대한 신고가 들어오고 스토커를 초기에 무력화시키기 위해서는 스토커의 행위를 공적으로 단호히 부정하고 제재할 필요가 있다. 이에 신고된 스토킹행위로 경고를 받고도 스토킹행위를 범하였거나 스토킹범죄가 이미 2회 이상 행해진 경우에는 피해자에 대한 위해를 차단하기 위해 유치를 필수적으로 취하도록 해야 한다.

스토킹행위를 지속적·반복적으로 행하면 현행법 제2조 제2호에 의한 스토킹범죄가 되며, 제18조 제1항에 따라 '3년 이하의 징역 또는 3천만원 이하의 벌금' 처해질 수 있는 사람이다. 다만 그에 따라 기소하고 재판받는데 많은 시일을 요하므로 그 기간 중에 스토킹범죄가 더 발전 진화할 위험이 크다.

피해자를 보호하기 위해서는 스토킹가해자에 대해 단호한 공적조치를 통해 초기에 반복적인 접근을 차단하고 심리적으로 억압할 필요가 있다. 유치기간은 2~3일은 반복의 습성을 차단하기에는 짧으며, 1주일정도 유치로 물리적 접근뿐만 아니라 핸드폰 또는 컴퓨터로 등으로 어떤 접근도 차단시키는 것이 적절할 것이다. '1주일 단기유치'는 물론 스토킹을 완전히 차단할 수 있는 제재는 아니지만, 반복된 행위를 범하는 스토킹범죄자는 신고하면 바로 유치된다는 법적 합의는 스토커들에게 의미 있는 경종이 될 것이다. 물론 의무적 단기유치와는 별도로 접근금지 조치 등 금지조치도 명하여져 유치에서 풀려나더라도 접근이 금지되고 또 다시 스토킹을 하는 경우 잠정조치에 의한 유치도 재차 가능하다.

독일은 형사소송법상 도주 또는 증거인멸 우려 등의 일반적인 구속사유(제112조)를 갖추지 못한 때에도, 예외적으로 피의자에게 형법 제238조의 스토킹범죄를 범하였다는 유력한 혐의가 있고, 특정한 사실에 비추어 볼 때 확정판결 이전에 동종의 중대한 범죄를 행할 위험이 있거나 그 범죄를 계속할 위험이 있고, 이러한 급박한 위험을 방지하기 위하여 필요한 경우에는 구속사유를 인정하고 있다(제112a조). 스토킹범죄의 특성을 감안한다면 우리 법제에서도 스토킹범죄가 재발될 위험이 급박하게 존재하고, 이러한 위험을 예방하기 위해 필요하다면 구속의 특례로 예방적 구금으로 '의무적 단기유치'를 인정하는 것이 적절하다.

5 피해자보호명령 불필요

스토킹피해자도 피해자보호명령을 신청할 수 있도록 피해자보호명령을 신설하자는 의견이 있으며[75] 다수의 의원입법안에 피해자보호명령의 신설을 담고 있다. 이는 「스토킹처벌법」을 「가정폭력처벌법」처럼 만들어 가자는 것인데, 물론 피해자보호를 위한 제도가 더 많을수록 좋다고 생각되겠지만 가정폭력과 달리 스토킹은 범죄로 접근하여 강력한 제재를 부과하여 근절해야 하는 것이므로 요건에 따라 즉시 형사사법절차에 따른 체포와 구속을 하는 방법으로 해결해야 한다. 위험이 있는 경우 유치처분을 활용하거나 구속수사를 취하여 피해자보호를 즉각 실현하며, 위치추적 전자장치 부착과 같은 잠정조치의 종류까지 신설되어 보완되었으므로 잠정조치의 기간을 더욱 연장한다면 피해자보호명령까지 도입할 필요는 없을 것이다.

---

75) 장응혁, "일본의 스토킹 대응과 그 시사점 -스토커규제법과 스토커종합대책을 중심으로-", 『경찰법연구』(한국경찰법학회, 2022), 제20권 제2호, 213면.

Epilogue

Epilogue

실제사례 분석을 통해 본 스토킹의 실체와 방지방안

「스토킹처벌법」이 시행된 이후에도 스토킹에 의한 살인 등 치명적인 범죄가 그치지 않고 있다. 스토킹으로 인한 피해는 추적, 협박, 감시 등으로 인한 두려움과 불안, 공포 등 정신적 피해, 폭행과 상해 등 신체적 피해, 자유로운 일상생활과 직업생활에 대한 방해와 위협, 재산적 피해 등 이루 말할 수 없이 광범위하게 나타난다.

「스토킹처벌법」은 스토킹범죄 예방을 위한 입법적 대응이 필요하다는 연구와 함께 1999년부터 스토킹 관련 특별법안이 제안되기 시작한지 22년 만에 입법에 이르렀다. 즉 「스토킹범죄의 처벌 등에 관한 법률」은 2021년 4월 20일 제정되어 6개월 후부터 시행되었고, 다시 피해자보호를 위한 법률이 필요하다는 주장과 함께 2023년 1월 17일 「스토킹방지 및 피해자보호 등에 관한 법률」까지 제정되면서 스토킹 관련 입법은 가해자처벌과 피해자보호라는 양 체계를 갖추게 되었다.

법률이 제정되면 그 이후 단계에서는 그 법에 의해 판결이 어떻게 이루어지고 있으며, 법적 처리를 통하여 스토킹이 얼마나 실효적으로 예방되고 있는지를 진단하는 것이 중요한 문제이다. 그런데 「스토킹처벌법」의 경우에는 법에 따른 신고와 고소가 예상보다 훨씬 더 많이 제기되었고 사법적 처리가 연이어 이루어졌다고 할 수 있다. 쏟아져 나오는 스토킹판례들을 보면서 법률시행 후 집적된 판례들을 연구하게 되었고, 한국판 스토킹 케이스의 통계적 특성을 찾아보지 않을 수 없었다. 스토킹의 위협을 우리 사회에서 무력화시키려면 그 실체를 먼저 알아야하기 때문이다.

대상판례들은 대한민국법원 홈페이지의 '판결서 인터넷열람신청'을 통하여 '스토킹범죄의처벌등에관한법률위반'을 검색어로 입력하여 「스토킹처벌법」이 적용된 2021년 10월 21일부터 2022년 12월 31일까지 선고된 판례들을 수집하였고, 전국의 1심판결 총 1,307건을 발췌하여 분석 대상으로 삼았다. 가능한 한 스토킹범죄로 판결을 받은 사건 전체를 놓고 우리 사회의 스토킹의 특징과 양상을 보고자 하였으므로 스토킹의 연장선에서 다른 범죄가 경합한 경우도 원칙적으로 스토킹사건으로 파악하여 분석의 대상에 포함하였다. 스토킹범죄 관련 1심판결은 전국적으로 고루 분포되어 있을 정도로 어느 지역이나 발생하고 있는 것을 알았고, 조사항목을 정하여 일일이 조사하고 통계처리 하여 우리 사회에서 일어나고 있는 스토킹범죄의 특징을 분석하며 선고형 종류 및 양형과의 연관성을 연구하였다.

판결문에 드러난 스토킹사안만으로 범죄의 실체를 모두 파악하는 데는 제한이 있으나, 판결문은 어떤 다른 자료보다 범죄사실이 정확하게 파악된 것이라고 볼 수 있으므로 스토킹의 실체를 밝히는데 매우 적절한 분석대상이 되었다고 판단된다. 아래의 요약된 연구결과는 스토킹범죄 예방을 위한 효율적 대응방안을 진단하는데 다소간 참고가 될 것이다.

스토킹 피해자의 특성

스토킹범죄는 예상대로 대부분 1:1관계로 나타나는 유형이었다. 피해자가 2인 이상인 경우는 대체로 주된 피해자를 스토킹 하는 과정에서 그의 가족이나 동료 등 주변사람에게도 범죄 피해가 확산된 사례들로 피해의 범위가 충분이 확대될 우려가 있었다. 스토킹범죄 1건 당 피해자 수는 1명인 경우가 90.3%로 대부분은 1:1관계의 스토킹이었다. 피해자의 수가 1명인 경우는 총 1,307건 중 1,180건, 2명인 경우는 93건(7.1%), 3명 이상은 34건(2.6%)으로 평균 피해자 수는 1.1명이다.

스토킹범죄의 피해자의 성별은 여성이 84.5%인 정도로 대부분을 차지한다. 남성이든 여성이든 누구나 스토킹범죄의 피해자가 될 수 있지만, 총 1,307건 중 불명확한 32건(2.4%)을 제외하면, 여성피해자 1,105건(84.5%)으로 남성피해자 170건(13%)의 6.5배 많다.

스토킹 피해자의 연령대는 10대부터 70대까지 전 연령대에 폭넓게 분포되어 있다. 피해자 나이는 40대가 23.5%(307건)으로 가장 많고, 평균 피해자 나이는 39.5세이다. 총 1,307건 중 40대 307건(23.5%), 20대 241건(18.4%), 30대 233건(17.8%), 50대 200건(15.3%), 60대 112건(8.6%), 10대 110건(8.4%), 70대 29건(2.2%) 순서이다. 전반적으로 20대에서 40대까지가 가장 많으며 전체의 60%를 차지한다.

스토킹범죄와 경합된 범죄와 피해자연령과의 연관을 보면, 주거침입죄의 경우 30대의 피해자 비율이 가장 높으며(21.2%), 성폭력관련 범죄의 경우 20대가 가장 피해를 많이 당하는 것으로 나타났다(27.2%). 체포·감금죄의 경우는 20대와 30대 피해자의 비율이 동일하게 가장 높았다(26.9%).

스토킹 가해자의 특성

스토킹 가해자 성별은 스토킹 가해자의 약 3/4 정도가 남성으로, 스토킹 사건에서는 남성 가해자-여성 피해자의 구도가 가장 빈번하게 나타난다. 총 1,307건 중 남성가해자가 993건, 76.0%이며, 여성가해자는 171건으로 13.1%에 해당한다.

스토킹 가해자 직업은 무직이 33.5%(438건)으로 가장 많았고, 다음으로 근로직(종업원, 일용직 등) 18.9%(247건), 회사원 14.6%(191건), 자영업 11.6%(152건) 등의 순서이다. 일상적인 업무에 집중하고 있지 않은 무직이 스토킹을 많이 범하는 것으로 나타났지만, 가해자의 직업군은 전문직, 예술계, 교육계, 공무원에 이르기까지 매우 다양하며 스토킹과 직업 자체의 연관성은 확인되지 않는다. 다만 대부분의 피해자 연령대에서 스토킹 가해자의 직업은 무직의 비율이 가장 높은 가운데, 피해자가 30대인 경우에 가해자의 직업이 회사원인 비율(25.8%)이 가장 높게 나타나는 특징이 있다.

선고유형별 가해자의 성별을 보면, 모든 선고유형에서 남성의 비율이 더 높은 것으로 확인되는데, 이는 전체 스토킹 사건에서 남성 가해자가 현저히 더 많기 때문에 당연한 결과로 볼 수 있다. 스토킹범죄와 다른 범죄가 경합된 경우에도 대체로 남성 가해자의 비율이 현저히 더 높게 나타났다(58.3%~100%). 다만, 벌금형이 선고된 스토킹 사건의 경우 가해자가 여성인 비율이 상대적으로 높으며, 업무방해죄, 재산범죄, 명예훼손죄 등의 경합 사례에서는 여성 가해자의 비율이 비교적 높은 특징이 확인된다(각각 26.1%, 22.9%, 20.8%).

스토킹 피해자와 가해자의 관계 : 친밀한 관계, 지인관계, 관계없음

스토킹은 모르는 사이보다 아는 사이에서 더 빈번히 발생하며, 특히 '친밀한 관계'의 맥락에서 발생하는 경우가 많다. 친밀한 관계에 있는 스토커는 상대방의 약점, 두려움, 비밀, 직장, 친구, 가족, 일상, 자주 머무는 장소 등의 사적 정보를 이용하여 피해자에게 더 쉽게 접근하며, 다양한 스토킹 방법을 활용한다.

조사에서는 가해자와 피해자의 관계는 '관계있음'과 '관계없음'으로 크게 나누었고, 관계가 있는 경우를 다시 '친밀한 관계'(연인, 배우자, 가족 및 친인척)와 '지인관계'(친구, 학교동창, 직장, 동호회, 이웃 등)로 분류하였으며, 안면만 있는 정도는 '관계없음'에 포함시켜 조사하였다. 불명확 경우인 6.4%를 제외하면, '관계있음'이 86.1%, '관계없음'이 7.4%로 대부분의 스토킹은 관계 있는 경우에 발생되고 있다. 전체 스토킹 사건에서 '친밀한 관계'가 60%, '지인관계'가 26.1%, '관계없음'이 7.4%이다.

스토킹은 '친밀한 관계'를 기반으로 발생하는 경우가 가장 흔한 것으로 볼 수 있다. 세부적 내용을 보면, '친밀한 관계' 중 (전)연인 50.5%, (전)배우자 6.6%, 배우자 이외의 가족 및 친인척 2.8%이며, '지인관계' 에서 '손님 등 거래관계'가 10.6%, 이웃 6%, 직장동료 4.8% 등이다. 전체 스토킹범죄에서는 연인 사이의 스토킹이 절반 이상으로 압도적으로 많이 차지하여, 연인관계가 스토킹으로 나갈 우려가 가장 크다는 것을 알 수 있다.

피해자와 가해자의 관계가 연인관계인 660건에 대해 교제기간을 분석하면, 6개월 미만이 256건(38.8%)으로 가장 많았고, 6개월 이상~1년 미만이 76건(11.5%), 1년 이상~2년 미만이 65건(9.8%), 2년 이상이 120건(18.2%)이었다. 교제기간이 1년 미만인 경우가 절반 정도를 차지하며(50.3%), 교제기간이 1개월 미만인 경우도 3%였다. 비교적 짧은 만남에도 불구하고 스토킹이라는 범죄적 종말을 보이는 경우가 빈번함이 확인되며, 연인관계는 다른 관계에 비하여 상호신뢰를 기초로 시작되었다고 볼 수 있음에도 정반대의 위험한 관계로 변질될 수 있으므로 유의해야 할 부분이다.

스토킹 피해자의 의사표시

피해자가 가해자에게 더 이상 스토킹 등의 행위를 하지 말 것을 요구하거나 또는 원하지 않는다는 의사표시를 하였음에도 행위가 계속 이루어진 것인지를 조사한 바, 의사표시가 있었던 경우가 808건(61.8%)으로 의사표시 없음(194건, 14.8%) 대비 4배 이상으로 많았다. 흔히 피해자가 의사표시를 분명히 하지 않았기 때문에 스토킹을 당할 것이라고 생각하는 경우가 많지만, 실제 사례에서는 의사표시 여부가 불명확한 경우를 제외하면 피해자가 가해자에게 거절이나 불원의 의사표시를 밝히는 경우가 압도적으로 많으며, 스토커들은 상대방의 의사에 거슬리는 행위를 의도적으로 중단하지 않는 악성을 보이는 것으로 나타난다.

피해자 의사표시가 있었던 것으로 확인된 808건에 대해 그 상세 내용을 살펴보면, '거부의사 표시'가 654건(80.9%)으로 가장 많았다. 경찰에 스토킹행위(범죄)를 신고함으로써 상대방에게 스토킹을 멈추라고 알리는 것도 의사표시로 보았는데, 경찰에 신고한 경우도 309건(38.2%)으로 적지 않았다(중복포함). 모든 피해자 연령대에서 '의사표시 있음' 비율이 절반 이상(61.8%)으로 나타난 가운데, 10대(68.2%)와 20대(69.3%) 피해자의 경우 그 비율이 상대적으로 더 높게 나타난다. 피해자의 연령대가 낮을수록 의사를 적극적으로 하는 반면 상대방으로부터 무시되는 경향이 더 크다는 것을 알 수 있다.

스토킹의 목적 : 관계요구형, 문제해결형, 분노형, 단순괴롭힘형

스토킹의 목적은 다양하겠지만, 관계요구형, 문제해결형, 분노형, 단순괴롭힘형으로 크게 네 가지로 나누어 조사한 결과, 스토킹의 목적 중 관계요구형이 824건(63.0%)으로 가장 많았고, 다음으로 분노형(318건, 24.3%), 단순괴롭힘형(131건, 10.0%), 문제해결형(113건, 8.6%) 순으로 나타났다(중복포함). 스토킹의 목적은 피해자의 성별과 상관없이 관계요구형의 비율이 가장 높으며, 성별을 불문하고 피해자와 특별한 관계를 유지 또는 생성하기 위한 목적으로 스토킹범죄를 행하는 경우가 가장 빈번함을 알 수 있다. 피해자의 연령대에 주목하여 스토킹의 목적을 살펴보면, 거의 모든 연령대에서 관계요구형 스토킹의 비율이 가장 높게 나타나지만, 피해자가 70대인 사건에서는 분노형 스토킹의 비율이 가장 높은 것으로 확인된다.

'관계요구형' 스토킹의 상세 내용으로는 총 824건 중 교제요구가 555건(67.4%)으로 가장 많았고, 애정갈구(199건, 24.2%), 대화요구(75건, 9.1%) 등의 순으로 나타났다. 가해자-피해자의 관계가 어떠하든 대개의 경우 '관계요구형' 스토킹의 비율이 가장 높게 나타난다. 즉, 친밀한 관계에서나, 지인관계에서나, 심지어 모르는 관계에서도 '상대방에게 교제, 만남 또는 대화 등을 요구하기 위한 수단으로' 스토킹범죄를 범하는 경우가 많다. 다만 이웃관계에서는 관계요구형 스토킹보다 분노형 스토킹이 더 큰 비중을 차지하는 특징이 있다.

'문제해결형' 스토킹은 상대방에게 금전 등을 요구하거나 분쟁을 유리하게 해결하기 위한 증거 등을 채집하거나, 기타 갈등 상황의 해결을 위한 수단으로 스토킹을 행하는 경우이다. 문제해결형 스토킹 113건의 상세내용을 살펴보면, 금전요구가 63건(55.8%)으로 가장 많았으며, 금전을 취할 목적으로 스토킹을 하는 경우는 대체로 어떤 문제에 대한 피해보상 혹은 대가를 요구하거나 그것을 구실로 갈취하는 형태로 나타난다.

'분노형' 스토킹은 상대방에게 분노를 표출하거나, 위협하거나, 보복하기 위한 수단으로 스토킹을 행하는 경우이다. 분노형 스토킹에 해당하는 318건의 상세내용으로, 분노표출이 218건(68.6%)으로 가장 많았고, 그 다음으로 위협이 133건(41.8%), 보복이 101건(31.8%)의 순서이다. '분노형' 스토킹에서는 분노표출의 경우가 피해자 성별과 상관없이 가장 높은 비율로 확인된다.

가해자 관련 사실 : 가해자의 전과경력, 정신병력

가해자의 전과여부는 판결문의 양형이유 등에 기술된 내용을 분석하여 파악하였는데, 불명확 298건(22.8%)을 제외하고 전과여부가 드러난 사건 중 가해자의 전과 있음이 확인된 경우가 564건(43.2%)이며, 전과가 없는 경우는 445건(34.0%)이었다. 범죄로 처벌받은 전력이 있는 사람이 다시 스토킹 범죄로 나아간 경우가 상당히 많은 것을 알 수 있다. 가해자에게 전과가 있는 것으로 확인된 564건에 대해 그 전과 유형을 상세 분석한 결과 스토킹처벌법 위반의 동종전과는 60건(10.6%)이었다. 이종전과의 경우는 폭행 및 협박죄가 204건(36.2%)으로 가장 많았고, 성폭력 40건(7.1%), 손괴 외 재산죄 32건(5.7%), 업무방해죄 27건(4.8%) 등의 순으로 나타났다.

스토킹 가해자는 이전에도 크고 작은 범법행위들을 한 경력이 있는 경우가 많은 것을 알 수 있다. 또한 이미 폭행죄, 협박죄, 성폭력범죄, 재산죄 혹은 업무방해죄 등의 범죄로 처벌받은 전과를 가지고 있는 사람이 스토킹범죄의 문턱을 다소 쉽게 넘어서는 것이 아닌가 추측할 수 있다. 한편 동종전과인 스토킹범죄로 처벌받고도 또 재범을 저지르는 경우가 10.6%나 된다는 점에서 처벌의 효과가 의심된다.

가해자에게 정신병력이 있는 경우가 전체 스토킹 사건의 8.3%(108건), 정신병력이 없는 경우(불명확 포함)는 91.7%(1,199건)이다. 정신적 문제에서 비롯된 스토킹범죄가 많을 것이라는 일반적 추측과는 다소 거리가 있는 결과로, 대다수의 가해자는 사실상 정신적 문제가 없는 상태에서 스토킹 범죄로 나아간 것이다. 그러나 가해자의 정신의학적 문제가 스토킹 범행의 발현에 영향을 준 경우가 12명 중 1명 정도라는 것은 적지 않으며, 가해자성별에서 여성가해자의 정신병력 비율(18.7%)은 남성 가해자의 정신병력 비율(5.2%)에 비해 3배 이상 높게 나타난 것은 특이점으로 보인다.

스토킹 행위유형 : 행위유형별 빈도, 접근횟수, 범행장소, 흉기휴대

「스토킹처벌법」 제장 당시의 5가지 행위유형 중 어떤 행위유형이 빈번히 나타나는지를 조사한 결과, '우편·전화·팩스 또는 정보통신망을 이용하여 글, 말, 영상 등을 도달하게 하기'가 가장 많았고(968건, 74.1%), 다음으로는 '접근, 따라다니기, 진로방해'(848건, 64.9%), '기다리거나 지켜보기'(404건, 30.9%) 등의 순으로 확인된다. 정보통신기술 이용이 증가함에 따라 직접적인 접촉보다 휴대폰이나 인터넷을 이용한 온라인 스토킹이 성행하고 있는 것이다. 피해자의 연령대가 낮을수록 전화, 정보통신망 등을 이용한 온라인·비대면 스토킹이 더 많이 행해지고 있으며, 50대 이상의 피해자에 대해서는 물리적· 신체적 접근의 스토킹이 더 많이 행해지는 것으로 확인된다.

「스토킹처벌법」에서 적시한 행위유형은 매우 제한적이므로 현실에서 주로 나타나는 스토킹 행위유형을 상세히 파악하기에는 한계가 있었다. 이에 스토킹 행위를 크게 접촉행위와 비접촉행위로 나눈 후, 이를 다시 접촉행위 7가지, 비접촉행위 5가지로 세분하고, 그 어디에도 속하지 않는 행위유형을 기타로 분류하여 검토하였다. 13가지 유형 중 '연락 도달하게 하기'가 974건(74.5%)으로 가장 많이 나타났고, 다음으로는 '접근하기'(775건, 59.3%), '기다리기'(365건, 27.9%), '문 두드리기'(264건, 20.2%), 침입(234건, 17.9%) 등의 순이었다. '연락도달하게 하기' 유형은 피해자의 성별과 관계없이 가장 빈번한 것으로 나타났으며, 피해자가 60대 이상인 경우에는 '접근하기' 유형이 더 많은 것으로 파악되었다.

스토킹범죄는 그 개념상 행위의 반복을 전제하는바, 구체적 사례에서 스토킹행위가 얼마나 반복되고 있는지를 조사하였다. 물리적 접근이 확인되는 995건에 대해 그 횟수를 분석한 결과 평균은 5.0회였으며, 구간별로는 2회 이상 10회 미만 반복된 경우가 645건(64.8%)으로 가장 많았다. 피해자의 입장에서는 가해자의 반복된 행위에 의해 '언제 또 괴롭힘을 당할지 모른다'는 두려움과 불안에 둘러싸이게 되고, 불쾌와 공포로 인해 일상생활에도 지장을 받게 된다.

물리적 접근 및 정보통신망 등을 이용한 접근을 구분하지 않고 종합적인 접근 횟수를 분석하면, 사건당 평균 접근 횟수는 131.9회인 것으로 매우 높게 나타났다. 구간을 구분할 경우 10회 미만에 해당하는 사례가 470건(37.3%)으로 가장 많았다. 피해자의 성별이 남성, 피해자의 연령대가 50대, 가해자의 성별이 여성일 경우 평균 접근 횟수가 많은 것으로 나타나지만, 개개 사건별 편차가 매우 크기 때문에 소수의 특이사례가 평균값에 영향을 미쳤을 가능성은 배제하기 어렵다.

범행장소를 피해자의 주거지, 일상생활장소, 여가활동공간, 이동동선, 정보통신망 등 온라인, 주변인 관련장소 등 6가지로 나누어 조사한 바, 정보통신망 등 온라인공간에서 스토킹이 발생한 사례가 900건(68.9%)으로 가장 많았고, 다음으로는 피해자의 주거지(691건, 52.9%), 피해자의 일상생활장소(371건, 28.4%) 등의 순이었다. 정보통신기술의 발달 및 개인 휴대전화의 보급 등으로 인해 온라인 공간에서 발생하는 스토킹범죄가 크게 늘었다. 상대방의 휴대전화 번호나 sns계정을 아는 경우 누구나 손쉽게 상대방에게 접근할 수 있는 현실인 것이다. 피해자가 60대·70대인 경우에는 온라인 공간보다 피해자의 주거지에서 발생하는 스토킹 비율이 더 높은 특징이 있다. 특히 70대를 대상으로 발생한 스토킹 사건에서는 범행장소가 피해자의 주거지인 경우가 89.7%에 달하는 것으로 파악된다.

스토킹 지속 기간은 평균 2.7개월로 확인된다. 1개월 미만이 634건(48.5%)이며, 1개월 이상 지속된 경우가 51.5%로 절반 이상을 차지하는바, 통상적으로 스토킹은 단기간에 끝나지 않는다는 것을 확인할 수 있다. 스토킹 지속기간이 평균 3개월 가까이 된다는 것은 피해자의 입장에서 생각하면

결코 짧은 기간이 아니며, 직업생활이나 일상생활을 하는데 장해가 될 수 있다. 한편 스토킹 지속기간이 1주일 이내인 경우는 32.8%로 확인되며, 단 하루에 그친 사례도 6.8%로 파악되는데, 스토킹이 더 오래 지속되어 피해가 확산되기 전에 피해자의 신고 및 공권력 개입 등으로 차단이 이루어진 사례들이다. 피해자가 10대인 경우 스토킹 지속기간이 1일에 그친 사례의 비율이 상대적으로 높다.

「스토킹처벌법」상의 가중처벌 사유인 흉기휴대 스토킹의 경우가 적지 않을 것으로 예상하고 조사한 결과, 10건 중 1건 정도는 흉기휴대 사건임이 확인되었다. 흉기 등을 휴대하거나 이용한 경우가 130건(9.9%)이었고, 그렇지 않은 경우가 1,177건(90.1%)이었다. 흉기 등을 휴대하거나 이용하여 스토킹을 저지르는 것은 위험을 심각하게 증가시키는 행위이므로 단호한 가중처벌이 필요하다. 실제 선고 결과를 보면, 흉기휴대 스토킹의 경우는 그렇지 않은 경우에 비해 징역형 실형 선고비율이 현저히 높은 것으로 확인된다. 흉기휴대 스토킹 사건 130건 중 68건(52.3%)에 대해 징역형 실형이 선고되어 흉기 등 휴대가 없는 스토킹 사건의 징역형 실형 선고율은 28.5%인 것과 크게 차이가 난다.

피해자와 가해자가 (전)연인 관계인 경우 84건(12.7%)으로 흉기 등 휴대 비율이 상대적으로 가장 높게 나타나, 친밀한 관계에서 원망과 보복의 감정이 작용할 경우 흉기나 위험한 물건을 이용하려는 경향이 조금 더 큰 것으로 해석된다. 그리고 스토킹의 목적이 분노표출에 있는 경우 상대적으로 흉기 등 휴대 비율이 높게 나타났다. 관계요구형 스토킹은 흉기휴대 비율이 10.7%, 문제해결형은 흉기휴대 비율이 10.6%임에 비하여, 분노형의 경우 흉기휴대 비율이 16.4%이다.

기타 처벌관련 사항 : 합의, 반성, 변호인정보, 긴급응급조치 및 잠정조치 위반

스토킹은 관계범죄인 경우가 많으므로 스토킹으로 신고되어 법적 절차가 시작되면 가해자는 피해자와 합의를 시도하는 경우가 많을 수 있다. 분석 대상 사건 중 합의가 확인된 사례는 283건(21.7%)이다. 합의하였다고 하여 가해자가 반성한 것으로 볼 수는 없다. 스토킹 피해자와의 합의는 전 연령대별로 20~24% 정도이며, 피해자가 10대인 경우 합의가 상대적으로 적은데 비해(20%), 50대의 경우는 24%로 가장 많았다. 개정 전 스토킹처벌법에서는 스토킹범죄가 반의사불벌죄로 규정되어 있었던 바, 피해자와 합의가 있는 경우 공소기각 비율이 현저히 높았다.

판결문에서 가해자의 반성 사실이 확인되는 경우는 522건(39.9%)이었으며, 나머지는 반성여부가 불명확하거나 반성이 없는 경우였다. 가해자가 남성일 때 상대적으로 반성의 비율이 더 높았다. 가해자가 남성인 사건 993건 중 반성이 확인된 사례는 409건으로 41.2%인데 비해, 가해자가 여성인 경우에는 171건 중 61건(35.7%)에서만 반성사실이 확인된다. 반성이 있는 경우는 반성 없는 경우에 비해 집행유예 선고비율이 더 높게 나타난다. 가해자의 반성유무는 재범의 위험성을 판단하는데 중요한 기준이 된다. 가해자가 자신의 행위를 반성하지 않고는 스토킹이 되풀이 되지 않을 것을 보증하기 어렵기 때문이다. 스토킹 차단은 가해자의 반성으로부터 시작되어야 한다. 스토킹범죄를 저질러 수사기관의 조사를 받고 법정에 서기까지 한다면 누구나 반성할 것 같지만, 현실적으로는 그렇지 않은 경우도 많다. 피고인의 입장에서는 자기 행위의 일부를 부인하거나 잘못을 인정하지 않기도 하고, 자신의 행위에 비해 더 심한 처벌을 받는다는 억울한 점을 호소하기도 한다.

변호인 정보를 보면, 가해자의 성별, 직업 등에 관계없이 국선변호인 비율이 절반 이상임이 확인된다. 국선변호인이 선임된 사례는 762건(58.3%)으로 사선변호인이 선임된 사례 345건(26.4%)에 비해 2배 이상 많았고, 변호인이 선임되지 않은 사례는 200건(15.3%)이었다. 스토킹범죄의 경우 상대적으로 중한 범죄가 아님에도 국선 변호인이 절반 이상 투입되고 있음이 확인된다.

스토킹가해자에 대해 긴급응급조치 혹은 잠정조치 결정이 있은 경우는 315건(24.1%)이었다. 전체 스토킹 사건의 약 1/4 정도가 긴급응급조치 혹은 잠정조치를 통해 스토킹을 차단하려고 한 것이다. 그리고 긴급응급조치 또는 잠정조치가 결정된 315건 중 명령 위반이 확인되는 경우가 270건 85.7%로 거의 대부분이 명령을 무시하고 스토킹으로 나가고 있다. 법적 조치를 따를 의무가 있음에도 85.7%나 위반하고 있다는 것은 매우 심각한 일이다. 스토킹범죄는 형사범으로 「형법」에 규정하여 일반형사절차에 따라 처벌할 수 있음에도 「스토킹처벌법」이라는 특별법을 제정하여 예방하고자 한 가장 큰 목적이 스토킹범죄를 신고하여 수사하는 과정에서 피해자를 더 두텁게 보호하려는데 있다. 특히 가해자에게 잠정조치라는 접근금지 등의 결정을 내림으로써 스토킹범죄의 지속을 차단하고, 더욱이 범죄로 볼 수 없는 스토킹행위 단계에서도 긴급응급조치를 할 수 있도록 하여 피해자를 보호하기 위한 제도적 장치를 두는 데 그 의의가 있는 것이다. 그런데 긴급응급조치나 잠정조치를 결정 받았음에도 대다수의 가해자가 법적 조치를 조롱이나 하듯 그것을 무시하며 위반하는 것을 보면 「스토킹처벌법」의 실효성에 가장 의문이 드는 대목이다. 2023년 7월 11일 개정 법률에서는 긴급응급조치 불이행에 대하여 제재가 강화된 만큼 앞으로 강력히 대처할 필요가 있다.

피해자가 가해자의 처벌을 원하지 않는다는 의사를 표시한 경우가 350건(26.8%)으로, 전체 스토킹 사건의 1/4을 넘는다. 개정 전 법률에서는 스토킹범죄가 반의사불벌죄로 규정되어 있었는데, 법 제정 당시에는 피해자의 의사를 존중해야 한다는 판단이 앞섰던 것이다. 그러나 법시행 이후 이것이 피해자보호에 걸림돌로 작용한다는 비판이 제기되었고, 이에 2023년 7월 11일 개정법률에서는 반의사불벌 조항이 삭제되었다. 개정 전 법률에서도 흉기 휴대 스토킹범죄 및 잠정조치 위반에 대해서는 반의사불벌 조항 적용이 없어서 피해자가 처벌불원 의사를 밝히더라도 처벌되었다

타 범죄와의 경합

스토킹범죄 외에 다른 범죄도 경합하여 발생한 경우가 스토킹 사건의 절반 이상이다(57.5%). 스토킹범죄 외에 다른 범죄도 경합하여 발생한 경우가 스토킹 사건의 절반 이상이다(752건, 57.5%). 다른 범죄 없이 스토킹범죄만 문제된 사건은 555건으로 42.5%였다. 다른 범죄와의 경합이 있는 752건에 관

해 상세내용을 살펴보면, 주거침입 관련 범죄와의 경합이 245건(32.6%)으로 가장 많았고, 다음으로 폭행·상해 관련 범죄(229건, 30.5%), 협박(220건, 29.3%), 재물손괴(143건, 19.0%) 등의 순으로 나타났다. 스토킹의 과정에서 주거침입을 범하는 경우가 많고, 그 밖에 피해자 및 그 주변인에 대한 폭행 및 상해, 협박, 재물손괴죄가 많이 행해지며 연관이 되기 때문에 경합범으로 처리되는 경우가 많다. 한편, 스토킹범죄가 성폭력범죄(18.1%), 살인죄(1.6%) 등 중대사건으로 이어지는 경우도 드물지 않음이 확인된다.

1심 판결의 선고내용 : 징역형, 벌금형, 집행유예, 보안처분 병과

스토킹범죄와 관련된 1심판결의 선고내용을 보면, 징역형이 856건(65.5%)으로 가장 많았고, 다음으로 벌금형(309건, 23.6%), 공소기각(297건, 22.7%) 등의 순으로 나타난다. 스토킹사건에서 징역형이 선고된 경우가 가장 많은 것으로 나타나지만, 징역형 선고 856건 중 집행유예가 453건(52.9%)으로 실형(403건, 47.1%)보다 많다. 징역형 선고 사례 중 절반 이상이 집행유예인 것이다. 징역형 실형이 선고되는 경우는 전체 스토킹 사건의 30.8% 정도에 불과하다.

벌금형이 선고된 경우 평균 벌금액은 310.6만원이며, 구간별로는 100만원 이상~300만원 미만이 가장 많았다. 벌금형의 집행이 유예된 경우는 3.6%로 많지 않았다. 가해자 성별이 여성일 때 벌금형 비율이 상대적으로 높으며, 다른 범죄의 경합 없이 스토킹처벌법 위반만 있는 경우에 벌금형을 선고받는 경우가 상대적으로 더 많다. 벌금액을 상세히 보면, 300만원이 80건(25.9%)으로 가장 많았고, 다음은 200만원(58건, 18.8%), 500만원(50건, 16.2%), 100만원(43건, 13.9%) 등의 순으로 나타났다. 벌금이 100만원에 미치지 않는 적은 금액인 사례도 24건(7.8%) 있으나, 대체로 100만원부터 500만원까지가 67.3%이며, 벌금액이 600만원 이상인 경우도 1/4 정도 된다. 이번 통계에서 확인된 최고 벌금액은 2000만원 이었다.

징역형이 선고된 경우 평균 형기는 15.7개월이며, 중간값은 10.0개월이다.

피해자 성별이 여성, 연령대가 10대, 가해자 성별이 남성, 성폭력관련 범죄가 경합하였을 때 평균 형기가 긴 것으로 나타났다. 그리고 피해자 성별이 남성, 연령대가 30대, 가해자 성별이 여성, 타죄와의 경합이 없을 때 집행유예 비율이 높게 나타났다. 집행유예는 3년 이하의 징역이나 금고 또는 500만원 이하 벌금의 형을 선고할 경우에 가능한데(형법 제62조 제1항), 징역형 856건 중 집행유예가 선고된 경우는 453건(52.9%)으로 실형(403건, 47.1%)보다 많았다. 그리고 피해자 성별이 남성, 연령대가 30대, 가해자 성별이 여성, 타 죄와의 경합이 없을 때 집행유예 비율이 높게 나타났다.

스토킹범죄에 대해 보호관찰, 사회봉사, 수강명령 또는 이수명령 등의 보안처분을 병과할 수 있는데, 보안처분을 부과한 경우가 전체 사건의 절반 이상(65.2%)을 차지할 정도로 많이 활용되고 있다. 「스토킹처벌법」상의 보안처분이 병과된 852건 중 치료프로그램 이수명령이 557건(65.4%)으로 가장 많았다. 다음으로는 보호관찰이 247건(29%), 재범예방강의 수강명령이 201건(23.6%), 사회봉사명령이 82건(9.6%)의 순으로 부과되었다. 스토킹범죄의 예방을 위해서는 그 행위불법에 상응한 형벌의 부과 및 집행도 중요하지만, 스토킹의 원인을 분석하여 스토킹을 더 이상 저지르지 않도록 감독하고 교육하거나 치료하는 것도 중요하므로 적절한 보안처분의 부과는 범죄예방에 매우 의미가 있다.

치료프로그램 이수명령의 경우 부과된 치료시간은 40~80시간의 범위가 대부분(92.8%)이었다. 피해자 성별이 여성, 연령대가 10대, 가해자 성별이 남성일 때 부과된 치료시간이 길었다. 재범예방강의 수강명령이 부과된 경우, 수강시간은 40~80시간이 대부분(94.5%)이었다. 사회봉사명령이 부과된 경우, 봉사시간은 80시간 이상이 대부분(91.5%) 이었으며, 평균 봉사시간은 104.9시간이었다.

스토킹 범행 일자와 법원 선고까지의 시간

스토킹 범행 일자와 법원 선고까지의 평균 시간은 6.5개월로 나타났다.

3-6개월 미만이 450건(34.4%)으로 가장 많았고, 다음으로 6-9개월 미만(447건, 34.2%), 9-12개월 미만(232건, 17.8%), 3개월 미만(90건, 6.9%) 등의 순이었다. 스토킹 범행 일자로부터 법원 선고까지의 평균 소요시간은 대체로 1년 미만이며, 스토킹범죄에 대한 형사절차는 비교적 신속히 진행되고 있는 것은 바람직하다.

양형이유 : 유리한 정상과 불리한 정상

스토킹범죄사건의 양형에서는 '범행경위 및 횟수 등 죄질'이 불리한 정상으로 참작되는 사례가 가장 빈번하며, 그 밖에 '범행인정', '반성', '전과 없음' 등이 유리한 정상으로 자주 고려된 것으로 확인된다. 양형 이유가 명확히 적시되지 않은 260건을 제외한 총 1,047건을 대상으로 구체적인 양형이유를 조사한 결과, '범행경위 및 횟수 등 죄질'이 양형에서 불리한 정상으로 참작되었다고 명시된 사례가 719건(68.7%)으로 가장 많았고, 다음으로는 유리한 정상인 '범행인정'(527건, 50.3%), '반성'(513건, 49.0%), '전과 없음'(230건, 22.0%) 등이 양형에서 빈번히 고려된 것으로 나타났다.

스토킹의 실체

스토킹 관련 판례가 이렇게 단기간에 많이 쌓일 것이라 형사사법 당국에서도 처음에는 예측할 수 없었지만, 지금은 형사고소 사건에 스토킹 신고를 끼고 가면 페스트트랙을 타는 것처럼 수사와 재판이 빨리 이루어진다고 알려지기까지 하면서 신고나 고소건이 더 증가하고 있는 실정이다. 물론 편법으로 신고한 경우도 있겠지만, 전체적으로 스토킹 문제는 분명 우리 사회 전반적으로 퍼져서 개인의 안전을 위협하는 범죄유형으로 자리 잡고 있다고 보인다. 스토킹처벌법 시행 초반인 지금, 스토킹의 실체를 드러냄으로써 잘못된 범죄적 행동을 뿌리 뽑지 않는다면 어두움 속에서 더욱 위협적인 수법으로 나갈 잠재적 스토커들이 키워질 것이다.

스토킹은 일정한 대상을 목표로 하는 지속적 범죄이며, 어떤 이유로든 상대방과 연결 짓는 관계범죄이므로 범행의 방법과 정도가 극단적으로 치달은 위험을 배제할 수 없는 특성을 띤다. 스토커들은 자신의 행위에 따라 피해자가 컨트롤 되고 타격을 받는 것을 노리며 더 발전적 행위로 나가기도 하며, 상황의 전개에 따라 자신의 입지가 손상되거나 무시되었다고 느끼면 상대방에 대한 지배를 넘어서 제거하려는 극단적인 살인까지 이르게 된다.

스토킹이 수십 회 반복된 사건 같은 경우, 범죄 목록 표만 보아도 누군가에 의한 끔찍하고도 지긋지긋하게 계속되는 추적이 파로나마처럼 지나가며 스토킹범죄의 폐해가 얼마나 심각한지 그 실체를 느끼게 한다. 스토킹범죄의 행위유형이나 횟수는 사건마다 차이가 있지만, 반복하여 괴롭힘을 당하며 또 언제 당할지 더 무자비하게 당하게 될지 모른다는 예측불가의 상황이 당하는 사람에게는 불쾌와 고통과 공포로 몰아넣게 된다.

이 책에서 가능하면 스토킹의 실제 케이스들을 제시함으로써 스토킹이 어떤 식으로 발생되고 어떻게 처벌되고 있는지를 볼 수 있도록 하였다. 누가 피해자가 될지 모르는 현실에서 벌어지는 대처와 처벌의 실제 사례들을 통하여 우리 잠재적 피해자들은 막연한 두려움에서 벗어나 현실적으로 대응할 용기와 힘을 얻을 수 있을 것이다. 또한 스토커나 그런 기질을 가진 사람에게는 타인을 괴롭히는 사악한 마음과 나쁜 행실은 결국 가차 없이 세상에 드러나게 되며 수치와 처단의 고통이 자신에게 돌아오고야 만다는 경종이 될 것이다.

표목차

그림목차

참고문헌

1. 국내문헌

- 곽영길 외(2011), "스토킹의 특징에 관한 연구 - 미국 일본 한국의 스토킹 현황을 중심으로", 「한국범죄심리연구」 제7권 제3호, 통권 제15호, 한국범죄심리학회
- 김다슬(2021), "스토킹, 당사자의 목소리로 정책을 말하다, 스토킹처벌법 관련 법·제도 개선 토론회, 『한국여성의전화 토론회 자료집』 2021. 9. 3.
- 김성룡(2007), "독일의'스토킹행위의 처벌에 관한 법률'의 고찰", 「형사정책연구」 제18권 제4호, 한국형사정책연구원
- 김성희·성현준(2021), "스토킹 살인의 잠재계층분석 : 헤어진 친밀한 파트너 관계를 중심으로", 『경찰연구』 제20권 제4호
- 김수민·이창배(2021), 가정폭력 노출이 데이트폭력 가해에 미치는 영향 : 폭력허용도의 매개효과와 자아존중감의 조절효과, 한국경찰학회보, 제23권 제1호
- 김은기 외(2020), "스토킹 범죄 예방을 위한 제도적 개선 방안에 관한 연구", 「인문논총」 제37권, 배재대학교 인문과학연구소
- 김잔디(2019), "스토킹죄의 실행행위 구조에 관하여", 「비교형사법연구」 제21권 제2호, 비교형사법학회
- 김정연(2022), "제정 스토킹범죄처벌법에 대한 소고 : 스토킹범죄 구성요건의 적용 및 한계, 『형사정책』 제33권 제4호, 한국형사정책학회, 2022. 1.
- 김정혜(2018), "스토킹처벌 법안의 주요 내용 및 쟁점", 「'스토킹범죄의 처벌 등에 관한 법률'제정안 "이의있습니다"」, 제21차 젠더와 입법포럼, 한국여성정책연구원·한국여성의전화·국회의원 남인순·국회의원 정춘숙·국회의원 김삼화·한국여성변호사회 공동주최(2018.07.03.)
- 김정혜(2021), "스토킹처벌법은 피해자를 보호하는가 : 처벌법의 의의와 개선방안", 「스토킹피해자 보호와 지원 강화를 위한 입법과제」, 제32차 젠더와 입법포럼, 한국여성정책연구원·국회의원 정춘숙 공동주최(2021. 11. 23.)
- 김학태(2011), "독일과 한국에서의 스토킹 규제에 관한 비교법적 고찰", 「EU연구」 제1권 28호, 한국외국어대학교 EU연구소
- 류병관(2014), "데이트 폭력에 있어 피해자 보호 방안", 「법학연구」 제22권 제3호, 경상대 법학연구소
- 문희태(2020), "스토킹 행위의 처벌을 위한 입법적 논의와 과제", 「법과정책연구」 통권 60호

- 박보람(2021), "스토킹처벌법은 피해자를 보호하는가 : 처벌법의 의의와 개선방안", 「스토킹피해자 보호와 지원 강화를 위한 입법과제」, 제32차 젠더와 입법포럼, 한국여성정책연구원·국회의원 정춘숙 공동주최(2021. 11. 23.)
- 박승원·이수정(2022), "잠재계층분석을 활용한 스토킹 행위 유형분류 : 「스토킹범죄의 처벌 등에 관한 법률」 시행 이후 1심판결문을 중심으로", 『한국범죄학』 제16권 제3호, 대한범죄학회, 2022.
- 박웅광(2015), "데이트 폭력에 관한 경찰권 발동의 법적 문제 - 일본의DV(Domestic Violence) 방지법 개정 동향을 중심으로" 「경찰학연구」 제16권 제2호, 경찰대학교
- 박희영(2007), "사이버스토킹의 형벌규정에 대한 한국과 독일의 비교연구", 「선진상사법률연구」 제39호, 법무부 상사법무과
- 브랜 니콜(2008), 「스토킹」, 우효경 역, 인간사랑
- 소병도(2019), "데이트폭력에 대한 형사법적 대응방안", 「홍익법학」 제20권 제3호, 홍익대학교 법학연구소
- 송민진 외(2021), "스토킹의 현주소와 피해자 보호에 관한 연구", 「법률실무연구」 제9권 제2호, 사단법인 한국법이론실무학회
- 심영주(2019), "피해자 보호를 위한 스토킹 행위 규제 방안 - 20대 국회 입법안분석을 중심으로", 「피해자학연구」 제27권 제3호, 한국피해자학회
- 심영주·이상한(2022), "「스토킹범죄의 처벌 등에 관한 법률」 개정논의에 대한 검토 및 제언 - 구성요건상 행위유형과 피해자 범위 설정, 반의사불벌죄 적용여부 문제를 중심으로-", 『법조』 제71권 제2호, 2022. 4.
- 여성변호사회 공동연구(2019),"스토킹범죄 피해자 보호조치의 실질화 및 강화", 『피해자 보호 관점에서 바라본 스토킹처벌법 제정안의 문제점』, 한국여성변호사회 주최 토론회(2019.10.16.)
- 원혜욱(2021), "스토킹범죄 피해자의 실효적인 보호방안", 『피해자학연구』 제29권 제3호, 한국피해자학회 2021. 12.
- 이규환(2005), 「스토킹의 심리학」, 미토
- 이성기(2018), "스토킹 행위에 관한 형사법적 연구", 「법학논문집」 제42권 제1호, 중앙대학교 법학연구원
- 이성식 외(2020), "사이버스토킹의 설명요인에 관한 연구", 「형사정책」 제32권 제2호, 항국형사정책학회
- 이성용 외(2015), "스토킹에 대한 경찰법적 고찰", 「경찰법연구」 제13권 제1호, 경찰대학교
- 이수연(2020), "스토킹범죄 피해자 보호방안의 실질화 및 강화", 「죽어야 끝나는 스토킹 범죄 미리 막을 순 없나」, 스토킹처벌법 제정 촉구 토론회, 국회의원 남인순·국회의원 정춘숙 공동주최(2020.07.07.)
- 이수정 외(2021), 「스토킹 방지 입법 정책 연구」, 국회 여성가족위원회

- 이승준(2017), “독일의 스토킹 처벌 규정의 개정과 그 시사점”, 형사정책 제29권 제2호, 한국형사정책학회
- 이원상(2013), “스토킹 처벌규정 도입에 대한 고찰”, 「형사정책연구」 제24권 제2호, 한국형사정책연구원
- 이원상(2022), “스토킹처벌법의 문제점에 대한 고찰”, 『비교형사법연구』 제23권 제4호, 한국비교형사법학회, 2022. 1.
- 장응혁 외(2021), “법무부 발의 「스토킹범죄의 처벌 등에 관한 법률」(안)에 대한 고찰”, 「치안정책연구」 제35권 제1호, 경찰대학 치안정책연구소
- 장응혁(2017), “스토킹범죄의 정의에 관한 연구 - 독일과 일본의 논의를 중심으로”, 「법학연구」 제27권 제1호, 연세대학교 법학연구원
- 장응혁(2022), “일본의 스토킹 대응과 그 시사점 -스토커규제법과 스토커종합대책을 중심으로-”, 『경찰법연구』 제20권 제2호, 한국경찰법학회, 2022.
- 전윤정(2021), “스토킹 피해자 보호 법·제도 현황과 과제”, 「이슈와 논점」 제1835호, 국회입법조사처
- 정도희(2017), “스토킹의 개념과 처벌에 관한 몇 가지 제언”, 「법과 정책연구」 제17권 제3호, 한국법정책학회
- 정도희, “가상공간에서의 피해자 보호 : 사이버스토킹의 입법을 중심으로”, 『형사정책』(한국형사정책학회, 2022. 7.), 제34권 제2호
- 정현미(2020), “스토킹범죄 규제를 위한 입법방향”, 「이화젠더법학」 제12권 제3호, 이화여대 젠더법학연구소
- 정현미(2023), “스토킹범죄의 처벌례의 분석과 효율적 대응방안 연구- 「스토킹처벌법」 시행 이후 스토킹처벌법 위반 1심판결을 중심으로”, 「법학논집」 제27권 제4호, 이화여대 법학연구소
- 주승희(2020), “데이트 폭력 대처방안에 대한 소고 - 폭력전과공개제도를 중심으로”, 「법학연구」 제61권 제2호, 부산대학교 법학연구소
- 한동효·허영희(2022), “현행 「스토킹처벌법」의 문제 진단과 입법 정책적 관점의 개선방안 연구”, 「법학연구」 제30권 제1호, 경성대 법학연구소, 2022. 1.
- 한민경(2021), “법정에 선 스토킹 : 판결문에 나타난 스토킹 행위의 유형과 처벌을 중심으로”, 「원광법학」 제37권 제1호, 원광대학교 법학연구소
- 한민경(2021), “스토킹 신고에 대한 경찰의 대응 : 112 신고자료 분석”, 「형사정책」 제33권 제1호, 한국형사정책학회
- 한성훈(2017), “데이트 폭력에 대한 대응방안에 관한 연구”, 「법학연구」 제25권 제4호, 경찰대학교 법학연구소
- 황성결(2023), 성장기 가정폭력 목격 경험과 부부폭력 가해 관계에서 성별에 따른 데이트폭력 가해의 매개효과, 「한국가족복지학」 제70권 제3호

2. 외국문헌

- Andrews, D. & Bonta, J. (2010), The psychology of criminal conduct (5th ed.). New Providence, NJ : Matthew Bender.
- Belknap, J., Chu, A., & DePrince, A. (2012). The roles of phones and computers in threatening and abusing women victims of male intimate partner abuse. Duke Journal of Gender Law & Policy, 19, 373-406.
- Borum, R., Fein, R., Vossekuil, B., & Bergland, J. (1999). Threat assessment : Defining and approach for evaluating risk of targeted violence. Behavioral Sciences and the Law, 17, 323-337.
- Bowen, E. (2011). An overview of partner violence risk assessment and the potential role of female victim risk appraisals. Aggression and Violent Behavior, 16, 214-226.
- Brewster M. (2003). Power and control dynamics in prestalking and stalking situations. Journal of Family Violence. 18(4) : 207-217.
- Brewster, M. (1998). An Exploration of the Experiences and Needs of Former Intimate Stalking Victims. Final report submitted to the National Institute of Justice.
- Brewster, M. (2000). Stalking by former intimates : Verbal threats and other predictors of physical violence. Violence and Victims 15, 41-54.
- Cattaneo, L., Cho, S., & Botuck, S. (2011). Describing intimate partner stalking over time : An effort to inform victim-centered service provision. Journal of Interpersonal Violence, 26, 3428-3454.
- Davis K., Coker A., & Sanderson, M. (2002). Physical and mental health effects of being stalked for men and women. Violence and Victims 17(4) : 429-443.
- Davis, J., Combs-Lane, A., & Jackson, T. (2002). Risky behaviors associated with interpersonal victimization : Comparisons based on type, number, and characteristics of assault incidents. Journal of Interpersonal Violence, 17, 611-629.
- Douglas, K., & Dutton, D. (2001). Assessing the link between stalking and domestic violence. Aggression and Violence Behavior, 6, 519-546.
- Dressing, H., Kuehner, C., & Gass, P. (2005). Lifetime prevalence and impact of stalking in a European population : Epidemiological data from a middle-sized German city. British Journal of Psychiatry 187(2) : 168-172.
- Finch, E. (2001). The Criminalisation of Stalking : Constructing the problem and evaluating the solution. London : Cavendish Publishing.
- Hall, D. (1998). The victims of stalking. In Meloy JR (ed.) The Psychology of Stalking. San Diego, CA : Academic Press, pp. 113-137.

- Johnson, M., & Kercher, G. (2009). Identifying predictors of negative psychological reactions to stalking victimization. Journal of Interpersonal Violence, 24, 5, 886-882
- Jordan, C., Logan, T., Walker, R., & Nigoff, A. (2003). Stalking victimization : The efficacy of criminal justice response. Journal of Interpersonal Violence, 18, 148-165.
- Logan, T. & Walker, R. (2009). Partner stalking : Psychological dominance or 'Business as Usual?'. Trauma, Violence and Abuse 10(3) : 247-270.
- Logan, T. & Walker, R. (2010). Toward a deeper understanding of the harms caused by partner stalking. Violence and Victims 25(4) : 440-455.
- Logan, T., Walker, R., & Hoyt, W. (2012). The economic costs of partner violence and the cost-benefit of civil protective orders. Journal of Interpersonal Violence, 27, 1137-1154.
- Max, W., Rice, D., Finkelstein, E., Bardwell, R., & Leadbetter, S. (2004). The economic toll of intimate partner violence against women in the United States. Violence and Victims, 19, 259-272.
- McEwan, T., & Strand, S. (2013). The role of psychopathology in stalking by adult strangers and acquaintances. Australian and New Zealand Journal of Psychiatry, 47, 546-555.
- Mohandie, K., Meloy, J., McGowan, M., & Williams, J. (2006), The RECON typology of stalking : Reliability and validiy based upon a large sample of north American stalkers, Journal of Forensic Science, 51, 1, 147-155
- Mullen, P., Pathé, M., Purcell, R., & Stuart, G. (1999). Study of Stalkers, American Journal of Psychiatry, 156, 1244-1249
- Palarea, R., Zona, M., Lane, J. & Langhinrichsen-Rohling, J. (1999), The dangerous nature of intimate relationship stalking : Threats, violence and associated risk factors, Behavioral Sciences and the Law, 17, 269-283
- Reynes, B., Henson, B., Fisher, B. (2011). Being pursued online : Applying cyberlifestyle-routine activities theory to cyberstalking victimization. Criminal Justice and Behavior, 38, 11, 1149-1169.
- Rosenfeld (2003), Recidivism in stalking and obsessional harassment, Law and Human Behavior, 27, 3, 251-265
- Sheridan & Davies (2001), Violence and the prior victim-stalker relationship, Criminal Behavior and Mental Health, 11, 102-116
- Sheridan, L. & Roberts, K. (2011). Key questions to consider in stalking cases. Behavioral Sciences and the Law, 29, 255-270.
- Spitzberg, B. (2002). The tactical topography of stalking victimization and management. Trauma, Violence and Abuse 3(4) : 261-288.
- Stalking Prevention, Awareness, and Resource Center (SPARC) (2017), Stalking & Intimate Partner Violence Fact Sheet.

스토킹의 실체 _ 한국판 스토킹범죄 케이스와 처벌례

지 은 이 · 정현미 김구슬
펴 낸 이 · 성상건
디자인 편집 · 신영아트워크(주)

펴 낸 날 · 2024년 6월 27일
펴 낸 곳 · 도서출판 나눔사
주 소 · (우) 10270 경기도 고양시 덕양구 푸른마을로 15
301동 1505호
전 화 · 02)359-3429 팩스 02)355-3429
등록번호 · 2-489호(1988년 2월 16일)
이 메 일 · nanumsa@hanmail.net

ISBN : 978-89-7027-877-3 (03360)

값 16,000원
잘못된 책은 바꾸어 드립니다.